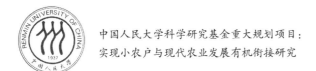

中国人民大学科学研究基金重大规划项目：
实现小农户与现代农业发展有机衔接研究

U0615853

孔祥智 等◎著

NEW AGRICULTURAL SOCIALIZED SERVICE SYSTEM:
SUPPLY-SIDE PERSPECTIVE   VOLUME I

新型农业
社会化服务体系建设

供给侧视角（第一卷）

经济管理出版社
ECONOMY & MANAGEMENT PUBLISHING HOUSE

图书在版编目（CIP）数据

新型农业社会化服务体系建设：供给侧视角（第一卷）/孔祥智等著 . —北京：经济管理出版社，2020.8

ISBN 978-7-5096-7347-8

Ⅰ.①新… Ⅱ.①孔… Ⅲ.①农业社会化服务体系—研究—中国 Ⅳ.①F326.6

中国版本图书馆 CIP 数据核字（2020）第 146659 号

组稿编辑：郭丽娟
责任编辑：郭丽娟　乔倩颖
责任印制：黄章平
责任校对：张晓燕

出版发行：经济管理出版社
　　　　　（北京市海淀区北蜂窝 8 号中雅大厦 A 座 11 层　100038）
网　　址：www. E-mp. com. cn
电　　话：（010）51915602
印　　刷：北京玺诚印务有限公司
经　　销：新华书店
开　　本：720mm×1000mm/16
印　　张：22.5
字　　数：392 千字
版　　次：2020 年 10 月第 1 版　　2020 年 10 月第 1 次印刷
书　　号：ISBN 978-7-5096-7347-8
定　　价：98.00 元

健全农业社会化服务体系
实现小农户和现代农业发展有机衔接

（代序）[①]

党的十九大报告指出"健全农业社会化服务体系，实现小农户和现代农业发展有机衔接"，不仅指出未来农业政策发展方向，也揭示出中国农业发展面临的主要问题和矛盾。

一、实现小农户和现代农业发展有机衔接的必要性

人多地少是中国基本国情。20世纪80年代初期全面实行家庭承包经营后，大约2.3亿农户平均每户承包不足8亩耕地，每个地块不足1亩。这一严峻现实使得即使宪法明确规定家庭经营制度为农村基本经营制度后，理论界和政策界关于在小规模农户基础上能否实现现代化以及怎样实现现代化问题，仍一直存在激烈争论。1998年召开的中共十五届三中全会对此作出权威性判断，即"实行家庭承包经营……不仅适应以手工劳动为主的传统农业，也能适应采用先进科学技术和生产手段的现代农业，具有广泛的适应性和旺盛的生命力，必须长期坚持"。"在家庭承包经营基础上，积极探索实现农业现代化的具体途径，是农村改革和发展的重大课题。"此后，尽管在政策上探索以"公司+农户"为主导的农业产业化模式，以及后来作为此模式升级版的"公司+合作社+农户"模式，并且在农业社会化服务体系建设上出台一系列政策，但自2008年以后以租地为主要内容的土地流转比例不断上升并成为一种重要社会经济现象后，农业政策重心逐渐转移到如何推进土地流转上。

其实，中央在政策上一直支持土地流转和规模经营。如1984年中央一号文件明确提出"鼓励土地逐步向种田能手集中"。但直至20世纪末期，土地

---

① 执笔人：孔祥智。原文发表于《农业经济与管理》2017年第5期。

流转比例才达 1% 左右。进入 21 世纪后，随着外出打工劳动力人数不断增加，农民转出土地愿望日趋强烈。尤其是 2007 年出台《中华人民共和国物权法》将土地承包经营权界定为用益物权，2008 年召开中共十七届三中全会提出"现有土地承包关系要保持稳定并长久不变"，土地流转从 2008 年起进入"快车道"。2008 年土地流转面积占家庭承包经营总面积比例为 8.9%，到 2016 年底达 35.1%，土地流转总面积达 4.7 亿亩。然而，尽管土地流转比例超过 1/3，但土地规模经营水平依然不高。截至 2016 年底，中国 30 亩以上农业经营主体 1052.1 万家，其中 50 亩以上 356.6 万家，土地小规模经营现状并未明显改观，且土地流转在 2015 年出现"拐点"——流转比例增速下降。2015 年，土地流转比例增速从前三年 4.3 个百分点以上降至 2.9 个百分点，2016 年降至 1.8 个百分点。主要原因既与中央政府降低东北三省一区玉米临时收储价格（从 2016 年起取消玉米临时收储政策）有关，也与主要农产品生产成本不断升高等因素有关。总而言之，在相当长的一段时期内，中国农村土地经营以小规模为主的状况无法明显改变，中国农业现代化只能在小农户基础上实现，必须在政策上引导小农户与现代农业发展对接，除此之外，无其他道路可走。

改革开放 40 多年以来的经验证明，在小农户基础上实现农业现代化，必须做好两项基础性工作，一是建立健全完善的农业社会化服务体系，二是将农民组织起来，日本、韩国等东亚小规模农户国家经验可以做一证明。2007 年实施的《农民专业合作社法》为组织农民对接大资本、化解市场竞争提供了法律基础。截至 2017 年 7 月底，全国在工商部门登记的农民专业合作社达 193.3 万家，实有入社农户 11500 万户，占家庭承包经营农户总数的 46.8%。农民专业合作社基本特征是"生产在家、服务在社"，基本功能是为成员提供某一环节或多环节的社会化服务，使成员在农业生产过程中节约成本或提高价格。因此，组织农民建立专业合作社，其实际效果也是为社会化服务提供方便。2008 年召开的中共十七届三中全会指出："加快构建以公共服务机构为依托、合作经济组织为基础、龙头企业为骨干、其他社会力量为补充，公益性服务和经营性服务相结合、专项服务和综合服务相协调的新型农业社会化服务体系。""支持供销合作社、农民专业合作社、专业服务公司、专业技术协会、农民经纪人、龙头企业等提供多种形式的生产经营服务。"可见，发展农民专业合作社是健全农业社会化服务体系的题中应有之义。

二、健全农业社会化服务体系的基本途径

健全农业社会化服务体系，实现小农户与现代农业发展有机衔接，必须从以下三方面入手。

第一，进一步提高农民组织化水平。分析以上数据，即使转入土地的农户（或其他经营主体）依然处于小规模、分散经营状态，必须进一步提高组织化水平，将农民和各类新型经营主体高度组织起来，才能实现社会化服务基础上的规模化水平，即服务规模化。其中，农民专业合作社是最重要、基础性的组织化载体。2016年5月24日，习近平总书记考察黑龙江时指出："农业合作社是发展方向，有助于农业现代化路子走得稳、步子迈得开。农民专业合作社是带动农户增加收入、发展现代农业的有效组织形式，要总结推广先进经验，把合作社进一步办好。"从目前农民专业合作社理事长身份构成看，78%为农民，13%为村干部。一方面，专业大户、家庭农场主等农村能人作为发展农民专业合作社的主力军，应充分发挥其作用；另一方面，村"两委"中多为农村精英分子，应发挥村"两委"作用。从此角度看，过去十多年快速发展的土地流转尽管未明显提高规模化经营水平，但明显提高了农民组织化水平。

第二，充分发挥政府系统农业技术推广体系作用。有条件的地区构建区域性农业技术推广中心，为农民提供基础性、公益性社会化服务，如小型农田水利设施建设、农村道路建设、农业技术培训及其他公益性服务。由于政府系统农业技术推广机构服务能力有限，对一些社会力量能够提供商品化服务的领域可采取政府购买服务方式，如山东、河南一带对于机械化耕、种、收等环节均采取政府购买服务试点，取得良好效果。

第三，充分发挥农民专业合作社、农业产业化龙头企业、社会化服务机构等社会组织作用，为农民提高全方位社会化服务。农民专业合作社主要为其成员提供服务，龙头企业主要为其基地农户提供服务，社会化服务机构则通过收费方式为用户提供服务（如机耕、机收作业等）。

据粗略计算，全国农业社会化服务业整体价值可达3万亿~4万亿元，足以吸引各方面社会力量进入此领域，应加以正确引导、规范，使其更好地服务于农民。山东省供销社在改革中充分利用自身具有一定政府信用的特殊身份，有效统筹社会为农服务相关资源，打造为农服务主力军品牌。山东省供销社首先在村级层面自我改造，利用党建力量让供销社再次扎根农村，使供销社真正"姓农"。具体做法是：依靠农村基层党组织，与村"两委"共建农民合作社、

农村综合服务社、农业生产发展项目和干部队伍，促进村集体和农民"双增收"、供销社基层组织向农业生产经营和农村生活服务"双覆盖"，使供销社从最基层实现"姓农"要求。有了村社共建，特别是村社共建农民专业合作社，后续发展的农民合作社联合社才成为有本之木，故村社共建是供销社改造自我的源头和基石。在村社共建基础上，依托基层社，以领办创办的农民合作社为核心成员社，联合本区域龙头企业、合作社、家庭农场、专业大户等新型农业经营主体以及相关农业社会化服务组织，共同组建实体性乡镇农民合作社联合社，在县级供销社支持下，乡镇农民合作社联合社打造"3公里土地托管服务圈"，构建乡镇层面为农服务综合平台。这一改造彻底重构基层供销社工作机制，全面强化基层社"为农""务农"服务功能，吸收和重组社会为农服务资源，打造一支为农服务的专业化队伍。从实践中看，山东省供销社在综合改革中创造的以土地托管、信用合作乃至生活服务的全方位社会化服务经验具有很强的推广价值，应在条件适宜地区推广。

总而言之，逐步健全农业社会化服务体系，使小规模农户成为农业现代化组成部分，是历史赋予的重要任务，也是中国农业现代化的基础性工程。

目　录

第一章　我国农业社会化服务体系的形成与发展[①]

第一节　构建新型农业社会化服务体系的重大战略意义

自 1983 年中央一号文件首次提出"社会化服务"的概念以来，我国农业社会化服务体系经历了 20 世纪 80 年代的服务内涵拓展期、20 世纪 90 年代的服务体制机制调整期和 21 世纪以来的战略地位全面提升期等阶段，初步形成了以公共服务机构为依托、合作经济组织为基础、龙头企业为骨干、其他社会力量为补充的，公益性服务和经营性服务相结合、专项服务和综合服务相协调的基本格局。建立新型农业社会化服务体系，为农民提供全方位的社会化服务，可以解决农业小生产与大市场之间的矛盾，是提高农业整体素质和竞争力、确保国家粮食安全、发展中国特色现代农业的必然要求。当前，我国已经进入工业化、信息化、城镇化发展要求农业现代化同步推进的新时期，城乡要素流动加快，农业发展方式转型提速，农业社会化服务的供给和需求面临新的复杂环境，亟待形成一套行之有效的农业社会化服务新机制。党的十八大报告指出，要坚持和完善农村基本经营制度，构建集约化、专业化、组织化、社会化相结合的新型农业经营体系。党的十九大以来，中央又将构建新型农业社会化服务体系上升到了一个新的高度。2020 年中央一号文件提出，"鼓励发展多种形式适度规模经营，健全面向小农户的农业社会化服务体系"。这既是对农

[①]　执笔人：刘同山、高强、孔祥智、毛飞、钟真。

业社会化服务在促进小农户与大市场对接、提高农民收入方面所起作用的肯定，也预示着完善农业社会化服务体系将成为中央惠农政策体系新的着力点。

一、构建新型农业社会化服务体系是"三农"发展应对新挑战的必然选择

当前，我国宏观经济面临国内外风险挑战明显上升、经济下行压力加大的复杂局面，稳住农业基本盘、发挥"三农"压舱石作用至关重要。"三农"发展亦呈现出农产品供求总量紧平衡、农业生产成本持续走高、农村劳动力有限剩余、农业经营方式日益多样化、农民工资性收入与家庭经营增收乏力等阶段性特点。伴随着农业生产向专业化分工、社会化协作和区域化布局进一步推进，我国的农业增长模式与发展方式正在发生深刻的转变。特别是农业投入和产出的商品化、市场化程度不断提高，农业增长动力更多地来自农业外部因素等趋势日益突出。例如，种子、化肥、农药、机械、设施等物质投入和相关服务主要源自工业化、信息化带来的现代科技与管理成果，农业资金来源已经由主要依靠"三农"内部供给转变为重点依托"以工补农、以城带乡"的反哺机制，农业经营规模的扩大主要源于工业化和城镇化对农业剩余劳动力的吸收和土地流转的促进。同时，农业的资本化、专业化、规模化已由畜牧业、园艺业向涉及农户数量最多的种植业（主要是粮食生产）拓展。这必然要求农业社会化服务须紧紧围绕农业农村领域新特点和新趋势，不断创新农业社会化服务体制机制，用服务打通和塑造新时期农业发展的动力系统。

二、构建新型农业社会化服务体系是农业经营体制机制改革的重要内容

党的十九大报告中首次提出实施乡村振兴战略，并将其作为新时代"三农"工作总抓手。党的十九大报告明确要求，"构建现代农业产业体系、生产体系、经营体系，完善农业支持保护制度，发展多种形式适度规模经营，培育新型农业经营主体，健全农业社会化服务体系，实现小农户和现代农业发展有机衔接"。近些年的中央一号文件都相继对包括农业社会化服务在内的新型农业经营体系建设作出了明确部署。在实践中，农业经营正由分散的家庭经营向集约的规模经营转变，职业农民队伍不断壮大，土地集中型、合作经营型、统一服务型等多种类型的规模经营主体不断涌现，农业社会化服务与农业生产经营在多个层次上交织融合。大量涌现的各类新型经营主体中，有的既是生产者又是服务者，有的是不直接参与生产的专门性服务者；有的提供专项服务，有的提供综合服务；有的以个体形式存在，有的以组织形式出现；等等。因此，

创新和完善农业社会化服务体制机制本身就是构建新型农业经营体系的重要内容。而构建新型农业社会化服务体系，将有利于强化农业双层经营中"统"的功能，为农业突破分散经营的局限提供多种可能，真正发挥"统分结合"的制度优势，赋予双层经营体制新的内涵。

三、构建新型农业社会化服务体系是实现中国特色农业现代化的关键举措

大国小农是我国的基本国情农情。党中央、国务院高度重视小农户问题，明确要求加强社会化服务，把小农生产引入现代农业发展轨道。随着我国农村劳动力的大量转移和老龄化、兼业化的日益加剧，发展农业社会化服务，既是解决当前"谁来种地""如何种地"问题的有效途径，又是满足人民群众不断升级的消费需求，实施质量兴农、绿色兴农战略，提高农业综合竞争力的必然要求。实现小农户与现代农业发展有机衔接，转变农业发展方式，必须加快构建新型农业社会化服务体系，走中国特色农业现代化发展之路。在实现农业现代化的道路上，我们既不能抛下广大的小农户，也不能跨越小农户，唯一的选择就是带领小农户进入农业现代化。现实的选择之一就是大力发展农业社会化服务，通过建立健全强大的农业社会化服务体系，将分散的小农户聚集起来，形成规模经营，带领广大小农户在不改变经营方式的基础上，实现中国特色农业现代化。

第二节　我国农业社会化服务体系建设的历史经验

改革开放以来，我国政府高度重视农业社会化服务体系建设工作，将其作为稳定和完善农村基本经营制度、深化农村改革的一项重要任务。随着相关政策的不断健全和完善，农业社会化服务体系建设取得了快速发展。早在20世纪80年代，中央就曾将"发展农业社会化服务，促进农村商品生产发展"作为农村第二步改革的突破口。进入20世纪90年代后，中央明确提出要"建立健全农业社会化服务体系"，并将农业社会服务提到与稳定家庭承包经营同等重要的高度。2004年以来，中央多份一号文件都对"健全农业社会化服务体系"提出了要求，其中党的十七届三中全会作出了"构建新型农业社会化服务体系"的重大部署，并明确了新型农业社会化服务体系的发展方向、依靠力量和实现路径，加快了我国农业社会化服务体系建设的步伐。可见，农业社会化服务体系建设历程始终与我国农业与农村工作的总体任务与发展目标相适应，并表现出一些阶段性特征。因此，对各阶段相关政策的回顾与梳理，不仅可以总结不同时期农业社会化服务的特点及成效，而且可以把握新形势下农业社会化服务体系建设的演变路径及发展方向。

一、改革初期以解放生产力为导向的农业服务体系（1978~1989年）

1978年以后，我国农村普遍推行家庭联产承包责任制，人民公社逐步解体，带来了生产力的解放和商品生产的发展，迫切需要为农业提供社会化服务，以进一步推动农村改革。在这种背景下，"社会化服务"应运而生，并经历了一个内涵不断丰富的过程。针对农产品销路不畅的问题，1982年中央一号文件指出，要"改善农村商业，疏通流通渠道，加强市场管理"，为我国农业服务指明了方向。1983年中央一号文件首次提出了"社会化服务"的概念，认识到"诸如供销、加工、贮藏、运输、技术、信息、信贷等各方面的服务，已逐渐成为广大农业生产者的迫切需要"。同年，在一些地区出现了"农业服务公司"。1984年和1986年的中央一号文件提出了"社会服务""商品生产服务体系""生产服务社会化"的概念。在对社会化服务内容的规定上，1982年中央一号文件在农业技术推广机构改革的基础上，提出要强化农业服务。1983年中央一号文件提出，"当前，各项生产的产前产后的社会化服务，已逐渐成为广大农业生产者的迫切需要"。1984年中央一号文件从加速实现社会主义农业现代化的高度，提出"必须动员和组织各方面的力量，逐步建立起比较完备的商品生产服务体系，满足农民对技术、资金、供销、储藏、加工、运输和市场信息、经营辅导等方面的要求"。1985年在改革农产品统派购制度的基础上，提出"科研推广单位、大专院校及城市企业，可以接受农村委托的研究项目，转让科研成果，提供技术咨询服务，或者与商品基地及其他农村生产单位组成'科研—生产联合体'，共担风险，共沾利益"。1986年将"组织产前产后服务"作为农村工作总要求之一，并提出"农民对服务的要求也是各式各样的，不同内容、不同形式、不同规模、不同程度的合作和联合将同时并存"，首次对服务供给的方式和形式做出明确要求。

可以看出，20世纪80年代有关农村改革的一些政策文件，把农业社会化服务作为解放和发展农村生产力的重要手段，这对于扩展农业社会化服务内涵、明确农业社会化服务定位意义重大。然而，这一时期虽然已经提出农业社会化服务的概念，但仍未对其内涵作出科学界定，服务内容集中在农业产中环节，体现出较强的时代背景。

二、以农业技术推广为主的农业社会化服务时代（1990~2007 年）

以家庭联产承包为主、统分结合的双层经营体制逐渐建立，为农业经济发展注入了新活力，也对农业社会化服务提出了新要求。此后，我国迅速进入以农业技术推广为主的农业服务时代。1990 年中共中央、国务院在《关于一九九一年农业和农村工作的通知》中首次提出"农业社会化服务体系"的概念，并将服务主体确定为"合作经济组织、国家经济技术部门和其他各种服务性经济实体"。1991 年，国务院就农业社会化服务体系建设发出专项通知，指出"加强农业社会化服务体系建设，是深化农村改革，推动农村有计划商品经济发展的一项伟大事业"，还对"农业社会化服务"的基本形式进行了科学界定，进一步明确了发展方向和原则，并确立了农业社会化服务体系的基本框架。1992~1998 年，我国主要通过制定一系列政策法规，加快农业技术推广体系建设。例如，1993 年《中华人民共和国农业技术推广法》的颁布，以法律的形式明确了农业技术推广机构的地位和作用，为公益性推广体系建设开辟了道路。1999 年，首次对农业技术推广体系和农业社会化服务体系之间的关系进行了界定，提出"农业技术推广体系是农业社会化服务体系和国家对农业支持保护体系的重要组成部分，是实施科教兴农战略的重要载体"。2003 年《中共中央关于完善社会主义市场经济体制若干问题的决定》指出，"深化农业科技推广体制和供销社改革，形成社会力量广泛参与的农业社会化服务体系"，再次将农业社会化服务体系建设确定为深化农村改革、完善农村经济体制的主要内容之一。2004~2007 年的中央一号文件多次对深化农业科技、推广体系改革和建设作出明确部署，提出通过公益性服务与经营性服务相结合的方法，完善农技推广的社会化服务机制。

在这一阶段，随着农民收入的增速放缓，中央将农民增收问题摆在了突出重要位置。因此，我国逐步重视科技创新与技术进步在提高农业综合生产能力上的重要支撑作用，开始加大农业科技创新与技术推广体系建设的力度。党的十六大和十六届三中全会把"三农"问题提高到了空前的战略位置。2007 年中央一号文件又将"发展现代农业"作为社会主义新农村建设的首要任务，提出了现代农业的发展战略，为社会化服务体系建设指明了方向。这一时期农业社会化服务的概念内涵得到科学界定，服务内容涵盖农业产前、产中、产后环节，对农业气象服务、农产品质量安全监管和市场服务等服务领域也提出了新的要求，尤其是农业科技推广体制改革取得了重大进展。

三、构建多主体、复合式新型农业社会化服务体系（2008～2016年）

尽管前一阶段的改革基本达到预期效果，但是随着农业结构调整向纵深推进，统筹城乡力度的不断加大，迫切需要进一步深化改革与创新服务，构建新型农业社会化服务体系，以顺应经济社会发展的阶段性变化和建设社会主义新农村的要求。2008年中央一号文件提出，"加强农业科技和服务体系建设是加快发展现代农业的客观需要。必须推动农业科技创新取得新突破，农业社会化服务迈出新步伐，农业素质、效益和竞争力实现新提高"。同年召开的党的十七届三中全会对家庭经营和统一经营的发展方向作出全新表述，首次提出"新型农业社会化服务体系"的概念，并指出要"加快构建以公共服务机构为依托、合作经济组织为基础、龙头企业为骨干、其他社会力量为补充，促进公益性服务和经营性服务相结合、专项服务和综合服务协调发展的新型农业社会化服务体系"。2009年中央一号文件重点对"增强农村金融服务能力""推进基层农业公共服务机构建设"作出具体部署。2010年中央一号文件再次提出，"推动家庭经营向采用先进科技和生产手段的方向转变，推动统一经营向发展农户联合与合作，形成多元化、多层次、多形式经营服务体系的方向转变"，并要求"积极发展农业农村各种社会化服务组织，为农民提供便捷高效、质优价廉的各种专业服务"。2011年中央一号文件对"健全基层水利服务体系"作出部署，提出"建立健全职能明确、布局合理、队伍精干、服务到位的基层水利服务体系，全面提高基层水利服务能力"。2012年中央将农业科技创新提升到前所未有的战略高度，提出"提升农业技术推广能力，大力发展农业社会化服务"，并通过政府订购、定向委托、招投标等方式，培育和支持新型农业社会化服务组织发展。2013年中央一号文件提出"构建农业社会化服务新机制，大力培育发展多元服务主体"，并从强化农业公益性服务体系、培育农业经营性服务组织、创新服务方式和手段三方面作出具体部署。2014年中央一号文件指出，要大力发展主体多元、形式多样、竞争充分的社会化服务，推行合作式、订单式、托管式等服务模式，扩大农业生产全程社会化服务试点范围，要通过政府购买服务等方式，支持具有资质的经营性服务组织从事农业公益性服务，加快"健全农业社会化服务体系"。

党的十七大以后，工业化、信息化、城镇化、市场化深入发展，农业资源环境和市场约束增强，要求加速转变农业发展方式，加快提升农业竞争力，构建新型农业社会化服务体系。2008 年党的十七届三中全会对新型农业社会化服务体系的地位作用、发展方向、依靠力量与保障制度作出了全新部署。这个阶段改革的重点主要集中在拓展服务领域、完善服务机构、创新服务形式等方面。例如，从 2009 年开始中央每年都强调农村金融服务，并要求加强气象服务、水利服务、农业信息服务、土地流转服务等新兴服务领域的供给能力，逐步培育生产要素服务市场。在机构建设方面，一方面，开始抓紧建设乡镇或区域性公共服务机构，建立政府购买服务制度，提高社会化服务的公益性地位；另一方面，要求积极培育农业经营性服务组织，扶持农民专业合作社、专业服务公司、专业技术协会、农民用水合作组织、农民经纪人、涉农企业等社会力量广泛参与社会化服务体系建设。在创新服务体系方面，鼓励搭建区域性农业社会化服务综合平台，整合资源建设乡村综合服务社和服务中心，探索多种服务模式。

四、发展面向小农户的农业社会化服务体系（2017 年至今）

我国建设现代农业的前进方向是发展多种形式适度规模经营，培育新型农业经营主体。同时，小农户家庭经营是我国农业的基本面。以小农户为主的家庭经营是我国农业经营的主要形式，也是农业发展必须长期面对的现实。根据全国第三次农业普查数据，我国小农户数量占农业经营主体的 98%以上，小农户从业人员占农业从业人员的 90%，小农户经营耕地面积占总耕地面积的 70%。在这一背景下，2017 年 10 月召开的中共十九大提出，实现小农户和现代农业发展有机衔接。这就要求进一步提高统筹协调能力，正确处理好发展适度规模经营和扶持小农户的关系。既要把准发展适度规模经营是农业现代化必由之路的前进方向，发挥其在现代农业建设中的引领作用，也要认清小农户家庭经营很长一段时间内是我国农业基本经营形态的国情农情，在鼓励发展多种形式适度规模经营的同时，完善针对小农户的扶持政策，加强面向小农户的社会化服务，把小农户引入现代农业发展轨道。2018 年中央一号文件对农业社会化服务又提出了新的更高要求，强调要重点解决农产品销售中的突出问题，加强农产品产后分级、包装、营销，建设现代化农产品冷链仓储物流体系，打造农产品销售公共服务平台，培育各类专业化市场化服务组织，推进农业生产全程社会化服务，帮助小农户节本增效。2019 年中央一号文件强调发展形成新型服务业，一是把农业社会化服务扩展到乡村服务，即：既包括生产服务，也包括生活服务；既包括农业社会化服务，也包括非农产业社会化服务。二是提出了服务业的概念，把社会化服务归纳为一个产业。此后，农业社会化服务不仅是一个体系建设问题，更是一个产业发展问题，发展的思路发生了根本性变化。2020年中央一号文件站在全面建成小康社会的背景下，明确提出健全面向小农户的农业社会化服务体系。

这一阶段，我国正处于乡村振兴与脱贫攻坚有机衔接的历史交汇期和政策叠加期。伴随我国从农业大国向农业强国目标的迈进，以发展托管为主的生产性服务业为突破口，农业社会化服务事业将逐渐成为"三农"领域的战略性大产业。表1-1列出了改革开放以来中共中央文件对农业社会化服务体系建设的提法及其演变。

表1-1　中央文件对农业社会化服务的提法及演变

中央文件名称及年份	对农业社会化服务的提法	对农业社会化服务的关注点及内容
1982年中央一号文件：《全国农村工作会议纪要》	立足于改善农村商品流通，未明确提出农业社会化服务	改善农村商业，疏通流通渠道；使供销社在组织农村经济生活中发挥更大的作用；开展农副产品的就地加工、产品精选和综合利用；农副产品可以走收购—加工—销售的路子
1983年中央一号文件：《当前农村经济政策的若干问题》	提出商品流通的"社会化服务"和农业生产的"科技服务"	供销、加工、贮藏、运输、技术、信息、信贷等社会化服务，已成为农业生产者的迫切需要；适当发展并给予农村个体商业和各种服务业必要扶持；办好农业技术服务机构，为农民提供科技服务
1984年中央一号文件：《中共中央关于一九八四年农村工作的通知》	提出以"社会服务"促进农业生产	向农村专业户提供必要的社会服务，满足他们对信息、供销和技术进步等方面的需求；要加强社会服务，逐步建立商品生产服务体系，满足农民对技术、资金、供销、储藏、加工、运输和市场信息、经营辅导等方面的要求；商品生产服务体系"是一项刻不容缓的任务"
1985年中央一号文件：《中共中央、国务院关于进一步活跃农村经济的十项政策》	提出农业技术服务的"科研—生产联合体"	科研推广单位、大专院校及城市企业，可以接受农村委托的研究项目，转让科研成果，提供技术咨询服务，或者与生产者组成"科研—生产联合体"；地区性合作经济组织，要积极办好机械、水利、植保、经营管理等服务项目；城市应继续办好各类农产品批发市场和贸易中心

续表

中央文件名称及年份	对农业社会化服务的提法	对农业社会化服务的关注点及内容
1986 年中央一号文件:《中共中央、国务院关于一九八六年农村工作的部署》	指出"农村商品生产的发展,要求生产服务社会化"	农民对服务的需求各式各样,应按照农民的要求,提供良种、技术、加工、贮运、销售等系列化服务;对农民的技术服务应以无偿或低偿为主;以"星火计划"为农村提供科技服务;发展蔬菜和副食品批发市场,为大批量农产品进城创造条件
1990 年中共中央、国务院:《关于一九九一年农业和农村工作的通知》	提出"要大力发展农业社会化服务体系"	明确"合作经济组织内部的服务,国家经济技术部门和其他各种服务性经济实体为农业提供的服务"组成了农业社会化服务体系,并对各主体如何提供服务进行了具体说明
1991 年国务院《关于加强农业社会化服务体系建设的通知》	指出农业社会化服务体系建设是一项伟大事业,具有极其重要而又深远的意义	进一步明确"农业社会化服务,是包括专业经济技术部门、乡村合作经济组织和社会其他方面为农、林、牧、副、渔各业发展所提供的服务";详细规定了农业社会化服务的形式、内容和原则;对农业社会化服务如何保障农业生产的产前、产中、产后进行了部署;以乡为重点,建立农业社会化服务四级政府协调制度
1999 年国务院《关于稳定基层农业技术推广体系的意见》	明确农业技术推广体系是农业社会化服务体系的重要组成部分	技物结合是农业技术服务的有效形式,各级农业技术推广机构要围绕种子、化肥、农药、饲料、疫苗、农机具及配件等农业生产资料经营,开展与技术指导相结合的多种形式的服务
2003 年中共十六届三中全会:《关于完善社会主义市场经济体制若干问题的决定》	要求健全农业社会化服务体系	农村集体经济组织、农民专业合作组织、工商企业、农机推广机构、供销社和社会力量等多方参与的农业社会化服务体系;工商企业投资发展农产品加工和营销,积极推进农业产业化经营,形成科研、生产、加工、销售一体化的产业链
2008 年中央一号文件:《中共中央、国务院关于切实加强农业基础建设进一步促进农业发展农民增收的若干意见》	指出"加强农业科技和服务体系建设是加快发展现代农业的客观需要"	加快推进农业科技研发和推广应用;建立健全动植物疫病防控体系;大力培养农村实用人才;支持发展农业生产经营服务组织,为农民提供代耕代种、用水管理和仓储运输等服务;加强农村市场体系建设,鼓励商贸、邮政、医药、文化等企业在农村发展现代流通业;积极推进农村信息化

续表

中央文件名称及年份	对农业社会化服务的提法	对农业社会化服务的关注点及内容
2008 年中共十七届三中全会：《中共中央关于推进农村改革发展若干重大问题的决定》	提出"建立新型农业社会化服务体系"	构建以公共服务机构为依托、合作经济组织为基础、龙头企业为骨干、其他社会力量为补充，公益性服务和经营性服务相结合、专项服务和综合服务相协调的新型农业社会化服务体系；支持供销社、农民合作社、专业服务公司、技术协会、农民经纪人、龙头企业等提供多种形式的生产经营服务
2010 年中央一号文件：《中共中央、国务院关于加大统筹城乡发展力度 进一步夯实农业农村发展基础的若干意见》	要求"建立健全农业社会化服务的基层体系"	积极发展多元化、社会化农技推广服务组织和农业农村各种社会化服务组织，为农民提供便捷高效、质优价廉的各种专业服务；落实农产品批发市场用地等扶持政策，发展农产品大市场大流通
2012 年中央一号文件：《中共中央、国务院关于加快推进农业科技创新持续增强农产品供给保障能力的若干意见》	提升农业技术推广能力，大力发展农业社会化服务	强化基层公益性农技推广服务；引导科研教育机构积极开展农技服务；培育和支持新型农业社会化服务组织；增强集体组织对农户生产经营的服务能力。通过政府订购、定向委托、招投标等方式，扶持各种社会力量广泛参与农业产前、产中、产后服务
2013 年中央一号文件：《中共中央、国务院持续增强农产品供给保障能力的若干意见》	要求"构建农业社会化服务新机制"，明确农业服务分为"公益性"和"经营性"两类	要坚持主体多元化、服务专业化、运行市场化的方向，充分发挥公共服务机构作用，加快构建公益性服务与经营性服务相结合、专项服务与综合服务相协调的新型农业社会化服务体系；强化农业公益性服务体系；培育农业经营性服务组织；创新服务方式和手段
2014 年中央一号文件：《中共中央、国务院关于全面深化农村改革加快推进农业现代化的若干意见》	要求"健全农业社会化服务体系"，提出"农业生产全程社会化服务"	稳定农业公共服务机构，健全经费保障、绩效考核激励机制；大力发展主体多元、形式多样、竞争充分的社会化服务，推行合作式、订单式、托管式等服务模式，扩大农业生产全程社会化服务试点范围；通过政府购买服务等方式，支持具有资质的经营性服务组织从事农业公益性服务
2015 年中央一号文件：《中共中央、国务院关于加大改革创新力度加快农业现代化建设的若干意见》	提出强化农业社会化服务	抓好农业生产全程社会化服务机制创新试点，重点支持为农户提供代耕代收、统防统治、烘干储藏等服务。稳定和加强基层农技推广等公益性服务机构，健全经费保障和激励机制，改善基层农技推广人员工作和生活条件

中央文件名称及年份	对农业社会化服务的提法	对农业社会化服务的关注点及内容
2016年中央一号文件：《中共中央、国务院关于落实发展新理念加快农业现代化实现全面小康目标的若干意见》	首次提出实施农业社会化服务支撑工程	支持多种类型的新型农业服务主体开展代耕代种、联耕联种、土地托管等专业化规模化服务。加强气象为农服务体系建设。实施农业社会化服务支撑工程，扩大政府购买农业公益性服务机制创新试点。加快发展农业生产性服务业
2017年中央一号文件：《中共中央、国务院关于深入推进农业供给侧结构性改革加快培育农业农村发展新动能的若干意见》	提出引入项目管理机制创新公益性农技推广服务方式	创新公益性农技推广服务方式，引入项目管理机制，推行政府购买服务，支持各类社会力量广泛参与农业科技推广。鼓励地方建立农科教产学研一体化农业技术推广联盟，支持农技推广人员与家庭农场、农民合作社、龙头企业开展技术合作
2018年中央一号文件：《中共中央、国务院关于实施乡村振兴战略的意见》	提出推进农业生产全程社会化服务	培育各类专业化市场化服务组织，推进农业生产全程社会化服务，帮助小农户节本增效
2019年中央一号文件：《中共中央、国务院关于坚持农业农村优先发展 做好"三农"工作的若干意见》	首次提出发展乡村新型服务业	支持供销、邮政、农业服务公司、农民合作社等开展农技推广、土地托管、代耕代种、统防统治、烘干收储等农业生产性服务
2020年中央一号文件：《中共中央、国务院关于抓好"三农"领域重点工作 确保如期实现全面小康的意见》	明确提出发展面向小农户的农业社会化服务体系	鼓励发展多种形式适度规模经营，健全面向小农户的农业社会化服务体系

资料来源：根据相关中央文件整理。

回顾改革开放以来关于农业社会化服务的主要政策，可以发现我国社会化服务体系建设经历了一个服务内涵不断拓展、服务体系不断健全、服务机制不断创新、战略地位不断提升的发展历程。乡村振兴战略开局起步后，我国将继续转变农业发展方式，创新农业生产经营体制，培育新型经营主体，发展多种形式的规模经营。因此，今后我国家庭小生产与大市场之间的矛盾将更加突出，对社会化服务的需求更加迫切，需要构建农业社会化服务新机制，加快完善面向小农户的农业社会化服务体系。

第三节 我国农业社会化服务体系建设现状及成效

建设中国特色现代农业，必须建立完善的农业社会化服务体系。近年来，我国农业社会化服务体系不断完善，服务领域不断拓展，公益性服务和经营性服务相结合、专项服务和综合服务相协调的服务方式逐渐稳定，各地涌现出多种形式的农业社会化服务模式，在促进传统农业向现代农业转变的过程中发挥了重要作用。

一、公益性服务体系不断强化，基础地位稳步提升

近年来，在中央政策的引导和各级政府的高度重视下，各地在深化改革、加强政府公益性服务体系建设方面取得了显著成效，尤其是基层公益性服务组织建设取得了较快发展。全国逐步建立了从中央到乡镇五级政府公益性服务组织。绝大多数基层农业服务机构完成了改革任务，明确了公益性定位，跨乡镇建设了区域性农技推广站或统一建设了农业综合服务站，优化了农技人员队伍结构。截至2018年，全国种植业、畜牧兽医、渔业、农机、农经管理等系统共有县乡两级公益性服务机构19.6万多个，其中各类农技推广站（所）占63.0%，农经管理部门占14.5%，疫病防控部门占8.2%，综合服务中心（站）占8.1%，质量监管部门占6.3%；乡级公共服务机构仍占多数，占比为78.9%；各级农业公共服务机构人员超过120万人，服务对象日趋多元化，普通农户仍是最主要的服务对象，占公共服务机构提供服务的76.8%；其次是专业大户，占11.5%；专业合作社占8.6%，各类涉农企业占3.1%。近几年，村级集体经济组织利用自有资金进行扩大再生产，在公共服务方面的投入呈逐年上升的趋势，乡村综合服务社和服务中心建设进程加快。

二、经营性服务主体快速发展，多元化竞争格局基本确立

伴随着市场化取向改革的不断推进，经营性服务主体取得了蓬勃发展，在社会化服务体系中扮演生力军的角色，初步形成了多方参与、多元竞争的发展格局。2012年3月，《国务院关于支持农业产业化龙头企业发展的意见》提

出，要"充分发挥龙头企业在构建新型农业社会化服务体系中的重要作用，支持龙头企业围绕产前、产中、产后各环节，为基地农户积极开展农资供应、农机作业、技术指导、疫病防治、市场信息、产品营销等各类服务"。截至2018年，我国农机服务组织和农机大户总数达到520万个，其中农机合作社超过7万个。病虫害专业化防治组织达到2.5万个以上，从业人员近100万人；农产品批发市场约4500家，职业经纪人达600多万，"土地管家""土地保姆"等一些新兴的农业服务组织也迅速发展。此外，农机服务队、农村经纪人、基层农资供应商等个体形式的市场性服务主体具有数量庞大、服务内容多样、经营形式灵活、低成本等特点，同样在当前的农业社会化服务体系中扮演着重要角色。据不完全统计，我国经营性服务组织总数超过428万个，人才总计约2338万人。这些经营性服务组织在农业技术推广、农作物病虫害统防统治、农资配送、机械作业、抗旱排涝、信息服务、产品销售等方面发挥着日益重要的作用。

三、服务领域不断拓展，多层次服务格局基本形成

农业社会化服务体系是商品经济发展的产物。随着农业生产的商品化、专业化程度越来越高，社会化服务开始从生产服务领域向"全要素"领域延伸。一方面，传统型服务基本覆盖，服务内容不断丰富。我国通过改善工作条件、保障工作经费、创新运行机制，不断增强农业公共服务机构能力，切实承担起农民解决不了、市场和社会提供不了的服务供给需求，在公共服务方面发挥主导和引领作用。经过多年的努力，我国已经基本实现了在农业技术推广、生产信息化服务、动植物疫病防控、农产品质量安全监管等服务领域的全覆盖。同时，随着合作组织等服务主体的发展壮大，以统一生产资料供应、统一技术标准、统一生产服务、统一产品收购和销售为特征的农业合作型服务内容不断丰富。在市场力量的作用下，以机耕、机插、机收为重点的劳动力替代型服务和代育秧、植保统防统治、机烘、初加工及包装等为重点的技术替代型服务越来越普及。与此同时，为实现现代农业发展，一些传统服务内容不断革新。以动植物疫病和灾害防控为例，为确保食品安全和粮食有效供给，我国开始加强农业灾害监测预警和防控能力建设，大力推行专业化统防统治。在动物防疫方面，加强体系建设，完善国家动物疫病防控网络和应急处理机制，强化执法能力，以确保对重大动物疫情的有效控制。在农村气象服务方面，开始加强人工影响天气工作体系与能力建设，提高农业气象服务和农村气象灾害防御水平。

另一方面，新型服务领域不断拓展，服务层次不断加深。这些新型服务领域主要包括：市场预测和信息传递、土地流转服务、产品开发与推介、人才培训与管理、管理咨询与发展规划、冷链运输及贮藏、金融与保险服务等内容。随着我国科技创新能力和信息化水平提高，我国社会化服务体系基本提供了覆盖全程的农业服务。从发展历程上看，从单项服务到综合服务，从产中到产前、产后，从种养业到观光、休闲等多功能农业，我国社会化服务领域不断拓展，多层次服务格局基本形成。

四、服务方式与手段不断创新，多形式服务模式逐步建立

随着新型社会化服务主体的快速发展，服务方式与手段也不断创新。从被动服务到主动服务、从常规服务到个性化服务、从专项服务到综合服务，各类社会化服务主体相互联合、相互协作，在实践中逐步建立起多形式农业社会化服务模式。按照主体划分，可以分为依托政府公共服务机构的农业社会化服务模式，如建立现代农技服务咨询平台、实施"农业科技进村入户"工程、实施农技推广责任制等；村集体提供农业社会化服务模式，如村集体直接服务于农户模式、设立村级综合站提供服务模式、"村集体+中介组织+农户+基地"服务模式等；农民专业合作社提供服务模式，如产前团购和技术培训服务、产中技术指导、产后销售和加工服务等；农业产业化龙头企业与农户联结服务模式，如"公司+基地+农户"等；不同民间主体服务模式，如民间村级科技服务站——以服务换市场模式、农村经纪人协会服务模式、农产品批发市场服务模式等。近年来，在市场机制的推动下，各服务模式之间相互融合，出现了以下三种趋势：一是以利益协调为突破口，以产业化经营推动社会化服务。在农业产业化经营过程中，以利益协调机制为纽带，实现各主体互惠互利、共同发展，从而推动农业社会化服务。二是以为体系建设突破口，以产学研协作提升服务水平。加强体系建设，强化产学研协作，可以激发科技创新与服务系统的活力，促进各个服务主体良好互动，提升农业社会化服务水平。三是以农田托管为突破口，开展全程农事服务。随着农业社会分工分业不断加快，充分调动社会化服务资源，开展全程农事服务，可以实现农机农艺融合，良种与良法配套，促进农业生产专业化、经营服务社会化。江苏省东海县组织部分技术力量较强、经营规模较大的农民专业合作社或专业农业服务公司，在村级班子战斗力强、外出务工人员比例大、粮食生产集中连片等基础条件较好的村组推行农田托管经营。服务组织与农户按照自愿有偿的原则，对农民生产的各类农事服

务进行细化分解，就生产某一环节或全过程商定服务价格和服务标准，由服务组织根据合同为农户提供菜单式服务，实现了规模化、集约化、标准化生产。截至2017年底，开展托管为主的农业社会化服务组织已发展到31.2万个，服务农户达到3754.3万户。农业生产的耕、种、防、收四环节托管面积已经分别达到2.68亿亩、1.97亿亩、1.63亿亩和2.79亿亩。接受生产性托管服务的对象，小农户占90%，接受服务的面积为1.76亿亩，占托管总面积的72.8%。

第四节　我国农业社会化服务体系存在的问题

随着我国现代农业进入新的发展阶段，农业发展模式与增长方式发生转变，兼业农户与专业农户日益分化，新型经营主体迅速崛起，对农业社会化服务内容与形式提出了新要求。总体来看，我国目前提供的农业社会化服务还不能充分满足广大农民的需求，尤其是没有针对1亿左右的专业农户提供有效的服务。无论是农业服务的供给者（政府的农技推广机构、农业龙头企业、农民合作经济组织、科研院所），还是农业服务的需求者（农民），都存在一些问题。

一、供需结构不合理，多元化需求难以满足

近年来，我国农业专业化、现代化水平不断提高，农业功能不断拓展，对系统而全面的农业社会化服务的需求也愈加强烈。目前，我国农业社会化服务不仅供需总量矛盾突出，而且存在结构上的不合理。一项调查显示，农户对生产技术指导的需求态度中，认为需要的占84.9%，认为无所谓的占5.1%，认为不需要的占10%，这说明农户对生产技术指导服务的需求强度较高。农户对综合性社会化服务需求率从高到低分别为：技术信息、价格信息、政策法律信息、信用等级证明、贷款担保、介绍贷款渠道、组织集体贷款和组织外出打工。然而，从供给层面来看，服务远远不能满足农户需求。以技术服务为例，目前我国提供的服务中，增产型技术多于增收型技术，资源利用型技术多于资源节约型技术，农艺型技术多于农机型技术。从供给主体上看，民间服务主体在社会化服务的提供中发挥着重要作用，除了水利设施及灌溉服务的提供外，

其他各项农业服务的提供比重均超过 60%。此外，农村金融服务落后也是一个突出问题。由于农业保险高风险、低收益的特性，商业保险机构对涉足农业领域积极性不高，农村保险服务体系发展长期滞后。

随着农业经营规模化、市场化程度加深，农村与农业生产不仅需要生产型、技术服务型、经营管理型等专门人才，还需要多层次、宽领域的复合型专家。然而，长期以来，以公共服务机构为主的农业社会化服务体系往往仅提供单项服务，不能满足广大农户的综合服务需求。对于家庭农场、种养大户、专业合作社等新型经营主体，社会化服务供需结构不合理的问题更加突出。与传统服务相比，新型经营主体对农业社会化服务需求具有个性化、全程化和综合性三个特点。一是新型经营主体根据业务发展特点需要有针对性的个性化指导，在产业规划、品牌设计、市场信息、产品营销、资金服务等方面衍生出新的需求；二是需求由单纯的产中环节向产前、产后环节延伸，需要覆盖全程的社会化服务；三是综合性服务需求不断增强，根据行业特点或经营规模，不同类型的新型经营主体有不同的服务需求组合。例如，家庭农场或种养大户对产前的农资供应、市场信息、技术服务等需求强烈，专业合作社则对产后的运输、加工、贮藏和销售需求强烈，而农业企业则更需要获得信息提供、金融、保险等服务。可见，供需矛盾调节不仅需要增加总量供给，更需要服务结构的匹配。

二、公益性服务体系不够完善，职能弱化现象没有明显改观

政府公益性的农业服务体系经过近几年的改革，取得了很大成效，但仍然存在一定问题，如科技转化效率较低、管理体制不顺、队伍素质不高、工作经费缺乏、难以满足农业生产需要等。

一是农业科技创新与推广脱节，科技转化效率低。科技创新与推广体制不顺，主要表现为科研、技术服务与生产三部门之间相互独立，缺乏有机的、紧密的联系。由于种种原因，我国农科教分离、产学研脱节、农业科技成果转化"最后一公里"的问题长期以来一直没有得到根本解决，基层农技推广仍然是农业科技工作中最为薄弱、最需要加强的关键环节。目前，我国农业科技成果转化率仍然较低，仅为 35%~40%，远低于发达国家 80% 的水平，能够得到大面积、跨地区推广的科技成果还不到 20%。科研院所的许多科研成果不能有效进入农业生产一线，技术服务部门掌握和储备的实用技术少，且尚未形成有效的农业科技推广体系。

二是管理体制不顺，基层农业服务机构运转困难。基层农业服务体系存在着体制不顺、机制不活、职责不清的问题。目前全国部分乡镇农技推广机构由乡镇政府与县级农业部门共同管理，造成管钱与管人分离、管事与管人分离的局面。由于推广项目归口管理部门较多，具体要求和做法各不相同，农技推广资金的政策标准不衔接，管理流程不统一，制度约束力不够，导致推广工作难以落实。一些乡镇农技人员对县级农业部门的任务安排置之不理，把大量时间和精力都用于行政工作，没有时间和精力从事真正的农技推广工作，出现"任务不要、开会不到、情况不报"的严重情况，基层农技推广体系"线断、网破、人散"的现象仍然存在。

三是高素质农业服务人员缺乏，整体业务水平有待提高。目前，在全国乡镇农技推广人员中，中专（不含）学历以下的超过20%，具有大专及以上学历的仅占49.7%，大多数乡镇农技站近10年来没有接收到涉农专业的高校毕业生。而美国的农技推广人员，100%为本科及以上学历。同时，我国农技推广人员不仅年龄偏大，而且专业技术水平较低，拥有技术职称的占67.93%，远低于国务院要求的80%。这表明我国农技推广人才队伍建设滞后，高素质人才数量严重不足，多数农技人员业务知识无法满足工作需要，人员结构老化和知识技能更新慢等问题依然突出。

四是服务经费和设备欠缺，资金投入过于分散。由于长期以来农技推广经费缺口较大，虽然中央近期加大了对农技推广体系财政补贴，目前基层农技推广条件落后、业务和工作经费不足的情况依然有待进一步改善。据统计，目前乡镇农技推广人员的工资平均每月1200~1700元，总收入低于同级行政人员、教师等60%，人员工资偏低，93%的乡镇农技站业务用房不能满足需要。而且按照现行管理体制，农技推广资金由多个部门管理，资金的政策标准不衔接，具体要求和做法各不相同，有限的财政资金难以形成合力，影响了财政资金发挥使用效益。有些资金的性质和用途基本相近，但却分散在几个部门管理，缺乏总体规划和通盘考虑，导致一些领域资金重复投入，另一些领域却无人问津。

五是服务方式落后和强度不足，难以满足农户生产需要。我国的农技推广机构在农技推广时，主要采用自上而下、"资金+行政"的方式，带有一定的强制性。通常是就技术谈推广，以农作物推广为重点，以提高产量为目标，较少考虑优势产业发展。推广工作主要集中于产中，对产前、产后的关注较少，忽略了农户的异质性和需求的多样性，不能解决农户生产过程中的实际问题。

基层的农技推广活动服务强度不够，个别指导覆盖的范围很小。据调查，乡镇农技站平均每年进行农技推广的次数不到 20 次，推广人员平均每天用在推广工作上的时间不足 5 小时，不到 1/3 的农技人员每年会对农户进行个别指导。受推广人员专业素质的限制，整个生产过程中采用的技术有限，从而使农业生产技术水平和产品竞争力均受到很大影响，农业生产效益得不到提高，群众增收幅度不大。

三、经营性服务主体作用有待提高，成长比较缓慢

在我国现行的农技推广体制下，经营性农业服务模式虽然能够加快农业科技的成果转化率，加快我国的农业现代化进程，是政府公益性农技推广体系的重要补充，但是，受制于我国农业产业化、农业科技创新机制、农民组织化和农业生产等的实际情况，经营性农业服务不可避免地存在以下问题：

一是农业企业、专业农技服务公司的农技推广能力有限，农业科技创新和推广行为不规范。大部分农业龙头企业发展缓慢，且规模较小，导致重大的、长期的、基础性的和市场效益不好的农业科技成果创新和推广动力不足；农业龙头企业和专业农技服务公司从事农技推广工作的人员和资金有限，因此他们推动的农技推广只能在较小的范围、针对具体某一种农业生产进行，而且受市场波动的影响剧烈；由于政府扶持政策不到位、管理机制与市场体制不适应，导致农业龙头企业、专业农技服务公司在农业科技创新和推广时侵犯知识产权、见利忘义、坑农害农现象时有发生。

二是农民合作经济组织、专业农机服务队（植保队）进行农技推广的主动性不强。一方面，由于农民专业合作社处于发展初期，管理机制不健全，运作不规范，与农户利益联结机制不完善，实体功能有限，农技推广和带动的能力较弱，在进行农技推广时，主要是被动跟随专业大户或骨干社员的农业技术。另一方面，由于农民专业合作社、专业农机服务队（植保队）规模较小，渠道有限，难以主动接触到最适用的农业科技。因此，大多合作社是按照农资企业的要求，形成了"公司+合作社（农机服务队）+农户"的农技推广方式，对特定企业的依赖性较强。

三是科技、教育、供销等部门参与农技推广缺乏制度性、应用性、带动性和持续性，短期行为特征明显。由于在科研项目前期，科研院所与农业龙头企业、专业农技服务公司、农民专业合作社等合作较少，导致农业科研和生产实际脱节，大部分农业科技创新成果并非市场所急需的，甚至根本无法商业化推

广。而且除了政府农技推广机构外，目前科研院所主要是通过全国农业的"双交会"等活动将已经研发出来的农业科技成果转化和推广，能否进行成果商业化推广有很大的偶然性，因而推广效果有限，导致部分具有重大经济和社会效益的农业科技创新成果被束之高阁。

四、制度供给不足，服务组织衔接机制不完善

当前，我国新型农业社会化服务建设体系中最大的制约因素是制度供给不足，致使目前农业社会化服务体系存在一些公益性服务薄弱、经营性服务灵活性不高、区域协调性不强、统筹规划指导不足等问题。以农技推广为例，从中华人民共和国成立到现在，我国虽然建立了体系庞大的农技推广体系，但县级农业技术推广机构不同专业分属不同的部门领导，降低了农业技术推广的效率。此外，还存在农业技术推广人员知识结构老化、人员素质难以满足职能需要，对当地的主导产业尤其是新兴产业服务供给不足等问题。在支持力度上，由于我国农业补贴政策是以家庭承包经营为基础的，针对农业社会化服务的专项扶持政策不多，尤其缺乏对经营性服务主体的政策支持，制约了农业社会化服务的发展。

新型农业社会化服务体系是由农业部门和涉农部门，企业事业单位、各类经济合作组织、社会团体及个人等共同组成的服务网络。政府公益性主体之间、公益性与经营性主体之间服务衔接机制不完善，损害了为农服务的整体利益。从政府层面来看，虽然国务院明确由农业农村部承担农业社会化服务主要职能，但由于历史原因，我国公共部门的条块分割严重，部门权力和利益主导资源分配，政府协调和监督检查力度不够，致使为农服务资源在部门、地域、行业之间人为化分割，为农服务资源缺乏统一整合。从市场层面来看，伴随着基层服务机构改制，公益性组织从事经营性活动、经营性组织提供公益性服务等政府与市场定位不清问题仍普遍存在，制约了社会化服务体系整体功能的发挥。

五、村集体服务能力弱，区域供给能力不平衡

村集体是农民基层自治组织，是农民从事农业生产经营重要的自服务组织，也是其他主体向农民提供服务的桥梁。20 世纪 90 年代以来，中央多次强调村级集体经济组织在农业社会化服务体系建设中的基础性作用，并明确指出村级集体经济组织开展的服务应以统一机耕、排灌、植保、收割、运输等为主

要内容。但我国大多数村集体经济组织经济实力薄弱，组织机构涣散，难以有效承担提供农业社会化服务的职能。据全国农村经济情况调查的统计，全国近60万个村集体组织中，无统一经营收益的占53%以上。即便提供服务的，服务内容也多以综合性项目为主，并主要集中于产前和产中服务环节，农业产后服务薄弱；同时，有的地区村集体在公益性服务与经营性服务之间定位不准，甚至有借助国家扶持项目"搭便车"收费的现象。此外，由于我国不同区域间农业资源配置、经济发展水平与社会因素相异，各地区农业社会化服务的成本不同，服务能力差异也较大。相当一部分地方政府以配套中央政策为主，鲜有针对区域特点的地方性农业社会化服务计划或工程；而另一些服务供给能力较强的地区，地方保护主义明显，致使区域间"服务市场"分割严重。

六、农民采纳现代农业服务的意愿不强、能力不够

当前，农民对农业新科技的采纳动力和能力都较弱。一方面，我国农户农业生产经营的规模较小，限制了采用新农业技术的经济动力。虽然近几年我国农村土地流转加速、农民专业合作社发展加快，但农村仍以家庭承包经营为基本经营单位，点多面广、个体分散、规模较小，难以实现集中连片的规模化推广优势，也难以带来明显的科技比较效益，影响了农民采用先进技术进行农业生产的积极性。另一方面，我国农民的素质相对较低，阻碍了采用农业新技术的需求。一是部分农民仍然固守传统的农业理念，对采用新的农业科学技术的意愿不强，接受起来需要一个过程。二是目前农村的劳动力大都是年龄较大、文化素质较低的群体，这部分人采用新技术的能力不足，也影响着农业劳动生产率的提高和农业技术推广的实际效果，影响着农业社会化服务体系的建设。

第五节　完善我国农业社会化服务体系的政策建议

适应实施乡村振兴战略的新形势、新任务和新要求，实现农业农村现代化和小农户与现代农业发展有机衔接，迫切需要健全的农业社会化服务体系做支撑。党的十九大和历年中央一号文件为新时期农业社会化服务体系建设指明了方向，就是要按照建设现代农业的要求，加快构建面向小农户的覆盖全程、综合配套、便捷高效的服务体系，形成多层次、多形式、多主体、多样化的农业

社会化服务格局，为进一步推进我国现代农业的发展服务。因此，要在构建新型农业经营体系过程中，同步推进新型农业社会化服务体系，要坚持主体多元化、服务专业化、运行市场化的方向，促进公益性服务和市场性服务相结合、专项服务与综合服务相协调，强化公共服务组织建设，大力扶持经营性服务组织发展，以专业农户为主要服务对象，以新型农业经营主体为重点扶持对象，通过机制创新、主体培育、领域拓展和区域协调，促进农业社会化服务全面快速发展，形成公共性服务、合作型服务、市场化服务有机结合、整体协调、全面发展的新型农业社会化服务体系。

一、明确构建新型农业社会化服务体系的思路和原则

深刻领会党的十九大以来农业农村改革的总方针，明确构建新型农业社会化服务体系的重大战略意义和思路原则。在服务性质上，农业社会化服务兼具公共物品与私人物品的经济学特征，要求公益性服务与经营性服务并举。在服务内容上，农业发展方式的转型，要求在强化技术指导与培训、生产资料供应、农产品销售等传统服务的基础上全面拓展包括仓储物流、品牌宣传、电子商务、金融借贷等多方面的服务。在服务主体上，多种新型经营主体的涌现要求在强化政府机构、涉农企业等传统服务主体的基础上强化新型经营主体的服务功能，重点扶持农民合作社、农村经纪人、专业化服务机构等新型服务主体。当前和今后一段时期，要确保农业生产性服务业产值占农业总产值比重明显提高，服务市场化、专业化、信息化水平显著提升，基本形成服务结构合理、专业水平较高、服务能力较强、服务行为规范、覆盖全产业链的农业生产性服务业，进一步增强生产性服务业对现代农业的全产业链支撑作用，打造要素集聚、主体多元、机制高效、体系完整的农业农村新业态。

构建新型农业社会化服务体系的基本原则有四点：一是坚持市场导向。充分发挥市场配置资源的决定性作用，推动资源要素向生产性服务业优化配置，促进服务供给与服务需求有效对接。政府着力培育、支持、引导服务组织发展，规范市场行为，为农业生产性服务业有序发展创造良好条件。二是坚持服务农业农民。聚焦农业生产和农民群众的迫切需要，着力解决农业生产重点领域和关键环节存在的问题，着力解决普通农户依靠自己力量办不了、办不好的难题，让农户充分获得农业生产性服务带来的便利和实惠。三是坚持创新发展方式。针对不同产业、不同环节、不同主体的特点，因地制宜地选择适合本行业、本地区的发展方式。推动信息化和生产性服务业融合发展，把农业生产性

服务业作为农村创业创新的重要领域，不断推进业态和模式创新。四是坚持注重服务质量。将质量要求贯穿农业生产性服务的全过程，根据市场需求以及生产经营主体的要求，严格服务标准和操作规范，加强服务质量监管，促进农业生产性服务业健康发展。

二、加大新型农业社会化服务体系的政策设计和资金投入

一方面，完善公益性服务体系，加强农业公共服务能力建设。一是要整合为农服务资源。在体制建设上，要加强政府主体地位，打破部门、领域、行业界限。中央政府应致力于农业科技创新体系、农业技术推广体系等基础制度建设工作，致力于联结政府、教育、科研、企业等多主体协作机制完善工作以及国家政策落实的监督管理工作。地方政府应该建立熟悉当地农情的基层农业综合服务队伍，巩固乡镇涉农公共服务机构基础条件建设成果。建议农技推广、动植物防疫、农产品质量安全监管等公共服务机构率先围绕发展农业适度规模经营拓展服务并开展试点。二是加强农口以外涉农力量的参与。积极改革供销社、金融机构、村级集体经济组织、科研院所等传统服务主体的体制机制，创新现代社会化服务方式和新型农业服务业态，形成以农业部门为主、其他部门配合，合力提供基础性、公益性社会化服务的局面。建议以县为单位开展农业社会化服务示范创建活动。三是要增加政府购买公益性农业服务的投入预算。建议开展政府购买农业公益性服务试点，鼓励向经营性服务组织购买易监管、可量化的公益性服务。研究制定政府购买农业公益性服务的指导性目录，建立健全购买服务的标准合同、规范程序和监督机制。

另一方面，扶持经营性服务组织发展，形成多元竞争的服务格局，进而发展农业社会化服务产业。一是要支持龙头企业开展农业科技创新。通过国家科技计划和专项等支持龙头企业开展农产品加工关键和共性技术研发，将龙头企业作为农业技术推广项目重要的实施主体，承担相应创新和推广项目，鼓励龙头企业通过生产、加工、销售一体化经营，以多种方式开展为农服务，并在服务过程中建立双方紧密的利益联结机制。二是培育壮大农民专业合作社专业技术协会、农机服务组织、专业服务公司等经营组织，重点解决该类主体内部物质资本、人力资本匮乏问题，提高市场竞争力，提升农机作业、技术培训、农资配送、产品营销等专业化服务能力。三是要加大对家庭农场、种养能手、农机服务户、农村经纪人和其他类型能工巧匠等农村各类专业户的培育力度。这些服务主体具有贴近农民、了解农村、成本低廉、持续性强等特点，能够适应

农业生产的社会化、专业化发展，在社会化服务体系中发挥生力军作用。与我国农业社会化服务的现实需求相比，这些经营性组织还存在数量较少、覆盖面小、服务能力不强等问题。因此，需要对经营性服务组织从政策、税收、资金等方面加大扶持力度，创新政府购买服务模式，鼓励和支持经营性服务组织积极参与公益性服务。在培育新型服务主体的过程中，还必须继续稳定队伍、转换机制，强化公益性服务机构建设，积极改造供销社、信用社、村级集体经济组织、科研院所等传统服务主体，创新现代社会化服务方式和新型农业服务业态，培育多元化、社会化服务主体，构建以农业部门为主，其他部门配合，形成合力提供基础性、公益性社会化服务，以农民专业合作社、龙头企业为骨干，大专院校、科研院所为基础，其他类型的机构为补充的多元化社会服务新格局。

三、提高农业社会化服务的瞄准度和有效性

加大新型农业社会化服务体系建设投入的同时，需要更高的瞄准度和有效性相配合。一是要提高政府部门公益性服务的准确性。改变目前公益性服务机构以技术服务为主的单一服务方式，加快向信息、营销、资金、创业支持等"全方位"服务领域拓展，加快从"一对多"的普广性服务向"一对一"的重点服务转变，注重传播现代科技知识、市场信息、管理理念，促进农民经营方式、发展理念的转变，使农业社会化服务从关注农业生产力提高转变为更加关注农业经营支持，从关注生产环节转变为更加关注产业链的延长和衔接。二是要优化农业社会化服务市场管理。以市场化为主导，充分发挥各类服务主体的比较优势和服务特色，建立"有进有退"的社会化服务市场机制，在满足多层次服务需求的同时，实现服务资源优化配置。建议针对经营性农业社会化服务组织或个人开展示范评选活动。三是要在推动单个服务主体提供多样化服务的同时增强多个服务主体的协调性。重点利用各种经营性服务组织，积极发展良种种苗繁育、统防统治、测土配方施肥、粪污集中处理等农业生产性服务业，大力发展农产品电子商务等现代流通服务业，支持建设粮食烘干、农机场库棚和仓储物流等配套基础设施。积极推广既不改变农户承包关系，又保证地有人种的托管服务模式，鼓励种粮大户、农机大户和农机合作社开展全程托管或主要生产环节托管，实现统一耕作、规模化生产。四是要建立农业社会化服务的信息反馈和评价机制。加强服务供需双方的互动交流，使广大农户更加充分地参与分享社会化服务的成果。建议试点在公共服务体系中应设置专职人

员，负责科研、教育、行政、企业和经营性服务组织等机构之间的沟通，反馈各方的需求与供给信息，促进农业社会化服务、人才教育、政策资源与生产实践之间的互动协作。

四、强化农业社会化服务的基层供给和区域均衡

提高农业社会化服务的基层自服务能力与区域协调性是构建新型农业社会化服务体系的两个重要层次。一是要在资金、信贷和税收上加大对村集体的扶持。加快完善农村"三资"管理制度，发展壮大村级集体经济，使村集体具备公共服务的能力。提高农民组织化水平，保障农户的生产经营决策权，使村集体或由村集体领办的合作组织成为维护农民利益的有效组织载体，防止龙头企业联合相关机构形成侵害农户利益的利益联盟。二是要根据区域农业社会化服务特点确定村集体农业服务的角色与功能。建议在有条件的地区，试点建设乡村综合服务社或服务中心（平台），设置专门的动物防疫员、农业技术员、公共卫生员等村级公益服务员。三是要加强区域农业社会化服务能力建设。在充分发挥市场引导作用的基础上，赋予地方政府一定的自主权，形成区域间各具特色、优势互补、分工协作的农业社会化服务格局。鼓励农民合作社及其联合社等具有区域性辐射能力的经营主体发挥农业社会化服务功能。解决区域农业服务主体多、联结散、成本高、效果差的弊端，提高农业服务的综合效益。建议国家和有条件的地区抓紧制定"基准评价指标"和"地区差异指标"相结合的指标体系，尽快编制新型农业社会化服务体系建设规划。

五、加强农民对现代农业服务的接受动力和承接能力

农民对现代农业服务的接受动力的强弱和承接能力的高低是新型农业社会化服务体系建设的关键。一是提高农民对从事现代农业的吸引力。将推进农业转移人口市民化、城乡基本公共服务的完善同支农惠农政策和新型农业经营体系建设结合起来，提升农业的职业含金量，提高农民对从事现代农业的吸引力，促进农民对农业社会化服务的接受主动性。二是要重点开展职业农民教育培训。制定专门规划和政策，整合教育培训资源，改善农业职业学校和其他学校涉农专业办学条件，加快发展农业职业教育，大力发展现代农业远程教育。紧紧围绕主导产业开展农业技能和经营能力培养培训，扩大农村实用人才带头人示范培养培训规模，加大对专业大户、家庭农场经营者、农民合作社带头人、农业企业经营管理人员、农业社会化服务人员和返乡农民工的培养培训力

度，把青年农民纳入国家实用人才培养计划。三是要探索建立公益性的农民培养培训制度。加快构建新型职业农民和农村实用人才培养、认定、扶持体系，为提高农民接受新型农业社会化服务的有效性提供制度保障。建议在条件成熟的地区率先开展新型职业农民培养认定与家庭农场、农民专业合作社注册挂钩试点。

第二章 农业社会化服务供给体系[①]

农业社会化服务是为农民在整个农业生产过程中提供产品、劳务、物流、资金、技术以及信息咨询等服务，包括农产品的包装、运输、加工、贮藏、销售等内容。农业社会化服务是非常重要的支农活动，是实现农业现代化过程中不可或缺的重要因素，涉及农业产前、产中及产后各个环节，具备全方位综合性等特点。以农业生产的过程为标准，可以将农业社会化服务细分为六类：①农业生产资料供应服务；②农业生产性服务；③农业技术推广服务；④动植物疫病防治服务；⑤农产品质量与安全监管服务；⑥农产品流通服务。从中国的实际情况来看，提供农业社会化服务的主体主要包括政府部门、农业企业、经纪人与经销商、农产品批发市场、农民专业合作社、农户与市民等。此外，供销社、邮政等一些机构或系统也提供一些服务，其经营特点与农业企业相似，见图2-1。

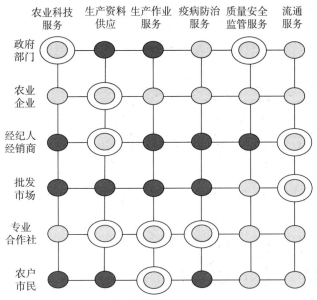

图2-1 中国的农业社会化服务框架梳理

注：●表示不提供服务；○表示提供服务；◎表示主导该项服务。

---

① 执笔人：刘同山、孔祥智、毛飞。

第一节　农业生产资料供应服务

农业生产资料是农业生产过程中的总体投入，其最终经济目的是产出满足消费者需求的农产品，这些投入包括种子（含食用菌菌种）、农药、化肥、农机具及其配件、种畜禽、饲料及其添加剂、兽药、水产苗种、鱼药、渔具等。农业生产过程是基于自然环境资源，科学综合地利用各种农业生产资料以产出最终产品的过程，由此可见，农业生产资料的供应服务涉及农业生产的产前及产中，是农业社会服务中最基础的服务，在农业生产中具有重要作用。为此，我们必须深入了解现有农业生产资料供应服务的现状，本节将从现有农业生产资料供应服务中的服务主体、服务形式及其内容、政府以及行业对农业生产资料供应服务的规制等角度展开。

一、服务主体

农业生产资料作为商品，其服务主体和其他商品一样，也包含生产者、中间商、零售商等。受我国经济体制的特殊性的影响，在计划经济年代，我国农业生产资料由国家生产，由各级供销社销售，服务主体较为单一。改革开放以后，农业生产资料供应服务主体逐步多元化，形成了生产者—中间商—零售商—用户、生产者—用户、生产者—中间商—用户等多种流通体系。服务主体主要有以下六种：

（一）供销社

供销合作社作为计划经济时代的遗留物，在基层拥有数量庞大的网点，农资品种齐全，并填补了营利性农资供应者不愿进入偏远地区的空白。截至2018年底，全国供销社系统共有县及县以上供销合作社机关2783个，其中省级供销合作社32个、省辖市供销合作社342个，县供销合作社2408个。在全系统内，基层社有31792个，基层社经营网点中农业生产资料网点11.7万个，占全部基层社营销网点的34.31%[①]。截至2016年底，供销社系统内，共有农业生产资料连锁经营企业2354家，同比减少5.84%；配送中心5551个，同比

[①] 资料来源：http://www.chinacoop.gov.cn/HTML/2012/02/22/73568.html。

减少 13.62%；连锁、配送网点 34.4 万个，同比减少 7.03%；其中，县及县以下网点 34 万个，同比减少 6.59%。

（二）邮政农资

多年来，邮政系统大力开发农村市场，以服务"三农"为重点的连锁配送业务得到快速发展。目前，邮政系统已在农村地区设立了以经营农资为主的自营店 1.8 万家，连锁加盟店 20 多万家，服务"三农"网点达到 24 万多处，覆盖了全国 86% 的县市和超过 1/3 的行政村，逐步形成了包括总部、省、市、县、乡村的 5 级经营服务体系，开辟了一条工业品下乡、农产品进城的新流通渠道①。2017 年，邮政系统发挥 5 万多处邮政自营网点和 42 万处"邮乐购"加盟店的优势，深入全国贫困山区、革命老区，助力农资等工业品下乡。②

（三）涉农企业

市场经济中，企业永远是生力军，在农业生产资料供应方面，其是主要供给者。以种业生产企业与兽药生产企业为例，截至 2017 年底，全国持有种子经营许可证的种子企业 5203 家，销售额前 50 强集中度增长到 35.8%，比 2016 年增加 1.8 个百分点，创历史新高，但与世界种子市场高度集中的格局相比，集中度仍有进一步提升的空间。近年来，我国种子企业的市场主体地位不断强化，随着企业兼并重组加快，企业数量大幅减少，前 50 强的市场份额占 35% 以上，这比五年前提高了 5 个百分点。上市企业有 60 多家，总市值超千亿元。

（四）农民专业合作社

农民专业合作社作为一种新型农业经营主体，可以把分散的小农组织起来，形成规模，提高农民的谈判能力，从而使农民可以更优惠且专业地采购农业生产资料。近年来，随着国家对农民专业合作社政策支持力度的加大，它们在为成员统一购买农业生产资料方面的作用日益突出。2017 年，全国新登记注册合作社 22.3 万家，截至 2017 年底，全国依法登记的农民专业合作社达到 201.7 万家，是 2007 年底的 77 倍，实有入社农户近 1.2 亿户，约占全国农户总数的 48.1%。截至 2017 年底，县级以上各级示范社已超过 18 万家，其中省级示范社约 3 万家，国家示范社 6300 家。2017 年，全国农民合作社实现经营收入 5890 亿元，可分配盈余 1100 亿元，为每个成员平均分配 1644 元。据统

---

① 张喜才，陈秀兰. 农村商品流通网络的整合发展 [J]. 中国流通经济，2014（4）：20-26.

② 资料来源：http://news.sina.com.cn/o/2017-09-02/doc-ifykpzey3752719.shtml.

计，有约27%的国家农民合作社示范社位于国家级贫困县中，带动成员44.7万户，237.5万户建档立卡贫困户加入农民专业合作社。[①]

（五）农村经纪人

目前活跃在我国农村地区的经纪人中，有很大一部分本身就是从事种植、养殖的专业户，他们一方面连接市场，对相关行业信息、专用技术以及市场动态十分了解，充当农资采购和农产品销售的市场中介，另一方面还可以充当农业技术推广和农产品品种改良的示范媒介，向周边农民提供正确的生产信息。此外，作为专业户，很多农村经纪人还熟练掌握相关种养技术，可以直接为周边农民提供种养技术指导服务。截至2011年底，全国农村经纪人达到600万人左右，从事着农、林、牧、渔、运、批、销等各个涉农行业，在农产品市场流通中发挥着不可替代的作用。为提高农村经纪人业务素质和经纪能力，2011年农业部启动了农村经纪人培训试点，在山东、湖北、广西等10个省（自治区）对3000名重点经纪人进行培训，有2800人通过了农村经纪人职业技能资格鉴定，合格率达到90%以上。按照农业部《农村实用人才和农业科技人才队伍建设中长期规划（2010—2020年）》，农业部计划用10年时间培训3万名农村经纪人，打造一支骨干农村经纪人队伍[②]。2012年，农业部重点培养和建立农村经纪人队伍，在粮食主产区选拔扶持3000名农村经纪人，培养造就熟悉农产品流通政策、经营管理素质较高、经纪行为规范的农村经纪人队伍。2016年，农业农村部在《关于扎实做好2016年农业农村经济工作的意见》中指出，鼓励农村经纪人和新农民搞活农产品流通，加快建设国家级农产品专业市场。

（六）农资经销商

截至2012年7月，全国累计建设改造农资店约60万家，覆盖75%的行政村，初步形成了以城区店为龙头、乡镇店为骨干、村级店为基础的农村市场网络。据《2017—2018年全国百佳（优秀）农资经销商调查报告》调查结果显示，在226个样本企业中，注册资本在3000万元及以上的企业有43家，占20.8%；其中1亿元以上的企业共有15家，占比7.28%；注册资金在500万元及以下的企业共106家，占比51.5%。注册资金在500万元及以下的企业占比过半，注册资金在3000万元以下的企业总占比近80%。可见农资经销商主

---

① 资料来源：《中国农业年鉴（2017）》。
② 资料来源：《中国农业发展报告（2012）》。

要以中小规模为主。从销售方面看，年销售量在 100 万吨以上的经销商共有 16 家，主要为省级农资流通企业，占入选企业总数的 6%；年销售量在 50 万~100 万吨的经销商共有 8 家，约占总数的 4%；年销售 10 万~50 万吨的经销商 22 家，占总数的 10%；年销售 10 万吨以下的经销商为 70 家，约占总数的 33%；年销售量 1 万吨以下的经销商约占总数的 47%。年销售额在 10 亿元以上的企业共有 19 家，占总数的 9%；年销售额在 5 亿~10 亿元的企业共有 11 家，约占总数的 5%；年销售额 1 亿~5 亿元的企业共 30 家，占总数的 14%；年销售额 1 亿元以下的企业有 154 家，约占总数的 72%。以年销售量和销售额标准来看，农资经销商的实力层级呈现为稳定的金字塔型，省级农资流通企业数量少，但占据所属区域的农资供应主渠道，而越靠近基层，农资经销商的数量越多，综合实力则相对较弱。①

二、服务形式与内容

（一）"农业合作组织+农民"模式

农业合作组织作为一种新型农业经营主体的出现，在农资供应服务方面，除了为社员统一采购农资外，由于其与农民接触紧密，还会对农民进行定期的农资使用培训，还能指导农民科学种养。如山西永济蒲韩乡村社区，该社区以农民合作组织为依托，在社区内成立农资店百货连锁超市、有机农业联合社、农民技术培训学校等②。又如湖北省鄂州市泽林镇万亩湖万兴种养殖专业合作社，充分发挥合作社的规模优势，为社员行使代理权，统一种子、统一使用生物有机专用肥、统一防治病虫害、统一销售、集中打造绿色农产品品牌③。

（二）"生产企业+经销商"模式

"生产企业+经销商"的模式使企业能更好地控制经销商，使经销商按照企业的要求经营，保证产品质量与使用技术的落实，同时有利于企业对农业生产资料的物流配送，最终达到农资企业服务农民的目的。以中国农业生产资料集团公司为例，其集生产、流通、服务为一体，专业经营化肥、农药、农膜和种子、农机具等农业生产资料，并构建全国性的农资经营网络体系，以"为农服务"为核心，在 20 多个省市自治区建有 2 个万吨级码头、11 条铁路专用线、37 个国家级化肥储备库、800 个农资配送中心、2000 家农药标准店和

① 资料来源：中国农资编辑部，《2017—2018 年全国百佳（优秀）农资经销商调查报告》。
② 资料来源：http://baike.baidu.com/view/10394256.htm?fr=aladdin。
③ 资料来源：刘同山，湖北省鄂州市泽林镇万亩湖万兴种养殖专业合作社访谈，2013 年 4 月 27 日。

5000个农民专业合作社，辐射地域达1200多个农业主产县。此外，其还加强供销系统内部的联合重组，控股多地多家农资公司，以进一步提升服务市场的能力①。

（三）农资连锁经营服务模式

农资连锁店是一种非常新颖、有序的销售模式，是若干同业店铺以共同进货或授予特许权等方式联结起来，实现以服务标准化、经营专业化、管理规范化、共享规模效益的一种现代经营方式和组织形式。

（四）示范户模式

示范户模式是选取一部分农户优先使用农资产品产生效果进而起到示范作用，用以带动周边农户推广使用的模式。示范性农化服务模式是一项十分常见的农资推广方法，被众多农资企业采用。示范户、示范田、示范园真实地展现出产品或技术的效果，用以点带面和现身说法的方式为农资供应服务带来意想不到的效果②。

（五）农资供应综合体模式

浙江省供销社通过构建农资经营服务综合体，以基层供销合作社等为主体，整合相关资源，打造一体化经营、一站式服务。综合体建设将农民专业合作社、村级服务社、社有企业、农产品及农资经纪人协会有机融合在一起，从源头堵住坑农、害农行为，让农民买到放心的农资，同时其又提供了一系列市场信息和销售渠道，帮助农民解决农产品销售问题。这既为农民创收提供了动力，又为农民进行农业生产提供技术指导，同时也保障并扩大了自身农资产品的销售量，实现双赢的局面③。

（六）"田间农资店"销售模式

"田间农资店"销售模式，实质指农资销售商将农业生产资料直接送到田间地头的销售方式。农民在使用农业生产资料前只需告知销售商所需品种、数量以及地点，销售商就会立即将其送到指定地点。这种农资营销方式解决了农民存储农资的难题，使得农民可以像经营企业一样进行 JIT 采购，同时也消除了农民运送农资到田间地头的烦恼。

---

① 资料来源：http：//www. sino-agri. com/intro. php?cid=3。

② 陈丽丽，张雅丽. 我国农资营销企业农化服务模式探析 [J]. 现代农业科技，2013（19）：350-351。

③ 一体化经营，一站式服务，吹响综合服务的号角——浙江省供销合作社系统基层社经营服务综合体建设经验介绍 [J]. 中国合作经济，2012（8）：19-31。

服务内容上，各主体以农业生产资料销售为主，辅以技术培训与指导。在现行农业生产资料供应主体中，其除了销售如种子、农药、兽药、农机具、化肥等生产资料外，也提供农业生产资料的使用培训以及技术服务。农资生产企业、经销商、各级供销社、经营农资的邮政机构以及农资经纪人与农民专业合作社，都会利用自身的便利条件对农资使用者展开技术指导，特别是如农民专业合作社、农资经纪人以及县级农资供应主体等一线农资供应主体会将农资送到田间地头，形成实时供应，随叫随到，还会深入田间地头对农民进行培训。对农资生产企业而言，以化肥企业为例，其在进行化肥生产之前，会对目标客户群所在地的土壤进行分析，开展肥力测试[①]，为农民施肥提供指导。除此之外，农资企业也会开展农技知识讲座，对农民进行必要的培训，以提高农民科学种田的能力，并加强对企业销售人员和农民技术员的培训，以就地解决农民在农资使用中的技术问题。

三、约束文件

为了保障农业生产的正常进行，中国政府对农业生产资料的生产供应有着严格的监督和管理。各种政策法规以及部门规章制度等对农业生产资料的供应都做出了相应规定，涉及种子生产、质量监管等，化肥生产、定价等，农药生产、销售、经营、监管等，农机生产、监管等，饲料生产等，农资物流等多方面的内容（见表2-1）。

表2-1　部分农资生产销售监管等方面的相关法律法规以及政府规章制度

时间	名称	主要内容或目的
1997 年	农药管理条例	对农药的登记、生产、销售以及违法处罚作出相应规定
1998 年	农药广告审查办法	规范农药广告市场，维持正常竞争对广告发布进行审核
2000 年	肥料登记管理办法	对肥料登记的申请、审批、登记管理以及登记的事项作出规定
2001 年	关于修改《农药管理条例》的决定	加强农药管理，保证农药质量，保障农产品质量安全和人畜安全，保护农业、林业生产和生态环境
2004 年	兽药管理条例	以保证兽药质量、防治动物疾病为目的，涉及兽药研制生产、经营以及进出口等方面

---

① 曲艳娣、李平远、陈静霞. 中国农化服务的主要内容与发展现状［J］. 山东农业科学，2010（1）：118-123.

时间	名称	主要内容或目的
2005 年	农药生产管理办法	主要规范农药生产企业审批以及农药产品生产审批等
2005 年	农作物种子质量监督抽查管理办法	以加强农作物种子质量监督管理、维护种子市场秩序为目的，对农作物种子质量监督抽查管理、抽查方法等内容作出规定
2006 年	草种管理办法	涉及草种资源保护、草种生产、经营等多方面内容
2006 年	食用菌菌种管理办法	涉及食用菌菌种保护、生产、经营、菌种质量、进出口等内容
2007 年	农民专业合作社登记管理条例	规定农民专业合作社的业务范围可以有农业生产资料购买、农产品销售、加工、运输、贮藏以及与农业生产经营有关的技术、信息等服务
2007 年	农药标签和说明书管理办法	对农药标注内容做出详尽说明，对农药标签制作、使用和管理也作出了相应规定
2007 年	农药登记资料规定	以保证农药质量为目的，主要规范农药登记使用的术语、登记的药物成分内容等
2007 年	江西省农业机械管理条例	划分各级政府对农业机械的管理职责，并指出农业机械生产者、销售者应当对其生产、销售的农业机械产品质量负责，并按照国家有关规定承担零配件供应和培训等售后服务责任
2008 年	云南省农作物种子条例	涉及云南省种子的生产、经营、使用、种子质量、服务监督等方面的内容
2008 年	兽药经营质量管理规范	指出兽药经营场所的布局以及设施应该符合有关规定且兽药企业相关从业人员必须具备从业资格，有一定专业技能，除此之外还对兽药的采购、陈列等作出相应规定
2009 年	上海市农药经营使用管理规定	要求农药销售机构依法获取审批，对分支机构进行统一配送、安全销售、销售溯源，并尽到告知义务等
2013 年	饲料和饲料添加剂管理条例	对饲料生产企业资质设立条件，并要求新饲料等上市必须要有试用期，试用合格方可上市销售等
2013 年	中华人民共和国种子法	涉及种子资源保护、选育与审定、生产经营、使用、质量、进出口等方面
2014 年	饲料质量安全管理规范	为确保饲料产品质量，从原材料采购、生产过程控制、产品质量控制等多方面对饲料生产企业作出强制性控制
2015 年	到 2020 年化肥使用量零增长行动方案	改进施肥方式，提高肥料利用率，减少不合理投入，保障粮食等主要农产品有效供给，促进农业可持续发展

续表

时间	名称	主要内容或目的
2015 年	种子法（修订版）	规范品种选育和种子生产、经营、使用行为，维护品种选育者和种子生产者、经营者、使用者的合法权益，提高种子质量水平，推动种子产业化，促进种植业和林业的发展
2017 年	农药管理条例（修订版）	加强农药管理，保证农药质量，保障农产品质量安全和人畜安全，促进农业可持续发展

第二节 农业生产性服务

农业生产性服务主要是指面向农业产业链提供生产性服务的服务业，从服务环节上看可分为产前、产中和产后服务①，且更多地表现为对农资服务、农机服务、农技服务、农产品物流服务、农业信息服务等专业服务②。为了避免与前文重复，本节将农业生产性服务仅限定在产中，涉及农机服务与田间管理等活动。

一、服务主体

（一）农机合作社

近几年来，我国农机社会化服务发展步伐加快，服务能力持续增强。全国农机社会化服务面积超过 42 亿亩次。农机合作社蓬勃发展，截至 2017 年底，我国乡村农机从业人员达 5128 万人，农机化作业服务组织达到 18.7 万个，比 2013 年增加 1.9 万个，合作社大型（原值 20 万元以上）农机持有量同比大幅增长。2017 年，在农机化服务组织中，农机专业合作社达 6.8 万家，比 2016 年增加 5000 家；入社成员数 152 万人（户），比 2016 年增加 7.5 万人（户）。在我国，以农机化社会服务组织为方向、农机化作业组织为主体、农机户为基

---

① 曹志清，蔡玉娟，刘平. 加快发展农业生产性服务业对策措施的探讨 [J]. 浙江农业科学，2013（12）：1690-1693.

② 姜长云. 农业生产性服务业发展的模式——机制与政策研究 [J]. 经济研究参考，2011（51）：2-25.

础、农机中介组织为纽带的农技社会化服务体系越来越稳固。

（二）农作物病虫害防治服务组织

在农业生产过程中，部分生产活动的外包越来越普遍，如农作物收割、播种等。与此同时，作物病虫害防治等服务的外包也日趋流行。2017 年，在农业部门备案的植保专业服务组织达 4.05 万个，比 2016 年增加 3000 多个，三大粮食作物实施专业化统防统治面积 9533.3 万公顷次，专业化统防统治覆盖率达到 37.8%，比 2016 年提高 2.3 个百分点。据统计，2017 年粮食、蔬菜、果树、茶叶等农作物绿色防控技术应用面积超过 3660 万公顷次，主要农作物病虫绿色防控覆盖率达到 27.2%，比上年提高 2 个百分点。[1] 2012 年，农业部在全国范围内评选认定了 100 个专业化统防统治的"百强服务组织"，以鼓励并加强农作物病虫害统防统治组织的发展。2020 年 3 月 17 日，国务院通过了《农作物病虫害防治条例》，从明确防治责任、健全防治制度、规范专业化防治服务以及鼓励绿色防控四个方面，保障粮食安全和农产品质量安全，保护生态环境。

二、服务形式与内容

（一）农机化作业

当前在农业生产性服务中，农机化服务是最为常见的一种。农机化服务又以机耕、机播及机收等为主。农业农村部表示，2018 年全国农作物耕种收综合机械化率超过 67%，2019 年超过 70%。截至 2018 年，我国小麦耕种收综合机械化水平达到 99.67%、90.88%、95.87%、95.89%，为三大主粮作物中机械化率最高，基本实现生产全过程机械化。2018 年水稻机插（播）率超过 48%；玉米、马铃薯机收率分别接近 70%、30%，同比均提高 2 个百分点以上；油菜收获、花生种植及收获机械化率均超过 40%，同比均提高 3 个百分点以上；水果蔬菜生产综合机械化率接近 30%。[2]

（二）田间管理

田间管理是大田生产中作物从播种开始到作物成熟收割过程中进行的各种管理活动，主要包括病虫害防治、除草、施肥、追肥、灌溉等农业活动。目前，随着农业产业内分工的形成，田间管理外包给专业组织的情况越来越多。

---

[1] 资料来源：《中国农业年鉴（2017）》。

[2] 资料来源：http://www.gov.cn/xinwen/2019-01-19/content_5359371.html。

以湖北省鄂州市万亩湖万兴种养殖专业合作社为例，该社成立于2011年4月，前身为万亩湖农机专业合作社，是农业部首批《全国农作物病虫害防治专业化统防统治示范组织》名录中的组织。在万亩湖万兴合作社成立后，该农机合作社整体并入，成为万兴合作社的植保机防队，原农机合作社负责人担任植保机防队总队长。植保机防队使用耕整机械、插秧机机动喷雾器、诱蛾灯等对周边农户的土地进行统一标准化耕作和病虫害防治。在服务模式上，植保队下设四个分队，每名分队长联系7~8位规模种植大户，规模种植大户与万亩湖万兴合作社签订《植保水稻病虫专业化防治服务合同》，由合作社植保机防队提供从水稻移栽后到收割前整个期间的病虫防治。合同明确规定，种植大户须在每年5月底前交清预付款18元/亩，剩余部分在10月底前交清。除责任免除情况外，植保机防队须保证将防治作物的病虫危害损失率控制在5%以下；如果超标，植保机防队负责补偿超标损失部分。

（三）土地托管

除了上述两种方式之外，土地托管也是现有的生产性服务方式之一。"土地托管"作为土地流转的一种形式，是指部分不愿意耕种或者无能力耕种的农民将全部或者部分经营事务交给承担土地托管业务的合作社或者其他机构代为管理的一种模式①。

国内比较成熟的案例很多，如江苏省兴化市陶金粮食生产合作社，该社是在吸纳2009年5月成立的"绿蛙植保专业合作社"和"陶庄农机服务专业合作社"基础上，由陶庄镇农技站领办成立。最初，合作社流转土地进行机械化耕作以获取效益。随着土地规模流转难度加大，合作社开始采取"托管包产"的方式，交易标的也从土地转移为专业化农业服务。托管服务每亩收取一定的费用，并按照协议每年向农户支付800斤小麦和1200斤稻米（或等价现金）。2012年，托管的土地已从2011年的306亩增加至1861亩，2013年进一步增加为5000亩。合作社对托管土地进行划区，每个区配备一名技术员负责生产技术指导，一个技术员可以管理2~3个区域。技术员根据需要向合作社提出生产管理建议，合作社审核确认后，安排合作社的植保人员或农机服务队进行实施。

由上述可以看出，提供农业生产性服务（农机化作业服务、田间管理、

---

① 李登旺，王颖. 土地托管：农民专业合作社的经营方式创新及动因分析——以山东嘉祥县为例［J］. 农村经济，2013（8）：37-41.

土地托管等）的主体大多是农民自己或者是农民专业组织，而少有公司性的组织，这种现象的原因值得深思。

三、约束文件

农业生产性服务供给涉及多方面的问题，最为重要的是作业质量与作业安全。农业生产过程中，服务（劳动）质量有着难以监控的特性，此外，农用机械在使用过程中，由于操作环境的恶劣以及作物抢收过程中农机操作者连续疲劳作业容易造成事故发生。因此必须要有相关部门或者行业对农业生产性服务供给进行规制，以保护服务购买者的权益与生命财产安全（见表2-2）。

表 2-2　部分有关农业生产性服务的法律与约束文件

时间	名称	主要内容或目的
2004 年	农业机械化促进法	指出农业机械作业组织可以为本地或外地农民和农业生产经营组织提供有偿服务
2006 年	"三夏"作业标准	对谷物（小麦）联合收割机作业质量、旋耕施肥播种联合作业质量、玉米免耕播种机作业质量、水稻联合收割机作业质量、机动插秧机作业质量、玉米收获机作业质量、旋耕机以及水田耕整机、秸秆还田机作业质量等作出标准化规定
2009 年	农业机械安全监督管理条例	对农业机械的生产、销售、维修、事故处理等作出规定，以促进农机的良好健康发展
2010 年	拖拉机登记规定	对拖拉机登记做出规范化管理
	拖拉机驾驶证申领和使用规定	对拖拉机驾驶证申领条件、申领、考试、发证、补证以及换证等作出明确的规定
	联合收割机及驾驶人安全监理规定	对联合收割机的登记注册、驾驶证领用、作业安全、事故处理等作出规定
2011 年	农业机械事故处理办法	对农机事故划分，事故报案、受理、责任认定、赔偿调节等作出规定
2012 年	农业机械购置补贴实施指导意见	发布通用类机具补贴额度，建立"主要领导负总责、分管领导负全责、工作人员直接负责"的责任机制
	关于进一步规范农机购置补贴产品经营行为的通知	进一步规范农机购置补贴产品经营行为，严惩不法产销企业，切实维护农民和诚信企业的合法权益

续表

时间	名称	主要内容或目的
2013 年	拖拉机、联合收割机牌证业务档案管理规范	对各类农机在注册登记、转移登记、变更登记、注销登记等过程中需要归档的资料文件作出规定
2014 年	山东省《农业社会化服务》	分两部分：第一部分为土地托管服务规范；第二部分为测土配方施肥服务规范。该标准对土地托管服务、土地全程托管与土地半托管服务进行了定义，并对施肥、灌溉等服务的全部流程进行了规范，并设立了评价与改进规范
	扬州市《农机跨区作业服务规范》	建立了 3 个层次服务标准体系和 21 个子体系，共计 243 项指标，围绕作业准备、人机转运、标准作业、后勤保障 4 个重点环节，把各项标准融入"农机协会+作业队+农户"跨区作业组织模式中
2020 年	农业机械报废更新补贴实施指导意见	进一步加大耗能高、污染重、安全性能低的老旧农机淘汰力度，加快先进适用、节能环保、安全可靠农业机械的推广应用，努力优化农机装备结构，推进农业机械化转型升级和农业绿色发展

第三节　农业技术推广服务

技术进步对生产力有着强大的推动作用，在农业生产中，先进技术的应用不仅可以提高农业生产效率，对动植物疫病也起到防治作用。与此同时，农业先进生产技术的推广应用对生态环境也是有益的，如测土施肥等。因此，积极推进农业技术的发展对我国农业现代化进程有着十分重要的战略作用。

一、服务主体

（一）农技站

全国农业技术推广站按照类别可以划分为种植业、畜牧兽医、水产、农机化、经营管理五个系统。截至 2010 年底，全国五个系统共有基层农技推广机构 9.5 万个，2010 年，基层农技人员中高级、中级职称人数的比例分别为 6%、32.8%，比 2005 年分别提高 2.5%、8.1%。工作保障能力有所增强①。2006 年，国发〔2006〕30 号文件出台，对新时期基层农技推广体系改革与建设进行了全面部署。2009 年，启动基层农技推广体系改革与建设示范县项目。2010 年，启动乡镇农技推广机构条件建设项目。2012 年中央一号文件对基层农技推广体系提出"一个衔接、两个覆盖"的政策。2013 年，新修订的《农业技术推广法》为进一步加强基层农技推广体系建设提供了有力的法律保障。2018 年，农业农村部办公厅发布《关于全面实施农技推广服务特聘计划的通知》，旨在增强基层农技推广服务供给能力，探索强化贫困地区产业扶贫工作科技支撑和人才保障的新途径。政策对农技推广机构的重视力度也逐渐增强。

（二）农技推广网站

随着计算机信息技术的发展，网络也成为农技推广的重要阵地。据不完全统计，截至 2007 年，全国省一级涉及农技推广、植物保护、土壤肥料和作物种子等农技推广门户网站 59 个，地级农技推广网站或网页 298 个，市县一级农技推广网站或网页 974 个。60%的省（区、市）农技部门、60%的地级和40%的县级农技部门建立了农技信息网站或网页②。

（三）农业科研机构

农业科研机构是农业技术推广服务中不可或缺的组成部分。目前，我国农业科研机构体系，主要由国家级科研机构、省级科研机构、高等农业院校以及地市级农业科研机构组成。据中国农业科研机构导览网的数据，当前，我国国家级涉农科研机构有 123 家（含中科院涉农科研机构）、涉农高等院校有 56家、省级涉农科研机构有 99 家③、地市级涉农科研机构有 636 家④。

（四）涉农企业

企业是市场经济中积极应用科技并推动科技发展的主体。涉农企业会出于自身利益并在兼顾社会责任的同时不断更新并积极推广农业技术，一方面改进农民种养技术，让农民增收；另一方面促进自身产品销售。以中国供销集团下属企业为例，该集团下属公司中农控股为推销新产品，组织公司业务骨干和专业的农化服务团队，在活动中深入县镇基层，向广大经销商和农民朋友全面细

---

① 毛德智，陆友龙，丁红军，刘义诚. 进一步推进基层农技推广体系改革 [J]. 农村经营管理，2011（10）：14-15.

② 资料来源：http：//www. natesc. gov. cn/Html/2007-11-9/2_41243_2007-11-9_41527. html。

③ 资料来源：http：//www. carc. net. cn/Default. aspx。

④ 资料来源：http：//nks. ankang. gov. cn/Article/class2/201203/293. html。

致地介绍企业经营理念，并针对不同作物种类和土壤条件，制定并提供施肥方案，通过农技培训、田间指导等多种灵活方式，积极组织回访地区的广大农户①。

（五）农民专业合作社

农民专业合作社作为 2007 年以来发展最快的新型农业经营主体，在农业现代化进程中有着举足轻重的作用。截至 2019 年底，全国依法注册的农民合作社 220.1 万家。这 220 多万家合作社不仅覆盖了 50% 左右的农户，还为不少非农户提供服务。② 其一方面进行农业生产，另一方面提供优质农资。除此之外，其还充分利用自身优势，向农民宣传种养新技术，在农业技术推广方面发挥重要作用。如江西宜春市上高县农资专业合作社，始终把技术推广放在第一位，积极推广测土配方施肥技术并使用高效低毒农药。

（六）农业生产资料协会

农资协会作为农资行业组织，将农资企业聚集在一起，可以综合利用多方资源并进行整合，向农民提供技术指导。当前，我国有省级农业生产资料协会近 30 家③，参会企业涉及农药、种子、化肥等多领域。在进行农业技术推广时，多采用培训班等模式。如江西省农业生产资料协会举办的农技培训班，向农民重点讲解水稻高产栽培技术管理、水田除草剂的发展和应用、化肥使用技术和发展方向等农业技术知识④。

二、服务形式与内容

（一）培训班

举办农业技术推广培训班是最为常见的一种农技推广方式，这种方式深受政府农业部门、农资行业协会、农资企业等农技推广主体的喜爱。培训班举办的形式也是多种多样的，随着信息技术的发展，用视频会议形式进行的培训班发展较快⑤，这种方式成本低、效果好，将农业技术专家和农户紧密结合在一起，既能授课，又能实时解决农户问题。

（二）示范田及观摩会

示范田是进行不同农化产品应用效果对比的有效方式，可以直观地反映出

---

① 资料来源：http://www.ccoopg.com/html/2014/09/15/13944.html。
② 孔祥智. 促进新型农业经营主体和服务主体高质量发展 [J]. 农村经营管理，2020（4）：7-8.
③ 资料来源：http://www.chinanzxh.com/index.php? m=content&c=index&a=dfxh。
④ 资料来源：http://www.chinacoop.gov.cn/HTML/2014/08/07/95271.html。
⑤ 资料来源：http://www.kjs.moa.gov.cn/kjfw/201102/t20110217_1834050.htm。

不同技术生产的农化产品的施用效果。湖南隆科农资连锁有限公司与湖南省土壤肥料工作站合作，在湖南湘潭县茶恩寺镇水稻基地成功召开"金皇冠"复合肥高产示范田现场观摩会，湖南省各市州土肥站站长、各级经销商及种植大户 100 余人参加观摩①。

举办产品观摩会是农资生产企业进行新技术推广的重要手段之一。目前，多数农机具生产企业在推出新产品时，会将应用新产品直接放到田间地头实地试用。北京丰茂车有限公司在农田进行新型药械观摩会，将生产的载式机动喷雾机、喷杆式喷雾机、自走式高秆作物喷杆喷雾机、加农炮等新型药械直接放到群众面前，吸引了众多眼球。

（三）农民田间学校

农民田间学校是全国农业技术推广服务中心在执行联合国粮农组织、欧盟和亚洲开发银行等国际机构资助的水稻、棉花和蔬菜病虫害综合防治项目过程中采用的一种农技推广方式，始于 1994 年，其培训学员和培训地点是开放的，可能涉及当地村、组的整个社区。该方式大力推行以启发式、互动式、参与式为特点的农民田间技术培训活动，强化培训和技术应用工作中农民的主体地位。

（四）科技特派员

科技特派员是指经地方政府按照一定程序选派，围绕解决"三农"问题，按照市场需求和农民实际需要，从事科技成果推广转化、优势特色产业开发、服务产业化基地建设和农业科技园区建设等方面的专业技术人员。目前全国大部分省市开展了科技特派员工作。截至 2011 年底，全国近 90% 的县市开展科技特派员农村科技创业行动，科技特派员已达 17 万人，法人科技特派员达5500 个，直接服务农户 880 万户，辐射带动农村 5700 万人。

（五）农业专家大院

专家大院是把科技人员、农村经济合作组织、龙头企业和种养农户紧密地结成利益共同体，形成了"专家+高等农业院校+基层农技部门+农合组织+龙头企业"五位一体的新型农村科技服务新模式。这一农技推广模式由陕西省宝鸡市于 1999 年首创，此后受到了温家宝、回良玉、陈至立等国家领导人的充分肯定，并指出专家大院有效地解决了科技与农民的对接，不仅为农业科技人员提供了用武之地，而且为中国农业产业化发展走出了一条新路，这种模式

---

① 资料来源：http://www.sino-agri.com/news_show.php?cid=11&id=6714。

多次被科技部作为典型向全国推广。

目前，专家大院的模式已经被全国各地广泛运用，在陕西有近百个专家大院，在甘肃、安徽和四川等地，省级农业科技专家大院已经达到 20 余个。农业专家大院通过产学研有机结合，实现了科技与农民的对接，大大提高了农技推广的效率，有效解决了农业科技的"最后一公里"问题。专家、教授结合地方产业发展和市场需求，直接将新品种、新技术、新成果在专家大院进行示范，并为农民提供咨询、培训，为企业、农民合作经济组织提供技术指导，建立了一条使科技直接进入农户的新通道，促进了科技成果转化和地方产业的发展。

总体来看，在农业技术推广上，不同的农技推广主体所提供的服务内容有所不一，归纳起来主要涉及新型农机具的推广、动植物病虫害等的防治技术、田间管理技术等。以"绿蛙植保专业合作社"和"陶庄农机服务专业合作社"为例，实行从机耕、机插、机防、机收的全程机械化、专业化服务。通过科学施肥和用药，解决了过度用肥、用药以及秸秆焚烧等问题，减少了投入成本，改善了粮食品质和环境污染；通过规模生产和现代管理，推动了机插秧等现代科技的使用，减少了人力成本，提高了粮食产量。

企业方面，内蒙古永业集团依托自身条件，建立的农业科技服务站不仅解决农民优质农资购买问题，还提供农产品销售渠道与信息。此外，服务站一端连接永业科学研究院，另一端对农民使用农资（生命素等）进行培训。通过科技服务站，农户对科技的需求得到解决，实现了科技增收，同时科学研究院的科技创新也得到推广，并为科技改进提供信息反馈。

除上述个例外，全国还推行测土配方肥的技术。2015 年，中央财政投入了 7 亿元支持 2463 个项目县（场、单位）实施测土配方施肥补贴项目，测土配方施肥面积达 1 亿公顷，全国累计建立测土配方示范片 2 万多个，技术示范面积达 5200 千公顷。通过推广测土配方施肥技术，全国减少不合理施肥 200 万吨左右。[①]

三、约束文件

农业技术的应用对农业现代化与产业化的发展至关重要，但是如果不加以规范控制的话，农业技术的滥用会对农业本身造成难以估量的灾难。随着农业

---

① 资料来源：《中国农业年鉴（2016）》。

技术的不断发展，我国在农业技术方面的立法日趋完善，从农技推广人员的选定、相关技术创新、转基因技术的规制、农业技术推广信息系统管理，到农业技术推广等，涉及农业技术的各方面（见表2-3）。

表2-3　部分农业技术推广约束性文件

时间	名称	主要内容
1994 年	农业技术推广研究员任职资格评审实施办法	对农业技术推广人员的任职资格作出详细规定
2011 年	保护性耕作关键技术要点	对秸秆还田，免耕、少耕技术，虫、草防控技术，深松技术以及适合各地的耕种技术作出说明
2012 年	农业技术推广法	涉及农业技术的推广体系、推广及应用、保障措施以及法律责任
2012 年	全国基层农业技术推广体系管理信息系统运行管理办法（试行）	主要对基层农技推广体系管理信息系统的权限分类、职责分工、信息及安全管理等作出规定
2012 年	全国农技科技创新与推广行动方案	对农技人员培训，农技科技创新与技术推广等作出规定
2012 年	玉米生产机械化技术指导意见	制定玉米机械化耕种指导标准
2013 年	农业部印发小麦机械化生产技术指导意见	提升小麦机械化生产科技水平，推进小麦生产的标准化，对于促进小麦增产增效
2013 年	2013 年水利先进实用技术重点推广指导目录	主要介绍了相关性能指标以及技术的适用范围
2013 年	农业机械试验鉴定办法	规范农业机械推广应用
2013 年	水稻机械化生产技术指导意见	加强水稻农机与农艺融合，提高水稻机械化生产水平
2020 年	东北黑土地保护性耕作行动计划（2020—2025 年）	积极支持东北地区保护性耕作发展，力争到 2025 年，保护性耕作实施面积达到 1.4 亿亩，占东北地区适宜区域耕地总面积的 70% 左右，形成较为完善的保护性耕作政策支持体系、技术装备体系和推广应用体系

第四节　动植物疫病防疫

动植物疫病防治涉及种养的全过程，提供动植物疫病防治服务的主体有畜牧站、植保站、农业企业、种养大户等。这些主体或为了公共利益提供种养疫病防治技术，或为了自身利益积极开展种养疫病防治服务，服务的方式也依据自身特点的不同而有所差异。

一、服务主体

（一）畜牧站以及植保站

截至 2019 年底，全国 31 个省、自治区、直辖市分别建立了兽医行政管理、党务卫生监督和动物疫病预防控制机构。乡镇或区域动物防疫控制机构普遍健全，按乡镇或综合区域设置乡镇畜牧兽医站 34616 个，村级动物防疫员达到 64.5 万人，村级动物防疫体系初步建立。

（二）农业专业组织

2015 年，中央财政安排重大病虫统防统治补助资金 5.5 亿元，农业病虫害防治专业组织共完成专业化统防统治面积 470281.3 千公顷次。截至 2015 年底，全国已发展工商部门注册、操作规范的病虫害专业化防治组织 3.76 万个，比 2014 年增加 1474 个，从业人员达 161.6 万人，持证上岗人员达 58.2 万人，比 2014 年增加 9.4 万人，全国大中型施药机械保有量 26.4 万台（套），其中大型机械（日作业能力 10 公顷以上）5 万台，分别比 2014 年增加 3.7 万台（套）、8000 台；日作业能力 6154.7 千公顷，比 2014 年增加 786 千公顷，统防统治区防治效果普遍在 95% 以上。2015 年水稻、小麦、玉米等主要作物的农药利用率达到 36.6%，比 2013 年提高了 1.6 个百分点，相当于减少农药使用量 1.52 万吨，病虫害专业化统防统治率达到 32.7%，挽回粮食损失 9881.8 万吨[①]。

（三）农业企业

农业企业是农业活动中的重要参与者，尤其是农资生产企业中的农化、农药、兽药等生产企业，在动植物疫病防疫上发挥着重大作用。以兽药企业为

---

① 资料来源：《中国农业年鉴（2016）》。

例，截至 2017 年，全国共有 1873 家兽药生产企业，主要分布在山东、河南、河北、江苏、四川等畜牧业大省。全年兽药产业产值约 522 亿元，销售额约 473 亿元，出口额约 32 亿元，从业人员约 17 万人。兽药产业总体规模逐步扩大，产值、销售额逐年增长。兽药生产企业仍以小型企业和中小型企业为主，其中小型企业（年销售额在 500 万元以下）约占企业总数的 38.32%，大型企业（年销售额在 2 亿元以上）约占企业总数的 3.53%。其中，小型兽用生物制品企业约占兽用生物制品企业总数的 15.96%；大型兽用生物制品企业约占兽用生物制品企业总数的 22.34%；小型兽用化学药品企业约占兽用化学药品企业总数的 38.68%；大型兽用化学药品企业约占兽用化学药品企业总数的 2.39%①。

二、服务形式与内容

（一）建立标准化生产基地

标准化种养基地，在生产过程中严格按照既定标准进行，对动植物疫病防治有着积极作用。截至 2017 年底，全国共创建畜禽养殖标准化养殖示范场 4573 个，取消不合格示范场 170 个。全国共创建生猪标准化示范场 777 家、奶牛示范场 482 家、蛋鸡示范场 365 家、肉鸡示范场 250 家、肉牛示范场 125 家、肉羊示范场 110 家②。在水产方面，2017 年，全国共创建 12 个农业部渔业健康养殖示范县和 750 家水产健康养殖示范场。此外，2015 年，全国园艺作物标准园创建资金由 3 亿元扩大到 6 亿元，园艺作物标准化创建单位膜下滴灌、水肥一体化技术应用面积 433.4 公顷，建成了一批技术标准化高产高效示范基地③。

（二）良种保护与改良

品质优良的农牧渔品种对疫病有着较强的抵抗能力，发展优质品种对提升动植物疫病防疫能力十分重要，也是提升动植物产品质量的重要途径。2017 年，中央全年安排 4134 万元用于畜禽良种工程项目，安排 2 亿元支持新建 6 个种质资源场、3 个畜禽品种测定站、18 个畜禽育种创新基地、12 个畜禽原良种场和 1 个基因库，续建了 4 个畜禽育种创新基地和 1 个基因库，同时继续投入 470 万元试种畜禽质量安全监督检验工作。共完成 330 批次畜禽遗传资源

---

① 资料来源：《中国农业年鉴（2018）》。
② 资料来源：《中国畜牧业年鉴（2018）》。
③ 资料来源：《中国农业年鉴（2013）》。

进出口申请的技术评审工作。

（三）举办培训班

培训班是提升动植物疫病防疫从业人员专业技能的重要途径，在动植物疫病防疫中有着举足轻重的作用，就动植物疫病防疫班而言，多为政府主导的公益性培训。当前，我国各级政府在对动植物疫病防疫十分重视，全国性的培训班如 2014 年农业部与联合国粮农组织联合举办中国西部地区兽医流行病学培训班，地方性的如 2014 年青海省举办的基层兽医培训班①。2017 年全年培训新型经营主体、病虫害专业化服务组织等技术和管理骨干 4 万多名，培训技术人员 2000 余人，农民田间学校 100 多期。②

（四）"规模种养基地+农资企业"的自我服务模式

农资企业，尤其是农药、兽药、农化以及饲料等企业，会主动和规模型种养基地建立良好合作关系，对种养基地在疫病防疫、病畜禽隔离、饲料使用、粪污处理等方面提供建议或者技术指导，以实现互利共赢。而规模型种养基地本身为了实现经济利益最大化，减少疫病发生，也会配备专业人员进行定期疫病预防、病畜禽救治等。

从服务内容看，当前动植物疫病防控需求主要有：①疫苗接种，强制免疫，如对口蹄疫、高致病性禽流感等重大动物疫病的强制免疫；②农作物病虫害的防治，如稻飞虱、稻瘟病、蝗虫、麦红蜘蛛、鼠虫害等；③动物免疫效果监测与动物疫病监测；④农作物病虫害检测预警与防治；⑤常见动植物疫病防控措施的实施与指导；⑥动植物疫情巡查与报告等③。

三、约束文件

在全民注重食品质量安全的大背景下，消费者对动植物疫病防疫的关注也日趋增多，国家对动植物疫病防治的重视也逐渐提升，出台各种法律法规、政策文件对动植物疫病防治工作做出指导规范。有关动植物疫病防治的政策性文件也日趋成熟（见表2-4）。

---

① 资料来源：http://www.cav.net.cn/news/201408/21/804.html。
② 资料来源：《中国农业年鉴（2018）》。
③ 黄焱，杨瑛等. 江苏省基层动物疫病防控公共服务与社会化服务体系建设研究［J］. 江苏农业经济，2013（1）：49-52.

表 2-4　部分动植物疫病防治约束性文件

时间	名称	主要内容
1992 年	植物检疫条例	以防治危害植物的病虫害杂草等为目的，对检疫对象、疫情处理等作出规定
2005 年	重大动物疫情应急条例	对重大疫情的监控、通报、公布，防治、病死畜禽处理等方面作出规定
2006 年	畜牧法	对畜牧站在畜禽疫病防治方面的作用作出了规定
2007 年	植物检疫条例实施细则	划定各级植物检疫站的职责，以及检疫范围，疫病防治、消灭等
2008 年	动物防疫法	涉及动物疫病预防、疫情报告、通报、控制、扑灭、诊疗、监管等方面
2008 年	动物疫情报告管理办法	建立了疫情报告制度
2012 年	国家中长期动物疫病防治规划（2012—2020）	对我国动物疫病防治工作进行规划，提出了对口蹄疫、禽流感、猪瘟等疫病的防治目标，对提升疫病防治能力提出可行方案
2013 年	畜禽规模养殖污染防治条例	对染疫畜禽及其排泄物、染疫畜禽产品、病死或死因不明畜禽的处理以及养殖场选址、粪污处理等方面作出规定
2016 年	农业社会化服务 农作物病虫害防治服务质量评价	规定了农作物病虫害防治服务的基本要求、合同管理、方案设计、信息服务、作业服务、满意度调查等方面的质量要求，给出了农作物病虫害防治服务的主要质量指标
2020 年	农作物病虫害防治条例	对危害农作物及其产品的病、虫、草、鼠等有害生物的监测与预报、预防与控制、应急处置等防治活动及其监督管理方面作出规定

第五节　农产品质量安全与监管服务

　　随着经济社会的快速发展，我国对农产品质量安全越来越重视，采取了许多措施（如"无公害农产品认证""绿色产品认证"等）、出台了众多法律法规引导绿色种养行为，以保证"餐桌安全"。在农产品质量安全的监督管理方面，提供监管的主要是政府相关职能部门，辅以行业协会的规制。

一、服务主体

（一）农产品质量安全管理机构

依据在农产品质量安全监督管理体系中的职能划分，全国农产品质量安全管理机构主要由农业、质检、工商、环保、轻工、公安、法制、教育、认证认可以及标准化等十几个部门构成，每一个部门都是相应环节的监管主体[①]。

（二）农产品质量检测机构

当前，我国共有农产品无公害检测机构 159 家，涉及 30 个省级行政区、6 个地市行政区，同比减少 3.14%。为了进一步加快推进农产品质检体系建设，农业部力争到 2020 年底，省、地（市）两级农产品质检机构 100% 通过计量认证和机构考核，70% 的县级农产品质检机构通过计量认证和机构考核，全面建成布局合理、职能明确、功能齐全、运行高效的农产品质量安全检验检测体系，满足农产品全过程质量安全监管和现代农业发展的需要。

二、服务形式与内容

（一）农业投入品监管

在农资投入方面，加强农资产品质量安全检验，对农业投入品的生产、经营许可和登记建立科学的管理机制，从源头上保证投入品的质量安全。为此，农业部每年都会在全国范围内进行种子、化肥、农药、兽药以及饲料疫苗等方面的质量抽查与打假活动，从源头控制做起，保证农产品质量。

（二）农业生产过程监管

在农业生产过程中，种植业方面通过构建标准化示范园，强化技术培训，组织专家制定标准化生产技术方案，推行测土配方肥，科学合理施药进行病虫害防治，并制定标准园管理办法，对投入、生产、产品检测、基地准出、质量追溯等方面进行规范，建立长效适量监管，以确保农产品安全。畜禽养殖业方面，推行"畜禽良种化、养殖设施化、生产规范化、防疫制度化和粪污无害化"等，创建一片标准化示范场，推行标准化养殖，并进行畜禽产品质量安全追溯以确保畜禽产品的质量安全。

（三）市场进入监管

在生产基地、批发市场等农产品交易场所，逐步建立农产品自检制度。产

---

① 林伟君，柴玲玲，万忠. 广东省农产品质量安全监管体系的现状、问题与对策［J］. 南方农村，2010（5）：52-56.

品自检合格，方可投放市场或进入无公害农产品专营区销售。无论是生产基地，还是农产品批发市场、农贸市场，都要自觉接受和配合政府指定的检测机构的检测检验，接受执法单位对不合格产品依法做出的处理。

从服务的内容看，政府主要是从以下三个方面开展的：

一是完善畜禽产品质量安全监管。以现代化设备进行科学监测，构建科学合理的畜禽产品质量安全监督管理体系，在完善市级畜禽产品质量安全监测能力的基础上，进一步强化基层（县区级）和企业级畜禽产品质量安全监测能力。2011 年，全国投入 3800 万元，为 13 个区县疫病预防与控制中心以及大型畜禽屠宰企业购置违禁和药物残留的动物产品质量检测仪器和快速监测设备[①]。

二是建立畜牧产品可溯源体系。当前，全国追溯体系基础工作稳步推进，全国 31 个省、自治区、直辖市以及新疆生产建设兵团都已开展追溯体系建设工作，溯源体系覆盖全国所有省、市、县。按照农业部部署，各地、各有关部门积极开展省级数据库建设，强化"耳标"佩戴以及信息采集传输等工作，稳步推进溯源体系建设工作。此外，农业部门还积极和商务部门合作，将动物标识及疫病可溯源体系与商务部的肉菜流通可溯源体系进行对接，进一步加强农产品质量安全监管工作[②]。

三是绿色无公害农产品认证。无公害农产品是指使用安全的投入品，按照规定的技术规范生产，产地环境、产品质量符合国家强制性标准并使用特有标志的安全农产品。无公害农产品的定位是保障消费安全、满足公众需求，其认证是一种政府行为。无公害农产品标志使用是政府对无公害农产品质量的保证和对生产者、经营者及消费者合法权益的维护，是县级以上农业部门对无公害农产品进行有效监督和管理的重要手段[③]。

三、约束文件

目前，我国已经形成了以《中华人民共和国食品卫生法》《食品生产加工企业质量安全监督管理办法》《食品标签标注规定》《食品添加剂管理规定》等及涉及农产品质量安全的法规为主体、地方政府关于食品安全的规章为补充的农产品安全法规体系。除此之外，政府还颁布了与绿色产品、有机农产品等

---

①②　资料来源：《中国畜牧业年鉴（2012）》。

③　资料来源：http://www.aqsc.agri.gov.cn/wghncp/ywjj/201108/t20110819_81514.htm。

有关的规定。这些法律法规以及规章制度涉及农产品的生产到运输、销售、加工到消费等诸多环节（见表 2-5）。

表 2-5 部分农产品质量安全约束性文件

时间	名称	主要内容或目的
2002 年	无公害农产品管理办法	对无公害产品认定的产地要求、生产管理要求产地认定、标志管理以及监督管理等作出明确规定
2006 年	农产品质量安全法	明确了农产品质量安全标准，对农产品的产地、生产、包装及标志，监督检查等进行明确规定
2007 年	农产品地理标志管理办法	制定并积极引导农产品地理标志的申请登记、农产品地理标志使用以及监管
2008 年	农产品地理标志产品品质鉴定抽样检测技术规范	规定农产品地理标志产品品质鉴定中应遵循的规则
2009 年	中华人民共和国食品安全法	对农药、兽药残留等作出规定
2012 年	农产品地理标志登记程序	规范农产品地理标志登记管理
2012 年	绿色食品标志管理办法	对绿色食品生产中的投入品作出规定，要求申请农产品达到生产、包装储运等标准，并对绿色食品标志的使用作出规定
2013 年	有机产品认证管理办法	涉及有机产品认证、进出口、认证书及认证标志使用，监督管理等多方面的内容
2014 年	中央一号文件	建立最为严格的覆盖全过程的食品安全监管制度、完善法律法规和标准体系
2017 年	农药管理条例	涉及农药生产管理、农药经营及农药使用，保障农产品质量安全
2017 年	"十三五"全国农产品质量安全提升规划	对强化农产品质量安全监管、提升农产品质量安全水平提出了新的更高要求
2020 年	中央一号文件	强化全过程农产品质量安全和食品安全监管，建立健全追溯体系，确保人民群众"舌尖上的安全"

第六节 农产品流通服务

在农业现代化社会服务中，农产品流通服务也是不容忽视的重要组成部分。农产品有着易腐易变质等特性，现代化的农产品流通对农产品质量安全有着保障作用。同时，"农超对接""农餐对接"等模式的成熟应用能显著减少农产品中间环节的流通成本，为消费者带去福音，同时也为农业生产者提供快速销售通道，起到增收创收的作用。

一、服务主体

（一）农产品批发市场

据不完全统计，截至 2018 年底，全国共有农产品批发市场 4600 多家，其中产地市场约占 70%，形成了以蔬菜、水产等鲜活农产品为主的大型专业市场流通网络。从市场规模看，据国家统计局统计，至 2016 年，年交易额亿元以上的农产品批发市场达 2000 多家，其中专业性市场 1101 家，占 61.5%，年交易总额占 67.3%。在专业市场中蔬菜、干鲜果品、畜禽、水产品和特色农产品市场数量占 89.9%。从亿元以上农产品批发市场总成交额看，2000 年仅为 3665 亿元，2016 年增长到约 4.7 万亿元；平均每市场成交额从 2000 年的 3.2 亿元增长到 2016 年的约 23 亿元。从市场结构看，在 2010 年亿元以上专业农产品批发市场中，粮食市场占 11%，肉粮禽蛋市场占 12.6%，水产品市场占 15.4%，蔬菜市场占 30%，干鲜果品市场占 15%，棉麻土畜烟叶产品市场及其他农产品市场占 16%。总体看，我国已形成以鲜活农产品为主的大型专业市场流通网络，在促进农业生产商品化、专业化、规模化、区域化、标准化，完善农产品大市场、大流通格局，引导农民调整农业结构、实现增产增收和保障供给等方面，发挥了不可替代的作用[1]。

（二）农业经纪人

农业经纪人除了在农业生产资料供应中发挥重要作用外，其对农产品流通业也十分重要。截至 2011 年底，全国农村经纪人达到 600 万人左右，从事农、

---

[1] 资料来源：《中国农业发展报告（2012）》。

林、牧、渔、运、批、销等各个涉农行业，全国 80% 的农产品由农村经纪人收购后进入流通环节①。农业经纪人在农产品市场流通中发挥着不可替代的作用。

（三）农民专业合作社

农民专业合作社作为一种新型农业经营主体，将分散的小农组织起来，形成规模化生产经营，以进行标准化生产与管理，提升产品质量。截至 2019 年，在工商系统登记的农民专业合作社达到了 213.8 万家，入社农户突破 1 亿户，约占承包农户总量的 48.5%，平均每个村已经拥有 3 家以上合作社。农民专业合作社以自身的规模优势、科学管理，保证农产品质量，形成了"农超对接模式""农餐对接模式"等农产品直销形式，扩大农产品销售量。

（四）供销社

供销社在农业生产资料供应中有着十分重要的作用，同样对农产品流通而言也发挥着不可忽略的作用。截至 2018 年底，全年实现销售总额 58925.9 亿元，同比增长 8.7%。其中，农业生产资料类销售额 9191.9 亿元，增长 4.1%；农产品类销售额 21054.1 亿元，增长 14.3%；消费品类零售额 19142.7 亿元，同比增长 8.8%；再生资源类销售额 2989.3 亿元，增长 10.3%。全年商品交易（批发）市场交易额 10089.1 亿元，同比增长 9.7%。其中，农产品类市场交易额 8077.5 亿元，增长 11.5%；再生资源类市场交易额 828.4 亿元，增长 9.9%②。

（五）农业企业

截至 2017 年底，全国规模以上农产品加工企业 8.24 万家，从业人员 1516.87 万人，完成总产值 194001 亿元，实现利润收入 12925 亿元，出口交货值 10979 亿元。2015 年，小型农业企业有 6.6 万家，占 84.5%，比 2014 年增加 0.6 个百分比。三大食品行业中，小型企业数量为 3.3 万个，占比 85.6%，比 2014 年增加 0.7 个百分点。从经营情况来看，大、中、小型企业实现主营业务收入占比分别为 27.3%、25.9% 和 46.8%。中型企业虽然主营业务收入增速仅为 3.7%，但利润总额比 2014 年增长 6.3%，经营质量明显提升。

二、服务形式与内容

（一）"农超对接"模式

"农超对接"模式指的是农村生产组织和商家（超市）签订意向性协议

---

① 资料来源：《中国农业发展报告（2012）》。
② 资料来源：http://www.chinacoop.gov.cn/HTML/2019/08/07/155358.html。

书，由农户向超市、便民店直供农产品的新型流通方式，是农产品供应链条的优化与创新。"农超对接"的本质是将现代流通方式引向广阔农村，将千家万户分散化的农业小生产领域与千变万化集中性的城市大市场领域直接对接，构建市场经济条件下的产销一体化链条，实现商家、农民、消费者三方共赢。如家乐福超市从 2007 年初开始与农民专业合作社展开合作，推行"农民直采"采购模式，由农民专业合作社帮助其采购农产品。

据商务部统计数据显示，截至 2011 年底，全国开展"农超对接"模式的连锁零售企业已逾 800 家，涉及 28 个省份 70 个大中城市，与超市对接的合作社也已突破 1.6 万家，受益社员人数超过 100 万[①]。

（二）"农餐对接"模式

"农餐对接"是指餐饮企业直接与农副产品生产基地签约直供，即餐饮企业在分析自身规模及资金实力的基础上，根据前期的业务经营情况来决定采购的品种和规模，然后以订单方式，到农副产品生产基地直接采购产品的方式[②]。2011 年 11 月，"呷哺呷哺""全聚德""湘鄂情"等北京 10 家大型餐饮企业与农民专业合作社签订了 2012 年"农餐对接"的合作协议，成为我国首批实施餐饮企业与农副产品生产基地直接对接的试点企业，开启了餐饮企业的新时代。

（三）"公司+基地（合作社）+农户"模式/"公司+农户"模式

"公司+农户"模式是当前我国农村地区产业化采用率最高的经典模式之一[③]，其将分散又相对独立的农户结合起来，实现了小农户与大市场的联系。这一模式在农资供应、病虫害防治等中都扮演着重要角色。同样，其也促进了农产品的市场流通，该模式在我国得到了长足发展。较为成功的案例有广东"温氏"集团的生猪养殖以及大连雪龙集团的雪龙黑牛养殖等。

（四）网络平台

随着信息技术的快速发展，互联网也成为农产品交易的重要平台。当前，众多互联网购物网站都经营着农副产品，交易量也在逐年增加。如"淘宝网"

---

① 赵佳佳，刘天军，田祥宇. 合作意向、能力、程度与"农超对接"组织效率——以"农户+合作社+超市"为例 [J]. 农业技术经济，2014（7）：105-113.

② 王鹏飞，陈春霞，黄漫宇."农餐对接"流通模式：发展动因及其推广 [J]. 理论探索，2013（1）：56-59 转 54.

③ 高阔，甘筱青."公司+农户"模式：一个文献综述（1986—2011）[J]. 经济问题探索，2012（2）：109-115.

"1号店""亚马逊""当当网"等众多知名网站纷纷销售绿色健康农产品；许多农产品业进入网络平台，如淘宝网热销的"阳澄湖大闸蟹"、茶叶等。2019年全国农产品网络零售额达到了3975亿元，比2016年增长了1.5倍。农村地区收投快递超过150亿件，占全国快递业务总量的20%以上。截至目前，全国农村网商突破1300万家，吸引了一大批农民工、大学生、退伍军人返乡创业。据统计，2019年仅拼多多平台农（副）产品成交额就达1364亿元，较2018年同比增长109%。①

（五）农展会

当前，农产品的流通方式日趋多样化，除去上述模式外，农业展会也是其中不可忽视的渠道之一，各类农业展会举办得如火如荼。我国已经建立起较为成熟的从国家级、省级到地市级等的农业展会体系。2018年包括农业部主办、共同主办、农业部事业单位主办以及农业部组团参与的展会全年共计53场。其中，由农业部主办的展会有3个，分别是第二届中国国际茶叶博览会、第十六届中国国际农产品交易会、全国新农民新技术创业创新博览会；由农业部共同主办的展会有中国西部（重庆）国际农产品交易会、中国（寿光）国际蔬菜科技博览会等18个；由农业部事业单位举办的展会包括中国国际薯业博览会、中国饲料工业展览会等11个；由农业部直属单位组团参加的境外展会有德国国际有机产品博览会、日本国际食品与饮料博览会等21个②。

农产品流通中，各参与主体由于专业分工不同、作用不同，提供的服务也有所不同。农业生产者（含小户农民、家庭农场、合作社、生产基地等）主要是进行农产品生产，或自主或按订单标准进行生产；物流仓储企业则以现代化手段对农产品进行运输与保存；超市与餐饮企业等则是农产品的采购者，向最终消费者提供安全的农产品；涉农企业等一方面为农业生产者提供农业生产资料，另一方面以订单价或者保护价收购农产品，而后对农产品进行加工、销售；各种涉农网站、农展会等则一方面提供农产品的购销信息以及价格信息等，另一方面向消费者出售农产品提供交易平台。各类参与主体共同协作，保证农产品流通顺畅，保障农业生产者的经济利益。

三、约束文件

农产品流通作为农业生产中最后一个环节，对稳定与促进农业良好发展具

---

① 资料来源：https://baijiahao.baidu.com/s?id=1662393498070432440&wfr=spider&for=pc。
② 农业部印发2018年农业展会计划全年共计53场［J］. 中国会展，2018（5）：20.

有十分重要的战略意义。一方面，可以维护农业生产者的利益，使生产的农产品尽快进入市场出售；另一方面，科学的流通方式对农产品质量安全有着较强的保障作用，可使农产品尽快进入餐桌，此外，其也可削减流通成本，加强消费者与农业生产者之间的联系，维护双方共同利益。当前，为了确保农产品的顺利流通，我国立法机构及政府相关部门制定了相关法律与部门规章，对农产品流通进行指导与规制（见表2-6）。

表2-6　部分关于农产品流通服务的法律法规

时间	名称	主要内容或目的
1996 年	水产品批发市场管理办法	引导、规范水产品市场主体，维护市场秩序，保证水产品流通顺畅等
2012 年	生猪调出大县奖励资金管理办法	鼓励生猪养殖，促进生猪生产流通
2013 年	中华人民共和国农业法	鼓励建立农产品批发市场，支持农产品流通主体的发展等
2008 年	生鲜乳收购管理办法	对生鲜乳的生产、收购以及运输、监督管理等作出规定
2008 年	乳品质量安全监督管理条例	对乳品流通中不同主体的职责、法律责任进行规定，并规范流通各环节所采取的措施
2009 年	流通环节食品安全监督管理办法	对食品经营以及监督管理作出规定，如农药残留等
2010 年	农业部定点市场管理办法	对申报农业部定点农产品批发市场的条件进行规定，涉及定点市场审批、扶持、管理等多方面内容
2012 年	全国蔬菜产业发展规划（2011—2020 年）	指出将重点发展蔬菜流通，包括农产品批发市场社区菜店等零售网点、冷链物流、信息网络平台等建设
2012 年	新一轮"菜篮子"工程建设指导规划（2012—2015）	强调加强"菜篮子"农产品批发市场建设，加强产销衔接等
2014 年	农业部展会工作管理办法	强化农产品产销结合，制定对各主体主办展会的管理办法，促进展会工作良好进行
2019 年	2019 年农业农村部展会计划	提出强化组织领导、提高展会质量、严格展会管理等具体约束政策
2020 年	中央一号文件	有效开发农村市场，扩大电子商务进农村覆盖面，支持供销合作社、邮政快递企业等延伸乡村物流服务网络，加强村级电商服务站点建设，推动农产品进城、工业品下乡双向流通

第三章 我国农业技术推广体系的发展历程和方向[①]

　　解决农业问题的根本出路在于科技创新，而农业技术推广体系是传播科技创新成果和促进创新成果转化为实际生产力的重要组织，在确保农业技术从实验室到达田间地头的过程中起到关键作用。中共十七大报告和近年来的中央一号文件都把农业科技放在突出的地位加以强调。2006 年《国务院关于深化改革加强基层农业技术推广体系建设的意见》出台，对基层农技推广体系改革作出全面部署。2008 年，党的十七届三中全会要求加强农业公共服务能力建设，创新管理体制，提高人员素质，力争三年内在全国普遍健全乡镇或区域性农业技术推广公共服务机构，逐步建立村级服务站点。2009 年 7 月农业部印发了《农业部关于加快推进乡镇或区域性农技推广机构改革与建设的意见》，将农技推广体系改革推向深入。2012 年《农业技术推广法》完成修订，对国家农技推广机构的性质、职能和多元化推广服务组织的法律地位等都作出了明确的法律规定。技术推广是农业社会化服务的重要内容，本章讨论中国农业技术推广的发展历程、现状、存在问题和发展对策。

第一节　我国农业技术推广体系的发展历程

一、基层农技推广体系创建时期（1949～1957 年）

　　中华人民共和国成立之初，党和政府就高度重视农业生产恢复工作，制定

---

① 执笔人：孔祥智、何安华、高强、郑力文。

了一系列政策，推动了农业推广体系的迅速发展。1952 年，农业部根据《中共中央关于农业互助合作的决议（草案）》精神，提出了"以农场为中心、互助组为基础、劳模技术员为骨干组成技术推广网络"，这是最初农业技术推广体系的构建模式，也是企业主导模式农业技术推广体系的最初形式，其推广主体是农业企业——农场，推广对象是附近农民，主要推广技术是良种等物化技术，技术推广实行无偿援助服务方式，农场领导层是这一体系的直接管理主体（郭霞，2009）。

1953 年，农业部根据国务院的指示颁布了《农业技术推广方案》，提出了《关于充实农业机构，加强农业技术指导的意见》，规定在区一级设立技术推广站，开展农业技术指导工作。1954 年，农业部拟定《农业技术推广站工作条例》，对推广站的性质、任务、组织领导、工作方法、工作制度、经费、设备都作了规定，农业技术推广站的建设进入普及阶段。经过几年的努力，到 1957 年左右，全国普遍建立起了基层农业技术推广站、畜牧兽医工作站和水产技术推广站（张晓山等，2008）。

这一阶段农业推广体系开始逐步创建与完善，但是体制建设并不健全，没有上层机构，还没有形成完整的推广体系（任晋阳，1998）。由于基层农技推广组织缺乏上级技术指导，加之生产条件、技术力量等方面限制，农业技术推广主要是总结和推广老农、劳模生产经验和农家品种，农业技术应用仍然维持在传统生产技术水平。

二、农技推广体系的第一次严重受挫及调整时期（1958~1965 年）

1959~1961 年三年间，国家处于经济困难时期，同时也为了配合人民公社体制，各地农业技术推广机构开始精简。1959 年后，全国农业技术推广站被砍掉了 1/3，人员减少 2/3，许多农技人员改行，农业技术推广体系元气大伤，这是中华人民共和国成立后农业技术推广体系第一次受到了严重挫折。1962 年后，国民经济逐步恢复，农技推广体系再度受到重视，并开始由综合性向专业化转变；1962 年 12 月，农业部颁布《关于充实农业技术推广站，加强农业技术推广工作的指示》，对农技推广体系发展作了全面部署；同时，农技干部开始到社队蹲点，搞样板田，运用示范和培训推广方式，推广了大量先进技术和先进经验，培训了上百万农民技术人员。到 1965 年，全国恢复农业推广站 14460 个，共有农技推广人员 76560 名，各地县农技站还出现了专业分工，设置了农技、种子、化肥、植保、农机、畜牧等站（郭霞，2009）。

这一时期，农技推广体系通过受挫与恢复调整，得到了进一步加强与完善，一个突出的特点是专业分工更为细致，服务效果显著增强。省农业厅、省农科院、大专院校、地区农科所、县农技推广部门等机构共同构成这一时期农技推广体系中的农技供给主体。

三、供给型推广体制向需求型推广体制转变时期（1966~1977年）

1966年"文革"后，大部分农技推广机构被撤销，技术人员被下放或被迫改行，农技推广工作处于停滞状态。但是，广大农民群众还在进行农业生产，仍然迫切要求技术指导。有的地区在群众中成立了科学实验站，吸收有经验的农民做技术员。湖南华容县于1969年创办了"四级农业科学实验网"，即县办农科所、公社办农科站、生产大队办农科队、生产队办农科小组。1974年，农林部和中科院在华容县召开"全国四级农业科学实验网交流会"，要求在三年内将"四级农科网"普及到全国大部分农业区。从1976年起，财政部每年补助社队农科组织2000万元，逐步把"四级农科网"装备起来。

在当时特定条件下，由于受"左"的思想的影响，不分层次地大搞群众性科学实验运动，混淆科研与推广的性质，简单地以群众运动代替专业农技推广队伍，不仅许多实验任务无法完成，也造成了大量的人力、物力浪费。但不可否认的是，这种由需求引发的自给制农技推广体系在传播农技知识、培训农民技术员、提高农业生产方面发挥了一定作用。

四、农技推广体系的恢复和发展时期（1978~1989年）

1978年改革开放后，农村普遍推行家庭联产承包责任制，农技推广机构由原来面向公社、大队转向直接面向千家万户，原有的四级农科网的农业技术推广体系已不再适应农村经营形式的变化，而农业生产和农村经济的发展又迫切需要农业技术服务。在这种情况下，重新构建农业技术服务体系，以适应农村改革后的新形势，便成为当时改革的主要任务。

这个阶段改革的主要内容包括：一是建立和发展县农技推广中心，使之成为农业推广工作骨干，相关文件有1979年4月农业部批转的《建立农业科学试验、推广、培训中心试点县座谈会纪要》、1983年7月农牧渔业部发布的《农业技术推广工作条例（试行）》；二是改革农技推广机构经营形式，发展多种形式的农技服务主体，逐步减轻对政府财政的依赖，相关文件有1984年3月农牧渔部发布的《农业技术承包责任制试行条例》、1988年5月国务院发布的《关于深化科技体制改革若干问题的决定》、1989 年 11 月国务院发布的《关于依靠科技进步振兴农业加强农业科技成果推广工作的决定》；三是稳定基层农技推广机构队伍，加强一线工作，相关文件有 1984 年 4 月国务院批转的《关于加强农林第一线科技队伍的报告》以及国家有关部门分别于 1985年、1987 年启动的"星火计划"和农牧渔业"丰收计划"。

这些改革推动了农技推广体系的恢复与发展。截至 1989 年底，我国有农技推广机构 20.3 万个、技术人员 86.8 万人（其中国家农业技术干部 40.3 万人、农民技术员 46.5 万人）；全国有上万个专业技术协会，1000 多个农民技术服务组织，初步形成了农业技术服务体系的雏形。1984~1986 年共推广农业新技术 15947 项次，推广应用面积 16.6 亿亩，增加经济效益 163.6 亿元，举办各种类型的技术培训班 7.4 万期，受训人员达 127 万人次（孔祥智，2009）。

五、农技推广服务体系深化改革时期（1990~1999 年）

随着向市场经济转型，我国农业农村经济进入一个新的发展时期，优质农产品供不应求。为此，农业在重视产品数量的基础上，转向高产优质并重、提高经济效益。农业技术推广机构在这一调整过程中被寄予厚望。与此同时，上一阶段遗留的问题成为这一阶段需要重视的问题。而从 1993 年起我国进行的以转变政府职能为重点的政府机构与行政体制改革，对基层农技推广机构也产生了重大影响。

这个阶段改革的主要内容包括：一是继续稳定基层农技推广队伍，相关文件有 1990 年 3 月第七届全国人大第三次会议通过的《1990 年政府工作报告》，1992 年 1 月农业部、人事部的《关于颁发〈乡镇农业技术推广机构人员编制标准（试行）〉的通知》，1993 年 7 月农业部、林业部、水利部、人事部、国家计委、财政部联合发布的《关于稳定农业技术推广体系的通知》等；二是进一步改革农技推广机构，鼓励发展多元化农技服务体系，相关文件有 1991年 10 月国务院发布的《关于加强农业社会化服务体系建设的通知》，1993 年10 月国家科委印发的《关于加强县（市）科技工作的几点意见》，1994 年 2月国家科委、国家体改委联合发布的《适应社会主义市场经济发展，深化科技体制改革实施要点》等。此外，值得特别指出的是 1993 年 7 月发布的《中华人民共和国农业技术推广法》，从法律上确定了各级农技推广机构的地位，为我国农业技术推广体系的建设和发展打下了坚实的法律基础。

这些改革措施极大推动了农技推广体系的发展，初步建立了政府农技推广体系，并使之成为农业社会化服务的生力军。到 1999 年底，全国共有农业技术推广机构 21.2 万个，其中县级 1.97 万个，乡级约 18.3 万个，共有职工 125 万人，其中实有在编人数 91.2 万人；乡镇农业五站在编人数 90.3 万人。农技推广体系推广了一大批先进、适用的农业新技术与新品种，为我国农业发展做出了历史性贡献（孔祥智，2009）。但是，基层农业技术推广机构仍然存在比较普遍的保障措施不到位、人员素质不高、管理体制不通顺等问题。

六、新一轮农技推广服务体系改革时期（2000~2011 年）

进入 21 世纪，国家对农技推广体系改革的指导思想开始发生较大的变化，在引入市场型激励机制的同时，继续强调公共服务的"非营利"性质，将乡镇一级农技推广机构建成技术推广、生产经营相结合的实体的思想逐步明确，主要任务是区分公益性和非公益性服务，建立新型的农技推广体系，规范和推动农技服务体系快速发展。

这个阶段改革的主要内容包括：一是按照强化公益性职能、放活经营性服务的要求，加大农业技术推广体系的改革力度，相关文件有 2001 年 4 月国务院印发的《农业科技发展纲要》、2006 年 9 月《国务院关于深化改革加强基层农业技术推广体系建设的意见》、2008 年十七届三中全会《中共中央关于推进农村改革发展若干重大问题的决定》、2009 年 7 月农业部印发的《关于加快推进乡镇或区域性农技推广机构改革与建设的意见》；二是规范和促进农业技术服务组织发展，相关文件有 2004 年 5 月科学技术部星火计划办公室印发的《农村科技服务体系建设评价规范（试行）》、2004 年 5 月科学技术部发布的《农村科技服务体系建设管理细则（试行）》等；三是在农村大力推进科技示范，相关文件有 2004 年 10 月农业部发布的《关于推进农业科技入户工作的意见》、2004 年 12 月启动的"科技入户"工程、2007 年 2 月科学技术部印发的《新农村建设科技示范（试点）实施方案》等；四是加强农民科技能力的培养，相关文件有 2006 年 3 月国务院印发的《全民科学素质行动计划纲要（2006—2010—2020 年）》、2006 年 8 月农业部发布的《新型农民科技培训工程项目管理办法》、2006 年 7 月科学技术部印发的《新农村建设科技促进行动》等。

虽然由于市场激烈竞争、创收日益困难、人财物管理权上收、改革试点铺开等原因使农技推广开始并减机构，减少人员（张红宇等，2009；黄季焜等，2009）；但是农技推广体系改革在这一阶段还是取得了重大进展。截至 2009 年底，全国基本完成基层农技推广体系改革的县（市、区）有 1626 个，占总数的 61.0%。全国共有基层公益性推广机构 10.96 万个，82.5% 为财政全额拨款单位；基层农技人员 71.4 万人，具有大专及以上学历基层农技人员占总人数的 49.7%，有专业技术职称的基层农技人员数占总人数的 67.9%，绝大多数基层农技人员的工资得到保障（农业部，2011）；逐步建立起以国家农业技术推广机构为主导，农村合作经济组织为基础，农业科研、教育等单位和涉农企业广泛参与、分工协作、服务到位、充满活力的多元化基层农业技术推广体系。同时，农业科技工作蓬勃开展，农业科技推广重点项目进一步拓展，为推进我国农业现代化做出了突出贡献。

七、农技推广服务融合发展时期（2012 年至今）

党的十八大以来，我国处于全面建设小康社会新的历史起点上，农业技术推广体系着眼于推进农业供给侧结构性改革，满足广大农民和新型农业经营主体的科技服务需求，大力推进基层农技推广体系体制改革和机制创新，对在计划经济体制条件下逐步形成的农技推广体系架构和职能进行根本性的改造，在强化公益性推广的同时，推动国家农技推广机构、科研教学单位、新型农业经营主体、经营性服务组织等合理分工、高效协作，形成了"一主多元"融合发展的农业技术推广新格局。以激发人员活力、增强服务能力、提升服务效能为出发点，推动基层农技推广体系由"建机构、稳队伍、强基础"向"建机制、强能力、提效能"的新阶段转变，最大限度释放改革发展红利，更好满足现代农业发展新需求（张桃林，2016）。2012 年中央一号文件提出，强化基层公益性农技推广服务，加快构建公益性服务与经营性服务相结合、专项服务与综合服务相协调的新型农业社会化服务体系。为此，农业部门推动落实了"一个衔接、两个覆盖"，即落实工资倾斜和绩效工资政策，实现农技人员工资收入与基层事业单位人员工资收入平均水平相衔接，安排基层农业技术推广体系改革与建设示范县项目基本覆盖农业县（市、区、场）、农业技术推广机构条件建设项目覆盖全部乡镇。2013 年 1 月 1 日，新修订的《农业技术推广法》正式实施，确立了农业技术推广分类管理原则，规定"农业技术推广，实行国家农业技术推广机构与农业科研单位、有关学校、农民专业合作社、涉农企业、群众性科技组织、农民技术人员等相结合的推广体系"，这为农业技术推广体系改革建设和融合发展提供了法律保障。2017 年中央一号文件提出，鼓励地方建立农科教产学研一体化农业技术推广联盟。为贯彻落实这一精神，农业部办公厅印发了《关于开展基层农技推广体系改革创新试点的通知》，在全国 13 个省份 36 个县（市、区）重点围绕建立农技推广增值服务机制，促进公益性农技推广机构和经营性服务组织融合发展，规范考评激励机制等，开展基层农技推广改革创新试点工作。各地也积极探索了形式多样的融合发展机制，如浙江建立以科研专家和推广专家领衔组成的产业技术创新与推广服务团队，安徽、江西采取合署办公、挂职派驻、领办创办服务组织等形式，推动国家农技推广机构与经营性服务组织联合开展农技推广工作。此外，机构改革后新组建的农业农村部还开展了农业重大技术协同推广试点工作，以重大农业技术推广任务为牵引，集聚全社会农技推广人才和资源，构建农科教、产学研多方协同推广新机制，推广农业优质绿色高效技术，培优培强农业优势特色产业，取得了明显成效。

第二节　我国农业技术推广体系的现状、成就与问题

一、我国农技推广体系的现状

引入市场机制以后，我国农业技术推广主体多元化趋势日渐清晰，尽管仍以政府农技推广机构为主，但非政府农技推广服务组织的作用越来越大，如农业龙头企业向"公司+农户"联结体系内的农户推广农业技术，农民专业合作社向其社员提供产前、产中、产后技术指导等。因此，需要按推广服务主体的类别来阐述我国农业技术推广体系的现状。

（一）政府农技推广机构情况

截至 2018 年底，全国共设立基层推广机构 7.56 万个，其中县级 1.92 万个、乡级 5.64 万个；分行业看，种植业独立设站 1.46 万个、畜牧兽独立设站医 1.66 万个、水产独立设站 0.24 万个、农机化独立设站 0.53 万个、综合设置机构 1.75 万个。全国所有农业县均设立了县乡两级推广机构，在机构设置形式和布局上，既有分行业（种植、畜牧兽医、水产、农机化）单一设站，也有多行业综合建站；既有乡镇站，也有区域站。同时，强化了县级部门对乡镇机构的指导管理，如江西省将原有的农技、畜牧兽医、农机、水产等推广站以乡镇为单位进行整合，综合建站，实行县管；安徽省强化县级管理部门作

用，对乡镇推广机构实行"三权在县"的"县办县管"管理模式。据统计，全国46.5%的乡级推广机构实行了县管为主的管理。人员方面，全国农技推广机构现有编制内人员53.1万人，其中县级19.7万人、乡级29.2万人，64.6%的人员有大专以上学历，75.3%的人员有专业技术职称（农业农村部，2019）。

（二）非政府农技服务组织的服务模式

1. 龙头企业提供的农技服务

龙头企业在较好地解决小农户与大市场之间矛盾的同时，依托其较为雄厚的资金、技术实力和广泛的社会关系，通过如下模式为农户提供农技推广等农业社会化服务：①"公司+农户"模式，即龙头企业为基地上的农户提供生产资料和资金技术，农户按公司的生产计划和技术规范进行生产，产品由公司按照合同价格收购销售；②"公司+合作社（协会）+农户"模式，此种模式下的农业社会化服务由农民自己成立的合作社（或专业协会）通过与企业达成一致来提供，由于提供方是农民自己的组织，农民采纳新技术、对信息的信任度等都比原来"公司+农户"模式下的要好得多；③"公司+村委会+农户"模式，即农业产业化龙头企业通过村委会作为中介和农户进行对接，可以节约企业的交易费用，农民对村委会也比较信任，有利于新技术的推广和信息的沟通。另外，对于农民的生产过程也可以起到很好的监督作用。

2. 合作经济组织提供的农技服务

农民合作组织促进了高效、实用农业技术的应用，成为现代农业科技成果转化与实用技术普及推广的重要平台。合作社与科研院校和农业技术推广部门搞联合、结"对子"，把一批新的农业科技成果转化应用到生产实践中来；同时，合作社对成员开展社会化服务，实行统一的生产技术、疫病防控。目前，95%以上的合作社都能够为成员提供各种急需的、有效的农业技术服务，解决了技术推广到农户的"最后一公里"难题①。例如，山东省武城县农民科技信息服务协会为农民朋友提供良种、农药化肥等农业生产资料的"团购直购"服务，通过集体向厂家直购，比市场价可节省10%；产中技术指导服务，如陕西省富平县周家坡苹果产业化协会成立于2002年，目前有会员1600多人，拥有2000多亩的果园基地，协会为果农提供苹果种植、采摘等一条龙的技术服务。

---

① 资料来源：中国农业信息网。

3. 村集体提供的农技服务

村集体的农技推广服务主要是通过"村集体+合作社+农户"的形式提供的，其具体表现形式为村委会领办的农民专业合作社，如浙江省桐庐县中门村依托茭白专业合作社对 1300 亩基地 500 个农户开展种苗、植保、耕作、品牌、销售等"五统一"服务，并利用村的资源开展内外协调和联络，村组织为合作社提供办公和技术服务场所，共同推进统一服务。

二、我国农技推广体系改革的主要成就

经过改革开放 40 多年的发展与改革，特别是进入 21 世纪以来，在中央政策激励和各级政府大力支持下，我国农技推广体系建设取得了积极成效。

一是体制机制不断创新。全国各地都在积极创新农技推广管理体制和运行机制，在人员聘用制度、责任推广制度、工作考评制度、人员培训制度、多元推广制度等方面进行了完善。例如，宁夏、安徽等地按照精干、统一、效能的原则，积极推行"管理在县、服务在乡"的管理模式，初步解决了条块分割造成的管人、管事分离的问题。浙江省上虞市积极推进农技推广机制和服务创新，加快构建新型农技推广体系，在粮食、蔬菜、水产、茶果、畜禽、花卉苗木六大主导产业中全面推行农技推广工作责任制度；根据公益性农技推广机构性质，上虞将全市现有的农技推广人员分为首席农技师、农技指导员、责任农技员和社会化农技推广人员，并按产业确定技术人员，按业绩对每个技术人员进行考核和奖励。

二是人员素质总体上得到提高。农业部启动农技人员学历提升计划，一大批骨干农技人员到高等、中等农业院校接受专业深造，提升了学历层次；实施万名骨干人才培养计划，为每个县培养多名农技推广首席专家；启动农技人员知识更新培训计划，每年累计培训基层农技人员 40 万人次左右，提高了受训人员的业务能力和工作水平；启动毕业生到基层农技推广机构服务计划，一大批高校毕业生积极走进基层实施农技推广项目，领办试验示范基地，开展农技推广服务，为基层农技推广服务工作注入了新生力量（农业部，2011；农业农村部，2019）。同时，科技部等部门联合实施了"星火科技培训专项行动"，在全国实现 70 多万个村"村村有科技带头人"。此外，随着专业大户、农业龙头企业、农民专业合作组织等新型农业经营主体的大量涌现，农技人员的活动平台更为广阔，其锻炼价值凸显，各方面素质稳步提升。

三是财政保障有所强化。在财政保障方面，各级财政部门落实中央要求，

采取有效措施，加大对基层农技推广体系改革与建设的支持力度，提高各地农技推广人员的工资待遇。尤其是2012年后，国家为加强农技推广体系改革建设，中央财政重点推动实施了乡镇农技推广机构条件建设项目和基层农技推广体系改革与建设补助项目，前者累计投入58.4亿元，用于改善3万个乡镇推广机构的服务条件，对农技推广机构条件改善起到非常重要的作用；后者每年投入26亿元用于基层农技推广机构开展试验示范、人员能力提升和创新服务机制，培育专业队伍，打造科技示范服务平台，推广绿色优质高效技术，在加快农业科技成果转化、推动农业科技进步方面发挥了重要作用。在中央财政带动下，省级财政年均投入13亿元，全国95.5%的基层推广机构实行了全额拨款，人员工资基本得到保障。

四是服务能力逐渐增强。经过40多年的改革和发展，农业科技推广体系由政府独家承担的一元化局面被打破，农业科技推广的市场供给主体呈现出多元化的发展态势，机制越来越灵活，服务能力也逐渐增强。2015年以来，中央财政每年安排5亿元，在河北、陕西等10个省市开展科研院校推广服务试点，促进了科技成果与产业发展需求紧密衔接、专家团队与农技人员有效对接。"专家大院"、科技特派员、"科技110"等新型的农技服务形式在许多地方得到推广，科技人员"重心下移"，为农民提供更便捷的技术服务，深受农民的欢迎。一大批农业龙头企业、农民专业合作社组织和专业协会及其他民间科技组织越来越多地加入到农业科技推广的领域中来，农技推广服务开始走向社会化。

三、当前我国农业技术推广体系存在的主要问题

虽然我国农技推广体系改革取得显著成就，但仍然至少面临如下六个方面的问题：

一是服务内容不能满足农户需求。目前政府系统的推广体系一个突出的问题是，其服务主要针对传统农产品或者当地的主导产业，但农户对技术的需求是多样性的，必须建立多元化的农技推广体系才能满足农户生产需求。当前，我国农技推广服务活动的行政干预很强，推广的项目、内容都是完成上级指派的任务和指标，具有强制性。在农技推广过程中，乡镇农技机构将各目标群体视为"同质"的，统一提供技术；服务领域上以产中服务为主，尤其以种植、田间管理技术居多，很少涉及产前、产后服务；推广品种的选择上主要以农作物推广为重点，以提高产量为目标；服务内容主要集中于统一提供良种，统一

灌溉，以及简单的种养技术指导等；技术类型主要为高产技术和节约资本的技术。随着农业农村经济商品化进程加快，农户日益增长的多样化农技服务需求与单一的政府农技服务供给之间的矛盾日益突出。

二是投入资金短缺。目前我国农业技术推广投资体制为地方负责技术推广人员的工资与基本事业费，技术推广项目专项经费绝大多数来自省级与中央的投资（地市级的投资很少），有不到20%的县每年会下拨一定的技术推广专项经费（胡瑞法等，2004）。对于国家及省级农业技术推广项目经费，其下拨的经费先经县财政，然后到农业局，再到技术推广机构。由于许多县级财政较为困难，使得这种经费下拨往往出现截留现象，使农业技术推广项目经费不能最终用到技术推广活动中来。即使项目经费最终到达农业技术推广单位，由于技术推广人员的事业费等经费缺口较大，很大部分也被用作发放技术推广人员的工资或招待费等，用于培训与试验的经费很少，用于技术推广人员进修提高的更少。投入资金的短缺使得公益性的农技推广体系很难实现其服务功能。

三是高素质人才缺乏。由于工作环境及待遇不高，农业技术推广部门很难吸引、留住高学历、高层次人才，导致农业技术推广队伍不稳定，"在编不在岗，在岗不在编"的现象较为严重，到岗率低。目前从专职农业技术推广队伍的现状分析，基层农业技术推广机构缺乏既懂农业科理论又会技术操作实践的技术人才，农业技术推广队伍总体上有待进一步提高。例如，根据调整显示，基层农技站的90%以上的专业技术人员只懂粮棉油技术，缺乏其他经济作物知识，不适应新形势的需要（胡瑞法等，2004）。

四是体制管理不顺。目前我国的基层农业技术推广系统是按专业设站，其中种植业5站（农技站、植保站、园艺站、土肥站、经作站）属于农业行政部门领导，绝大多数县将种植业5站合并成立农业技术推广服务中心，各专业站归中心领导，中心协调各专业站的技术推广活动；也有一些县除设上述5站外，种植业还设有蔬菜站、果树站、桑蚕站、茶叶站、林业站等，有的县归农技推广服务中心领导，有的则归相应的行政主管部门（如园艺局、桑蚕局、林业局）领导。其余的畜牧兽医站下属于畜牧局（一些县市还分别设立了畜牧站、兽医站、品种改良站等），农机站下属于农机局等。这种多头管理体制是农业技术推广效率低下和技术推广资源浪费的重要原因之一。

五是服务强度弱化。近年来，随着"三权"下放到乡镇，我国乡镇农技机构的行政职能和服务职能有所冲突，农技推广活动的服务强度弱化，乡镇机构的农技人员的精力被许多乡镇行政事务所分散，业务时间不能保证。据调查，乡镇农技机构平均每年进行农技推广只有 19 次，农技推广人员平均每天用在技术推广工作上的时间不到 5 小时，不到 1/3 的农技人员每年会对农户进行个别指导，指导覆盖的范围很小（孔祥智，2009）。由于农技人员不能充分行使自身职责，乡镇农技推广服务体系的服务强度被大大减弱了。

六是推广方式陈旧。虽然农技推广出现了信息化、网络化的趋势，但就目前而言，推广方式主要还是依托现场会、试验、示范等小组辅导与黑板报、小册子等方式，信息传递速度慢，缺乏时效性，无法保证农民对技术、信息的有效掌握。但即使是这些传统的技术推广方式，在使用上也远远不足，在很大程度上流于形式。据调查，只有不到一半的乡镇农技机构曾经举办过现场指导会，平均一年不到 5 次，平均每次仅有 200 位农民参加；大部分的乡镇机构还通过黑板报的方式来传递农业技术信息，但黑板报更新的速度很慢，平均 3 个月更新一次，且传递的信息内容有限。另外，印制小册子也是乡镇机构进行农技推广活动采用的主要方式之一，其内容和覆盖面都无法满足农民的需求（孔祥智，2009）。

第三节　农业技术推广体系主要模式的国际比较与我国定位

一、国外农技推广模式及经验

（一）国外农技推广体系的组织形式

根据农技推广服务供给主体的不同，世界各国的农技推广模式至少可以分为六大类：一是以政府农口部门为主导的农技推广体系，这一类是最为普遍的，可以占到 81% 左右（聂闯，2000），其特征是推广体系由政府部门直接领导，控制人事和财务，并管理、组织、实施具体的农技推广工作。二是非政府形式的农技推广体系，指一些协会和宗教组织所属的推广机构，占 7% 左右，这种模式在欧洲、日本、韩国等一些发达国家较为普遍，如日本的农业协同组织等，其经营领域基本涵盖了农业农村发展的一切事务，还具备一定的政治功能（杨映辉，2004）。三是私人农业推广体系，这类体系指一些私人企业为推销产品所组建的产品推销部门，也包括一些农业龙头企业为农户提供产前、产中和产后的一条龙服务，这类推广体系大约占5%。四是专业化农业技术推广体系，这类推广体系是指一些商品生产或生产组织或一些开发机构所附属的推广体系，如专业协会等，约占4%。五是以大学为基础的体系，这类体系占1%左右，以美国为代表，其宗旨是通过教育向农民传播知识，指导方针是"通过高素质推广人员提供高质量的教育项目以帮助农民改善生活"，特点是农业科研、教育、推广三位一体，在大学里建立农业科技推广站，由大学负责组织、管理和实施农技推广工作，如坐落在美国农业大州——爱荷华州的爱荷华州立大学为周边农场提供了完善的农技服务，而且在农业与资源管理、社区经济发展与旅游、食品与安全、儿童教育、家政管理等方面都起到重要作用。六是其他形式的农业技术推广体系，这类体系是指以农村青年和妇女为推广对象的青年组织和妇女组织（刘志明等，2005），占2%左右。

从服务性质上看，世界各国的农技推广服务一般都是公益性服务与经营性服务相结合的。这也符合农技服务供给政府失灵和市场失灵并存的特点（农技服务具有公共产品性质）：政府失灵的地方，用经营性服务来补充，如美国的种子行业，由几个大企业掌控，由企业来进行研发并掌握专利；市场失灵的地方，用公益性服务来补充，如各个国家农业保险的政策性都很强，对农产品安全监督的责任也一般都落在政府头上。

虽然国外农技推广模式多样，但是在很大程度上都受到了政府支持。政府是农技推广服务的主体，大学、民间组织与企业的作用也不可忽视；虽然不同主体提供服务的手段、方式各具特色，服务内容也各有侧重，但为农民提供科技推广服务的目的是共同的；许多国家都制定了相对完善的法律法规，为农技推广组织创造了良好的发展环境（郭霞，2009）。

（二）国外农技推广体系的政策环境

1. 通过立法与政策支持来保证政府主导型组织得到充足的经费

早在19世纪60年代，美国联邦议会就成立了农业部，制定了《莫里尔赠地法》《哈奇实验站法》，为美国农业技术推广体系的建立提供了先决条件，后来《合作推广法》的颁布使美国农技推广体系以法律的形式固定下来。美国联邦政府规定，农技推广经费随国民经济增长比例增加，联邦政府用于各州的推广经费，要求各州按1∶4的比例配套，州县政府同样通过财政预算来保证农技推广经费的落实（全国农业技术推广站，2007）。从推广经费的构成看，来自联邦经费占20%～25%、州经费占50%、县政府经费占20%～25%、私人捐赠占一小部分（唐正平，2001）。日本依照《农业改良助长法》《农业协同组织法》《农业基本法》《新农业基本法》等法律建立并不断完善了农技推广体系，在法律、制度和组织上解决了农村发展、农业进步与农民生活水平提高的一系列问题；日本政府在《助长法》中明确规定，农技推广经费由各级政府共同承担，各级地方政府财政拨款不得少于交付金的 1/2（薛桂霞，1996）。英国各级农业推广组织经费由各级政府提供；荷兰农技推广体系的经费全部由国家拨付；法国推广经费 80% 源于国家收缴的农业税，全部由协会用于农技推广事业（郭霞，2009）。

2. 立法规范农民合作组织并为组织发展提供政府支持

立法规范合作组织主要有两种形式：一种是中央或地方政府专门立法，如加拿大、印度、美国、日本、德国等，这些国家均有十分完善的合作社法律体系，许多地方政府还出台相关法规予以配套；另一种是在其他经济法律中包含对合作社有关的内容，如澳大利亚在公司法中对合作社法人性质做了规定。政府为了监督合作社运行符合法律规范与市场规则，一般在合作社注册登记、年检时进行资格审查和审计。各国政府为了鼓励合作组织的发展，给予了各种各样的政策优惠措施，包括财政补贴、税收减免、水电费优惠、农技推广项目扶持等。

3. 鼓励企业参与农技推广服务

1986 年，澳大利亚政府和农业各产业部门之间实行联合资助研究和推广计划，按照这一计划，各产业部门生产者和政府按 1∶1 原则出资，如羊毛生产者要交售其产值的 3% 作为科研推广税，其中 2.5% 用于科学研究，0.5% 用于技术推广；生产者出资，在其出售农产品时，由各产业法定机构在价格中扣除；国家出资按生产者出资额 1∶1 配套，作为科研和推广经费（冀宪武等，1994）。

二、日本农技推广政策及其启示

（一）日本农业科技创新与技术推广法律基础、现状及特征

"官民结合"的二元协同农业科技服务体系为日本农业从生产到销售的各个环节以及农村生活中的各个方面提供农业科技服务，有效地促进了日本农业与农村发展。在东日本大震灾的影响下，日本农业科技服务体系还担负着恢复农业生产的重任。本节将从法律制度、发展历程与现状、分工协作与"三位一体"财政改革以及东日本大震灾的应对情况四方面进行介绍。

1. 法律制度

日本农业普及事业的发展与日本相对完备的法律制度密切相关。对普及事业做出基础性规定的法律制度有《农业改良助长法》（1948 年制定）、《森林法》（1951 年制定）、《水产基本法》（2001 年制定）。与该事业相关的法律法规还有《有机农业推进法》（2006 年制定）、《鸟兽被害防止特措法》（2007 年制定）、《6 次产业化法》（2010 年制定）、《我国食品与农林渔业再生的中间提言》（2011 年制定）和《农协法》（1947 年制定）等。

（1）《农业改良助长法》等基本法律。根据该法律，为了促进农业相关人员，对于农业生产经营或农村生活中实用知识取得、交换与有效利用，日本农林水产省与都道府县联合设立农业普及事业，并配套设置了"协同农业普及事业交付金制度"。同时为了推动农业普及事业，由都道府县建立基层普及指导员制度。

普及指导员的职责包括通过与试验研究机构、市町村、农业相关团体、教育机关等密切接触，开展与普及指导活动相关的新技术、新知识的调查研究工作。同时，还通过巡回指导、咨询、农场展示、开办讲习会等手段，直接与农业从业人员相衔接，对农业生产合理化、农业经营改善与农村生活改善相关的科学技术、知识进行普及指导。与《农业改良助长法》相似，日本《森林法》和《水产基本法》分别对林业和水产业领域的普及事业发展定位、普及指导员制度、交付金制度进行了专门规定①。

（2）《有机农业推进法》等政策性法规。《有机农业推进法》关于技术开发的规定中指出：为促进与有机农业相关的技术开发与成果普及，国家和地方公共团体将采取必要的措施保证研究设施的配备、研究成果转化、普及指导与信息提供。《鸟兽被害防止特措法》基本方针是适度有效地推进被害防止技术的普及活动。一方面，国家和都道府县加快推进捕获技术、防除技术及生息数推算技术的研发；另一方面，将以上研究成果转化为被害防止对策，并经由普及指导员进行推广。2010 年制定的《6 次产业化法》同样指出，国家和地方公共团体为了促进农林渔业及相关产业的综合发展，制定必要政策措施，保证农业科技创新、研究开发、成果转化与技术普及。《我国食品与农林渔业再生的中间提言》中提出将农林渔业的高附加值化作为一项战略，集结独立法人、

---

① 参见日本《農業改良助長法》（第 6 条第 1 项，第 8 条第 1 项、第 2 项），《森林法》（第 187 条第 1 项、第 2 项，第 195 条第 1 项），《水产基本法》（第 27 条）。

大学、民间机构与都道府县等综合科研能力，加大农业科技创新、技术实用化与推广力度，战略性推进农业产业化①。

（3）《农协法》。1947年，日本《农协法》颁布，将农协的发展定位于"通过农民协同组织的发展，促进农业生产力的发展和农民社会经济地位的提高"。同时，该法律规定"要为组合员提供农业经营和技术指导服务"以及"提供农村生活与文件事业改善"，还规定了营农指导体系的收费情况②。这些规定构成了日本农协营农指导事业的指导思想。营农指导员通过家庭访问、举办讲习会、现场指导和专门咨询等形式，为组合员或部分普通农民提供服务，以达到农业技术提高和生活改善的目的。2001年《农协法》修改后，营农指导事业上升为各项事业的核心业务。

2. 发展历程及现状

（1）政府主导的普及指导体系。普及事业起源于明治维新时期的劝农政策③和农事巡回教师制度。1899年，在《农会法》的指导下，各级农会的设立，并将农业技术指导作为农会的一项重要事业。农会以及后来的系统农会（农业会）④的农业技术改良与指导事业构成了战后农协营农指导事业的基础。现代意义的协同农业普及制度始建于1948年，在《农业改良助长法》的指导下，通过精通地域农业知识的普及指导员与农户直接衔接，以技术为核心，针对农业新技术、新知识和地域农情相关的各种问题，提供持续性的技术服务，推动农林渔业可持续发展。

现代农业普及事业与传统技术服务相比具有以下特点：一是指导重点由"物"向"人"转变；二是不仅关注农业生产改善也关注农民生活改善；三是开始关注农村青少年培养；四是国家与地方政府之间协同推进（曾雅，2008）。当前，它肩负着粮食安定供给、粮食自给率提高、专业农民培养与食品安全确保等历史使命，是保证粮食与木材的安定供给、推进与环境协调的粮食生产、应对地球温暖化等一系列农业政策推进的重要载体。

---

① 参见《有機農業推進法》（第9条），《6次産業化法》（第18条、第47条），《農協法》（第1条、第10条第1項）。

② 参见《農業協同組合法》（第1条、第10条第1項）。

③ 1870年，日本政府在民政省下设立劝农局，在推广开垦政策的同时，通过外国教师的招聘、欧美农业技术的介绍、新式农具与品种的引进、设立农业学校等，大量引进照搬西方农业技术来改造传统农业。

④ 1943年，由于战时需要，依据《農業団体法》，农会、产业组合等组织合并，组成系统农会（农业会）。

从 2004 年到 2010 年，日本普及职员数由 9332 人下降到 7755 人，下降了 16.9%；普及指导中心由 447 个下降到 369 个，下降了 17.4%；普及事业经费（中央财政与地方财政之和）由 746.48 亿日元下降到 586.2 亿日元，下降了 21.5%[①]。

（2）农协主导的营农指导体系。1947 年《农协法》颁布，以原来农业会的资产、人员为基础成立了各级农协。因此，农业会的农业技术指导业务也被继承了下来。1952 年，日本第一届全国农协大会召开，明确了农协营农指导事业的定位。1954 年伴随着《农协法》的修订，农协将营农指导事业的目标确立为"与农业生产结合，促进农业经济发展"和"促进农协自身事业发展"（曾雅，2008）。

截至 2009 年，日本共有营农指导员 14457 人，其中农业技术指导员 10881 人，占总人数的 75.3%；农户生产经营指导员 1551 人，占 10.7%；农机服务指导员 314 人，占 2.2%。从组织分布角度来看，2009 年共有农协 741 个，其中 96.8% 的农协都拥有营农指导员，19.4% 的农协拥有 31 人以上的营农指导员[②]。

3. 分工协作及"三位一体"财政改革

（1）中央与地方事业分工。由于日本多年来经济不景气，同时加上日本政府债务负担沉重，近年来普及指导员数和经费数额呈现下降的趋势。与此同时，伴随着农业与农村发展中的新课题，农业科技创新与推广面临许多新需求，普及指导员的工作负担大幅增加。

基于以上原因，日本开始着手进行普及指导事业改革。改革主要是在中央政府与地方政府之间进行明确分工，确定财政投入比例和技术服务领域。由于中央政府在保证粮食安定供给、维护食品安全以及促进农业可持续发展等方面具有义不容辞的责任，需要对全国农业从业人员提供一定水平的技术与政策支持。因此改革之后，中央政府的主要职责集中在普及制度建设和国家基本农业政策的推行上。对于地域农业健康发展来说，一定数量熟悉当地农情的技术服务人员是必需的，而这些任务的完成由地方政府职员的承担最为合适。因此地方政府的主要职责是技术指导、组织机构建立等普及事业的运行及地方性农业

---

① 资料来源：普及事业の組織及び運営に関する調査（2011）和協同農業普及事業関係資料（2011），日本农林水产省网站，http：//www.maff.go.jp/。

② 资料来源：平成 21 事业年度综合農協統計表（2011 年 8 月 26 日公表）日本农林水产省网站。http：//www.maff.go.jp/。

政策的推行等工作。例如，开发地方特色农产品、创建地域品牌以及保护地域环境。当然，更多的政策是需要中央政府与地方政府相互配合来完成的。例如，6 次产业化政策、骨干农户培育、地球温暖化对策等。

（2）"三位一体"的财政改革。为充分发挥地方政府的自主性与能动性，扩大地方政府自主财源范围，促进地方自立与自治，日本到 2006 年已经完成"三位一体"的财政改革。即国库补助负担金的改革、地方交付税改革与税源划分改革。改革之后，中央负担的经费额由 2005 年的 218 亿日元减少到 2010 年的 36 亿日元。整个国家的经费总额由 713 亿日元减少到 586 亿日元。

改革之后，中央预算依据国家实施农业政策目标和普及事业的规模决定预算总额。中央政府负担比例缩减为活动经费总额的 50% 和小部分人员工资（3% 左右）。活动经费的分配方式是预算总额的 30% 依据各地区农业人口数进行分配，10% 依据各市町村等行政单位分配，20% 依据耕地面积进行分配，40% 依据普及职员数目进行分配，10% 用作其他费用。而普及事业经费中人员工资的 97% 由地方政府负担。日本政府通过财政投入改革带动机构人员改革，五年来人员和活动经费大幅度削减①。

4. 东日本大震灾应对情况

东日本大震灾对日本农业造成巨大损害。截至 2012 年 3 月，被害农地面积达 24477 公顷，其中因海啸引发的农地毁坏 21476 公顷。农林水产业被害金额 2 兆 4268 亿日元，其中农地与农用设施被害金额 8841 亿日元，农产品被害金额 635 亿日元。② 除此之外，震灾还引发盐碱化、地盘沉下等危害。震灾过后，日本农业科技服务体系展开了积极应对，进行了农业恢复重建工作。在灾后重建经费支持上，日本政府设立了 341 亿日元的"东日本大震灾农业生产对策交付金"，为普及指导中心重建、被害农地调查、土壤成分分析、技术指导等提供支持。民间方面，农协除提供 68 亿日元的灾害对策费外，还向灾区捐款 21 亿日元。

从政府层面来说，一方面全面参与全国信息共享与协作体制建设，包括利用信息系统开设电子会议室，下达各类技术指导通知等信息传达工作；另一方面中央政府派遣普及指导员常驻灾区，协调各省市地方政府、农协与民间团体与普及指导中心，开展农业复旧复兴工作。具体工作有：与当地政府、农协、

---

① 资料来源：普及事业をめぐる现状と课题，日本农林水产省网站，http://www.maff.go.jp/。
② 资料来源：统计部、农村振兴局调查（平成 24 年 4 月 20 日发布）。

农业委员会和土地改良区进行协作，迅速把握被害地区基本情况、与受害农户进行现场咨询、导入除盐①等土壤恢复技术；为支援灾区农业重建，设立"农业经营再建"咨询窗口和电话咨询热线；为应对核辐射危害，开展农产品及原材料抽样调查；普及事业还将与其他机构相配合，以农业复兴重建契机，将培育以自然调和型产业为核心的新型农业，促进地域农业重编与再生。

从农协层面来说，机构上设立"全农东日本大震灾对策本部"，通过信息发布、召开现场会、巡回指导等方式，为生产者提供技术指导。在提供技术指导服务的同时，农协还开展了向灾区提供必要的饲料、燃料等物资，提供运输服务，延长农协组合员贷款时限并补贴利息，农业保险理赔等工作②。日本农业科技服务体系的有效应对，缓解了灾区农业生产者的压力，推动了农业恢复重建。

（二）日本农业科技创新与技术推广体系分析

日本农业科技创新与技术推广体系由以政府为主导的农业普及指导体系与以农协为主导的营农指导体系组成。本节借助框图详细说明两部分农业科技服务体系的运作方式、协作机制与服务内容，并对二者之间的区别进行分析。

1. 政府主导的普及指导体系

为了再造日本农业，提高对于农业人员高新技术需求与复杂发展环境的对应能力，加速推进农业人员科技力与经营能力建设，日本建立了推广（普及）、科研、教育与行政一体化、官办普及指导事业与民办营农指导事业相结合的农业科技创新与技术推广体系。该体系将针对从新型农业参与者指导到骨干农户培育等各个领域，提供必要的技术与经营管理支援，并与地方公共团体一起综合推进地域农业的发展。

（1）农业科技服务体系。图3-1展示了农业科技创新与技术推广体系的基本框架，从图中可以看出，普及指导员与农业革新支援专员（以下简称革新专员）在农业科技创新体系中发挥重要作用。革新专员在协作体制中的作用表现为，通过与教育部门联结，提供人才需求信息，促进教育水平提高；通过与行政部门相联结，提供政策需求信息与反馈政策执行情况，为政策制定提供依据；通过与研究机关相联结，反馈技术需求信息，促进农业科技成果转化

---

① 除盐是指应对由于地震海啸引发的海底土砂大量堆积而导致农地盐分过高的一系列土壤恢复技术。

② 资料来源：全国農業協同組合連合会，22 年度事业概况，http：//www.zennoh.or.jp/about/finance/index.html。

（農林水産省生産局農産部技術普及課，2011）。从机构配置上看，如图 3-2 所示，以政府为主的日本农技推广体系由普及指导中心和特定支援指导部门构成。普及指导中心在革新专员的指导下开展工作，主要是针对新型农民加入、农户定向支援等阶段开展一般性的农业技术普及工作。而特定支援指导部门由革新专员直接组成，面向规模农户和骨干农户提供高级咨询服务。同时，在该部门内部，结合国家具体政策落实，设立 6 次产业化专员、骨干农户培育专员、地球温暖化专员和生产技术专员等岗位。

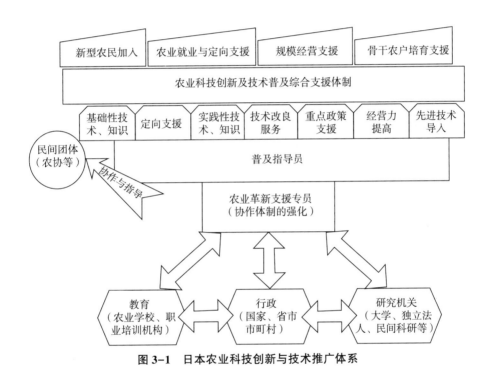

图 3-1　日本农业科技创新与技术推广体系

（2）农业科技服务的内容。如图 3-1 所示，日本普及指导员针对新型农民加入、农业就业与定向支援、规模经营支援和骨干农户培育支援四个不同阶段的需求，提供基础性技术知识普及、定向支援、实践性技术知识提供、技术改良服务、重点政策支援、经营能力提高与先进技术导入等多种类型的服务。但是由于受经费紧张影响，近年来出现了工作重点逐渐向规模经营主体转移、工作方式由个别指导逐渐向集体指导转移、以现场指导为主逐渐向现场指导与IT 技术运用相结合转变等趋势。同时，加大了改革力度和与农协体系下的营农指导员的衔接力度，加强了职员培训力度，进行细致的分工合作，强化了农业科技推广体制建设。改革的一项重要措施就是设立了革新专员制度。从严格意义来说，革新专员也是普及指导员的一种。如图3-2所示，一方面对普及指导员进行业务指导，另一方面开展一些具体指导工作，主要内容包括：为骨干农户或职业农民提供高级发展咨询与综合支援，与教育、行政与研究机关等进行紧密联结，强化农业科技协作体制等（農林水産省生産局農産部技術普及課，2011）。

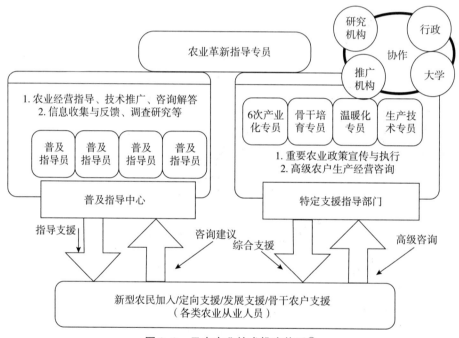

图3-2　日本农业技术推广体系①

2. 农协主导的营农指导体系

（1）日本的营农指导体系。经过60多年的发展，农协的营农指导队伍不断扩大，在农业组织培育、新技术与新品种引入、农业机械化推广、产地联结等方面发挥了重要作用。与此同时，日本农协也取得了快速发展。然而，近年

---

① 图3-1、图3-2参见"普及事業の新たな展開について（2011）"，日本农林水产省网站，http：//www.maff.go.jp/。

来随着进口剧增、金融市场竞争等外部环境的变化，农协遭遇到一系列的发展危机，"营农指导体制的强化"成为农民最关心的问题之一（野見山敏雄，2006）。

农协的指导体系结构如图3-3所示，全国各级农协设立营农指导中心，其中农业协同组合联合会下设全农营农指导中心。基础营农指导中心接受基础农协与全农营农指导中心指导，并在农业设施部门协助下，为农民提供技术服务与生活指导。营农指导中心可依据业务区分，设立集中指导部和专门指导部，并负责一定的基层农业设施和生活设施的运营管理（李中华、高强，2009）。与政府普及指导事业相似，营农指导中心的专门指导部也依据服务对象层次，设有骨干农户专员和高级顾问等职位。

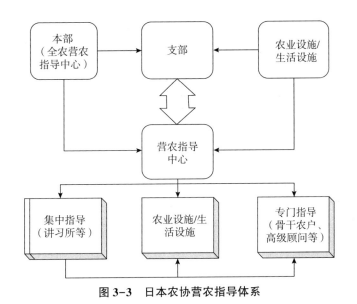

图3-3 日本农协营农指导体系

（2）普及指导员与营农指导员的区别。农协主导的民办营农指导体系与政府主导的官办普及指导体系构成了日本农业科技服务基本体系。但如表3-1所示，两者之间既有相似的发展目标，又在身份属性、资格与资质、服务内容与范围、经费来源等方面存在明显不同。一般来说，营农指导员来源于当地社区，对地方农业特征与需求有着深刻的了解，在实用技术推广方面具有优势。普及指导员属于国家公务员系统，与科研部门、教育部门、政府部门有着紧密的联系，在农业技术创新与成果转化方面有着广泛的资源。两者之间各有长短，相互配合，共同为日本农业与农村发展提供科技服务。

表 3-1 普及指导员与营农指导员区别

项 目	普及指导员	营农指导员
身份属性	政府公务员	农协职员
资格与资质	国家统一考试	国家统一考试或农协单独组织的考试
指导内容与范围	以农业技术为中心，兼顾农产经营管理等内容	从生产到销售一体化指导，兼顾生活指导
指导范围	全体农户	以社员为主，兼顾农户
主要职能	农业政策的惟行	农协事业的发展
经费来源	中央与地方财政负担	农协自筹经费与部分补贴

（三）对我国的启示

1. 创新协作体制，促进科技创新与技术推广衔接

众所周知，农业科技创新与生产实践脱节、成果转化率低是我国目前农技服务体系中的突出问题。目前，我国已经提出了完善农业科技创新机制，引导科研教育机构积极开展农技服务等目标。例如，引导鼓励科研教学人员深入基层从事农技推广服务等。可以看出，政府在该问题的解决上仍旧是引导激励为主，强制力较低，实施主体不明确。体系中的各个主体都有义务，等同于集体无责任。因此，我们既要有"由农业专家组成专家团队，定点联系农业大县"等外来推动力量，也应该建立以地方土专家为主的内生驱动力量。可以借鉴日本的革新专员制度，在农技推广体系中规定专职人员负责科研、教育、行政与企业等民间机构联结，反馈各方的需求与供给信息，促进农业科技创新、人才教育、政策资源与生产实践之间的互动协作。当然，除此之外，充分发挥市场调节作用，培育农业科技成果市场等也是重要手段（毛学峰、刘冬梅，2012）。只有建立各主体主动参与、目标明确、信息顺畅并有一定专职人员的协作机制，才能促进农业科技创新与技术推广的有效衔接。

2. 细分服务对象，整合服务领域，提高农技推广效率

由于多年推广工作经验的积累，各行业的推广工作人员已经成为本领域的专家型人才，是我国农业与农村科技服务的一种基础性、关键性力量。然而，在加快现代农业建设的新形势下，农村与农业生产不仅需要生产型、技术服务型、经营管理型等专门人才，还需要多层次、多领域的复合型专家。由此可

见，农业部指出的"依托基层农技推广体系改革与建设示范县项目"，在全国普遍实行"农技人员包村包社联户"，开展全方位科技服务，帮助农民解决生产实际问题的工作方式并不一定能取得预期效果（韩长赋，2012）。

因此，借鉴日本经验，我们可将服务对象细分为：新型创业农民、农业兼业户、规模经营户和特色种养殖户等不同主体，依据不同主体的特征和需求，整合服务内容，为各经营主体提供个性化农技推广服务。同时，借鉴日本经验，将我国保障粮食安定供给、维护食品安全、促进适度规模经营、落实农业支持与补贴等政策目标，整合到农业技术推广体系。从实践角度来看，需要在对农业技术推广部门进行改革，推动政府涉农部门的联合与重组（高启杰，2004）。从而实现功能整合，提高政策执行力和支持的瞄准力度，进而提供农技推广效率。

3. 明确中央和地方政府分工，建立双层农技服务体制

目前，中央政府组织实施的一系列科技推广计划我国农业科技推广中发挥着决定性作用。例如，已经或正在实施的丰收计划、国家重点技术成果推广计划、国家星火计划、科技富民强县行动、科普惠农兴村计划等取得了很好的效果。然而在带动地方各级政府设立不同类型、不同层次的科技推广计划方面效果不明显。地方政府基本上还是以与中央政策配套为主，鲜有针对区域特点制订的地方性推广计划或工程。在财政投入方面，2012 年中共中央一号文件明确提出，特别要发挥政府在农业科技投入中的主导作用，保证财政农业科技投入增幅明显高于财政经常性收入增幅，逐步提高农业研发投入占农业增加值的比重，建立投入稳定增长的长效机制。文件中对地方政府的规定表述为，各级党委和政府必须始终坚持把解决好"三农"问题作为重中之重，不断加强和改善对农业农村工作的领导，切实把各项政策措施落到实处，努力形成全社会关心支持"三农"的良好氛围。可想而知，在中央与地方任务划分不明确的情况下，很难调动地方政府的投入积极性，促使地方政府超越"配套投入"的要求，变革"落实任务"的发展思路，实现主动性地方财政支持。如何改变地方政府心态由"分蛋糕"转向"做蛋糕"，既需要赋予地方政府一定的自主发展权，也需要给予一定的财政自主权。当然除政府投资渠道外，动员社会力量，建立多元化的资金投入机制也十分必要（唐娟莉、朱玉春，2012）。

因此，可以借鉴日本经验，将国家农业科技创新与技术推广任务在中央政府与地方政府之间进行明确分工，并以此确定财政投入比例。例如，中央政府将精力集中在保证粮食安定供给、维护食品安全和促进农业可持续发展等方

面。而地方政府则主要侧重于如何促进地方特色农业发展、地域品牌的创建和地域环境的保护等方面。与此相适应，在体制建设上，中央政府应致力于农业科技创新体系、农业技术推广体系等基础制度建设工作，致力于联结政府、教育、科研、企业等多主体协作机制构建工作以及国家政策落实的监督管理工作。地方政府应该建立熟悉当地农情的农技推广队伍，负责具体技术指导，协助推行地方性农业政策。

4. 调动社会力量，构建多主体、全方位的农业技术创新与推广模式

在长期的农业服务实践中，我国积累了丰富的工作经验和丰厚的组织和人力资源。除政府之外，农业科研单位、专业技术协会、农业科技企业、农民专业合作社和各类农业科技人员等社会力量在我国农业科技服务体系中发挥重要作用。问题在于，我国虽然在体系建设上有过一些探索，但至今仍没有一种有效的农技创新与推广体系能将以上各种社会力量整合到一个统一的运作模式中。各主体间缺乏协作机制，目标不明确，各自为战，影响了科技创新和技术推广的效果。

在日本农技服务体系中，以农协为代表的民间机构在农业科技创新和技术指导中发挥积极作用。日本的民间农业推广体系，其职能主要由日本农协承担，为农户提供从生产到销售的一体化服务。民间的科技服务体系与农民生活息息相关，与政府主导的农业科技服务体系一道共同为农民提供服务。因此，借鉴其经验，一方面，要继续发挥政府引导作用，通过政府订购、定向委托、招投标等方式，扶持专业技术协会、企业和农民专业合作社等主体广泛参与农业产前、产中、产后服务，建立多元化主体的参与、合作与竞争的农业技术创新模式（高启杰，2004）；另一方面，要创造条件，发挥新型农业经营主体在农技推广中的作用，形成各种社会力量广泛参与、分工协作、服务到位、充满活力的多元化农技推广模式（孔祥智、楼栋，2012）。两者相辅相成、相互协作、缺一不可，共同构成多主体、全方位的农业技术创新与推广模式。

三、我国农业技术推广体系的定位

根据国外的有益经验，结合我国的现实情况，确定我国农业技术推广体系的定位如下：

1. 定位公益推广，解决市场失灵

市场经济体制下，农民科技文化素质培育、社区开发、农业环保、新型农民培养等领域都存在着市场失灵的现象，这些公益性质的事业企业无法解决也

解决不了，靠农民自己也无法解决。各国政府通过农技推广体系，进行社区开发，环境保护，起到了很好的效果。政府通过推广体系宣传政府政策，同时可以从农民那里得到反馈信息。因而在荷兰和德国等一些欧洲国家，推广被定义为政府政策工具之一（郭霞，2009）。在实际工作中，也正是由于推广起到了这样一个作用，所以各国政府愿意出资办推广。我国农技推广事业要定位公益，加大财政支持力度，以解决市场无法解决的问题。

2. 定位农业保护，提高农业实力

我国自 2001 年加入 WTO 后，农业行业受到越来越多的国际竞争，2004年农产品贸易开始出现逆差并呈现持续扩大的趋势，通过关税和非关税等贸易保护措施过度保护国内产业是不符合 WTO 规则的。欧盟、美国、日本等采取加强农业基础设施投入、农业科技创新和农技推广等方法来促进农业发展。各国政府通过加强农技推广体系建设，发展现代农业，培育高素质农民，提高农民科学种田水平，来提高本国的农业实力。

我国的农技推广也需要定位农业保护，通过农技推广体系，促进用现代物质条件装备农业，用现代科学技术改造农业，用现代发展理念引领农业，用培养新型农民发展农业，提高农业水利化、机械化和信息化水平，提高土地产出率、资源利用率和农业劳动生产率，提高农业素质、效益和竞争力，切实推进现代农业建设，提升农业国际竞争力。

3. 定位农民增收，关心农民利益

在许多国家，农民队伍是一支较为重要的政治力量。作为农技推广体系支柱的农协是农民自己的组织，代表农民与政府沟通，保护农民利益。政府通过与农协合作，共同协办推广事业，为农民服务，体现了政府对农民利益的关心，同时也可以从农民那里得到更多的选票。这在日本、韩国体现得尤为明显，每逢政府换届改选，各派政党为了取得选举胜利，往往通过农协来为农户提供各类公益性农技推广服务以博得广大农民的支持。

改革开放后，我国农村实行的是"家庭承包经营为基础，统分结合的双层经营体制"。40 多年来，家庭承包经营稳定发展，在农民增收中起到关键作用。但是作为"统"的层面的农村集体经济走向衰落，农业社会化服务体系没有跟上，制约了农民进一步增收。我国农技推广体系需要为农户家庭经营服务，定位农民增收，关心农民利益，让推广体系来连接政府与农民，维护农民权益。

4. 定位农村发展，促进城乡统筹

农技推广体系是实现"工业反哺农业，城市反哺农村"的抓手。美国农业人口仅占总人口的 1.8%，农业产值仅占国民总产值的 2%。然而，他们十分重视农业推广，推广经费全部由联邦、州和县三级政府拨给，推广对象逐渐从农民推广到城镇居民，推广内容从单一的农业技术推广扩展到社区经济发展与旅游、食品与安全、儿童教育、家政管理等，使农村和城镇也具备大城市的福利。在欧盟一些国家，工业起步期也是农业支持工业，农村支持城市，而等到工业、城市发展到一定阶段后，政府通过农技推广和其他扶持农业的措施，来实现"工业反哺农业，城市反哺农村"。我国进入工业化、城镇化快速推进阶段，但农业现代化进程仍然滞后于工业化和城镇化进程，"三化"同步面临挑战，我们应该将农技推广体系建设定位农村发展，使之成为促进城乡统筹发展的纽带。

5. 定位立体建设，实现农技推广多元化

农技推广体系若实行单一政府层面的建设，也会出现一些问题。如近年来，西方国家开始注意到，政府保障经费的无偿推广服务容易助长推广机构的惰性，并使农民不珍惜推广服务；于是，各国政府开始有选择性地将一些适合市场经营的业务推向市场，一些业务也开始向农民进行象征性的收费。此外，专业大户、农民合作组织、农业企业也越来越多地来承担政府的农技推广任务。参照国外经验，我国农技推广体系需定位立体建设，充分考虑我国国情和农业发展特点，制定修改相关法律法规，发挥新型农业经营主体在农技推广中的作用，鼓励科研院所、地方高校、农民专业合作社、村集体等开展多样化的农技推广服务，形成各种社会力量广泛参与、分工协作、服务到位、充满活力的多元化农技推广体系。

第四节　农户技术需求及技术获取来源分析

改革开放后，家庭承包制确立了农户的生产经营自主权，农户拥有最终的技术需求信息，并掌握最终的技术采纳决策权。农户技术需求是否得到满足是评价农技推广体系是否完善的重要标准。在"需求决定供给"的均衡法则下，与农户技术需求偏好多样化同时发生的是技术供给主体的日益多元化，政府系统农技推广体系独家垄断的一元化格局已被打破，龙头企业、专业技术协会等科技服务组织开始涌现并不断发展壮大。为实现农业技术供需均衡，必须在了解农户技术需求偏好的基础上，确立有效供给主体，以最经济、最有效的方式满足农户需求（李圣军等，2010）。本节根据中国人民大学农业与农村发展学院在山东、山西、陕西、宁夏等地的实地调研资料，对农户技术的需求状况进行统计分析，然后与农户农业技术获取来源、途径进行比较，分析农户技术需求的有效供给主体。

一、农户技术需求状况分析

据调查，农户对产前环节的技术信息、购买良种、购买化肥、购买农机、租用农机、购买农药、播种，产中环节的施肥、打药、灌溉、机耕、农机修理，产后环节的收割、脱粒、采摘、包装、储存、运输、收购销售、加工等农业技术的需求意愿状况如表3-2所示。

表3-2　农户对农业技术的需求状况

单位：个

农业技术	需求状况			农业技术	需求状况		
	不需要	无所谓	需要		不需要	无所谓	需要
技术信息	50	20	262	机耕	195	4	128
购买良种	70	9	253	农机修理	261	1	66
购买化肥	53	9	268	收割	238	2	89
购买农机	190	8	132	脱粒	247	2	79
租用农机	220	7	103	采摘	242	3	84
购买农药	69	11	250	包装	293	1	35
播种	196	13	122	储存	297	2	30
施肥	214	14	103	运输	273	5	50
打药	213	12	105	收购销售	89	5	233
灌溉	73	10	245	加工	298	3	25

资料来源：根据课题组调研数据整理。

根据表3-2的调查结果，在调查的20项相关农业技术中，从明确回答"需要"的农户数量看，在调查的332个农户中，"购买化肥"环节需要技术服务的农户数量最多，有268个农户回答需要，主要是测土配方、合理施肥等相关技术服务。其次是"技术信息"，有262个农户回答需要。回答"需要"

的农户数量最少的是"加工"环节，只有25个农户回答需要该环节的技术服务；关于"储存"技术服务，只有30个农户明确回答需要。从回答"无所谓"的农户数量看，对于各个环节的各项相关农业技术，回答"无所谓"的农户数量都比较少，表明农户对技术需求的明确性。从明确回答"不需要"的农户数量看，最多的是"加工"环节的相关技术服务，有298个农户明确回答"不需要"；其次是"储存"和"包装"环节的相关技术服务，明确回答"不需要"的农户数量都超过了290户。

二、农户技术获取来源分析

随着市场经济的发展与政府行政管理体制改革的推进，城乡一体化进程加快，新型农业社会化服务体系逐步完善，为农户提供技术服务的机构也日益多样化，除了政府系统的农业技术推广机构外，村集体、合作组织、龙头企业、科研院所、农资供应商等也开始对农户提供一些特定的技术服务，形成多元化的农业技术服务体系。农户技术获取来源情况详见表3-3。

表3-3　农户技术获取来源情况

单位：个

农业技术	供给主体						
	政府	村集体	合作组织	龙头企业	科教单位	农资供应商	其他
技术信息	54	30	11	6	9	6	25
购买良种	24	15	5	9	1	120	23
购买化肥	0	4	4	4	1	174	22
购买农机	5	1	3	1	1	48	31
租用农机	1	6	1	1	0	8	55
购买农药	0	2	4	2	2	166	24
播种	3	2	2	1	0	3	52
施肥	5	0	4	0	1	2	24
打药	3	0	4	0	0	2	25
灌溉	17	79	4	0	0	0	82
机耕	1	9	2	1	0	0	83
农机修理	1	0	0	0	0	1	40
收割	0	2	0	0	0	0	63

农业技术	供给主体						
	政府	村集体	合作组织	龙头企业	科教单位	农资供应商	其他
脱粒	0	3	2	0	0	0	44
采摘	0	0	0	0	0	0	52
包装	0	0	2	1	0	0	10
储存	0	0	2	0	0	0	9
运输	0	1	2	2	0	1	36
收购销售	2	0	4	20	0	14	159
加工	0	0	0	1	0	0	4

资料来源：根据课题组调研数据整理。

根据表3-3的数据，对于调查的20项农业相关技术的需求中，"技术信息"作为农户对农业技术的一种笼统需求意愿和各供给主体的笼统供给状态，从总体上来看，农户从政府、村集体、合作组织、龙头企业、科教单位、农资供应商等主体处都接受了相应的技术信息服务，其中政府系统的科技服务机构明显处于主导地位，有54个农户从政府系统接受了相应的技术信息服务；其次是村集体，有30个农户从村集体接受了相应的技术信息服务；接着是合作组织和科研教育单位，最后是龙头企业和农资供应商。除此之外，农户其他的技术信息来源渠道主要是亲戚、邻居、杂志、新闻等。对于良种、化肥、农机、农药等农业生产资料的相关技术服务主要供给主体是农资供应商，而这些环节的相关技术在农户的需求优先序中都位于前列，同时，个体户、供销社在农业生产资料的技术服务方面也发挥了重要的作用。对于产后收割、脱粒、采摘、包装、储存、运输、收购销售、加工等环节的技术服务，几乎没有农户从政府、村集体、合作组织、龙头企业、科教单位等机构接受相应的技术服务，根据调查，农户接受产后环节技术服务的主要渠道是个体或者私人。租用农机、播种、施肥、打药、机耕、农机修理等环节的技术服务，从政府、村集体、龙头企业、合作组织、科教单位等机构接受服务的农户数量很少，农户接受的技术服务主要来自私人。此外，村集体、政府在灌溉服务方面发挥了一定的作用，但不是最重要的服务主体。

从供应体系中各供给主体的角度看，政府提供的主要服务依次是技术信息、购买良种、灌溉等；村集体提供的主要服务依次是灌溉、技术信息、购买良种，种类与政府系统的基本相似，只是顺序稍有差别；合作组织提供的技术服务主要是技术信息、购买良种，但总体上提供的服务量不多、服务面不广，调查中发现合作组织提供的服务主要面向本社社员；龙头企业提供的主要服务是收购销售、购买良种、技术信息，而且提供的"收购销售"服务显著多于购买良种、技术信息的服务，这可能是由于订单在"公司+农户"模式中所起的作用；科教单位提供的服务种类很少，主要是技术信息；农资供应商提供的主要服务依次是购买化肥、农药、良种、农机等生产资料。

通过调查数据的分析，农户技术获取来源的特点可以简要地概括为：来源渠道日趋多样化，但各服务供给主体服务量不大、服务面不广，尤其是产后环节，几乎没有机构提供相应的技术服务，农民卖难问题一直难以解决；从总体上看，政府系统的科技服务机构在技术服务体系中处于主导地位，合作组织、龙头企业、科教单位的技术服务作用没有得到充分发挥，私人在技术服务方面发挥了日益重要的作用。

三、农户技术需求的有效供给主体分析

在农业技术供给体系日益多元化的情况下，不同供给主体在对农户提供技术服务方面具有不同的比较优势，如农民专业合作组织具备所有者、推广者和使用者于一身的成员制度优势，农业龙头企业具有资本优势，科研院所具有研发优势。所以，如何发挥各供给主体的服务优势，以最小的推广成本满足农户的技术需求便是农业技术需求有效供给主体分析的意义和内容。由表3-3可以看出，我国目前的农技服务供给主体主要有三类，分别是政府系统的农技推广机构、龙头企业和专业协会、农民专业合作社等农民合作组织。政府系统的农技推广机构主要是县乡两级的基层农技服务站。

从竞争性和排他性角度来看，技术可以分为公共物品、准公共物品和私人物品。从供给效率角度来看，只有通过特定的供给主体，来为特定的供给对象供给特定的技术，才能发挥各供给主体自身的特定优势：①政府系统的农技推广机构在推广公益性比较强、外部性比较大的农业技术方面有比较优势，如技术信息服务、政策法律信息服务、水利设施建设等，但存在着行政干预、单纯对上负责的弊端；②龙头企业在推广附加值比较高、需求弹性比较大的农产品技术方面具有比较优势，这类技术保密性比较好，在应用时不会被旁人轻易观察到，而且收益能内部化，在很大程度上具备私人物品的性质，但存在着损害农民利益、限制技术推广范围的弊端；③专业技术协会或农民专业合作社在推

广具有一定排他性、不具有竞争性的俱乐部型技术方面具有比较优势，而且真正从农户的技术需求出发推广相应技术，并通过集体的力量维护农民的利益，但也存在着技术服务能力不强、"搭便车"的弊端。政府系统农技推广组织是非营利性组织，龙头企业是营利性组织，专业技术协会或农民专业合作社是准营利性组织，各类技术供给主体都有自身独特的优势和潜在的弊端，总体上，政府系统农技推广机构、龙头企业和专业技术协会之间是相互合作的非竞争关系。

在农业技术实现供需均衡的过程中，随着农业市场化水平的不断提高，作为市场决策主体，农户的技术需求日益呈现多样化的趋势。为了满足一个农户的需求就需要多个供给主体为其服务、向其提供多种技术，在调查中笔者发现农户一般不会只向一个农技推广主体接受农业技术信息，有些专业大户与政府农技推广机构、农业龙头企业、农民专业合作社、科研院所、农资企业等都有联系；同时，为了满足不同农户的需求，各农技供给主体也需要加强自身建设，如何安华等（2011）通过对山西、宁夏、山东96家农民专业合作社和1039户农户调研资料的统计分析表明，从参加合作社农户对服务需求意愿的角度看，农民专业合作社的服务供给类别与农户需求的匹配性有待加强，农民专业合作社技术服务供给机制、供给方式、供给内容的多元化必须加强，以应对农户需求的差异化。从技术之间的关系看，各种技术之间并不是相互独立的，而是相互影响、相互作用的，只有同时采纳一系列相关的技术才能发挥各项技术的潜能，获取技术变迁的收益，因此，从技术之间的相互关系看，满足农户技术需求也需要多个供给主体相互配合。从技术类型的角度，可以根据各个供给主体的特点确定相应的有效供给主体，但从满足农户需求的角度，各个供给主体之间又必须相互配合，同时向农户提供技术服务。总之，确定农户所需各类技术的有效供给主体是为了更好地实现各类供给主体的有效合作，从而共同满足农户的技术需求。

第五节　完善农业技术推广体系的建议

我国农技推广体系经历中华人民共和国成立初的创建时期、20世纪50年代末60年代初的受挫与调整时期以及之后的供给型向需求型转变时期、恢复和发展时期、深化改革时期，直至21世纪以来的新一轮农技服务推广体系改革，已经初步形成了以政府农技推广机构为主导、非政府农技服务组织并存的多元化农技推广体系，体制机制不断创新，人员素质总体上得到提高，财政保障有所强化，服务能力逐渐增强。但是，我国农技推广体系的发展仍然面临着服务内容不能满足农户需求、投入资金短缺、高素质人才缺乏、管理体制不顺、服务功能弱化、推广方式陈旧等问题。国外农技推广体系的组织形式与政策环境启示我们，建立中国特色的农技推广体系需要定位公益推广，解决市场失灵；定位农业保护，提高农业实力；定位农民增收，关心农民利益；定位农村发展，促进城乡统筹；定位立体建设，实现农技推广多元化。本书以调研数据为基础，力图分析当前农户技术需求状况和技术获取来源，并对农户技术需求的有效供给主体进行了较为深入的探讨。综上分析，本书认为应该从政府农技推广机构和非政府农技推广组织两个角度来完善我国的农业技术推广体系。

一、强化公益性职能，完善政府农技推广机构

无论是从我国农技推广体系的发展历程、国际经验来看，还是从农技推广实施效果、规模、组织力度及社会影响来看，政府的农技推广机构在整个农技推广体系中仍占主导地位，本书的调查数据也证明了这一点。对于政府农技推广机构而言：

一要加强基层农技推广体系建设，在财力、物力、人力方面予以支持。切实加强地方农技推广体系改革工作的领导，推广先进经验，吸取错误教训；抓紧解决基层农技推广工作的经费保障问题，可按每亩耕地1元的标准安排农技推广工作经费；加大对县级农技推广机构的改革力度，不断完善"县为支撑、乡为平台、村为载体"的农技推广服务体系；完善进人机制，选拔学历水平和专业技能符合条件的人员进入基层推广队伍，提高基层农技人员专业水平和学历层次；创新激励机制，完善农技人员职称评定政策，实施下乡服务补助，鼓励创新创业，调动农技人员进村入户积极性，提高服务效能。

二要提高农技推广服务能力，完善农技推广网络，建设高素质农技服务队伍。政府型农技推广部门不应该仅仅满足于把上边认可的技术推广到农户手中，其作用应更多地体现在信息解释、分析与服务方面；增加对农技推广体系的资金投入，把已经断的"线"连起来，已经破的"网"修补好；加强农技推广人员的培训，建设一支能够真正深入农业生产一线、为农民提供实实在在服务的高素质农技推广队伍，并鼓励、支持和引导广大科技人员深入田间地头，与农民结成利益共同体，以共同利益为纽带建立双方的良性互动关系。

三要实施一系列公益性农技推广服务，形成合力。从实际出发，实施好"农业科技入户工程""专家大院"科技特派员"科技110"等项目，通过培育科技示范户，发挥辐射带动效应，为科技成果进村入户开辟新通道。非农口部门也要发挥部门优势，开展形式多样的农技推广服务，如教育部开展的"燎原计划"，全国妇联开展的"双学双比"，团中央、全国科协的"科技下乡""三下乡"活动，民主党派、工商联的"智力扶贫"等。

二、放活经营性服务，鼓励非政府农技推广组织发展

目前，我国农业发展进入新阶段，农业发展方式由粗放型向集约型转变，农业生产经营的专业化、组织化、集群化趋势明显，农业科技贡献率稳步提升；与此同时，农民对于科技的需求也越来越多元化，特别表现在对产前、产后相关信息与技术服务的需求增大。为满足农民需求，要放活经营性服务，通过政策扶持、项目推进等措施，为科研院所、专业大户、农民专业合作社、农业技术协会、农业龙头企业等组织开展农技推广服务营造良好环境，建立以政府农技推广机构为主体、多元化发展、无偿服务与有偿服务相结合的新型农技推广体系。一要按照服务农民、进退自由、权利平等、管理民主的要求，扶持农民专业合作社加快发展，使之成为农业科技的集散地、农民学习的培训班，引领农民参与国内外市场的竞争；允许有条件的农民专业合作社开展信用合作，满足合作社的建设需求与农户引入新品种、新技术的资金需求。二要发展农业产业化经营，促进农产品加工业结构升级，扶持壮大龙头企业，培育知名品牌，优化龙头企业与农户的利益联结方式。三要继续发挥专业技术协会在信息传播、技术培训、生产服务等方面的作用。四要推进农民经纪人立法工作，规范农民经纪人队伍，发挥经纪人在农技推广中的作用。五要鼓励农业专业服务公司的发展，为农户生产提供产前、产中、产后的保姆式服务。六要加快农业科技成果转化，促进产学研、农科教结合，支持科研院所同农民专业合作社、龙头企业、专业大户开展多种形式的技术合作。

第四章 政府购买农业社会化服务的供给机制与实现形式①

第一节 引 言

农业社会化服务体系是发展现代农业的重要支撑。早在 1991 年，国务院发出的《关于加强农业社会化服务体系建设的通知》（国发〔1991〕59 号）中，就明确指出"加强农业社会化服务体系建设，是深化农村改革，推动农村有计划商品经济发展的一项伟大事业，对于稳定和完善以家庭联产承包为主的责任制，健全双层经营体制，壮大集体经济，实现小康目标，促进农业现代化，具有极其重要而又深远的意义"。当时的中国正处于从计划经济向社会主义市场经济的转型前期，党的十四大即将召开，"社会主义市场经济"的提法还未正式进入中央文件。国务院专门发文强调农业社会化服务体系建设的重要性，并在文件中明确了农业社会化服务体系建设的方向和原则，提出其对促进农业现代化的重要意义，充分说明了农业社会化服务体系在农业生产经营和实现农业现代化中的重要作用。

随着中国农村改革的逐步深入，特别是 21 世纪中央加大惠农支农政策力度以来，我国的农业农村发展进入了一个新的阶段。农产品市场化、国际化程度不断提高，种养大户、家庭农场、农民专业合作社等新型农业经营主体不断涌现，农业适度规模经营的体制机制逐步建立，农业社会化服务体系的内涵和外延也随之发生了深刻的变化。2008 年，党的十七届三中全会明确指出，"要

---

① 执笔人：谭智心。

加快构建以公共服务机构为依托、合作经济组织为基础、龙头企业为骨干、其他社会力量为补充、公益性服务和经营性服务相结合、专项服务和综合服务相协调的新型农业社会化服务体系"。这是首次在中央全会上明确新型农业社会化服务体系的基本内涵。在中央和各级农业部门指导下，各地开展农业社会化服务的创新模式不断涌现，农业社会化服务的供给主体和需求主体也发生了深刻的变化。2012 年，党的十八大明确提出要"坚持和完善农村基本经营制度，构建集约化、专业化、组织化、社会化相结合的新型农业经营体系"，这不仅需要培育新型的农业经营主体以拓展经营形式，而且需要建立一套新型的农业社会化服务体系作为支撑。随后，2014 年的中央一号文件中，党中央、国务院将健全农业社会化服务体系作为构建新型农业经营体系的重要内容，对未来我国农业社会化服务体系的有机构成、发展方向及运行模式做出了顶层设计。2015 年是"十二五"的收官之年，也是为顺利进入"十三五"做准备的关键一年。2015 年 2 月发布的中央一号文件将"强化农业社会化服务"作为"促进农民增收，加大惠农政策力度"的重要内容，明确提出"增加农民收入，必须完善农业服务体系，帮助农民降成本、控风险"。这又从完善农业微观生产主体激励的角度明确了新型农业社会化服务体系的建设目标。同时，文件中还提出"采取购买服务等方式，鼓励和引导社会力量参与公益性服务"，这与党的十八大提出的"加强和创新社会管理，改进政府提供公共服务方式"相得益彰，也将成为政府改进公共服务供给方式在农业经营管理领域的重要实践。

党的十九大报告提出"健全农业社会化服务体系，实现小农户和现代农业发展有机衔接"。这一表述丰富了农业社会化服务体系的建设目标，将小农户作为农业社会化服务体系的重要服务主体，兼顾了现代农业发展与帮助传统小农户。随后，2018 年中央一号文件提出要"推进农业生产全程社会化服务，帮助小农户节本增效"，2019 年中央一号文件提出要"加快培育各类社会化服务组织，为一家一户提供全程社会化服务"，2020 年中央一号文件提出要"健全面向小农户的农业社会化服务体系"，均是对建立面向小农户的社会化服务体系的有力政策支持。从实践看，与现代农业建设中的规模经营主体相比，小农户属于市场失灵的领域，必须通过政府这只"看得见的手"来加强调控。

政府作为农业社会化服务体系中的重要供给主体，如何加强和创新社会管理，改进政府提供农业社会化服务方式，一直是政府探索和实践的重要方向。早在党的十八大召开后，新一届政府对进一步转变政府职能、改善公共服务作出重大部署，明确要求在公共服务领域更多利用社会力量，加大政府购买服务力度。2013 年 7 月 31 日，国务院总理李克强主持召开国务院常务会议，要求推进政府向社会力量购买公共服务。2013 年 9 月 26 日，国务院办公厅下发了《关于政府向社会力量购买服务的指导意见》（国办发〔2013〕96 号），明确了政府购买服务的指导思想、基本原则、目标任务、购买机制等方面的内容，为政府在各个领域开展购买服务业务提供了行动指南。2014 年中央一号文件明确提出，要"健全农业社会化服务体系。稳定农业公共服务机构，健全经费保障、绩效考核激励机制。采取财政支持、税费优惠、信贷支持等措施，大力发展主体多元、形式多样、竞争充分的社会化服务，推行合作式、订单式、托管式等服务模式，扩大农业生产全程社会化服务试点范围。通过政府购买服务等方式，支持具有资质的经营性服务组织从事农业公益性服务"。随后，在党中央、国务院的肯定与支持下，政府购买农业社会化服务的探索和实践逐步丰富起来。

第二节　政府购买农业社会化服务的理论溯源

政府购买农业社会化服务属于政府购买公共服务的一部分。政府购买公共服务（Government Purchase of Services）是指将原来由政府直接提供的、为社会公共服务的事项交给有资质的社会组织或市场机构来完成，并根据社会组织或市场机构提供服务的数量和质量，按照一定的标准进行评估后支付服务费用，即"政府承担、定项委托、合同管理、评估兑现"，是一种新型的政府提供公共服务方式。其核心意义是公共服务提供的契约化，政府与社会组织之间构成平等、独立的契约双方。随着服务型政府的加快建设和公共财政体系的不断健全，政府购买公共服务将成为政府提供公共服务的重要方式。

政府购买服务源于西方发达国家在社会福利制度方面的改革，从 20 世纪 60 年代至今已有 50 多年的实践历程。这对社会服务领域产生了深刻的影响，并传播到其他国家和地区。从西方福利国家所走过的历程可以得知，在这一过程中，政府完全退出福利提供的角色，或者尽可能多地剥离政府的社会功能，而由私营组织全部承担起投资和营办服务的责任。众多研究表明，这一过程能够有效降低服务成本，提高服务质量，并为公众提供更多可选择的公共服务（Gormley 等，1999；Boyne，1998；Bailey，1999）。目前，政府购买公共服务已经逐渐成为一种世界性的制度安排，同时也是学术界研究讨论的热点问题。

一、政府购买公共服务的理论基础

政府购买服务所涉及的理论非常丰富，主要包括新公共管理理论、社会治理理论、社会非营利组织发展理论、政府职能转变理论等方面。

（一）新公共管理理论

进入 20 世纪 70 年代，西方一些国家面临着财政危机、管理危机和信任危机。英美等国政府开始推行行政改革，并由此引发了一场世界范围内经久不息的"新公共管理"运动。Hood（1991）将"新公共管理"定义为一种强调明确的责任制、产出导向和绩效评估，以准独立的行政单位为主的分权结构，采用私人部门管理、技术、工具，引入市场机制以改善竞争为特征的公共部门管理新途径。

这场新公共管理运动，无论在发达国家还是发展中国家，一个重要的内容就是着力调整政府与市场、社会的关系，试图在经济领域、社会领域寻找政府干预和市场自我调节、社会自我发展的最佳结合点，在发挥政府宏观管理作用的同时，充分利用社会力量提供公共服务，实现政府职能社会化，以弥补政府财力和公共服务能力的不足，有效地促进经济社会发展。

（二）社会治理理论

治理理念产生于 20 世纪 90 年代，它代表着一种新的公共管理理念和模式，即多个主体对公共事务的共同参与，治理主体不仅包括政府和其他公共机构，还包括私人部门和公民社会组织。治理是一个上下互动的管理过程，通过建立合作、协商的伙伴关系，以确立和认同共同目标的方式对公共事务进行管理。治理理念要求公共管理成为由政府部门、私营部门、第三部门和公民个人等参与者共同组成的公共行动体系，多中心的公共行动者通过制度化的合作机制，可以相互调节目标，共同解决冲突，增进彼此利益。

社会治理就是通过对社会管理过程中权力格局的分析与判断，对社会管理过程和模式进行创新。而"多中心治理"理论则主张下放社会管理的权力，如将该权力下放给地方政府和社会自治组织，建立包括公共部门管理与私人部门、非政府组织管理在内的多元治理结构。该理论认为，与政府对社会的管理相比，社会其他主体在提供公共服务方面更具有针对性、创造性、花费少、见效快等特点。因此，可以把公共服务的生产和供给分开，由社会组织和市场力量来提供公共服务。对许多集体物品来说，政府本质上是一个安排者或提供者，是一种社会工具，用以决定什么应该通过集体去做、为谁而做、做到什么程度或什么水平、怎样付费等。政府可以做出用公共开支来提供某种服务的决定，但不意味着必须依靠政府雇员和设施来提供这种服务。

（三）社会非营利组织发展理论

社会组织的概念最早是由德国政治经济学家马克斯·韦伯提出，他认为社会组织是以一种跨越时间和空间的、稳定的方式把人类的活动或他们所生产的物品协调在一起的手段。后来的功能主义学者认为，社会组织是追求同一目标成员相互协同以实现共同目标的社会群体，是人们为了减少经常性合作的不确定性或风险性做出的选择。可见，早期学者对于社会组织的定义是一种非常宽泛的概念，实际上已经囊括了政府、企业和其他各种类型的组织。

非营利组织是指"一个非政府且非商业性的组织，因此是一个独立的部门，且具有慈善及公共服务等特征"。Salamon（1995）提出了"第三者政府理论"，指出非营利组织的出现有其历史渊源，当代政府在公共服务输送上依赖非政府机构的事务繁多，而非营利组织在公共服务上较为多元、创新与弹性的做法，容易取得民众的信赖。政府扮演资源提供者与服务监督者的角色，相关的执行事项则委托民间执行，两者之间形成紧密的"协作关系"。因此，非营利组织的存在，有其更为积极的功能与使命，而非扮演市场失灵或政府失灵下的补偿角色。Evans 和 Shields（2000）也提出第三部门提供广泛多样的有形以及无形的公共物品，包括服装、住所、食品、培训、医疗等有形的公共物品，以及大量的咨询、支持等无形的公共物品。可见，发展非营利组织的必要性不仅在于可以弥补市场失灵和政府失灵，而且在公共服务的输送上可以和政府形成紧密的"协作"关系。

（四）政府职能转变理论

随着社会的发展，公众对公共服务的需求不断增加，而政府自身财力与能力的限制，决定了社会公共需求的不断增加与政府有限的公共服务供给能力之间存在巨大矛盾，其深层次的原因是政府提供公共服务的缺乏和不足。

在市场经济体制下，政府属于非营利性组织，而将非营利性组织与营利性组织作比较，最显著的差别是成本效率的不一样。营利性组织具有追求成本最小化的良性机制或自身动力。而非营利性组织恰恰相反，本身不追求利润最大化，同时也就丧失了追求成本最低化的内在动力，所以非营利性组织不可避免地会有成本不断升高而效率下降的弊端。经济学家斯蒂格利茨认为，政府可以利用市场机制推动公共服务市场化，即将竞争机制引入政府公共服务的一些业务领域，实现服务的最佳供给和公共资源的有效配置，市场化意味着以政府高度介入为特征的某种制度安排向较少政府介入的另一种制度安排在转变。与此同时，政府还可以利用社会力量推行公共服务的社会化，即将原来由政府承担的一些公共服务职能大量地转移给非政府组织，一些私人部门、独立机构、社会自治等非政府组织都将成为公共产品及服务的提供者，为提供相同的公共产品和服务展开竞争；政府通过对社会力量的组织、利用和管理，实现公共管理和服务的社会化。因此，公共服务的市场化和社会化有助于缓解公众日益增长的服务需求与政府垄断服务对这种需求回应能力不足的矛盾，提高公共物品的供给效率，满足社会对公共服务的多元化需求。

二、政府购买公共服务的内涵与本质属性

国内学界对政府购买公共服务基本内涵的表述很多，观点基本相同。学者们一致认为政府购买公共服务的实质是政府出资，让营利或非营利组织参与到公共服务提供中来。乐园（2008）认为"公共服务购买，是政府（公共部门）与私人部门之间签订购买协议，由政府出资，将涉及公共服务的具体事项承包给私人部门的行为"。王浦劬等（2010）认为"购买是指政府将原来直接提供的公共服务事项，通过直接拨款或公开招标的方式，交给有资质的社会服务机构来完成，最后根据择定者或者中标者所提供的公共服务的数量和质量，来支付服务费用"。郑卫东（2011）认为，政府购买服务包含如下元素：政府购买服务的委托主体是政府，受托者是营利、非营利组织或其他政府部门等各类社会服务机构，表现为一种通过政府财政支付全部或部门费用的契约化购买行为；政府以履行服务社会公众的责任与职能为目的，并承担财政资金筹措、业务监督及绩效考评的责任。

学者们的研究表明，政府购买服务的本质属性，是在公共服务领域打破政府垄断地位和引入竞争机制，把市场管理手段、方法、技术引入公共服务之中，将公共服务的提供与生产分开，政府依靠市场和非营利组织进行生产，通过购买的方式间接地向公众提供公共服务。而政府的职责在于确定购买公共服务的范围、数量、标准、选择公共服务承办方（出售方）、监督公共服务生产过程、评估公共服务的效果。

三、政府购买公共服务的主要模式

国内学者对政府购买公共服务模式的分类主要从公共服务购买双方关系的

独立性和购买程序的竞争性两个维度来划分。如王浦劬（2010）从国外实践中归纳出政府向社会组织购买公共服务的四种模式：独立关系竞争性购买模式、独立关系非竞争性购买模式、依赖关系非竞争性购买和依赖关系竞争性购买。其中在中国最重要的是前面三种模式，因为实践中较少见到依赖关系竞争性购买模式。王名、乐园（2008）对公共服务购买的案例进行模式化总结分析，认为主要有三种购买模式：依赖关系非竞争性购买、独立关系非竞争性购买和独立关系竞争性购买。蔡礼强（2011）认为可以将公共服务供给划分成五种模式：政府直接提供的公办公营模式、政府间接提供的公办民营模式、政府间接提供的合同购买模式、政府间接提供的民办公助模式、社会自发提供的民办民营模式。

四、政府购买公共服务面临的风险

总体来说，政府购买公共服务的风险主要来自供应商垄断和购买双方的投机行为。学术界基于这两个方面，分析了不同的购买模式下存在的风险。

Hodge（2000）认为，政府购买公共服务并没有有效控制政府规模扩张，也没有抑制财政赤字上涨，服务购买存在着风险。Johnston 和 Romzek（1999）分析了政府管理外包合同复杂度，他们在案例中发现，在五种情况下政府对服务合同的管理尤为困难：一是私人获益的比例降低；二是对产出的衡量困难；三是对产出进行衡量的时间长；四是产出是无形的；五是供应方（竞争）减少。以这五个指标来衡量，公共服务中的社会服务面临合同管理的极大复杂性。Dehoog（1990）论述了不同购买模式面临的各种风险，他的研究不但证实了政府购买公共服务的竞争缺乏，而且表明任何一种购买模式都面临风险。他认为，即使是在竞争模式中，也容易出现投机取巧和非法行为，甚至可能出现购买成本高于政府生产的情况；谈判模式适用于供应商较少的领域，能包容不确定性和复杂性，但可能出现政府主导谈判、内幕交易、关注过程而非结果、不透明等问题；合作则是一种基于相互信任，以竞争或谈判模式形成的购买关系为基础的政府购买模式，它能够发挥供应方的优势，能够实现政府与社会合作谋求长远利益的目的；但是，却隐含着双方由合同关系转化为依赖关系，甚至政府将受制于供应商的风险。

王名（2008）针对我国公共服务购买模式分析了各种购买模式存在的问题，他认为"依赖关系非竞争购买实际上侵害了政府购买的内涵与原则，因为这种购买关系中社会组织依赖政府，活动受制于政府，评估形式化，没有真正的法律责任，一些根本不属于政府职责范围的服务，政府也用购买的方式向社会提供服务。部门利益不断扩张，政府权力延伸至私人领域；独立关系非竞争购买一般是政府主导、精英推动，以定向委托的方式进行，合同通常不是量化与具体化的，甚至连购买的经费也不能确定，因为购买内容时常变动，这种购买事实上是政府职能外包，而不是具体任务外包；独立关系竞争性购买中，政府系统与非政府组织之间的合作基础薄弱，政府对民间组织缺乏信任，民间组织也缺乏公信力，购买协议对政府的约束力不强，面对强大的政府及与政府合作的利益诱惑，一些组织并没有完全保持自己的宗旨和坚守组织的专业优势"。周俊（2010）认为政府购买公共服务的经济效率仍待检验，同时存在缺乏竞争、机会主义、供应商垄断等风险。政府购买公共服务中应建立基于责任的风险防范框架，政府和供应商应分别加强合同管理和内部控制能力，公民应充分履行参与和监督权利。我国政府购买公共服务应尽快出台法律法规或规范性文件对其进行规制，同时发展政府购买公共服务所需的组织和社会环境。

第三节　政府购买农业社会化服务的供给机制与实现形式

政府在农业社会化服务中主要承担公益性服务的职能。我国政府机构的农业服务组织是按行政体系建立的，从中央到地方分别建立了各级农业技术服务中心、服务站，在村一级建立了科技组和科技示范户，把实用技术推广到农户中。此外，部分地区在构建现代农业经营体系的过程中，政府还通过非竞争性购买、竞争性购买、直接资助、政府补贴等方式，形成了政府购买农业社会化服务的地方实践。

一、政府提供农业社会化公共服务的供给方式

在基层实践过程中，各地因地制宜，创新出很多政府提供公益性社会化服务的典型模式。

（一）搭建公共服务平台

浙江省嘉兴市在2013年被列为省级农业社会化服务体系建设试点市后，以示范创建为引领，构建新型农业社会化服务体系的步伐不断加快。为实现为

农服务"全天候"、"全方位"和"全程化"，嘉兴市充分整合、集聚资源，统一构建了"12316"综合农业服务平台，为全市各类农业生产经营者提供政策咨询、产业发展、农业技术、市场行情、农资供应、土地流转、志愿者服务、农产品展销推介等社会化服务，实现一站式管理、一站式发布、一站式对接。目前，该市农业社会化服务组织框架已基本形成，社会化服务的内涵向农产品质量安全、农业金融保险等方面不断拓展，逐步延伸到农业生产产前、产中、产后全过程，农业社会化服务体系建设驶入"快车道"。

（二）建立健全市场和制度环境

农业社会化服务的供给方除了政府，还有其他经营性机构。针对这些服务供给主体，政府最主要的作用就是为其提供良好的市场和制度环境。如宁夏回族自治区在进行推动该区土地承包经营权流转工作时，积极探索建立土地农村土地承包经营权流转市场。银川市所辖县（市、区）的27个乡镇全部成立了"农村土地经营权流转服务中心"，成为政策宣传、信息发布、提供服务和监督规范的窗口，弥补了土地承包经营权流转的市场缺位问题，规范了土地流转行为，促进了农村基本经营制度的稳定和完善，促进了政府职能的转变。此外，自治区农牧厅还加强了土地流转的管理服务工作，制定了全区统一规范的流转合同文本，结合贯彻农业部《农村土地承包经营权流转管理办法》，在反复调研论证的基础上，与自治区党委政研室等部门起草了《关于加强农村土地承包经营权流转的意见》。该文件出台后，有力地促进了"县乡村三级"土地流转服务体系建设。

（三）创新服务方式

很多地方利用各种方式为农民提供技术信息服务。如江西省吉水县在每个乡镇都建立一个农技推广示范基地、一所农民培训学校，通过加强硬件建设优化了传统推广方式。福建省南平市率先实行了科技特派员制度，将相关科研机构的科技人员以科技特派员身份"派下去"，并签订相应的科技特派员服务和约，通过鼓励各种有偿服务模式，利用"利益共同体"的方式让科技特派员在乡村"扎下根"。陕西省岐山县则在实施包村联户制的同时，鼓励农技人员领办和创建科技示范园，通过机制创新使这些传统的推广方式焕发出新的生机和活力。

二、政府购买农业社会化服务的主要形式

政府购买农业社会化服务在很多地方还停留在概念阶段，部分地区在构建

现代农业经营体系的过程中，十分重视农业社会化服务体系建设，通过非竞争性购买、竞争性购买、直接资助、政府补贴等方式，形成了政府购买农业社会化服务的地方实践。

（一）非竞争性购买

非竞争性购买也称为公办私助。这种模式的买卖双方是独立的法人主体，二者形成契约关系，但服务的提供是以委托方式进行的。这种模式的优点是借鉴了市场机制，改变了以往单纯依靠政府投入和补贴的方式，有助于提高公共服务效率，降低公共服务成本；缺点是缺少竞争和透明，服务买卖难以监控。

【实例1】

山西山宝食用菌有限公司创建于2006年，位于山西省汾阳市阳城生态食品园，注册资本6000万元。公司以食用菌的种植、加工、销售、科研为一条龙产业链全链发展，按照"种植标准化、多元化，加工规范化、持续化，销售一体化、品牌化，科研项目化、实用化"的原则推行规范化管理，是吕梁、山西乃至全国的产业转型示范单位之一。

为推动农业社会化服务的深入开展，吕梁市政府设立了一个"8+2"项目。通过此项目，政府选择当地两家经济实力较强、带动农民力度较大的企业签订订单。如与山宝食用菌有限公司签订食用菌培养基订单，订单内容是：由市政府埋单，从企业购买生产平菇的培养基，乡镇政府对试点村庄农户的基本情况、生产条件等进行摸底，提供名单给企业，由企业对试点村庄的农户免费提供食用菌培养基，并给予免费的技术指导，并提供平菇回收服务。

（二）竞争性购买

竞争性购买应具备四个条件，包括合同双方是两个独立决策的主体、有明确的服务购买目标、有可选择性的竞争市场和公开的竞标程序。政府部门通过招标的方式选择提供服务的私人部门或非营利组织，并与之签订合同，中标的私人部门或非营利组织提供相应的服务项目，从而实现政府成本最小化、收益最大化的目的。同前面两种购买模式相比，竞争性购买具有以下优点：一是发挥了民间组织自身优势，提高了服务的质量；二是有了成本约束机制，提高了服务效率；三是通过公开透明的招标，有效地防止了腐败，降低了政府购买成本。随着民间服务机构的壮大，政府通过竞争性购买方式提供公共服务将是今后的发展方向。

【实例2】

安徽省是农业农村部经管司与国务院综改办共同选定的农业社会化服务试

点省，该省择定5县1场作为先行试点。以凤台县和霍邱县为例：

凤台县择优选择20个有经营资质、有服务手段、有服务规模的农民专业合作社，明确服务内容，制定服务标准，确定补贴金额，规范购买程序，提供统一供应良种（每亩补10元）、统一测土配方施肥（每亩小麦、水稻各补10元）、统一机械耕地（每亩小麦、水稻各补10元）、统一机械条播（每亩小麦补15元）、统一机械开沟（每亩小麦补5元）、统一机械插秧（每亩水稻补40元）、统一农作物病虫害防治（每亩小麦补15元、水稻补25元）、统一机械收割（每亩小麦、水稻各补10元）、统一订单收购（每亩按小麦400公斤、水稻500公斤补30元）、统一技术指导"十统一服务"。稻麦两季每亩总计补贴200元，约占服务成本的21.4%，总计补贴5万亩。购买服务程序：公布管理办法→主体自主申报→乡镇政府推荐→组织考核评审→签订服务合同→指导监管验收→公示服务绩效→按季兑现补贴。

主管部门：县农委。

霍邱县通过网上征集，公开遴选规模大、实力强、信用好的荃润丰农业科技公司、天禾农业公司，作为承担全县农业生产全程社会化服务试点企业，与7个乡镇、37个行政村、310户农民签订了小麦生产社会化服务合同，服务面积5.8万亩，包括小麦的犁、耙、播种、机开沟、配方施肥、病虫草害防治、收割、烘干8个环节，每个环节补贴实际费用的25%左右。补贴资金500万元。

支持原则：政策公开，自愿选择；集中连片，推广科技；限价收费，差额补贴。同时对补贴范围和对象、主体申报和审批、资金拨付和管理、检查验收和监督予以明确。

执行单位：县财政局会同县农委。

（三）直接资助

直接资助是政府选择特定的能够提供公共服务的私人部门或非营利组织并给予其资助的方式。直接资助既可以是经费资助，也可以是实物资助，或者是优惠政策扶持，如政府对私人部门或非营利组织，给予开办费、土地无偿使用、减免税收等优惠政策。直接资助模式使政府在不增加固定资产投入的情况下，通过将购买服务的费用转移支付到资助项目上，实现了公共产品的产出，同时改变了政府单一供给公共服务的方式，促进了公共服务供给的社会化发展。

【实例3】

山东省齐河县采取政府购买服务的方式，大力扶持和培植规范的社会化服务组织，在农业项目集中整合、技术人才跟踪服务等方面进行集中打造。特别是对重点打造的山东齐力新农业服务有限公司，在技术人才和项目资金上给予了大力倾斜。2013 年 8 月，以政府购买服务的方式，依托该公司，对玉米病虫害进行防治，实行了该县 20 万亩粮食高产创建核心区统一飞防，效果显著。齐力公司以其雄厚的实力、优良的服务、良好的信誉，获得了"农业全过程社会化服务试点县"作业权，作业总面积达 46 万亩，政府投入财政资金 500 万元，公司自筹 580 万元，实现了财政资金使用效益的最大化。从 2014 年 5 月 1 日开始，出动农用直升机两架，对祝阿、焦庙、刘桥等乡镇的 15 万亩小麦实施"一喷三防"作业。群众十分满意，社会效益非常明显。目前，齐力新农业服务公司已成为江北最大的农业社会化服务企业。

（四）政府补贴

政府补贴方式是指政府不提供服务，而是向有资格的服务对象按照一定的标准直接提供补贴，从而达到间接购买服务的目的。

【实例 4】

2010 年底，江苏省张家港市出台文件提出，要通过 3~5 年努力，基本建立统一配送、统一标识、统一价格、统一服务的全市农药集中配送体系。近年来，当地做了系列具体探索和制度建设。

首先，成立"农药集中配送联席会议"，由市政府办牵头，农委、供销合作社、财政局、监察局等众多单位参与，负责决策农药集中配送的有关政策和方法、负责农药招标采购、决定补贴办法、委托配送中心等。随后成立的"张家港市农药集中配送招标小组"，专门负责农药招标、采购全过程的审批、管理和监督。

按照程序，当地农委根据病虫害预测，于每年初提出当年农药主推目录、品种、规格，主推品种按照一是生物农药优先、二是确保主推低毒高效化学农药、三是同类型品种价格低的品种优先等原则，杜绝高毒高残留农药。

其次，在张家港市农业网上公布，由相关农药生产厂商提出申请，并提供资质证明和相关农药的登记证，经市农药集中配送招标小组审定后由市农委备案。

最后，实行农药"零差价"集中配送。由农药配送中心从厂方采购农药，在不加任何费用的情况下，直接配送到农民手里。采购农药的厂家必须是全省最低价，这个价格需接受农民的监督和举报。配送中心及配送点的利润则由市镇两级财政负担，结算办法规定财政补贴经销商利润为农药总经销金额的

18%，其中市镇两级财政各负担50%。张家港市供销总社则负责监督受托农药批发企业搞好农药采购、配送工作，并监督全市各配送网点做好服务工作。

第四节　经营主体对政府购买农业社会化服务的评价

从基层实践来看，政府通过购买的方式为农业生产经营主体提供社会化服务，客观上满足了这些经营主体在实行规模经营过程中的需求，同时也提高了专业化分工的效率。通过对种养专业大户、家庭农场、农民合作社等规模经营主体的调查发现，这些规模经营主体对其接受的专业化的社会化服务基本上是持肯定认可的态度，一些经营主体对进一步合理服务价格、完善服务方式提出了一些建设性意见和建议。

一、散户对专业化的农业社会化服务需求程度不高

对农业经营主体来说，政府购买农业社会化服务就意味着经营者要摒弃以往依靠自身提供农业产前、产中及产后服务的习惯，通过花钱来实现从自主经营到购买服务的转变。在我国，不少农民习惯了自给自足的传统耕作方式，尚未形成花钱买服务、搞生产的习惯。例如，以机耕、机收、机防等为主要内容的农业社会化服务，可有效节省劳力、降低成本、提高种地效益。但在类似重庆这样的丘陵农区，农民田块分散、零碎，社会化服务成本相对较高，对散户农民"节支增收"作用有限。重庆南川区凤修农机专业合作社理事长谢成志认为一家一户种地，购买社会化服务不划算，这是影响散户需求的重要原因。近几年，重庆市铜梁县一直向农民提供水稻密植技术服务，亩均单产能提高50斤左右，但农民人均也就"一亩三分地"，技术再好，直接效益也不突出。不少农民说，50斤稻谷折算成现金，也就70多块钱，还比不上打工一天的收入。

二、政府购买服务的方式有待改进

本书调研组发现，部分地区政府购买农业社会化服务采取的方式和方法从出发点看是好的，但其结果却没有达到提高规模经营主体积极性的作用。

安徽省合肥市庐江县农升秸秆专业合作社理事长潘英友告诉笔者，他成立

的秸秆回收合作社是为了响应合肥市政府对秸秆实行禁烧令的号召，把农户无法处理的秸秆通过专业化的机械和设备进行回收，然后送到发电厂进行回收利用。政府为鼓励秸秆回收处理，给予每户农户 30 元/亩的秸秆回收费用的补贴，而对回收秸秆的合作社却没有实行任何补贴。从政府设计补贴制度的角度来看，原意是让农户提高秸秆回收的积极性，同时对秸秆回收的费用给予补贴。但是，秸秆回收的补贴是打到农户的卡里，与其他补贴混同在一起，农户对此补贴没有特别的认知。而且，农户认为合作社回收秸秆是为了卖给电厂挣钱，所以都不愿意给合作社缴纳秸秆回收的费用。到目前为止，合作社未因回收秸秆从农户手中拿到一分钱，这对合作社开展此项服务形成了较大的负面影响。

三、部分地区补贴政策落实不到位

财政补贴是实行农业社会化服务购买的主要方式之一。本书调研组了解到，由于政府财力有限，有些地方政府承诺的补贴在执行过程中存在落实不到位的情况，阻碍了农业经营主体经营活动的开展。

【实例 5】

山西省汾阳市大河新型农业发展有限公司主营业务是农作物种植、蔬菜的种植销售；蔬菜大棚租赁（法律、法规禁止的不得经营，应经审批的未获审批前不得经营，获审批的以批准的有效期限为准）。据公司负责人梁起飞总经理介绍，公司的成立起源于 2012 年 4 月 12 日汾阳市人民政府颁发了《关于进一步加快设施蔬菜产业发展的意见》（汾政发〔2012〕30 号），该文件指出，汾阳市政府为了大力发展设施蔬菜，将对设施蔬菜的投资主体（企业、合作社或农户）进行补贴。补贴的项目包括土地流转补贴、购置农机补贴、购买农资补贴、基础设施补贴（如建蔬菜大棚）等。通过政府支持，该公司设施蔬菜园区很快得以建立，园区总投资 1000 多万元，规划面积 2500 亩，严格按照农业部设施蔬菜标准园规范要求规划设计，围绕标准园创建的"六化"内容，实行规模化种植、标准化生产、商品化处理、品牌化销售、产业化经营，大力推广蔬菜标准化无公害生产技术，严格生产过程和投入品使用，强化档案记录管理，确保蔬菜产品质量安全。由于园区刚刚成立，投入大于收益，政府补贴正好弥补了园区的部分成本，使园区能够正常运营。但是，财政资金补贴额度完成 60% 之后，由于资金紧张，剩余补贴无法落实。据梁经理介绍，公司流转农民土地共计 1600 亩，土地流转租金为 1000 元/年，签订 1 年的租期合同，到 2014 年底又需要向农民支付第二年的土地租金 160 万元，政府补贴不到位给公司经营造成了很大的压力。

第五节　政府购买农业社会化服务存在的主要问题

从当前政府购买农业社会化服务的基层实践看，虽然财政资金在推动农业社会化服务内容和方式上出现了一些好的模式，但从实际效果看，仍然存在着较大的改进空间。

一、政策目标与实际效果存在偏差

从理论上讲，政府购买农业社会化服务，应该将购买领域定位于公益性服务领域。农业生产经营中纯粹的公益性服务应该是那些市场主体不愿意参与或是通过个体力量无法提供的、具有明显的正外部性的领域。这些领域的投资或是服务只有集公众之力的财政资金才能够提供，如农技推广、良种繁育、农田水利、田间道路修建等。然而，从当前的基层实践来看，很多通过政府购买实现的社会化服务，都不是纯粹的公益性服务，这些领域在政府财政资金介入之前，都有相应的市场主体在提供相关服务，例如统防统治、机耕、机插、机收等均有专业化的服务队或是合作社提供服务。政府再介入这些领域，财政资金的实际效果就变成了政府扶持这些市场化服务主体发展壮大，而不是提供公益性的社会化服务。尽管对农业社会化服务体系的发展和规模经营主体起到了一定的积极作用，但真正的公益性服务领域却没有实现政府财政资金购买服务应该起到的"四两拨千斤"的作用，政策效果和目标指向出现了偏差。

二、社会化服务供给主体内在动力缺乏

从本质上说，目前各地政府实行的农业社会化服务购买业务都是为了发挥财政资金的杠杆作用，通过补贴提供服务的市场主体，撬动社会资金，共同为农业生产经营提供专业化的服务。然而，从调研情况来看，如果没有政府的补贴资金，一些市场主体根本不会涉足农业社会化服务领域，安徽省合肥市庐江县同大现代农业科技园王总经理告诉笔者，其公司成为财政部实施的全程农业社会化服务试点单位，公司为农户或规模经营主体提供包括机插、机耕、机

收、统防统治等在内的全程农业社会化服务，相当于农户将土地交给公司托管，公司每年每亩地向农户收取服务费用738元，政府补贴150元/亩，处于微利的状态。如果没有政府的补贴，公司从事此项业务则会亏本。

三、服务内容有待完善和规范

目前承担政府购买服务项目的主体为新型农业经营主体及农户提供了很多便捷服务，但仍有很多环节需要规范和完善。如机耕机收服务需要重点发展的环节是机收秸秆粉碎还田，机收秸秆粉碎还田每亩成本为50元左右，农户大多不愿意承担，但从环境保护和能源利用角度来看，实施机收秸秆粉碎还田十分必要。植保统防统治的需求大，但目前还没有统一的服务质量标准，导致纠纷调处难。工厂化育秧投入大，一座建设面积20亩左右的育秧工厂需要投入近百万元，且收益慢，是社会化服务的难点环节，当前服务能力与发展需求差距明显。此外，农资和人工成本不断上涨，服务组织在开展服务中成本增加、收费抬高，而粮食生产比较效益相对偏低，农户对市场服务的心理承受价位较低，从而制约了社会化服务的发展。

四、操作执行环节瓶颈较多

由于农业社会化服务涉及的范围广，服务内容、服务标准和服务效果又很难界定，没有成熟的模式可供借鉴。因此，以政府购买服务的方式推行农业社会化服务的执行难度较大，特别是在公益性服务领域，执行起来更是面临目标和行为不一致的困难。财政资金支持力度有限也是政府购买社会化服务推行难的重要原因。例如，安徽省庐江县在探索政府购买服务方面开展了一些尝试，创新了动物防疫"四定一统一"承包，即定防区、定任务、定目标、定报酬、统一技术服务，将动物防疫任务通过市场化运作的方式，公开向社会上具有动物防疫资质的人员发包，但由于财力有限，防疫员报酬偏低，工作积极性不高。

第六节　启示与建议

政府购买农业社会化服务是政府转变职能和实现农业现代化的重要支撑。

通过调研可知，目前我国政府购买农业社会化服务还处于探索阶段，政府购买服务的概念还没有深入地方政府的办事理念和执行行动中，仅有少数地区有了先行先试的试点，而且试点的领域还不是纯粹的公益性服务，试点的方式还不够成熟，试点的效果还有待进一步观察。但是，从目前基层试点的经验和存在的问题看，政府购买农业社会化服务是顺应中国农业农村发展形势的重要举措，满足了现代农业发展的需求。未来完善和改进政府购买农业社会化服务的实践，应从以下几个方面加强政策引导。

一、建立政府购买农业社会化服务的法律法规体系

发达国家的经验表明，政府为了更好地提供公共服务，可以向社会购买公共服务。政府与市场、政府与非政府组织之间是一种相互配合、互相制约的关系。政府可以向具有资质的经营性服务组织购买服务、可以向非政府组织购买公共服务。但是，政府向社会力量购买公共服务必须有法可依，否则，政府购买公共服务的行为有可能变成推卸自身责任、转嫁政府负担、压缩市场主体生存空间、滋生腐败的行为。建议加快推进政府购买农业社会化服务领域的立法工作，通过相关法律法规的约束和规范，加强农业社会化服务领域的制度建设。

二、加强顶层设计，适时建立综合协调机构

农业社会化服务涉及的面较广，牵涉的部门较多，建议加强和完善政府购买农业社会化服务的顶层设计。早在 20 世纪末期，原农业部就成立了由多个单位组成的农业社会化服务体系领导小组及其办公室，负责统筹协调服务工作。下一步，要在更高的层面上建立政府购买农业社会化服务的综合协调机构，建议由国务院批准，设立由农业部、中农办、财政部、发改委、科技部、教育部、商务部、国标委、工信部、工商总局、银监会、保监会、人民银行、供销总社等组成的部际联席会议制度，共同推进农业社会化服务工作的深入开展。

三、研究政府购买公益性服务的领域与机制

政府购买应当介入的是公益性服务领域。当前，针对农业生产性社会化服务的重点领域包括重大关键技术推广应用，如良种统供、统一集中育秧、病虫害统防统治、统一机械化深松和残膜回收、高效低毒农药推广等。农业基础设

施重点领域包括水利、道路建设、平整土地、有机质提升、高标准农田建设、标准化晾晒、烘干、仓储设施建设等。农业科技重点领域包括科研开发、技术推广、专业技术人才培养等。此外，还要研究探索政府购买农业社会化服务的购买机制，如监督机制、定价机制、能力提升机制等。

四、积极培育农业社会化服务购买主体

要充分发挥公益性服务组织和经营性服务组织的特点和作用，各尽所能。一是完善公益性服务组织，充分发挥其对于经营性服务组织的引领和支撑作用。加强农技推广体系建设，提升服务能力。创新工作方式方法，支持经营性服务组织发展。二是发展壮大经营性服务组织，增强公益性服务能力。大力引导扶持合作社和专业化服务组织发展。选择在资金、经验、技术、组织能力等方面有条件的返乡创业者、有专业知识有抱负的新生代农民、热爱农业有抱负有责任心有组织能力的村干部加强扶持培养。逐步建立各项专业化服务标准体系，及时解决专业化服务中出现的问题，推进专业化服务健康规范发展。三是加强从业人员培训，分类实施，加强经验交流和典型推广，提高其公益意识、守法意识，提升自我发展能力和服务能力。培育农业经营主体的参与意识，从而逐步培育和完善社会化服务供需市场。

第五章　农民合作社与农业社会化服务

本章主要就农民合作社的社会化服务内容展开研究与讨论。具体来看，本章包含了三方面的内容。其中，第一节对合作社提供农业社会化服务功能进行了 SWOT 分析，并阐述了农民合作社的农业社会化服务功能。第二节分析了奶农合作社的农业社会化服务功能，合作社提供的社会化服务对具有"资本与劳动双密集"特点的中国奶业作用明显；在这一节中，基于 12 家奶农合作社的案例分析表明，奶农合作社通过技术指导与培训、生产资料供应、生鲜乳销售和金融借贷等方面的社会化服务发挥功能，可以有效保障生鲜乳质量安全并增加奶农收益，但目前仍在谈判地位、计价方式、资金来源等方面存在亟待解决的若干阻碍因素。第三节以黑龙江省克山县仁发合作社为例，分析了合作社农业社会化服务功能的演变逻辑，通过案例研究发现：初始阶段降低农机作业服务市场交易成本的需要，会诱使合作社吸收农户以家庭承包耕地入股，而土地统一经营会进一步促使合作社配套提供农资采购等产中服务，最终获得农业社会化服务的规模经济效益，解决了"谁来种地""怎么种地"的问题；随着规模经济到达极限和农业本身自然与市场风险的凸显，合作社一般会继续拓展其在产后与产前等环节的服务，通过产业链延伸来提高农产品附加值，确保合作社及其成员稳定增收，从而促进一二三产业融合，解决农业经济效益低下的问题。

第一节　合作社提供农业社会化服务的 SWOT 分析[①]

农业社会化服务体系指的是在家庭承包经营的基础上，为农业产前、产中、

---

① 执笔人：楼栋、孔祥智。

产后各个环节提供服务的各类机构和个人所形成的网络。农业社会化服务包括的内容十分宽泛，涵盖物资供应、生产服务、技术服务、信息服务、金融服务、保险服务以及农产品的包装、运输、加工、贮藏、销售等各个方面。因为具有公共产品性质的农业服务供给既存在市场失灵问题，又存在政府失灵问题，这使得农业合作社服务体系发展缓慢。农业公益性服务能力特别是农业技术推广、动植物防疫、农产品质量监管等还有待于进一步提高；农业产业化龙头企业与农民的利益联结机制还不够完善，带动能力不强；市场体系中经营性服务组织商业化过于严重，服务也不够规范。然而，农民专业合作社提供农业社会化服务的模式却呈现出了较强的生命力且有持续发展的态势，引起了社会各界与许多学者的关注。本节将通过 SWOT 分析来客观、全面、系统地认识相比其他农业社会化服务主体而言，农民专业合作社提供农业社会化服务所特有的优势、劣势，面临的机会和威胁，并据此来探讨该模式的前景与战略选择，回答为什么可以由农民专业合作社来提供农业社会化服务，并在新型农业社会化服务体系中起到基础性作用。

一、内部优势分析

首先，农民专业合作社提供农业社会化服务符合农业生产经营的特点。在合作社内部，通过分工与合作，农户可以专心于农业生产，而将其他经营活动，例如投入品的采购，新技术的选择，信息的获取，产品的分级、包装、加工、运输、营销以及品牌化分离出去，由合作组织统一经营与服务。由此，可以走出一条生产小规模、经营规模化的现代农业发展道路。与此同时，在合作社中，农户生产活动与合作社经营者的经营活动都可以实现间接定价，即家庭生产与合作社经营的双重间接定价，克服农业生产活动与农业经营活动都难以直接定价（难以监督）的弊端，从而可以在农业生产小规模与农业经营规模化之间架起桥梁。在这个农业生产经营的分工合作过程中，农民专业合作社恰当地扮演了农业社会化服务提供者的角色。

其次，以农民专业合作组织为载体开展农业社会化服务具有独特的组织优势。从农民专业合作社多年的实践看，以合作社为载体开展农业社会化服务具有农业公共服务部门和私人部门所没有的优势；在支持力度没有农业龙头企业大的情况下，仍蓬勃发展，在农业农村经济发展中发挥着重要作用。具体原因至少有如下三点：①农民专业合作社成员的专业性强，地域集中，对农业社会化服务需求的一致性程度高，有利于合作社以较低的组织运作成本开展与本农业产业相关的产前、产中、产后系列服务，实现规模经济和范围经济，如奶业合作社、林业合作社、农机合作社等；②合作社"民办、民管、民受益"的原则使得农业社会化服务的供给者与需求者一致，便于克服农业社会化服务市场失灵与政府失灵的弊端，服务效果可能会比其他农业社会化服务供给主体更好；③合作社进退自由的原则还能使农户可以对合作社提供的农业社会化服务"用脚投票"。

最后，农民专业合作社是基于农村的，可以为农户提供持续的农业社会化服务，扮演着统分结合农村经营体制中的"统"的角色。家庭承包制实施以来，"分"做得好，但一直"统"不起来。合作社的出现，将成为"统"的一种实现形式，完善农村统分结合的双层经营体制。合作社以社区为基础，扎根于基层，目的是为当地的成员提供服务，而不是为投资者创造利润。合作社对市场力量的回应方式与所有的企业完全不同，它不会因为追逐利润而随意改变投资方向或投资地点。合作社在很大程度上是持续发展的企业，为农户提供全面的农业社会化服务，能促进当地社区的福利和就业。

二、内部劣势分析

一方面，合作社的内部劣势突出表现在其内部治理问题上。合作社治理的研究又集中在探讨合作社治理问题和治理机制两个方面。治理问题主要包括合作社内部经理人的代理问题，合作社内部中心成员对外围成员的剥夺问题，由于成员异质性导致的成员冲突问题，以及成员专用性准租的保护问题。在合作社治理机制方面，存在如下问题：理事会与合作社治理，产权结构与合作社治理，退出权、投票、异议与合作社治理，社会因素与合作社治理等方面。

另一方面，由合作社来提供农业社会化服务存在着合作社的物质资本、人力资本匮乏的问题。合作社是弱势群体的联合，一直被人们视为是一个由贫困群体通过自助和互助实现益贫和脱贫的理想载体。然而，合作社并没有什么针对穷人和小农户的特殊制度安排，要实现其益贫功能存在着诸多现实约束，要提供良好的农业社会化服务也是困难重重。郭红东等（2010）的研究表明，相比组织资本和人力资本而言，农民专业合作社的物质资本资源对合作社的成长影响最大。然而现阶段，农民专业合作社最缺的就是资金等物质资本，急需金融支持。在人力资本方面，虽然许多地方出台了鼓励大学生进入农民专业合作社就业的相关办法，但是在调研中我们发现，合作社后继无人的问题也十分普遍。

三、外部机会分析

第一，国家和各级地方政府都在出台各种政策扶持农民专业合作社发展，这将为合作社提供更好的农业社会化服务保驾护航。党的十六大报告中提出，要提高农民进入市场的组织化程度。十六届三中全会提出："支持农民按照自愿、平等的原则，发展各种形式的农村专业合作组织。"中共中央、国务院颁发的 2004 年中央一号文件在促进农民专业合作社发展方面，又提出了一系列具体措施。2006 年 10 月 31 日，全国人民代表大会常务委员会通过了《中华人民共和国农民专业合作社法》，2007 年 7 月 1 日起实施。从此，中国农民的合作社第一次有了合法身份，正式走上了历史舞台，能够作为市场主体之一与其他类型的经济实体在市场上进行交易，开展经济活动。2008 年 10 月，党的十七届三中全会又着重提出，要"按照服务农民、进退自由、权利平等、管理民主的要求，扶持农民专业合作社加快发展，使之成为引领农民参与国内外市场竞争的现代农业经营组织"。可以说，中国农民专业合作社的发展已经进入了一个新的历史发展阶段。

第二，新型农业社会化服务体系建设加速，农民专业合作社的基础性作用明显。十七届三中全会明确提出"构建以公共服务机构为依托、合作经济组织为基础、龙头企业为骨干、其他社会力量为补充，公益性服务和经营性服务相结合、专项服务和综合服务相协调的新型农业社会化服务体系"，也就是说，农民专业合作社将在整个新型农业社会化服务体系中起到基础性的作用。基础性作用主要集中体现在两个方面：一是合作社自身提供农业社会化服务，有产前团购与技术服务、产中技术指导服务、产后销售服务等；二是其他农业社会化服务供给主体通过合作社为农户提供服务，有"集体+合作社+农户""龙头企业+合作社+农户""科研院所+合作社+农户"等模式。总之，有效利用农民专业合作社这一平台，将有助于在农村地区形成星罗棋布的农业社会化服务网络，促进新型农业社会化服务体系的构建。

第三，农村社会资本可以降低农民专业合作社的组织成本，增强合作社的稳定性，减少在为农户提供农业社会化服务时的交易费用。农村社会资本可以促进合作社合理选择带头人并实现激励，保证成员对理事长的信任，维系合作社运转并增强合作社的服务功能等。

四、外部威胁分析

一方面，假合作社泛滥的问题。假合作社、挂牌合作社的泛滥，挤占了

"民办、民管、民受益"的真合作社的生存空间，这是合作社发展面临的外部威胁之一。

另一方面，面临其他农业社会化服务供给主体的竞争，我们需要清晰地认识到农民专业合作组织的凝聚力、吸引力、服务能力和规范程度还有待进一步提升，而公共服务机构、农业龙头企业、科研院所、村集体、农村经纪人等农业社会化服务的其他供给主体也有其优势。

五、研究结论

农民专业合作社是农业社会化服务的重要供给主体之一，在新型农业社会化服务体系构建中发挥着重要作用。SWOT 分析表明，农民专业合作社提供农业社会化服务的模式具有"农民专业合作社提供农业社会化服务符合农业生产经营的特点"，"以农民专业合作组织为载体开展农业社会化服务具有独特的组织优势"，"农民专业合作社可以为农户提供持续的农业社会化服务"等内部优势，存在"国家和各级地方政府都在出台各种政策扶持农民专业合作社发展"，"新型农业社会化服务体系建设加速"，"农村社会资本可以降低农民专业合作社的组织成本，增强合作社的稳定性，减少在为农户提供农业社会化服务时的交易费用"等外部机会，可以利用其内部优势与外部机会加快该模式的发展。同时，要想办法解决合作社内部治理问题，假合作社泛滥问题，合作社内部物质资本、人力资本匮乏问题，提高农民专业合作社的市场竞争力，更好地发挥其市场竞争标尺、生产经营服务、资金服务与其他服务、农民权益维护等农业社会化服务功能。

第二节　奶农合作社的农业社会化服务功能研究[①]

在各个门类的农业产业中，奶业具有明显的"资本与劳动双密集"特点（黄宗智，2012），并且牛奶质量和产量受养殖技术和疫病防治水平的直接影响，因此社会化服务对奶业的健康发展较一般的种植业更为必要和重要。

我国现已成为世界第三大奶业国。2011 年全国牛奶产量达 3656 万吨，人

---

① 执笔人：钟真、程瑶瑶。

均牛奶占有量上升至27.13千克。但是，我国奶牛养殖效率低、奶牛单产偏低和原奶质量不高等问题严重制约奶业发展。2011年我国奶牛单产仅为5.4吨，远低于欧美国家8吨以上的单产水平。同时，尽管奶牛养殖规模化快速推进，2010年底百头以上规模化养殖比例已占存栏总量的30.6%，但占养殖场户数的比例仅为5.1%，养殖方式依然以小规模散养户养殖为主（中国奶业统计资料，2012）。生鲜乳质量安全也处于较低水平，这从2011年出台的乳品"新国标"可见一斑。若继续单纯依靠分散、小规模的农户养殖，很难实现奶业生产的现代化和乳品质量安全水平的提高。近年来，大量出现的奶农专业合作社在提高生鲜乳质量安全和保障奶农利益方面发挥了积极作用。奶农专业合作社如何实现质量安全与奶农收益的"双重保障"，很多学者从不同方面给予了解释：夏英（2009）认为，合作社在品种选择、生产标准、技术应用等方面可以具有集体行动的优势，可以实施有效监督，降低农产品质量安全的实施成本；陈晓华（2011）、张梅等（2011）认为，合作社可以提高生产标准化程度，加强信息化建设和制度建设，实现生产可追溯；孔祥智等（2010）认为，合作社作为寻求可持续发展的一类企业对品牌和声誉更为重视，可以更为有效地维护奶农的市场地位，扩大奶农的剩余索取权，等等。

但这些研究仅从单一角度分析，并没有进行全面考察。事实上，"双重保障"作用的发挥与合作社具备多方面的农业社会化服务功能密切相关。鉴于牛奶的特殊性和奶业的"资本与劳动双密集"性，奶农专业合作社的社会化服务功能尤为突出。为此本节以全国9个奶业重点省（自治区）的12家奶业专业合作社为研究对象，对其农业社会化服务功能发挥机理及其效果进行案例分析。

一、奶农专业合作社的社会化服务功能

（一）样本合作社的基本情况

本节所研究的12家合作社（见表5-1）分别分布在东北、华北以及西部奶业产区，每个产区选择4家合作社。各合作社既有奶农合作社的共性亦存在个体差异。总体上，合作社成立时间较为集中，12家合作社案例中有9家成立于2007年《中华人民共和国农民专业合作社法》（以下简称《合作社法》）正式实施以后，其中5家成立于《合作社法》正式实施半年内。合作社规模大小不等，大部分合作社为平均养殖5~10头的养殖户组成，但也有30%左右的合作社是由户均养殖规模达50~130头的大户组成。各个合作社2011年以来的养殖规模稳中有变：较大型的奶业合作社奶牛数量逐渐减少，但较小型的

奶业合作社的奶牛数量稳步上升，呈现向适度养殖规模靠拢的趋势。

表 5-1　12 家奶农专业合作社情况

合作社名称	产区	成立时间	成员数量（户）	养殖规模（头）
黑龙江八公里屯奶牛养殖专业合作社	东北内蒙古产区	2007 年 4 月	106	800
辽宁阜新牛旺奶农专业合作社		2007 年 12 月	57	945
内蒙古秀梅奶业专业合作社		2008 年 1 月	81	380
内蒙古伊柏康奶牛养殖农民专业合作社		2008 年 8 月	20	187
河北大为奶牛养殖专业合作社	华北产区	2008 年 10 月	14	582
河北惠农奶牛养殖专业合作社		2007 年 8 月	112	1750
山西犇牛奶牛养殖联合社		2007 年 12 月	14	512
山东阳光奶牛养殖农民专业合作社		2009 年 12 月	22	1203
新疆海奥奶牛养殖合作社	西部产区	2008 年 4 月	75	650
新疆新生源奶牛养殖农民专业合作社		2010 年 7 月	48	362
陕西兴盛乳业专业合作社		2007 年 7 月	138	940
宁夏义明奶牛养殖合作社		2003 年 3 月	15	2075

　　注：①12 家奶业合作社均是中国合作社研究院与人大—利乐奶业研究中心在全国范围内选择的科学研究基地，并由此构建了"中国奶农专业合作社监测网络"。
　　②成员数量及养殖规模为 2012 年平均值。

　　合作社的经营收入以奶站收入为主，只有新疆的海奥奶农合作社收取固定会费作为另一收入来源，各合作社的经营收入均呈良好发展趋势；合作社成本支出以人员工资和办公费用为主；因合作社的经营规模和经营效率有一定差异，所以合作社的盈利水平差异较大；利润在提取公积金之后实行二次返利或按股分红等方式分配。虽然并非每个合作社都能盈利，但是从对农户对合作社绩效的评价反馈来看，奶农对合作社的满意程度、合作社的吸引力、合作社的实际盈利能力与预期的比较、成员对合作社事务的参与程度四个维度的主观评价都呈现积极态势，这主要是由于合作社社员对合作社的绩效反馈并不完全取决于收入、支出和利润三个指标，还受合作社提供的饲料供应、储藏、运输、销售、技术指导、资金借贷等社会化服务的影响。

　　（二）合作社主要的社会化服务功能

　　1. 技术指导与培训服务

　　奶牛养殖的饲养、防疫、管理技术对奶牛的产奶量、牛奶质量等影响非常大，随着奶业的不断发展，其对技术支持的要求也越来越高，所以合作社对奶农提供技术服务和培训既是满足奶农对先进、实用技术的迫切需求，也是合作社原奶质量达标的有效保证。绝大多数样本合作社对社员提供了技术指导和培训。除新疆新生源奶牛养殖农民专业合作社实行将社员的奶牛集中进行公司饲养管理以外，其他 11 家合作社都对其成员提供免费的技术培训，培训内容是奶牛的饲养、繁育、管理技术，疾病防疫技术以及挤奶和牛奶的保鲜、卫生技术等；其中，在奶牛检疫与防疫、疾病控制和育种繁殖等技术水平要求较高的环节更为集中。从笔者监测数据来看，2012 年 11 家合作社平均为社员提供培训 0.87 次/月，为社员解决奶牛病害问题 3.0 次/周；其中，河北大为奶牛养殖专业合作社平均为社员提供培训 2 次/周，解决奶牛病害问题 8 次/周。培训和提供技术服务的方式主要是授课和现场指导，有的合作社同时配以纸质培训材料，其中，黑龙江八公里屯奶牛养殖专业合作社通过电视播放养牛技术的方式进行技术培训，合作社提供技术服务的方式变得更加灵活化和现代化。

合作社的技术来源集中于科研院所、畜牧部门等。大多数合作社与大专院校和科研单位建立了紧密的业务联系，定期邀请专家前来授课、指导或聘请专业人员作为技术顾问；有 5 家合作社承担了科研单位或者政府部门的科研项目（见表 5-2），成为这些单位的实验基地，科研人员将最新研究成果拿到奶农合作社试验、推广，不仅缩短了科研周期，使得科技成果的转化率明显提高，同时也使奶农有机会掌握先进的知识和技术，从而形成了产、学、研一体化的农业科技研究、推广、普及机制。例如，河北大为奶牛养殖专业合作社承担的全混合日粮（TMR）技术项目，不仅降低了奶牛发病率，而且提高了奶产量和质量。

表 5-2　奶农合作社技术聘请技术人员及承担技术推广项目情况

单位：人

合作社	聘请技术人员情况			承担的政府技术推广项目
	高级职称	中级职称	初级职称	
新疆海奥奶牛养殖合作社	—		1	—
宁夏义明奶牛养殖合作社	2	5	—	荷斯坦奶牛推广项目
陕西兴盛乳业专业合作社	—	2		荷斯坦奶牛推广项目
内蒙古秀梅奶业专业合作社	—		1	—
内蒙古伊柏康奶牛养殖农民专业合作社	—	2	3	—

合作社	聘请技术人员情况			承担的政府技术推广项目
	高级职称	中级职称	初级职称	
辽宁阜新牛旺奶农专业合作社	3	4	33	秸秆养殖项目
黑龙江八公里屯奶牛养殖专业合作社	—	—	—	养殖技术培训项目
河北大为奶牛养殖专业合作社	—	2	1	全混合日粮养殖项目
山东阳光奶牛养殖农民专业合作社	1	—	—	—
山西犇牛奶牛养殖联合社	—	2	1	—
河北惠农奶牛养殖专业合作社	2	2	—	—
新疆新生源奶牛养殖农民专业合作社	1	1	—	—

此外，12家合作社中11家有自己的专职技术人员，这些技术人员多具有中级职称。没有聘请专职技术人员的黑龙江八公里屯奶牛养殖专业合作社承担了当地农业部门的奶牛养殖培训项目；辽宁牛旺奶农专业合作社因其养殖规模较大，聘请的技术人员多达40人（3人具有高级职称，4人具有中级职称，33人具有初级职称）。总之，奶农合作社为社员提供综合的技术服务，为合作社的发展以及保障奶农的收益打造了良好基础，并对周边奶农起到了良好的示范效应。

2. 生产资料供应服务

优良奶牛品种及饲料等相关专用生产资料的选购在奶农生产经营过程中占有重要地位。目前国内的畜种产奶率与国外的奶牛产量悬殊（王明利，2010），一方面与品种繁育技术落后有关，另一方面受资金限制缺乏优质饲料。分散的农户在养殖奶牛时优质饲料使用量相对较少，且不可能在饲料市场上与供应商谈判要求更低的价格，但是合作社通过将分散的农户联合起来组成团体，通过集体购买方式与供应商讨价还价，同时还可由自身的技术人员对饲料等进行检验，保证购买农资物品的质量。这样纵向一体化的合作方式是恰亚诺夫早在其1923年的著作《农民经济组织》中提出的观点，将分散的农户与大市场连接，是合作社的主要功能之一。在实际运作过程中，合作社主要统一提供饲料，个别合作社也提供兽药的销售、牛舍设施设备等。在提供饲料时通常采取合作组先统一购买再销售给成员的做法，由于农村地区是"熟人社会"，一般社员无须提交定金，也不签订正式的契约，口头约定即可；饲料价格由合作社与成员商定，或者由合作社决定，或者合作社按比例收取一定的手续费，但社员购买的价格低于市场价格,优惠幅度在3%~10%(见图5-1);样本合作社社员使用的农资产品80%以上是从合作社购买。

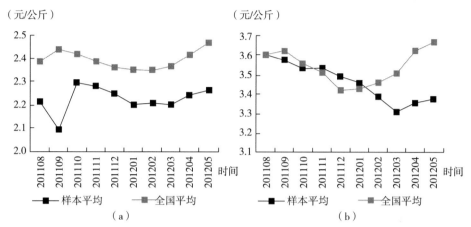

图5-1 样本奶业合作社购入玉米(a)、豆粕价格(b)与全国平均价格对比

注:"全国"指每个月全国玉米和豆粕的平均价格,数据根据农业部市场与经济信息司公布的数据整理得到。

资料来源:中国奶农专业合作社监测网络检测数据整理。

奶农出现资金暂时短缺时,合作社普遍会实行赊销生产资料的做法,社员可以在资金充裕时用现金偿还,也可在销售原奶时用奶款抵扣(见图5-2)。以河北惠农奶牛养殖专业合作社为例,该合作社统一为养殖户提供生产资料的供应服务,主要是奶牛饲料的供应,购买的方式为合作社先与供应饲料的厂商谈判进行统一购买,然后再根据每个养殖户的不同需要卖给合作社成员;在每次饲料的统一采购前,合作社提前召开会员代表大会,商讨采购的品种、数量、制定采购办法并进行相关成本的核算,最后选出会员代表组织采购。通过统一购买,合作社为成员提供的饲料价格相对于市场价格优惠5%左右,奶牛饲料的市价一般为每吨2500元,合作社统一购买的价格降低100~200元;成员的饲料结算方式为定期在其每个月份的奶款中扣除相应数额,不进行单独支付。

图5-2 奶农合作社农资供应

3. 生鲜乳销售服务

牛奶是易腐的特殊农产品，其生产的季节性较强，交易的频率较高，对生产和运输过程中的技术和设备要求非常严格。分散的小规模奶农的风险应对能力弱，常常处于急需售奶的不利地位，容易受奶站或企业的压级压价收购，养殖收益难以得到有效保证。合作社在此环节就可连接奶农与市场，但是具体实践形式有所不同：新疆海奥奶牛养殖合作社、山东阳光奶牛养殖农民专业合作社、内蒙古秀梅奶业专业合作社采取的是合作社先买断成员生鲜乳再伺机销售的"买断"方式，宁夏义明奶牛养殖合作社、辽宁阜新牛旺奶农专业合作社、黑龙江八公里屯奶牛养殖专业合作社采取的是受合作社成员委托的"代销"方式，山西犇牛奶牛养殖联合社、河北大为奶牛养殖专业合作社采取的是合作社将原奶的供需双方联系起来的"中介"方式。所有样本合作社均无须向奶农预付定金、按月结算。合作社出于保持稳定销路、保证价格、得到资金支持和政府规定等方面的考虑，均与外部企业签订销售订单。订单价格以随行就市为主，个别合作社销售时由企业设定固定价格。从契约的执行情况来看，企业或合作社成员违约情况非常少；当订单价格低于市场价格时，合作社仍会按照合同规定将收购的原奶卖给订单企业。合作社通过收取手续费用或者二次返利等方式获得利润。

总体而言，合作社采用统一销售的形式，使奶农不用再为牛奶没有销路而担心，合作社统一将牛奶集中储藏和运输，既保障产品的质量也节约奶农的生产成本。通过联合，也提高了奶农在市场上的议价能力，大部分合作社都可以在与企业进行谈判的基础上确定最低收购价，部分合作社还可以根据品质相应提升产品的价格，改变了奶农在市场上长期所处的弱势地位，最大限度地避免了企业不正当的市场行为，保障了奶农的收益。

4. 金融借贷服务

奶牛养殖的高成本使得奶农常常存在借贷需求。随着资源约束的加剧，各种投入要素如饲料、能源的价格和人工费用不断上涨，养殖成本大幅增加；母畜及圈舍等一次性投入大，据测算家庭散养条件下奶牛饲养设施设备（牛舍、青贮窖、机械设备）等固定资产投资需 1.3 万元（钟真等，2012），若改善奶牛的活动场地等提高奶牛福利进而提高生鲜乳品质，则需要更大的资金投入。特别在需要更换畜种、突遇疾病或者家庭成员突发疾病、子女教育等大笔支出时，奶农往往面临严重的资金危机。而目前养殖业贷款渠道较少，贷款实际操作困难大、利率高，直接影响奶农的扩大再生产。

为解决合作社内部成员的融资问题，样本合作社主要采取直接借款给合作社成员、为成员担保等几种方式。而合作社资金既可能来自正规渠道获得的贷款，也可能是理事长利用自己与外界的联系获得的资金借贷（见图5-3）。例如，内蒙古秀梅奶牛养殖合作社和新疆海奥奶牛合作社会直接借款给合作社成员，借款主要用于解决成员购买生产资料、农机具、运销设备等农业投入，甚至购买房产、医疗、子女教育等融资问题。两个合作社均已向成员发放贷款60万元，内蒙古秀梅奶牛养殖合作社实行银行利率而新疆海奥奶牛合作社则实行零利率，社员以信用或者奶款为抵押。另外，黑龙江八公里屯奶牛养殖专业合作社、内蒙古秀梅奶牛养殖合作社、山东阳光奶牛养殖农民专业合作社开展了为成员担保的服务，还款多采取从奶款中扣除的方式。

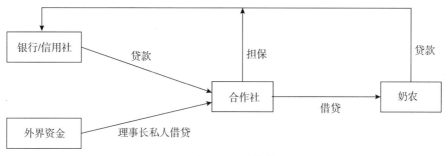

图5-3　合作社金融借贷服务

（三）社会化服务效果

合作社在产前为奶农统一购置饲料、在产中为奶农提供养殖技术、疫病防治技术等、产后提供统一销售服务，并且在奶农遇到资金困难时给予金融扶持，通过这几项服务既保证了奶农的利益，又提高了生鲜乳品质。合作社的社会化服务功能的作用逻辑可以用图5-4表示。

1. 保障生鲜乳的质量安全

样本合作社的生鲜乳品质得到了显著提升，其生鲜乳的乳蛋白、乳脂肪含量均值分别为3.15%、3.74%（见表5-3），已经远高于2010年"中国奶业统计资料"公布的2.8%和3.1%，也高于笔者2010年对中国"乳都"——内蒙古呼和浩特市部分区（县）的奶业和奶站进行抽样调查得到的2.88%和3.5%（钟真，2011）。当然，品质的提升可能和所选取的合作社养殖规模大、养殖技术先进及奶牛品种优良等因素有关。

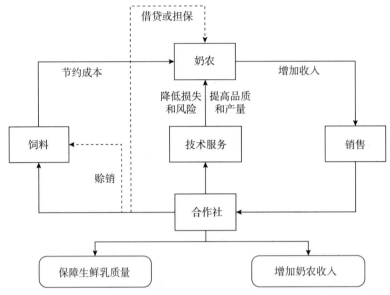

图5-4　奶农合作社社会化服务功能发挥机制

表5-3　2011年8月~2012年5月样本奶业合作社生鲜乳的品质状况

单位:%

项目	样本量	均值	标准差	最小值	最大值
乳蛋白	320	3.15	0.139590	2.83	3.42
乳脂肪	320	3.74	0.275914	3.00	4.72
干物质	280	12.33	0.286270	11.39	14.52

资料来源：根据中国奶农专业合作社监测网络材料统计分析。

严格控制挤奶环节，采用先进的挤奶技术，并且建立化验室、消毒室、消毒池等基础设施，完善各项记录，进行标准化的挤奶流程；在销售环节，奶农合作社将对生鲜乳进行统一的低温处理，并且统一用冷罐车进行运送，也保障生鲜乳在储藏和运输过程中的质量安全。奶农合作社对生鲜乳的集中处理和运用冷罐车的统一运送有效避免了牛奶在运输过程中污染变质的问题，保障了生鲜乳的质量安全。

2. 增加奶农的收益

奶农专业合作社，一方面可以通过统一销售，提高奶农的市场地位，在定价中获得更多的话语权；另一方面通过搭建企业与奶农之间的信用桥梁，减少双方互相猜疑和不合作行为。实践证明，奶农组织化程度高、奶农专业合作社发展得好的地区，奶农的市场地位就越高，其利益就越能得到保障。在此基础上，奶农专业合作社可以进一步扩大由于联合而取得的外部规模经济的正向效用，虽然规模化养殖的单位成本略高于小规模散养，但奶质和产量提高所带来的收益增加远大于成本的提高；通过聘请专业人员进行疫病风险防护，可以大大降低奶牛患病的风险，减少奶农的损失，奶农在抗风险能力获得提升的同时也将损失降到最低。奶农专业合作社在相对统一管理的过程中实现了规模效益，降低了单个奶农在饲料购买、疾病防治、生鲜乳收贮等过程中与外界交易的费用，从而增加了经营利润。

二、奶农合作社社会化服务存在的问题

虽然我国的奶农合作社在产前、产中、产后各个环节提供了一定的社会化服务，也取得了一定的成效，但是很多合作社的发展现状并不乐观，并且难以发挥应有的社会功能服务体系作用。

第一，在原料奶的销售中，合作社仍然处于相对被动的地位。一方面，原料奶属于容易变质的生鲜食品，奶农迫切需要一个稳定的销售渠道，因此需要与乳品企业签订合同以维持稳定的销售关系；另一方面，在乳品企业（寡头）垄断收购的情况下，原料奶的价格主要由乳品企业单方面决定。虽然奶农合作社在一定程度上增加了奶农的议价能力，但从样本合作社的监测情况看，大部分合作社与企业签订的收购价格仍由企业决定，且存在着严重的"丰拒欠抢"现象。除了受到乳品企业买方垄断的影响外，企业发放奶款时采取的"押一付一"（当月的奶款次月发放）方式，使大部分奶农并不清楚实时奶价，甚至大部分奶站、合作社等都不清楚生鲜乳的定价方式。

第二，原奶收购过程中，合作社难以获得按质计价的激励。根据样本合作社的监测数据显示，90%的奶农合作社没有能力对生鲜乳进行分级、分类储运，只是把所有的产品统一交付企业，这种做法虽然节约了成本，但是却无法给予高质量生鲜乳以价格补贴，不仅打击了奶农提高产品质量的积极性，也不利于合作社整体对生鲜乳的质量保障。此外，定价方式难以体现优质优价原则。收购时按照统一收购价格实行，优质原料奶并没有实行优价。虽然有最低收购价格标准，但是没有高品质的额外奖励。于是出现了"劣币驱逐良币"的现象，也使得奶业合作社采取"保质、求量、不求质"的方式加以应对。

第三，合作社发展普遍面临资金困境。在运行过程中有建设标准化生产基

地、建造产品分级仓储场所、购置冷藏保鲜设施和运输设备等资产投资资金需求，同时合作组织也有统一购买、配送农用物资和日常运作的资金需求，很大程度上需要金融机构的支持。从监测情况来看，合作经济组织获得贷款的情况并不乐观，各地金融机构更倾向于将资金贷给合作社成员而非合作组织。这也是国内合作社发展所面临的共同难题。

此外，合作社内部也缺乏内生有效的资金供给来源。目前合作社社员的资金主要靠自己借贷或者从合作社借贷，或者依靠合作社担保获得资金。而合作社本身的资金来源仍不充足，导致从合作社获取资金再扶持社员的做法可持续性不强。

三、政策建议

合作社作为农业经营性服务组织的重要主体，在发展过程中遇到了资金不足、议价能力低等问题。在"坚持主体多元化、服务专业化、运行市场化的方向"引导下，政府要大力支持农民合作社为农业生产经营提供低成本、便利化、全方位的服务，合作社自身也需要共同努力，克服合作社发展的瓶颈，更好地发挥其社会化服务的生力军作用，带动农民增收。基于全国范围内的12家奶农专业合作社的案例分析，提出如下建议：

（1）设立质量安全的第三方检测或仲裁机制。合作社实行统一配料、统一防疫、统一挤奶、统一销售等措施，实现规模经济，即降低奶牛养殖的产前、产中、产后成本，也可促进乳制品质量的提高，使消费者获得更安全的乳制品。但由于目前缺乏第三方质量检测机制，奶站与乳品加工企业、奶站与奶农之间发生原奶质量纠纷时，缺少仲裁机构。所以，建议尽快成立地方性的生鲜乳第三方监测机构，规范乳品企业无理甚至随意拒收生鲜乳的情况，提高奶农加大奶牛养殖投入、提高奶质的积极性。

（2）继续加大对奶农专业合作社的财政支持。由于合作社的法人地位不被承认、缺少抵押物等，合作社很难从正规金融机构获得贷款，影响合作社的有效运营，也限制合作社的扩大再生产。针对这一问题，建议政府可以协调农业银行、农业发展银行和农村信用社等金融机构，加大对乳品加工企业建立、接管生鲜乳收购站的信贷支持，并考虑给予适当的财政贴息补助。并出台相应的优惠政策，降低贷款利率，简化贷款申请手续，拓展其他融资渠道，如政策性银行的扶持、增加政策性补贴等。

（3）鼓励发展合作社互助金融。合作社内部资金互助组织的建立不仅可以完善合作社的内部管理，拓宽农民专业合作社的资金来源渠道，促进农民专业合作社的全面发展，而且可以促进合作社开展其他服务（尤其是农资供应和农产品销售环节），保证合作社的可持续发展，政府应从正规金融和内生性金融两方面对奶农合作社的发展进行扶持，以增强奶农抵御风险和扩大生产能力。

第三节　合作社农业社会化服务功能的演变逻辑[①]

——基于仁发合作社的案例分析

农业社会化服务的本质为农业领域的劳动分工。其目的在于将广大的农业生产经营主体，尤其是小规模生产经营主体（小农户）纳入社会化大生产、提高农业产出效率。实践中，我国各地都因地制宜地探索了农业社会化服务的不同模式，并在降低农业生产成本、提高产出和农业技术装备水平、延伸价值链等方面取得了显著的成效，促进了小农户与现代农业发展的有机衔接。例如，山东的土地托管、四川的农业共营制、江苏的联耕联种、江西的"绿能模式"等。值得注意的是，这些模式在某种意义上都具有生产托管的特点。生产托管作为农业社会化服务的典型方式，发展十分迅速。根据农业部门的统计，2018 年全国农业生产托管服务总面积约为 13.84 亿亩次，比上年增长52.7%。[②] 2017 年以来，中央还出台了《关于大力推进农业生产托管的指导意见》等政策文件，以支持发展农业生产托管。位于黑龙江省克山县的仁发现代农业农机专业合作社（以下简称"仁发合作社"）经过 10 年的探索实践，不断创新利益联结机制，形成了独具特色的"仁发模式"。同时，仁发合作社也不断拓展其服务内容，就服务方式来讲，在一定程度上可归于生产托管。本节将介绍仁发合作社农业社会化服务功能演变的内在逻辑。

一、数据收集与仁发合作社的基本情况

（一）数据收集与研究进展

自 2013 年以来，课题组先后 6 次赴黑龙江省克山县，对仁发合作社进行

---

① 执笔人：穆娜娜，孔祥智。
② 资料来源：《中国农村经营管理统计年报（2018）》。

实地考察调研，调研的对象涵盖了理事长、普通成员、核心成员、农机手等；调研的形式主要是访谈，为了使被访对象能够畅所欲言，课题组对每个被访对象的访谈一般都选择在相互独立的办公室内分别进行。通过6次面对面的深度访谈，课题组详细地了解了仁发合作社的成立过程、运行机制、盈余分配方式、股权结构、经营绩效、农业社会化服务的内容与模式、种植结构、产业链延伸，以及牵头成立联合社、组建公司等情况。

（二）仁发合作社基本情况介绍

与全国总体情况相比，黑龙江省的人地关系并不是很紧张，耕地资源禀赋优势显著。以2017年为例，根据相关统计年鉴的数据显示，黑龙江省人均耕地为6.27亩，高于全国1.46亩/人的平均水平。而黑龙江省克山县农村人均耕地则多达8亩，劳均耕地20亩左右，是山东、河南等粮食主产区的5~6倍。进入21世纪以来，黑龙江省农村劳动力大量转移，部分村庄劳动力外出务工比例达80%。在这样的情形下，为了创新农业经营体制机制、实现规模经营，缓解"谁来种地""怎么种地"的问题，黑龙江省政府于2008年制定了扶持大型农机合作社的具体意见，规定：对注册资金达到1000万元以上的农机合作社，政府将按60%的比例进行农机购置补贴（包括中央农机购置补贴和黑龙江省政府补贴）。

在上述背景下，2009年10月克山县河南乡仁发村村支书李凤玉，联合其他6户村民注册成立了"克山仁发农机合作社"。其中，李凤玉作为合作社理事长出资550万元，另外6户村民各自出资50万元（见表5-4）；加上政府补贴1234万元，合作社在2009年的实际投资额达到了2084万元，购置大型农机具30多台（套）。经过10年的不断发展，截至2018年底，仁发合作社的固定资产总额达到了7632万元，农机具近200台（套），其中大型马铃薯收获机有两台，玉米烘干设备2套；共计拥有成员1014户，入股耕地56000亩（见表5-5）；总经营收入7712万元，其中土地经营收入6566万元、农机作业收入1146万元，总盈余3216万元，入股耕地分红425元/亩。仁发合作社还先后获得了"全省现代农机合作社示范社""全国农民专业合作社示范社"等荣誉称号；合作社理事长李凤玉也获得了多项荣誉称号，如"五一"奖章"全国先进工作者""中国新型农业主体领军人""全国十佳农民（2014年度）""黑龙江省劳动模范"等。

表 5-4　2009~2018 年仁发合作社成员的股金占比情况

序号	发起人	入社股金（万元）	占比（%）
1	李凤玉（理事长）	550	64.7
2	张德军	50	5.9
3	杨　斌	50	5.9
4	王宝君	50	5.9
5	王新春	50	5.9
6	郑海军	50	5.9
7	车跃忠	50	5.9
合计		850	100

注：根据调研资料整理所得。

表 5-5　2009~2018 年仁发合作社的基本发展情况

年份	成员数量（户）	入社耕地面积（亩）	总盈余（万元）	入社耕地分红（元/亩）
2009	7	0	0	0
2010	7	1100（租赁、非入股）	-187	240（租金）
2011	314	15000	1342	715
2012	1222	30128	2759	732
2013	2436	50159	5329	786
2014	2638	54000	4890	679
2015	1014	56000	4196	584
2016	1014	56000	3626	505
2017	1014	56000	2856	398
2018	1014	56000	3216	425

注：根据调研资料整理所得。

二、合作社社会化服务功能的演变逻辑

在农业社会化服务的供给过程中，不同类型的农民专业合作社所面临的资产投资、收益率等情况通常是不同的，而这些因素会在较大程度上影响合作社服务内容的延伸。基于此，在分析合作社农业社会化服务功能的演变逻辑前，需要对仁发合作社的属性进行界定，以便后文进行更具针对性的研究。就仁发

合作社的经营内容与模式来看，其明显兼备农机合作社与土地股份合作社的属性。孔祥智（2018）认为，与标准的农民专业合作社相比较，农机合作社更强调入社的股份，这是由于农机的价值较大，同时合作社股份构成较为复杂，但在管理方式上依然强调民主，强调民办、民管、民受益；而土地股份合作社是对成员承包的土地提供统一经营或流转服务。由此得出，固定资产投资大、对成员承包地和流转土地①进行统一经营服务是仁发合作社的典型特征。接下来，本节就以该类型的农民专业合作社，即"仁发模式"中的合作社为研究对象，构建合作社服务功能演变的分析框架。为了方便分析，我们需要对农业生产过程中，不同环节的社会化服务进行界定与分类（见图5-5）。

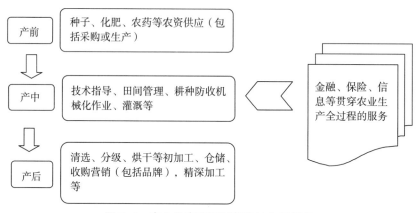

图5-5　农业生产不同环节的社会化服务

农机合作社最明显的特征是专用性资产投资大。因此，其被"敲竹杠"的风险通常较高，即农机作业服务的市场交易成本偏高。孔祥智等（2017）曾指出，若合作社初始成员即创始成员投资资产专用性较高时，因专用性资产与新增成员要素匹配的需要，这种基于服务规模的扩张能催生出规范的合作社。也就是说，为了降低农机作业服务的市场交易成本，缓解被"敲竹杠"的风险，农机合作社需要一定规模的耕地要素来匹配其服务能力，即吸收农户以承包地入股（见图5-6）②，实现农机作业服务的"内化"与规模化。现实

---

① 仁发合作社成员中有12个转入了耕地的专业大户，经营面积都在1000亩以上。

② 合作社获得耕地资源的方式通常有两种，一是吸收农户以承包地入股，二是土地租赁。由于土地租赁会使合作社面临较大的财务压力，因此，土地入股现已成为了合作社获取耕地资源的主要方式。

中，很多农机合作社都经营有耕地，正是源于降低农机作业服务市场交易成本的需要。与此同时，农机作业服务的"内化"，会促使合作社配套提供农资采购、技术指导、营销等服务。显然，在这一阶段，合作社的服务内容主要是生产性服务，解决了"谁来种地""怎么种地"的问题。穆娜娜等（2019）对山东舜耕合作社的分析表明，降低服务外包的交易成本，可以提高土地生产率；克鲁格曼（2019）指出，专业化生产与非常大的初始开业成本是规模报酬递增的主要来源。可见，农机合作社的耕地经营模式无疑会带来规模报酬递增，即随着"内化"服务耕地面积的增加，各类生产性服务的成本将大大降低。

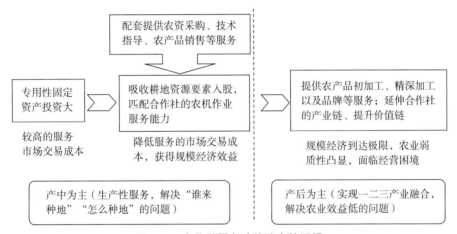

图 5-6　合作社服务功能演变的逻辑

但是，规模经济有一定的极限。随着规模的扩大，企业内部的沟通与组织活动会变得困难，成本也更高，进而导致规模不经济（曼昆，2009；克鲁格曼，2019）。也就是说，合作社从服务成本降低中获得的经济效益不会一直持续，甚至会随其规模的扩大而减少。此外，合作社"自营耕地、服务内化"的经营收入还会受到农业弱质性，尤其是自然和市场风险的影响。这些都不利于保证合作社成员的收益，进而对稳定成员数量、维持耕地规模也将产生负面影响。到该阶段，合作社就迫切需要寻找新的经济增长点，以提高盈利水平，增加经营收入。王图展（2017）指出，当合作社提供的服务功能改变农产品生产的成本曲线，新的规模经济效应产生时，其自身就需要扩大外部资源投入和增加关联业务。于是，向产后服务环节拓展，通过产业链延伸、价值链提升来提高农产品附加值，成为绝大多数合作社的选择，从而可以促进一二三产业融合，解决农业效益低的问题（见图5-6）。如前所述，2018年我国从事产加销一体化服务的合作社占比高达53.4%。合作社将经济活动向农资供应、农产品流通和加工领域拓展，使从事第一产业的农民社员能分享初级农产品进入二三产业的增值收益，是应该鼓励和倡导的发展方向（张晓山，2017）。[①]

三、"仁发模式"的案例分析

经过10多年的不断探索创新，仁发合作社已形成了较为成熟、稳定的农业社会化服务模式。总体而言，2009年成立以来，仁发合作社的农业社会化服务模式大致经历了三个发展阶段：一是2009~2010年，探索初创阶段——"代耕服务为主，租地自营为辅"；二是2011~2015年，稳步发展阶段——"土地入股、服务内化为主，代耕服务为辅"；三是2016年至今，创新提升阶段——"土地入股、服务内化+托管为主，代耕服务为辅"。合作社的农业社会化服务内容也由农机作业、农资采购、技术指导、产品销售，拓展到了粮食烘干仓储、品牌营销、农产品精深加工以及马铃薯育种等。

（一）探索初创阶段（2009~2010年）

2010年初，仁发合作社开始正式运营。当年，合作社的经营服务模式为"代耕服务为主，租地自营为辅"。一方面，仁发合作社以240元/亩的价格向周边农户租赁了1100亩土地种植马铃薯；另一方面，合作社利用其大型农机具为当地农户提供代耕服务，每亩地收取50元左右的农机作业服务费。但无论是租赁的地块，还是对外提供代耕服务的地块，分布都比较分散、不够连片，无法发挥合作社大农机的耕作优势，空跑成本过高。并且进行跨区作业时，合作社还经常面临违约的情形。如2010年仁发合作社组织农机手去海拉尔进行代耕作业，与对方签订了1.5万亩作业合同，但对方（当地村霸）赖账，仅承认7000亩的作业面积；此外，对方提供劣质油（政府不允许跨区载油），造成了合作社的机器磨损。最终导致仁发合作社在2010年的全年收入不足100万元。如果不考虑折旧，当年的净利润仅有13万元；考虑到农机具折旧，合作社则亏损187万元。可见，市场交易成本，譬如农机空跑、服务需求方违约成本等过高，是造成仁发合作社在2010年经营亏损的主要原因。

（二）稳步发展阶段（2011~2015年）

为了扭转第一年的亏损，2011年，仁发合作社7户发起人商议形成了

---

① 资料来源：2017年9月4日，中国社会科学院学部委员张晓山在《中华人民共和国农民专业合作社法》实施十周年座谈会上的发言。

"七条承诺"①，以吸收有农业社会化服务需求意愿的农户带地入社，参与入股分红。自此，仁发合作社与其入社农户实现了"风险共担、利益共享"，合作社进入到以"土地入股、服务内化为主，代耕服务为辅"的农业社会化服务阶段。在该阶段，仁发合作社的服务范围从农机作业拓展到了农资采购、技术指导、农产品营销与初加工，并且各类农业社会化服务的市场交易成本也显著低于一般现货市场交易下的成本，合作社获得规模经济效益，由此解决了"谁来种地""怎么种地"的问题。

1. 农机作业服务

仁发合作社以整村推进方式吸收农户带地入社的做法，使得耕地实现了规模化、连片作业，从而其大农机"吃不饱"的问题得到有效缓解，农机空跑成本也大幅降低。如表5-6所示，仁发合作社的农机作业服务盈余在2011年以来得到了极大的提高，2013年达到了最高值。

2013年仁发合作社的农机装备总量达到113台（套），并且开始实施深耕深松作业。尽管深耕深松的成本要高于普通作业成本，但深耕深松能够实现蓄水保墒、使农作物产量提高10%～15%。此外，仁发合作社还会对其农机手开展专门的技术培训，通过单车核算②的办法来规范约束农机手的行为，以确保农机作业服务质量、控制作业服务成本。仁发合作社的农机作业服务价格统一为25元/标准亩（合作社通过一定的换算方法将自然亩折算成标准亩，不同作业环节的标准亩换算系数不同）。而验工单（农机手作业数量的证明，用于结算作业费用的依据）对于保证农机手的作业服务质量、控制作业成本等则起到了直接的监督作用。农机手每次作业完毕，需出示验工单，让接受服务的

---

① 第一，保证带地入社的农户能够获得每亩350元的保底收益，这比当地土地流转的价格要高出110元/亩；第二，所有入社农户享有平等的权利义务，即都能够参与仁发合作社每年秋后的盈余分红；第三，由政府给予的1234万元农机购置补贴资金所产生的盈余，每年秋后按照成员户数进行平均分配；第四，合作社以10%的年息为带地入社农户提供资金借贷服务，贷款限额为入社土地的市场流转价格折价；第五，入社农户仍然享有政府发放的种粮补贴；第六，合作社的重大决策实行民主决策，一人一票而非按股权进行表决；第七，入社自愿、退社自由，成员在退出合作社时可以获得该成员账户上的全部股金，包括各种盈余结转、公积金等。

② 第一，确定常年作业面积，作业面积超过合作社规定面积的，超出的面积×25元×50%的收入给农机手，不足的面积×25元×60%惩罚农机手；第二，用油量规定0.8公斤/亩，有0.5～1斤/亩用油量的节省空间（很多时候，农机手作业1亩地，用不了0.8公斤/亩，可以省下一些油），油量节省部分×5元/斤给农机手100%的奖（惩）；第三，根据国产车和进口车不同，确定修理费，国产车-机耕费25元×作业面积×3%，进口车-机耕费25元×作业面积×2%；第四，驾驶员技术考核，每年举行3次，17个驾驶员共总奖金5000元；第五，合作社免费给驾驶员购买了人身保险，100元/年·人。

一方（仁发合作社的"片长"①或其他代耕服务需求主体）签字确认，如果服务需求方对作业质量等不满意，有权拒绝签字，农机手需"重复作业"，从而既浪费作业时间，也无疑增加了油耗等作业成本，从而激励农机手提高作业质量，保证"一次性"完成农机作业任务。

2011~2015 年仁发合作社除针对入社土地开展农机作业服务之外，也会适当对外提供代耕服务，尽可能增加本社农机的作业量、实现农机满负荷运行，降低农机闲置成本。但是这一时期对外代耕服务对象不固定，没有形成稳定的服务契约关系，合作社仍以对内服务为主。如表 5-6 所示，到 2015 年，仁发合作社本社农机作业量达到 35 万标准亩次（8827712 元/25 元/亩次≈35 万亩次），而对外代耕作业量仅 16 万标准亩次（3917773 元/25 元/亩次≈16 万亩次），不足本社作业量的一半。从而证明，服务内化是该时期仁发合作社农业社会化服务的典型特征，即合作社农机具以服务本社自营耕地为主。

表 5-6　2011~2018 年仁发合作社的农机作业服务收入情况

年份	农机作业服务收入（元）		盈余（万元）
	本区作业	跨区作业	
2011	5454875	1729875	1342
2012	6202350	1548450	2759
2013	8900000	1500000	5329
2014	11201385	1494100	4890
2015	8827712（本社作业）	3917773（代耕作业）	4196
2016	844.20	423.20	3626
2017	878.40	170.15	2856
2018	968.18	177.56	3216

注：2015 年仁发合作社的农机作业收入是按照本社与代耕进行区分和统计的，其他年份则是按照本区和跨区进行区分和统计的。

2. 农资采购服务

仁发合作社的农资采购服务仅针对其成员的入社耕地。通过统一、大批量采购农资，不仅能够降低成本，同时也确保了农资的品质。在成本节约方面，

---

① 仁发合作社将 5 万多亩入社土地集中划分成了 22 个连片区域，由 22 个"片长"负责承包经营，减惩超奖。

仁发合作社入社耕地的亩均农资费用要比普通农户节省 100 元左右。原因在于，仁发合作社的农资采购量通常较大，各大农资生产厂家都争相与其开展合作，在与供货厂家进行谈判时，仁发合作社拥有较大的话语权；所有农资由厂家直送、一级批发，不产生中间费用。其中，化肥比一般的市场采购节省 300~500 元/吨，农药节省 40~50 元/亩，农机具用油节省 500~600 元/吨，种子便宜约 20%。如 2015 年玉米种子的市场价是 24.5 元/斤，而合作社采购价为 17.5 元/斤；此外，仁发合作社还可以赊销 50% 的农资费用。更重要的是，合作社的供货厂家为施可丰、田丰、龙峰等一些大型知名农资企业，从源头上确保了农资品质。

3. 技术指导服务

技术指导服务同样也仅针对合作社成员的入社耕地。2011~2012 年仁发合作社与当地政府农技推广站农技推广人员，合作实施了"科技包保"①，择优选种、保证了产量。如玉米通过应用"大垄技术"，种植密度由每亩 4000 株提高到 4500 株，每亩比农户分散种植增产 100 多斤，亩均增收 400 多元。2013 年合作社购买了北京中绿华夏公司农产品检测服务，以确保产品质量符合销售订单要求。一般在马铃薯生产过程中，种植与病虫害防治技术是最难以掌握的。而与麦肯公司的订单合作，使仁发合作社得以向麦肯公司技术员学习到了先进的马铃薯种植与病虫害防治技术。截至目前，仁发合作社的玉米种植一直采用 110 公分"大垄双行技术"，马铃薯种植采用 85 公分"大垄单行密植技术"，并辅以测土配方施肥、深耕深松等先进技术，较普通农户而言，玉米亩均增产 240 斤，马铃薯亩均增产 3000 斤，农作物总体增产 10%~15%。

4. 加工营销服务

一是粮食烘干与仓储服务。该阶段仁发合作社开展的农产品加工服务主要是粮食烘干仓储等初加工，未涉及对技术水平要求较高的精深加工。仁发合作社开展粮食烘干仓储服务的起源是，2013 年在销售玉米给哈尔滨三金药业时，合作社发现，自己进行玉米烘干有助于增加收入。基于此，仁发合作社于 2014 年初，引进了粮食烘干仓储设施。同前述各类服务一样，仁发合作社的粮食烘干仓储设备也主要用于满足本社需要，很少对外开展服务；只有当合作社自身对粮食烘干需求较少或不足时，才会对外提供部分粮食烘干服务，每斤

---

① 所谓"科技包保"是指政府农业技术推广站的农技人员与种粮大户或专业合作社签署科技服务、种苗采用协议；如果该技术或品种能够提高粮食产量一定百分比，农技人员则获得一定的资金奖励；如果不能达到议定的增产效果，农技人员则要自掏腰包补偿种粮大户或专业合作社的损失。

潮粮（湿玉米）获利 0.1~0.15 元不等。仁发合作社对内的烘干服务则促进了玉米增收。如表 5-7 所示，以 2014 年为例，烘干之前的玉米销售单价为 0.80元/斤，烘干后为 1.09 元/斤；1 吨潮粮，烘干后可得 1680 斤干粮，除去烘干成本 80 元/吨潮粮，1 吨潮粮增收 151.20 元，相当于 1 斤湿玉米多收入近0.08 元。

表 5-7　2014 年仁发合作社玉米烘干服务的增收情况

烘干前—潮粮			烘干后—干粮			烘干成本（元/吨）	湿玉米增收（元/吨）
数量（斤）	单价（元/斤）	金额（元）	数量（斤）	单价（元/斤）	金额（元）		
A1	B1	A1×B1	A2	B2	A2×B2	C	A2×B2−A1×B1−C
2000	0.80	1600	1680	1.09	1831.20	80.00	151.20

在农业生产的各类产后服务中，相比烘干仓储等初加工，精深加工更有助于延伸产业链，提高农产品附加值，增加合作社的经营收入，同时缓解农产品卖难的问题。2015 年由于天气干旱，玉米和马铃薯单产下降，加上政府的玉米价格改革，导致合作社的土地亩均利润大幅下滑（见表 5-8）。为此，仁发一方面尝试通过改变种植结构，来缓解自然与市场风险对经营收入的冲击；另一方面探索实施农产品精深加工业务，通过拓展产后环节服务、提升农产品价值链，来增加合作社的经营收入。于是，2015 年由仁发合作社牵头，联合更好农机合作社、向阳农机合作社等其他 6 家合作社，共同出资成立了仁发农业发展有限公司，开展马铃薯、甜玉米等加工业务。公司注册资金为 5000 万元，实缴资金 3000 万，其中仁发合作社的投资达到了 900 多万元，股份占比最高。公司成立当年，便投资 1 亿元建设了 30 万吨粮食烘干仓储设施。2015~2016年，仁发农业发展有限公司基本处于建设期，并未开始正式运营。

表 5-8　2011~2018 年仁发合作社土地经营的基本情况

年份	经营作物	玉米亩均单产（斤）	马铃薯亩均单产（斤）	亩均利润（元）
2011	玉米、马铃薯	1228	4706	833
2012	玉米、马铃薯	1380	6280	909
2013	玉米、马铃薯、大豆、西瓜	1394	6300	1078

年份	经营作物	玉米亩均单产（斤）	马铃薯亩均单产（斤）	亩均利润（元）
2014	玉米、马铃薯、大豆	1500	6500	929
2015	玉米、马铃薯、大豆、有机大豆、甜玉米、白瓜	1380	5500	777
2016	玉米、马铃薯、大豆、有机大豆、甜玉米、白瓜、甜菜	1120	5600	699
2017	玉米、甜糯玉米、马铃薯、大豆、有机大豆、豌豆、杂粮	1240	4800	554
2018	马铃薯、玉米、鲜食玉米、大豆、有机大豆、高粱、豌豆、青刀豆、红小豆	1210	5500	596

二是农产品营销服务。在进入农产品精深加工领域前，仁发合作社的农产品销售渠道，基本限定为随行就市与订单农业。其中，马铃薯的订单合作对象主要是麦肯公司，2011~2012 年仁发合作社与麦肯公司签订了 2000 亩大垄马铃薯订单；2013 年仁发合作社继续与麦肯公司合作，签订 1 万亩马铃薯订单，结算时由于合作社超额完成了订单，于是在原定 0.79 元/斤的订单价格基础上，麦肯公司每斤加价 0.125 元，使合作社增收 780 万元。2015 年在县政府支持下，仁发合作社还与北大荒薯业签订了 5500 亩全粉专用薯订单，加上政府补贴，每公斤马铃薯比市场销售增收 0.3 元。玉米方面，2013 年仁发合作社与河北唐山某企业签订了 3500 亩的水果玉米和粘玉米订单，最终亩均纯收益达到 1114 元，是种植普通玉米收益的近 3 倍。

仁发合作社也积极通过打造农产品品牌、建立线上销售网络等各种方式，来促进农产品销售。例如，2013 年以来，仁发合作社就先后注册了"龙哥""龙妹""仁发""仁发绿色庄园"等商标，但是，由于合作社本身缺乏相应的营销手段，这些商标都尚未能取得明显的品牌效应。2015 年，仁发合作社进入互联网电商领域，建立"仁发特卖"网络营销平台，与知名电商合作，推进绿色有机产品线上销售；当年，仁发合作社生产的 1000 亩有机高蛋白豆浆豆，通过电商直销上海某超市，售价达到 26 元/公斤，比普通大豆高出近 10 倍，亩均纯收益 1200 元以上，由此，仁发合作社与该超市结成了固定的有机大豆销售合作关系。但因无法保证产品的及时、充足供应，"仁发特卖"网络营销平台后续基本没有再实际运作。

（三）创新提升阶段（2016 年至今）

2016 年，仁发合作社的农机装备总量增加到 130 多台（套）。同年其还引进了 2 台大型马铃薯收获机。随着农机装备总量的增加，仁发的农机作业服务能力无疑也在增强。为保证农机作业服务市场稳定，确保大农机"吃得饱"，仁发合作社于 2016 年开始提供土地全程托管服务①。当然，合作社仍会在其农机作业能力有余的情况下，开展少部分代耕服务。自此，仁发合作社开始进入到以"土地入股、服务内化+托管为主，代耕服务为辅"的农业社会化服务阶段。

通过前文可知，仁发合作社的农机作业服务盈余、土地亩均利润和入社耕地分红在 2013 年都达到最高值，随后便开始呈逐年下降的趋势。其原因主要有两点：一是耕地的规模经济到达极限，合作社再难以取得成本优势；二是市场与自然风险的影响，2015 年黑龙江遭遇旱灾，导致粮食减产，2016 年玉米临时收储政策的取消则对其价格产生了不利影响。在 2013 年，仁发合作社便试图以创建品牌的方式，提高农产品附加值、增加经营收入，但品牌建设效果并不显著。2014 年通过引入粮食烘干仓储服务，仁发合作社在增收方面取得了一定成效。2015 年合作社开始着手组建公司，延伸产业链。2016 年针对入社土地的产前与产中服务都渐进完善，且其所产生的规模经济也达到极限，于是产后的加工、营销成为仁发合作社重点拓展与加强的"内部"社会化服务，从而在一定程度上实现了产业融合，解决了农业经济效益低下的问题。

1. 产后服务的延伸状况

2016 年之后，针对入社土地，仁发合作社正式开展了农产品精深加工环节的社会化服务。为了更好地对不同种类农产品的加工环节进行管理，在仁发农业发展有限公司的基础上，仁发合作社又于 2016 年牵头成立了 4 个子公司，分别是主营甜糯玉米加工的仁发食品有限公司、负责马铃薯加工的华彩薯业、负责产业扶贫的仁人和食品加工有限公司和一家物流公司。截至 2019 年，仁发农业发展有限公司已建成并运营的生产线有糯玉米加工（2 条）、甜玉米加工（5 条）以及青刀豆、豌豆加工等。其中，甜玉米和糯玉米的种植加工一年

---

① 仁发合作社之所以选择土地托管，而非扩大入社耕地规模，是仁发合作社本身经营管理能力的限制；但更主要的原因在于，地形等自然条件的约束，在河南乡，已无法再实现连片扩大土地经营规模。

可创造纯收益 2500～3000 万元，2018 年公司纯收入达到 800 万元。但是，仁发公司的农产品精深加工能力目前还较为有限，价值链提升动力不足。例如，2018 年仁发公司销售给广州中间商的甜玉米（大包装初加工）价格为 4300～4600 元/吨，而中间商将甜玉米进一步加工成玉米冻粒并进行精包装（小包装）后，售价达到了 1.3 万元/吨。仁发农业发展有限公司还建立了马铃薯育苗中心智能化温室，进行马铃薯种苗培育，实现了马铃薯繁育种植加工销售一体化。仁发合作社的农药、化肥等农资，目前则全部由"吉林云天化农业发展有限公司"和"上海物通农业发展（锦州港）有限公司"两家企业予以供应。

在农产品营销方面，结合前文可知，仁发合作社一度探索尝试了多种营销方法，但仍未形成比较完善的营销模式，销售渠道呈现繁杂且不稳定的状态，品牌效果不显著。一是仁发合作社自销模式，即将农产品销售给仁发农业发展公司，进行加工销售，包括合作社生产的全部豌豆和青刀豆、1/3 的马铃薯和部分甜糯玉米。二是订单模式。仁发合作社 2011 年就与麦肯公司开展了马铃薯订单合作。由于克山县生产的土豆容易黏附黑泥，麦肯公司后来转向跟内蒙古的马铃薯生产者合作。目前，仁发合作社的马铃薯有 2/3 通过订单销售给上海盘中餐、清美等龙头企业，以及随行就市销售给地方批发市场、商贩等。合作社的高粱则主要订单销售给当地酒厂。三是口头契约模式。2016 年仁发合作社种植有机大豆 6456 亩全部销给了上海某超市。当年，仁发合作社便与该超市达成了稳定的合作关系。但是，双方未签订合同，只是口头协议且合作社要根据超市的需求，分期销售；由于需求较大，目前能确保产品全部销售。四是随行就市模式。该模式下合作社的产品销售价格与客户都不固定。例如，目前甜玉米主要销给广州等一线城市的客户，高蛋白大豆主要销给山东等地的经销商。

2. 土地托管的基本情况

2016 年仁发合作社开始对外提供农业生产全程机械化作业服务，服务对象只有一个，即五大连池市建设乡种植大户马金龙[①]。2016 年，马金龙在五大连池市建设乡流转了 4.2 万亩耕地，种植玉米、大豆和马铃薯，由仁发合作社为其提供全程农机作业服务。五大连池建设乡距离克山县河南乡仅 100 公里左

———————

[①] 马金龙是克山县人，在仁发合作社工作过，而且与合作社之间有信贷方面的交情，即 2015 年仁发合作社曾将从银行贷出的 100 多万元借给他，最后马金龙如期归还了借贷，所以双方之间的信任度较高。

右，农机运输成本低，这为仁发合作社到当地开展农机作业服务提供了便利。2017 年马金龙的土地流转规模达到 8.7 万亩，并维持至今。也就是说，目前仁发合作社的全程农机作业托管服务面积为 8.7 万亩。此外，仁发合作社还开展农机具租赁服务。2017 年，仁发合作社将一台大型马铃薯收获机，租赁给了内蒙古一家马铃薯专业种植大户使用，租金为 100 万元/秋季。凭借现有农机装备，仁发合作社的农机作业服务能力可达 15 万亩/年。目前，仁发的自营耕地 5.6 万亩，加上全程农机作业托管服务耕地 8.7 万亩，共 14.3 万亩，基本接近仁发合作社的服务上限，所以其租机业务和代耕服务的开展都非常有限。近两年来，仁发合作社还陆续为克山县粮库、联兴联合社①提供粮食烘干仓储服务，以尽可能降低农机设备的闲置成本，增加合作社收入来源。例如，2018 年仁发合作社就为县粮库储存了 1100 多吨水稻，每吨收费 60 元/月。

四、总结与进一步思考

（一）总结

对"仁发模式"的分析表明，合作社在农业社会化服务供给中可以发挥重要的作用，是推进我国新型农业社会化服务体系建设、实现小农户与现代农业发展有机衔接的关键力量。仁发合作社通过组织农户带地入社，统一开展经营、提供服务，降低了农机作业、农资采购等生产成本，并且依靠订单等直销模式，提高了农产品销售价格，最终获得规模经济，既增加了入社农户的耕地收入，又提高了农作物的耕种收综合机械化水平和先进技术的应用水平。

最主要的一点是，本节总结得出了在"仁发模式"中，合作社服务功能的演变逻辑。初始阶段降低农机作业服务市场交易成本的需要，会诱使合作社吸收农户以家庭承包耕地入股，从而匹配其农机作业服务能力；同时，土地的统一经营会进一步促使合作社配套提供农资采购、技术指导与产品营销等服务，最终获得农业社会化服务的规模经济效益，从而解决了"谁来种地""怎么种地"的问题，合作社由此进入到稳定发展阶段。但是，随着规模经济达到极限，和农业本身自然与市场风险的日益凸显，合作社一般会继续拓展其在产后，以及产前等环节的服务，通过产业链延伸、价值链创新提升，来提高农产品附加值，以确保合作社及其成员能够稳定增收，从而在一定程度上促进了

---

① 克山县联兴现代农业农机专业合作社联合社，简称联兴联合社，成立于 2018 年 4 月，由仁发合作社等 36 家成员社组成，其中仁发合作社占股比例最高，大约 20%。前文提及的吉林云天化和上海物通为联兴联合社的合作伙伴。

一二三产业融合发展，解决了农业经济效益低下的问题。

（二）进一步思考

结合仁发合作社服务功能的演变逻辑，及其服务过程中的经验和问题，接下来，本节就我国农业社会化服务的发展方向，做出如下几点思考：

第一，股份合作与生产托管是实现服务带动型规模经营的重要手段。通过10多年的实践探索，仁发合作社的农资采购、农机作业以及技术指导等产前与产中社会化服务的模式，总体上都已渐趋完善和稳定。尤其是农机作业服务，作为仁发合作社最重要且关键的服务项目，经历了代耕、服务内化、生产托管、农机具出租等多种发展模式；最终，在外部资源环境与合作社内部综合实力的共同影响下，选择了以"土地入股、服务内化+生产托管"为主的服务模式，降低了农机具闲置与空跑成本，提高了合作社农机具运营效率，实现了农业规模经营。相比土地租赁，股份合作有助于缓解规模经营主体的资金压力，以及其所面临的自然和市场风险；而生产托管则是在不流转土地经营权的条件下，帮助小农户实现了规模经营与现代化生产。我国各省（市、区）的实践，例如，山东省高密市宏基农业发展有限公司的"土地股份合作社+生产全托管"模式、甘肃省谷丰源农化科技有限公司的"农工场"模式、陕西省长丰现代农业托管有限公司的"长丰托管"模式等，都充分地表明了股份合作和生产托管是推动服务带动型规模经营发展的重要手段。

第二，工商资本是促进农业社会化服务向产后环节拓展的关键动力。就拓展产后的加工、品牌营销等农业社会化服务领域而言，仁发合作社仍存在诸多困难。首先，仁发公司仍处于农产品初级加工层面，精深加工能力较弱，使得农产品附加值更多地流向了下游的中间商。其次，仁发公司尚未发展形成具有一定知名度和竞争力的农产品品牌。尽管仁发合作社注册了多个商标，如前文提到的"仁发绿色庄园"等，然而，由于营销人才的匮乏，这些商标都还没有真正打入市场和带来品牌效应。这侧面反映出由农民自发成立的合作组织，在进入二三产业时，会面临来自技术、人才和管理等多方面现代要素的约束。从中国国情看，前端、上游部门恰恰是资本和技术稀缺而需要改造的传统部门，农户除了土地要素，不具有发展现代农业所需要的其他资源禀赋（何宇鹏等，2019）。由于缺少产业链延伸所必需的要素，所以，多数农民专业合作社开展农产品精深加工，在经济上并不合算。

与农民自发成立的合作组织不同，工商资本在农产品精深加工、营销等方面具有明显的人才、技术、资金、管理等优势。资本下乡在某种程度上，有助于组织带动农户分享农产品增值收益，实现产业链延伸和价值链提升。例如，位于我国江西省的绿能农业发展有限公司，其经营模式与仁发合作社类似，即"土地流转自营、服务内化+生产托管"；不同的是，绿能公司在开展稻谷精深加工业务的同时，打造了"绿能大米""凌继河大米"两大品牌，其中，"绿能大米"还通过了绿色食品认证（罗明忠等，2019）。可见，工商资本有助于农业社会化服务向产后环节拓展，实现产业链延伸。从全球来看，农业价值链的构建，大多通过由下游加工销售环节向上游种植养殖环节的延伸、整合来实现，例如，美国生猪养殖龙头企业多由大型屠宰加工企业向上游收购而来（何宇鹏等，2019）。基于此，结合我国农村的基本经营制度和农户缺乏现代农业生产要素的现状，何宇鹏等（2019）认为，要在政策上鼓励下游企业进入农业，用公司去加、去乘、去连接农户，而不是相反。

笔者认为，农民专业合作社进入农产品加工领域的路径，主要有两种：一是从事对技术水平要求较低的农产品初加工，既降低了合作社进行技术、品牌等专用性资产投资的成本，也在一定程度上提高了合作社的农产品增值收益；二是与工商资本展开合作，引入农产品加工企业，通过组建农业产业化联合体，共同开展农产品精深加工及品牌营销等价值链提升业务，具体方式包括：第一，合作社入股农产品加工企业，分享其产业链延伸的利润；第二，农产品加工企业入股合作社，双方共同投资农业产业链延伸项目，共享农产品增值收益。

第三，政府扶持是推动农业社会化服务发展的有力保障。在仁发合作社供给农业社会化服务的过程中，政府的资金、项目等扶持发挥了十分重要的作用。由前文可知，成立初期，仁发合作社便获得了 1234 万元的中央与地方农机购置补贴资金，缓解了合作社前期的投融资压力。此外，2016 年，通过农业综合开发项目，克山县政府为仁发合作社购置大型马铃薯收获机（两台），补贴了将近 50% 的费用，该农机具的购置成本高达 560 万元/台。以国家水利部的试点项目建设为契机，中央为仁发投资配套了 755 万指针式喷灌设施，灌溉面积可达 2.7 万亩，促进了合作社灌溉成本的降低。在农产品加工营销方面，仁发合作社也得到了政府的大力支持。例如，合作社与上海盘中餐等龙头企业的订单合作，就是借助了克山县政府与上海市农委签署《马铃薯主食化项目战略合作框架协议》的有利契机。

不仅是农民专业合作社，即便是实力雄厚的工商资本，同样也需要政府的资金或项目扶持。例如，前述绿能公司的土地流转便是与政府的高标准农田建设项目相配合的，绿能公司在哪里流转土地，高标准农田就建到哪里，以支持公司更好地开展生产托管服务。显然，政府的农机具购置补贴，以及水利、道路等公共基础设施建设项目，为农业社会化服务的顺利开展，起到了保驾护航的作用。但需要特别注意的是，对于合作社、企业等主体而言，要在农业社会化服务供给中获得长远稳定的发展，必须培养自身的自生能力①，而非依赖政府扶持。王图展（2017）也认为，虽然外部支持，特别是获得政府资助，不可能让合作社获得长期的发展动力，但对于合作社缓解当前困难、逐步实现服务功能有其必要性。政府的作用是以有限的资源来帮助具有潜在比较优势部门的企业消除它们自己难以解决的外部性或软硬基础设施完善的协调问题（林毅夫，2017）。

---

①　根据 Lin 等（1999）的定义，如果一个企业在自由、开放和竞争的市场经济中，即使没有外部支持也能够通过正常的经营管理获得不低于社会可接受的正常利润水平，则这个企业就具有自生能力；反之，除非提供支持，否则就不能在市场中存活，则这个企业就不具有自生能力。

第六章　农民合作社与融资服务

第一节　农民专业合作社融资服务供给及其影响因素[①]

一、研究背景

农户作为农村金融需求者通常具有居住分散、收入低且单笔存贷款规模小、有明显季节性、生产项目的自然风险和市场风险较大、缺乏必要抵押品等特点（Hoff and Stiglitz，1993），正规金融机构向农户提供信贷要承担较高交易成本和面临较大风险，往往采取谨慎性风险控制策略和信贷供给行为。1984年以来的三次重大农村金融改革，开始力图解决农村融资难题，但成效甚微，农村"缺血"现象反而日益突出（周立，2007）。农户受到正规信贷约束的现象仍非常普遍和严峻（韩俊，2008）。出于对民间金融扩张内在机理（王曙光、邓一婷，2007）和农村金融市场固有问题（周立，2007）的考虑，部分学者提出通过发展农村内生金融来化解农户金融困境（温铁军等，2007）。

近年来，随着农民专业合作社迅猛发展，鼓励和支持合作社开展融资服务[②]、兴办资金互助社成为中国农村金融改革的一个重要方向，也是理论关注的热点问题。与合作金融组织一样，"熟人社会"基础上成长起来的合作社，

---

① 执笔人：毛飞、王旭、孔祥智。

② 本书中的融资服务是指合作社为满足社员资金需求，为社员提供各种资金融通渠道的一项业务活动。具体包括提供贸易信贷（赊销农资、预付定金、基于订单农业或种养外包项目中互联机制的农业投入品信贷）；直接提供借款；贷款担保；开展内部资金互助；以合作社名义为保证，统一向金融机构借款等服务。

其特有的自我选择（self-selection）机制（Smith and Stutzer，1990）、成员长期互动关系（long-term interaction）和"社会惩罚"机制（Banerjee 等，1994），以及成员间"同伴监督（peer monitoring）"效应（Stiglitz，1990）使其在约束社员违约行为和降低资金需求方及供给方两端交易成本与风险（Huppi and Feder，1990；Krahnen and Schmidt，1995）方面具有独特优势。基于此，一些学者指出，依靠农民的力量开展信贷合作，不仅符合合作社的自助理念，也符合市场经济发展的要求（国鲁来，2006）。夏英等（2010）也认为合作社内部开展资金互助作为民间融资的一种形式是发展合作金融及破解农村金融问题的一种有益探索。目前，一些地区的农民专业合作社已开始进行融资服务实践（夏英等，2010；何广文，2009；等等）。随着合作社数量的迅速增加和服务功能的不断扩展，深入研究合作社融资服务供给状况及影响因素对促进合作社更好更快发展和进一步缓解农户信贷约束具有重大意义。

现阶段，学术界围绕农民专业合作经济组织的发展绩效、组织服务功能发挥状况及影响因素进行了许多研究，取得了丰硕成果（邓衡山等，2011；黄季焜等，2010；黄祖辉，2008；郭红东等，2009；徐旭初、吴彬，2010；张晓山等，2001；等等）。但现有研究除了戎承法、楼栋（2011）对专业合作基础上发展资金互助的效果及其影响因素进行了实证分析，邓衡山等（2010）观察到诸如有股金组织向社员赊销农资情况多于无股金组织这样的现象外，还缺乏对农民专业合作社融资服务供给状况及影响因素的全面深入理论探讨和定量研究。本节将在已有研究基础上，运用判断抽样的 9 省 25 县 115 家合作社调查数据，分析合作社融资服务供给现状，并运用计量经济模型深入分析合作社融资服务供给的主要影响因素。

二、理论分析与研究假说

同企业一样，合作社也是个法律机构，是目标各异的人们（一些人还可能代表其他组织）在这个机构体中的契约关系框架下经过复杂过程达到平衡的组织（Jensen and Meckling，1976）。要理解合作社融资服务供给的影响因素，就必须在合作社内部锁定融资服务供给主体[①]，并从供给主体提供融资服务的成本与收益角度进行分析。同时，还应在成本收益分析基础上，考虑作为

---

① 值得注意的是，本书所指的合作社融资服务供给主体仅限在合作社内部。它既可能是社员所获借贷资本的直接供给者，也可能是社员所获借贷资本的转供者。

一个组织的合作社，其成立机制、决策民主化、领导人企业家才能和经营的主要产品类型等其他因素对合作社融资服务供给的影响。

（一）互联性交易、信贷机会成本与合作社融资服务供给——从融资供给收益角度分析

作为非金融组织的农民专业合作社，其融资服务与其他服务类型存在紧密互联性。多数情况下，信贷只是融资服务供给主体与社员间所进行的一系列相关交易的一部分。只有通过含有信贷的互联性交易，融资服务供给主体才可以在合作社内部保持一个相对稳定的客源或者货源，例如农资销售者—农户与放贷人—借贷人关系相互交织，农资销售者通过提供贸易信贷（赊销农资）来换取社员对其产品的购买。又如农产品收购者与社员在产品市场和信贷市场上同时进行交易，前者通过向后者提供信贷[①]来换取后者在收获后以一个事先约定的价格和标准将产出销售给前者的承诺。

同时，通过这种含有信贷的互联性交易，融资服务供给主体还可消除信贷市场不完善对社员生产可能带来的不利影响，并通过一种合适"税收"从社员处获取部分剩余。为说明这一点，在借鉴巴德汉、尤迪（2002）关于商人与农户间信贷—商品互联合同模型的基础上，本书以合作社内部农产品收购者与社员在产品市场和信贷市场上的互联交易为例展开分析。

为简化分析，我们只研究信贷作为生产性活动运营资本来源的情况。假设某一社员农户生产函数为 $F(K)$。$F(K)$ 是一个凹形函数，其中产出只取决于资本 K，社员必须借贷这些资本。农产品收购者信贷单位机会成本为 r。收购者向社员提供借款费率为 i，$(1+i)=\alpha(1+r)$。收购者农产品销售价格为 p，收购者提供给社员的价格为 q，$q=\beta p$。社员收入为：

$$Y=\beta pF(K)-\alpha(1+r)K \qquad (6-1)$$

社员收入最大化问题的一阶条件为：

$$\beta pF'(K)=\alpha(1+r) \qquad (6-2)$$

社员参与约束为：

$$\underline{Y}=\max_{K}[p^{*}F(K)-(1+r^{*})K] \qquad (6-3)$$

p^{*} 为社员单独面对市场的销售价格，一般来说，$p>p^{*}$。r^{*} 为社员从其他渠道获得贷款时所面临的利率，由于信贷市场不完善，一般来说，$r^{*}>r$。

与该社员交易，收购者收入为：

---

① 信贷形式可能表现为贸易信贷（赊销农资、预付定金）、直接提供借款或担保贷款等。

$$\pi(\alpha,\beta)=(1-\beta)pF(K)-(1-\alpha)(1+r)K \qquad (6\text{-}4)$$

约束条件为式（6-2）。将社员收入压至其 $\underline{Y}$ 水平对合作而言是有利可图的。现在，收购者最优合同（α^{*}，β^{*}）是：

$$\alpha^{*}=\beta^{*}=\underline{Y}/\max_{K}[pF(K)-(1+r)K]<1 \qquad (6\text{-}5)$$

式（6-4）可变形为 $[pF(K)-(1+r)K]-\underline{Y}$，当 Y 被压低到 $\underline{Y}$，收购者为了最大化其收入，必须最大化 $[pF(K)-(1+r)K]$。其最大化一阶条件为 $pF'(K)=(1+r)$，结合式（6-2）可得 $\alpha^{*}=\beta^{*}$。则此时式（6-1）可变化为 $Y=\alpha^{*}[pF(K)-(1+r)K]$。由于 $[pF(K)-(1+r)K]$ 已最大化，且 Y 已被压低到 $\underline{Y}$，所以 $\alpha^{*}=\underline{Y}/\max_{K}[pF(K)-(1+r)K]$。结合式（6-3）及其条件可知 $\alpha^{*}<1$。

由此，可以看出收购者提供给社员的利率折扣（$i<r$），由产出市场上低价收购所抵消（$q<p$）。同时，收购者可以获取在社员保留收入以上的尽可能多的剩余。值得一提的是，由于可内部化一部分外部效应（Braverman and Stiglitz，1982），含有信贷的互联性交易甚至能够给放款人增加剩余[1]。

互联性交易除能为融资服务供给主体带来剩余外，还可帮助其节省合同实施成本。因为社员在任何一个交易中违约都将对其他交易产生溢出威胁效应，这种溢出威胁效应的存在对融资服务供给主体来说非常重要。从合作社整体层面来看，社员间存在相当程度异质性，融资服务供给主体一般仅对潜在借款群体的平均特点有较好了解。信息的不对称[2]和信息、运营成本的高昂使得融资服务供给主体往往只能针对特定社员群体制定统一借款费率和产出收购价，而统一定价将可能造成部分社员所获收入 Y 低于其保留收入 $\underline{Y}$，从而增强社员主动违约[3]的可能性。而溢出威胁效应的存在则会在一定程度上强化交易的稳定性，尤其是融资服务供给主体与社员间的交易表现为更为复杂的双边多种关系互联交易或多边互联交易时，一个交易中违约对其他交易产生的溢出威胁效应将被进一步增强。例如，农资销售者—农户、技术与信息提供者—农户、农产品收购者—农户、经营者—股东与放贷人—借贷人关系相互交织，借款人一旦违约，将可能丧失农资购买折扣、免费的技术与信息服务、产品销售价格加

---

① 例如，农产品收购者通过更改放款条件和数量，可诱使社员更加努力工作，更加遵循操作规程，或承担风险更大的生产项目等。

② 主要存在两类信息不对称。一是合作社无法全面观测任一社员农户的活动；二是社员农户间存在相当程度的异质性，合作社也许可对社员农户平均特点有较好了解，但却无法对某一特定社员农户特点有完全信息。

③ 农户主动违约是指农户作为借款人有偿还能力，却故意或采取策略性违约。

成、二次返利和红利等多项潜在收益，这对社员来说往往是不可接受的。多边互联交易也有类似效果，在多边交易中，与社员交易的各个主体可联合威胁社员并榨取更多剩余（Basu，1986）。此外，还应注意到互联的各交易间彼此也可起到风险分摊作用。例如，农资统购、技术与信息服务供给利于社员保障产品质量，从而利于合作社订单销售的顺利实现等。

由此，提出本节假说1：合作社服务功能的增强和内部一体化程度的提高利于其融资服务供给。

（二）成员覆盖范围、信贷基础设施与合作社融资服务供给——从融资供给成本角度分析

从上述公式分析中还可以看出，信贷机会成本r也是制约合作社融资服务供给的重要因素。从合作社层面来看，随着合作社组织规模的不断扩大和内部一体化程度的不断增强[1]，其市场可得性和信贷可获性将逐步增强，这将有利于信贷机会成本r的下降。此外，合作社实有资产的增加，尤其是可抵押资产的增加也将有助于降低信贷机会成本r。另外，农村正规金融机构对组织信贷扶持力度也直接关系到信贷机会成本r的高低。

基于上述分析，提出本节假说2：组织规模越大，或资产实力越强，或金融机构对组织信贷扶持力度越强，越利于合作社融资服务功能的发挥。

和金融机构一样，合作社开展融资服务也必须承担信息采集成本和运营成本。设合作社开展融资服务的运营成本和信息采集成本（下文简称为融资服务成本）为C，合作社融资服务供给主体总收入为$\Pi(\alpha, \beta)$（$\Pi(\alpha, \beta) = \sum \pi(\alpha, \beta)$），则此时，可知合作社融资服务供给又一约束条件为：$\Pi(\alpha, \beta) > C$。

正如前文所析，互联性交易和社员间的长期互动关系可帮助合作社融资服务供给主体降低融资服务成本C。为了方便分析，暂不考虑互联性交易和成员间互动关系的动态变化。根据周脉伏和徐进前（2004）的"金融机构近距离"假说[2]，合作社融资服务供给主体距离社员越近，越方便对社员进行信息采集和生产经营活动的监管，换言之，融资服务供给主体与社员间距离越近，监管成本越低。因此，融资服务成本C可看作是关于社员与融资服务供给主体间

---

① 例如，农资统购和订单销售更利于合作社获取贸易信贷机会，以入股的方式组建合作社（资本融合）可以使合作社快速筹集起较大规模的自有资金（国鲁来，2006）。

② 即在其他条件不变情况下，农户贷款可获程度与金融机构同农户间距离相关。距离远近决定了金融机构监管成本的高低，距离越近监管成本越低，农户贷款可获得性越强。

平均距离 $\bar{L}$[①] 的函数，设这一函数为 $C(\bar{L})$（注意 $C(\bar{L})$ 为凸形函数），合作社融资服务供给约束条件 $\Pi(\alpha, \beta) > C$ 可变形为 $\Pi(\alpha, \beta) > C(\bar{L})$。

在成员规模和覆盖范围既定条件下[②]，合作社融资服务运营成本的高低主要取决于当地信贷基础设施（credit infrastructure）建设情况。信贷基础设施可分为硬件和软件设施：硬件设施是指合作社覆盖区域内交通、通信等物质设施，软件设施是指社区融合、社区规范和社会信用体系等非物质设施。可以想象，当地信贷基础设施的改善将有助于缩减融资服务供给交通、通信成本，加快和提升社员间信息传播速度与质量，强化融资服务供给主体对社员的监督。表现在函数上，则意味着函数形式 $C(\cdot)$ 的变化和融资服务运营成本曲线的更加平缓。

合作社覆盖范围内交通、通信等基础设施的建设固然需要合作社各主体的参与，但更需政府的投资与扶持。而合作社内部的融合、规范的形成和信用体系的建立则需要社员的共同参与，社员组织事务参与度越高，越利于合作社内部的融合、规范的形成和信用体系的建立。

由此，提出本节假说3：成员覆盖范围的扩大，或当地交通、通信等基础设施建设的薄弱，或社员组织事务参与度低等，会抑制合作社融资服务供给。

（三）决策民主化、企业家才能与合作社融资服务供给——基于成本收益模型的分析

1. 成立机制和决策民主化对合作社融资供给的影响

合作社依发起力量的不同，大致可分为两类：一类是以外部力量为主发起成立；另一类是以农民为主发起成立。一些学者相信采取自上而下方式组织易导致组织不能很好发挥其功能（Fulton，2005），而内生型合作经济组织才有可能真正履行合作社原则（孔祥智、史冰清，2009）。这种观点可能基于这样的判断：外部力量的介入可能忽略组织发展所必备的基本条件，同时，也是最根本的，外部力量可能缺乏发展组织的内在动力（黄季焜等，2010）。但值得

---

① 注意 $\bar{L}$ 并不是各社员与融资服务供给主体间距离的简单平均。考虑到"熟人社会"在合作社融资活动中发挥的重要作用，在社员规模已定的条件下，社员在空间上的集聚情况显然会极大影响融资服务成本。因此，必须首先根据社员在空间上的集聚情况对社员进行聚类，进而计算出每类社员与融资服务供给主体间的平均距离，然后将各类社员与融资服务供给主体间的平均距离进行加总，再除以社员规模来得出 $\bar{L}$。

② 注意在成员覆盖范围既定条件下，成员规模的扩大在一定程度上利于合作社融资服务运营成本的分摊。

注意的是，合作社不管是以何种力量发起，其是否具有发展组织内在动力的关键应在于合作社内部能否形成有效的利益分配格局。况且，以外部力量（如以农资企业或者农产品采购和加工企业）为主发起成立的合作社信贷机会成本 r 可能更低，提供含有信贷互联性交易的可能性可能更大，并且外部力量的介入还有助于弥补合作组织企业家供给短缺的不足（苑鹏，2001）。因此，合作社是否以外部力量发起成立对其融资服务供给可能并无显著影响。

决策民主化对合作社服务供给也有重要影响。World Bank（2006）就曾指出：农民组织成功的关键是如何赋权于民，赋权于民可能能够更好地将社员的服务诉求传达给组织，也能在一定程度上提高社员组织事务参与度。但是，决策的民主化，尤其是涉及内部利益分配等事务的核心决策民主化也可能提高社员对融资服务供给主体讨价还价的力量，进而在一定程度上剥夺融资服务供给主体获取"剩余"的机会，这反而不利于合作社融资功能的发挥。黄珺、朱国玮（2007）曾指出"民主管理"以及"严格限制分红"等传统合作社原则将会影响到大户的合作收益。目前，合作社形成决策权分割格局和资本控制具有现实性和必然性（张雪莲、冯开文，2008；崔宝玉、陈强，2011），在现阶段就偏向于从争取和维护农民权益的角度来研究甚至于引导农民合作组织，并不利于农民合作组织健康发展（黄祖辉，2008）。

基于此，提出本节假说4：合作社是否以外部力量为主发起成立对其融资服务供给并无显著影响；而决策的民主化程度越高越不利于合作社融资服务供给。

2. 企业家才能和经营产品类型对合作社融资服务供给的影响

企业家才能对合作社发展的重要作用一直以来都受到学者们的重视。苑鹏（2001）曾指出具有合作精神的企业家人才是合作组织产生的必要条件，黄祖辉等（2002）也曾强调农民专业合作组织关键成员（通常是发起者、领导者和大股东）的素质、水平，甚至个性对合作组织的创建和发展有重要直接影响。在合作社融资服务供给过程中，具有优秀企业家才能的合作社领导人可能更善于通过规章制度、业务开展方式与流程的设计和科学管理方法的运用来实现融资服务供给的成本下降和风险化解。

合作社经营的主要产品可划分为粮棉和一般经济作物类、蔬菜水果类和畜禽水产养殖类。黄季焜等（2010）研究发现，代表高组织化潜在收益的蔬菜水果类和畜禽养殖类组织，其服务功能要明显强于代表低组织化潜在收益的粮食和一般经济作物类组织，加之粮棉和一般经济作物农资投入要远低于蔬菜水果和畜禽水产养殖，且品质提升难度较大（邓衡山等，2011）等原因，笔者认为粮棉和一般经济作物类合作社融资服务供给要明显少于其他两类合作社。

基于以上分析，提出本节假说5：领导人企业家才能对合作社融资服务供给有显著影响，粮棉和一般经济作物类合作社融资服务供给要明显少于蔬果类和畜禽水产养殖类合作社。

三、合作社融资供给情况及相关因素描述

为深入分析近年来我国农民专业合作社融资服务功能供给情况，笔者根据所在单位已积累的近300家合作社的较翔实的资料，在考虑区域分布、所经营产品类型、所处发展阶段、规模特征等因素基础上，选取了130家组织结构和规章制度较为健全、运作模式比较成型的合作社作为研究对象。这些合作社分布于9省25县，其中山东42家、山西28家、宁夏26家、辽宁8家、广西8家、内蒙古6家、甘肃4家、福建4家、重庆4家，调研共收集到128家合作社资料。其中，有11家行将消亡，另有2家所获资料存在信息矛盾问题，因此，后文分析仅基于剔除上述13家合作社后余下的115家合作社资料。

（一）合作社融资服务供给主要类型及方式

合作社开展的融资服务类型包括：赊销农资、预付定金、直接提供借款、贷款担保和开展内部资金互助等。如忽略融资服务的具体类型，则共有79家合作社开展融资服务，占被调查合作社的68.70%，其中，半数以上合作社（41家）仅提供一种融资服务，也有相当数量合作社（26家）提供两种融资服务，而提供三种及以上融资服务的合作社数量相对较少（13家）。从合作社融资服务供给的具体类型看，最主要的是赊销农资服务，其次是贷款担保和直接提供借款服务，分别有53家、32家和27家合作社为社员提供农资赊销、贷款担保和直接提供借款服务，分别占被调查合作社的46.1%、27.8%和23.5%。此外，合作社内部资金互助正在兴起，有17家合作社建立了内部资金互助机制，占被调查合作社的14.8%。

从融资服务广度上来看，合作社融资服务仅限社员，且绝大多数融资服务能覆盖全体社员。分别有100%、100%、86.8%、77.8%和50%的预付定金、内部资金互助、赊销农资、直接提供借款和贷款担保服务服务对象覆盖全体社员。而从融资服务深度上来看，合作社以各种方式为社员提供的融资额度差异大且平均额度小。例如，合作社提供的赊销农资服务均有最大额度限制，一般从500~4000元不等；又如合作社年提供的直接借款总额最高200万元，最低

4.5万元，平均仅为40.9万元，且其中44.4%的合作社年借款总额在25万元以下；再如合作社年提供的贷款担保总额最高90万元，最低1万元，平均仅为12.4万元。合作社融资服务供给的主要类型和方式见表6-1。

表6-1　农民专业合作社融资服务供给的主要类型和方式分析表

融资服务类型	家数（家）	占比（%）	服务对象	提供方式
赊销农资	53	46.1	两类：全体社员（86.8%）、部分信誉良好或有特殊困难社员（13.2%）	有最大额度限制，从500~4000元不等，有个别合作社根据耕地面积限制赊销额度，如每亩300元；偿还方式分为三种：合作社收购产品时从收购款中扣除、合作社销售农产品时从销售款中扣除、农户现金偿还
预付定金	8	7.0	全体社员	5家预付定额定金，3家预付比例定金（分别为合同货款总额的10%、30%、70%）
直接提供借款	27	23.5	三类：全体社员（77.8%）、仅限入股成员（3.7%）、仅限与组织有交易的社员（18.5%）	借款用途不局限于社员农业生产方面，部分合作社发放社员生活借款；借款类型：以信用借款为主（66.7%），其次是小组联保借款和第三方担保借款（18.5%和11.1%），另有极小部分抵押借款（3.7%）；借款费率：参照同期信用社短期贷款利率来设定，一般在5.5%~6.5%之间，个别合作社免息。合作社年提供借款总额最高200万元，最低4.5万元，平均40.9万元，方差4578.5，其中44.4%的合作社年借款总额在25万元以下
贷款担保	32	27.8	三类：全体社员（50%）、仅限入股成员（12.5%）、仅限与组织有交易社员（37.5%）	绝大多数合作社有担保额度限制（71.9%），个别合作社要求被担保社员提供反担保（9.4%）。合作社年担保总额最高90万元，最低1万元，平均为12.4万元
建立内部资金互助机制	17	14.8	全体社员	绝大多数合作社不需社员缴纳互助金（76.5%），另有23.5%的合作社（4家）要求社员缴纳互助金，最低额度分别为5万元、1000元、500元和100元。一些合作社互助金除满足社员借款需求外，还被用于满足合作社临时资金周转需要和固定资产投资。截至调研之日，这17家合作社所拥有互助金总额平均为38.7万元，向社员贷放互助金总额平均为19.3万元

（二）融资服务供给相关因素描述分析

1. 合作社创建方式和经营的产品类型

从发起力量来看，现有合作社主要是由农民发起成立的。共有 74 家合作社由农民①发起成立，占被调查合作社的 64.3%。以外部力量为主发起成立的合作社又可区分为两种类型：一种是由县乡（镇）政府或农技推广部门发起成立的合作社，共 14 家，占被调查合作社的 12.2%；另一种是由农业企业或供销社发起成立的合作社，共 27 家，占被调查合作社的 23.5%。

从经营的主要产品类型看，蔬菜水果类合作社数量最多，共 57 家，占被调查合作社的 49.6%；其次为畜禽水产养殖类合作社，共 41 家，占被调查合作社的 35.6%；而粮棉和一般经济作物类合作社仅有 17 家，占被调查合作社的 14.8%。

2. 合作社成员规模与覆盖范围

合作社成员规模仍以百人以下为主。共有 56 家合作社成员规模在百人以下，约占被调查合作社的一半，但也有一部分合作社成员规模已达相当水平。约有 16.5% 的合作社成员规模达 600 人及以上，其中最大的一家合作社成员规模达 7600 人。随着合作社成员规模的扩大，相当一部分合作社的成员覆盖范围已不仅仅局限于一个村，跨村、跨乡、跨县趋势明显，个别合作社成员覆盖范围甚至跨省。合作社成员规模及成员覆盖范围见表 6-2。

表 6-2　合作社成员规模和成员覆盖范围分析表

成员规模（人）	25~50	50~100	100~200	200~400	400~600	600 及以上	总计
频数	11	18	20	14	6	19	115
有效百分比（%）	9.6	15.7	17.4	12.2	5.2	16.5	100
累计百分比（%）	33	48.7	66.1	78.3	83.5	100	
成员覆盖范围	本乡本村	本乡跨村	本县跨乡	本市跨县	本省跨市	跨省	总计
频数	26	34	32	19	2	2	115
有效百分比（%）	22.6	29.6	27.8	16.6	1.7	1.7	100
累计百分比（%）	22.6	52.2	80	96.6	98.3	100	

---

①　这里的农民主要是指农村能人，即农村技术能手、乡村干部和专业大户（如生产大户、营销大户）等。

3. 合作社资产与股权状况

各合作社间实有资产差异巨大，最小值 0 元，最大值 6801 万元，平均约为 538.9 万元，标准差 958.0。其中，固定资产最小值 0 元，最大值 3700 万元，平均约为 358.1 万元，方差 678.1；流动资产最小 0 元，最大值 3801 万元，平均约为 180.7 万元，方差 430.6。实有资产 100 万元以上的合作社共 72 家，占被调查合作社的 62.6%。

共有 43 家合作社要求社员入社须缴纳股金①，占被调查合作社的 37.39%。社员入社须缴纳的股金平均水平较高。多数合作社规定每人入社最少须缴纳股金数为 1~3 股，每股平均约为 3900 元，社员股金缴纳通常有最高额度限制。在要求社员入社须缴纳股金的合作社中，有 41.7% 的合作社除接受现金入股方式外，还接受包括实物、劳务、技术和土地等折价入股的方式；有 27.9% 的合作社存在法人股东；有 81.4% 的合作社允许社员股权内部转让。

4. 合作社服务供给情况

除融资服务外，合作社提供的其他服务大致可分为三类：技术指导和培训服务、农资供应服务、农产品销售服务。其中，技术指导和培训服务是合作社最为普遍供给的服务类型，共有 93.9% 的合作社对社员进行技术指导和培训。在技术指导和培训过程中，合作社非常重视与政府农技推广部门（49.6%）、科研院所（28.7%）和企业（11.3%）展开密切合作，培训方式也多采取集中授课和现场指导相结合。

共有 84.3% 的合作社为社员提供农资供应服务。这些合作社统购的农资数量占社员所投入农资数量的比例平均约为 78.4%。如果将未提供农资供应服务的合作社统购的农资数量占社员所投入农资数量的比例设定为 0%，并纳入平均值计算，则所有合作社统购的农资数量占社员所投入农资数量的比例平均约为 66.2%。

共有 88.7% 的合作社为社员提供农产品销售服务，提供方式可大致分为买断（55.9%）和中介、代销（44.1%）两类。在提供农产品销售服务的合作社中，共有 31.4% 的合作社为社员提供最低收购价，45.1% 的合作社使用统一品牌，59.8% 的合作社采用订单销售方式。

---

① 这里的社员是指普通农户社员。实际上，多数合作社（约占被调查合作社的 78.3%）是由成员出资入股建立的，只是这些出资人多为以发起人为核心的少数成员。在合作社运营中，这些出资人通常能享受到更优惠的服务、更大的决策权和更多利润分红机会。

5. 合作社决策机制

尽管农民专业合作社法规定社员大会是合作社最高权力机构，但在实践中，合作社内部民主化决策往往与理想情况存在较大差异（合作社重大事务决策方式见表6-3）。在合作社理事长产生方式方面，在被调研的115家合作社中，由社员（代表）大会选举理事长的合作社仅占一半以上（53%），还有接近一半比例的合作社未通过社员（代表）大会选举理事长。其中，由理事会推举确定和入股会员大会选举确定所占比例较高，分别占被调查合作社的17.4%和16.5%，这说明社会资本和物质资本在合作社领导人选举中起着重要作用。此外，还有约6.1%的合作社理事长由政府、企业或村支部直接指定，说明创建方式有时对合作社领导人的确定具有决定性作用。

表6-3　合作社重大事务决策方式分析表

理事长产生方式	政府指定	企业指定	村支部指定	社员（代表）大会选举	入股会员大会选举	理事会确定	其他	合计
频数	1	4	2	61	19	20	8	115
百分比（%）	0.9	3.5	1.7	53	16.5	17.4	7	100

投资、利益分配决定方式	理事长	理事会		入股会员大会	社员（代表）大会	其他	合计
投资活动决定方式							
频数	10	69		10	24	2	115
百分比（%）	8.7	60		8.7	20.9	1.7	100
内部利益分配决定方式							
频数	5	74		9	24	3	115
百分比（%）	4.3	64.3		7.8	20.9	2.7	100

投票方式	一人一票	一股一票	按股份比例，但每人票数设上限	不投票，领导决定	其他	合计
频数	88	11	4	9	3	115
百分比（%）	76.5	9.6	3.5	7.8	2.6	100

绝大多数合作社投资活动、内部利益分配由理事会来决定（60%和64.3%），其次才是社员（代表）大会（均为20.9%），并且直接交由理事长决定的也占有相当比例（8.7%和4.3%）。这在一定程度上表明现有合作社控

制权正在向少数人手中集中，社员（代表）大会的最高决策权弱化明显。此外，随着合作社资产资本化和股份化的日益发展，部分合作社投资活动、内部利益分配方式则交由入股会员大会决定（8.7%和7.8%）[①]。

合作社内部投票方式可反映合作社内部控制权的分配倾向。在这个方面，参与决策的社员采取一人一票方式的占76.5%，按股份比例投票的占13%，且有7.8%的合作社不赋予社员投票权，领导人在决策中具有绝对权力。

6. 合作社领导人人力资本情况

合作社领导人以壮年为主，平均年龄约为47岁；文化水平较高，具有高中及以上学历[②]者约占62.6%。合作社领导人普遍具有丰富组织管理经验，这些人中，曾担任过县乡行政干部、农技推广部门负责人、村干部或者企业负责人的约占61.7%；在其余未担任过上述职务的合作社领导人中，也有90.91%的人曾是农村种养大户或农村经纪人。这在一定程度上反映出目前农民专业合作社的发展为农村精英提供了广阔舞台。

四、计量模型分析

（一）模型设计

在因变量选择方面，本节以合作社是否提供融资服务作为因变量，而忽略融资服务的具体类型，并设定如下 Logistic 模型来分析合作社融资服务供给的影响因素：

$$y_j = \beta_{0,j} + \beta_{i,j} \sum_i X_{i,j} + \gamma_{1,j} number * area + \gamma_{2,j} service\_function_j + \gamma_{3,j} capital\_fusion_j +$$

$$\gamma_{4,j} unity\_purchase_j + \gamma_{5,j} order_j + \gamma_{6,j} traffic_j + \gamma_{7,j} involvement_j + \gamma_{8,j} credit\_access_j +$$

$$\gamma_{9,j} decision\_democracy_j + \gamma_{10,j} leader\_age_j + \gamma_{11,j} leader\_edu_j + \gamma_{12,j} leader\_exp_j + \mu_j$$

其中，j 表示观测个数；i 表示变量序号；y 表示是否供给融资服务；X 是表征样本合作社基本特征变量，包括发起人类型、经营产品类型、成员规模、成员覆盖范围、实有资产（其中，将发起人类型、经营产品类型均设置为取值为 0 和 1 的虚拟变量；将成员规模、成员覆盖范围、实有资产分别设置为社员人数、覆盖村庄数、实有资产数的 ln 值[③]）。模型变量选择、变量定义、变量

---

① 由"入股会员大会决定"的比例可能更高，因为部分合作社理事会是由全部入股会员组成的，而这部分合作社在调研中可能被调研人员归为"投资活动、内部利益分配方式由理事会成员决定"。

② 其中有 17 人文化程度为大专或本科，占被调查合作社的 14.8%。领导人最低文化程度为小学（仅 1 人）。

③ 社员人数、覆盖村庄数、实有资产数取 ln 值是因为这些数值在各社间差异巨大。

统计性描述及变量影响预测见表6-4。由于成员规模和成员覆盖范围之间存在交互效应，因此该模型还包括一个成员规模和覆盖范围乘积项 $number * area$。

$service\_function_j$ 表示第 j 个合作社组织服务功能强弱状况。根据合作社提供服务的数量和强弱，编制一个服务功能指数来间接测度各个合作社为社员提供服务的强弱差异。具体编制方法如下：对技术指导和培训、农资供应、产品销售三项服务分别按供给弱强情况进行 0、1、2 赋值（0、1、2 分别代表无、弱、强）①，然后加权平均（除对产品销售服务赋权重40%外，其他两项服务均赋权重30%）。$capital\_fusion_j$ 表示第 j 个合作社社员资本融合状况，$unity\_purchase_j$ 表示第 j 个合作社社员农资统购状况，$order_j$ 表示第 j 个组织是否采用订单销售。这三个变量反映了合作社内部一体化程度。分别使用社员入社是否须缴纳股金、合作社统购的农资数量占社员所投入农资数量的比例以及合作社是否与外部企业签订订单指标来度量社员资本融合状况、社员农资统购状况和组织是否采用订单销售，由于变量 $service\_function_j$ 分别与变量 $unity\_purchase_j$、$order_j$ 相关性较强，我们将模型拆分为两个：一个模型中放置变量 $service\_function_j$，另一个模型中放置另外两个变量 $unity\_purchase_j$ 和 $order_j$。

$traffic_j$ 表示第 j 个合作社成员覆盖范围内交通状况。由于各合作社成员覆盖范围内通信状况均良好，具有同质性，因此，模型不再纳入衡量通信状况的变量。$involvement_j$ 表示第 j 个合作社社员组织事务参与度，$credit\_access_j$ 表示第 j 个合作社组织借贷需求满足程度，其在一定程度上间接反映金融机构对合作社信贷扶持力度。对上述两个变量，采用社长主观自测指标来衡量，主观自测指标是三分量表，数据分析时分别将其赋值为 $1\sim3$。$decision\_democracy_j$ 表示第 j 个合作社决策民主化程度，用合作社内部利益分配是否由股东会员大会或会员（代表）大会决定指标来衡量这一变量。

现实中企业家才能是很难衡量的，在研究中，学者们常常用人力资本来反映企业家才能。$leader\_age_j$、$leader\_edu_j$、$learder\_exp_j$ 分别表示第 j 个合作社领导人年龄、文化程度和组织管理经验，这三个变量反映了合作社领导人人力资本状况。

模型的参数估计可能存在内生性问题。模型中，成员规模、实有资产、社员农资统购状况、领导人组织管理经验对合作社融资服务供给有影响，但是反

---

① 技术指导和培训服务方面，提供一到两种技术指导和培训为1，提供两种以上为2；农资供应服务方面，统一供应一到两种农资为1，统一供应两种以上农资为2；产品销售服务方面，组织采用中介和代销方式为1，组织采用买断或订单销售方式为2。

过来，合作社供给融资服务也可能会带来成员规模的扩大、合作社实有资产的提高、社员农资统购比例的增加和领导人组织管理经验的增强，这种潜在的因果反馈关系将可能导致内生性问题。为避免由内生性问题带来的模型参数估计偏误我们采取前定变量来衡量，对可能存在内生性问题的解释变量。具体而言，就是采用组织所经营的主要产品上一生产周期末的成员规模和实有资产的 ln 值、社员农资统购状况，以及领导人加入组织前的组织管理经验作为模型解释变量。

表 6-4　变量描述与影响预测表

变量名称	变量定义	均值	标准差	影响预测
是否提供融资服务	组织提供赊销农资、内部资金互助、贷款或贷款担保等任何一种融资服务的为1，否则为0	0.6870	0.4658	
发起人类型	组织主要由政府和企业等外部力量发起为1，主要由农户发起为0	0.3565	0.4811	/
是否粮棉类组织	经营的主要产品类型为粮棉类为1，其他为0	0.1478	0.3565	-
成员规模	社员总人数的 ln 值	2.0142	0.7234	+
成员覆盖范围	社员分布的村庄总数的 ln 值	0.7958	0.5605	-
实有资产	实有资产数的 ln 值	2.1362	0.9689	+
组织服务功能	对技术指导和培训、农资供应、产品销售三项服务分别按供给弱强情况进行 0、1、2 赋值，然后加权平均	1.3296	0.4816	+
社员资本融合状况	社员加入合作社须缴纳股金为1，不需缴纳为0	0.3739	0.4860	+
社员农资统购状况	组织统购农资数占社员投入农资数比例（社长赋值）	0.6616	0.3743	+
组织是否采取订单销售	合作社与外部企业签订订单为1，否则为0	0.5304	0.5013	+
交通状况	组织成员覆盖范围内交通状况良好为1，较差为0	0.8435	0.3649	+
社员组织事务参与度	社员对本组织各项事务的参与程度高为3，一般为2，低为1（社长赋值）	2.2087	0.9128	+
组织借贷需求满足程度	合作社向农村正规金融机构借贷需求满足程度高为3，一般为2，低为1（社长赋值）	1.4783	0.6400	+

变量名称	变量定义	均值	标准差	影响预测
决策民主化程度	组织内部利益分配标准和方式由股东会员大会或会员（代表）大会决定为1，由社长或理事会决定为0	0.2870	0.4543	−
领导人年龄	合作社社长实际年龄	47.3652	7.8610	−
领导人文化程度	社长文化程度高中及以上为1，高中以下为0	0.6261	0.4860	+
领导人组织管理经验	社长担任过政府官员、企事业单位管理者或村干部的为1，无上述经历的为0	0.6174	0.4882	+

注：成员规模、实有资产、社员农资统购状况采用组织所经营的主要产品上一生产周期期末情况来计算。

（二）模型估计结果与分析

表6-5列出了两个 Logistic 模型估计结果。从估计结果来看，模型总体拟合优度较高，且绝大多数变量通过了显著性检验，参数符号也与前文定性分析相一致。因此，模型能较好地用于分析合作社融资服务供给的影响因素及其影响。

表6-5　农民专业合作社融资服务供给影响因素模型估计结果

解释变量	模型一		模型二	
	估计系数	Z统计值	估计系数	Z统计值
常数项	−4.703654	−1.860995 *	1.897234	0.730945
发起人类型	—	—	—	—
是否粮棉类组织	—	—	—	—
成员规模	—	—	—	—
成员覆盖范围	−2.389408	−2.057747 **	−3.616712	−2.532564 ***
规模与覆盖范围交互项	1.136016	2.033904 **	2.420191	2.673496 ***
实有资产	0.553970	1.715152 *	0.563599	2.060157 **
组织服务功能	2.292517	3.121366 ***		
社员资本融合状况	2.696481	3.705520 ***	2.088125	2.831340 ***
社员农资统购状况			1.930189	2.496381 **
合作社是否订单销售			1.942719	2.818870 ***
交通状况	—	—	—	—
社员组织事务参与度	1.188812	3.438494 ***	0.834426	2.493928 **

续表

解释变量	模型一		模型二	
	估计系数	Z 统计值	估计系数	Z 统计值
组织借贷需求满足程度	1.653488	2.628430 ***	1.548351	2.660446 ***
决策民主化程度	−1.504988	−2.297275 **	−1.080638	−1.652286 *
领导人年龄	−0.072560	−1.720019 *	−0.114850	−2.745167 ***
领导人文化程度	—	—	—	—
领导人组织管理经验	—	—	—	—
LR 统计值	62.95640		65.22363	
麦克法登 R 平方	0.440414		0.456274	
或然率（LR 统计值）	0.000000		0.000000	

注："成员覆盖范围"行所列数值为该解释变量的偏效应和 T 统计值，*、**、***表示统计检验分别达到 10%、5% 和 1% 的显著性水平。

表征合作社服务功能强弱的变量组织服务功能与表征合作社内部一体化程度的三个变量（社员资本融合状况、社员农资统购状况、组织是否采用订单销售）均通过了显著性检验且影响方向与影响预测相一致，说明组织服务功能的增强和内部一体化程度的提高对合作社融资服务供给具有正向促进作用。假说 1 得到验证。分别表征组织资产实力与金融机构对组织信贷扶持力度的两个变量实有资产、组织借贷需求满足程度在两个模型中均通过了显著性检验且影响方向与影响预测相一致，表明实有资产增多、组织借贷需求满足程度提高对合作社融资服务供给也具有正向促进作用。成员规模变量未通过显著性检验，可能的原因是成员规模与表征合作社服务功能强弱的变量和内部一体化程度的变量存在共线性。假说 2 未完全得到验证。成员覆盖范围、社员组织事务参与度这两个变量通过了显著性检验且影响方向与影响预测相一致，表明成员规模越大，成员覆盖范围扩展对合作社融资服务供给的负向影响越强，并且社员组织事务参与度低也不利于合作社融资服务供给。交通状况未通过显著性检验，原因可能是合作社社员覆盖范围内交通状况较差会显著影响合作社融资服务广度和深度，而对合作社融资服务供给并无显著影响。假说 3 未完全得到验证。

就发起人类型而言，主要由政府和企业等外部力量发起成立的合作社与主要由农户发起成立的合作社在融资服务供给方面并无显著差异，而决策民主化程度过高则不利于合作社融资服务供给。假说 4 得到验证。表征合作社企业家才能的领导人人力资本变量除领导人年龄通过显著性检验且影响方向与影响预测相一致外，其他变量（领导人文化程度、领导人组织管理经验）均未通过显著性检验。造成这种结果的原因可能是组织提供不同类别服务对组织管理者能力要求是不同的，融资服务对组织管理者筹集资金和财务管理能力的要求要高于技术和信息、统一提供农资等服务（邓衡山等，2010），而领导人文化程度和领导人组织管理经验这两个变量也许并不能很好地反映领导人筹集资金和财务管理能力。假说 5 未完全得到验证。此外，马九杰等（2008）、郭红东等（2011）曾指出领导人的金融资本和社会资本状况直接关系到合作社信贷获取机会成本的高低，而本研究在问卷设计初期也并未充分考虑到这一点，因此，有关领导人筹集资金和财务管理能力、金融资本和社会资本状况对合作社融资服务供给的影响还需做进一步研究。表征经营产品类型的变量指标是否粮棉类组织未通过显著性检验，表明在融资服务供给方面，粮棉和一般经济作物类合作社并不显著异于蔬果类和畜禽水产养殖类合作社。可能存在两个方面的原因：一是本节选取的均为运作模式比较成型的合作社，其中的粮棉类合作社多经营高品质或独具地方特色（如沁州黄）的粮棉产品，组织化潜在收益也很高；二是正如理论分析的那样，粮棉作物品质的提升难度较大，其中技术、投入门槛往往较高是一个重要原因，而这恰恰需要强大的资金支持。

五、结论与政策含义

本节运用 9 省 25 县 115 家农民专业合作社的数据，对合作社融资服务供给现状及影响因素进行了研究。研究发现：大部分合作社为社员供给融资服务，合作社供给的融资服务主要是赊销农资服务，其次是贷款担保和直接提供借款服务。并且，合作社内部资金互助正在兴起，从服务广度上来看，合作社融资服务仅限社员，且绝大多数融资服务能覆盖全体社员；但从服务深度上来看，合作社以各种方式为社员提供的融资额度差异很大且平均额度小。计量经济研究表明：合作社服务功能的增强、内部一体化程度的提高、资产实力的增长、金融机构对组织信贷扶持力度的增加及社员组织事务参与度的提升对其融资服务供给具有正向促进作用；而随着合作社成员规模的不断扩大，成员覆盖范围扩展对其融资服务供给的负向影响愈加明显；并且，组织决策民主化程度过高不利于合作社融资服务供给；此外，合作社是否以外部力量为主发起成立和经营的主要产品类型对其融资服务供给并无显著影响。

本节研究结论在以下方面具有深刻政策含义：一是要鼓励合作社与外部市

场主体通过订单销售等方式展开密切合作，推进合作社服务功能的增强和内部一体化程度的不断提高，支持合作社做大做强；二是鼓励和支持金融机构增加对合作社的信贷投放；三是在帮助合作社规范治理机制的同时，应避免过度偏向于从争取和维护农民权益角度来引导合作社发展；四是探索和加强对覆盖范围较大合作社融资服务供给的支持；五是如果目标是防止对农民利益过多吸收，就需要在信贷市场和产出市场上同时实施干预。

第二节　农民合作社提供价值链融资的效果研究[①]

来自全国百余个农民合作社的证据

随着我国现代农业的发展和农业价值链的转型升级，金融资源在农业领域供给不足或在农业价值链各环节配置不合理等金融抑制问题逐渐成为小农户和中小农业企业发展的桎梏（马九杰，2004；马鑫，2010）。由于在工商业领域取得的重大成功，价值链融资逐渐受到发展中国家的广泛关注（Quiros，2010；Enjiang Cheng，2013）。与传统银行信贷相比，价值链融资通过建立贸易与信贷互联机制，有效解决了传统金融难以忽略的抵押资产不足、担保难以落实、信用基础不完善等问题，能够极大地降低信贷交易费用，帮助农民以较低的成本获得针对性较强的生产性资金支持，解决生产性投入资金不足、技术服务可得性差等问题，从而控制信贷违约问题（Morduch，1997；Pearce，2003；于华江，2006；余丽燕，2007）。同时，价值链融资提供方可以借助产品交易和金融服务的互联解决农户的生产性资金不足，一方面使更多农户加入到产业化中来，以便迅速推广和加速种养业的发展，稳定原料基地；另一方面通过统一购买生产资料和提供技术支持有效降低农业产业化的运行成本，促进价值链的升级（鲍旺虎、谭晶荣，2005；郭红东，2007；马九杰，2014）。合作社是一种非常有利于节约交易费用的制度安排（马彦丽，2008），参与农村金融服务具有明显的制度优势：一方面，农民合作社贴近农村金融需求，适合其需求金额小、偏好近距离提供的特点；另一方面，可以有效克服信息不对称问题，降低道德风险，控制不良资产产生，即有效帮助农户克服进入商业信贷

[①]　执笔人：董翀、钟真、孔祥智。

市场的障碍，提高农户信贷可得性（何广文，2012）。自《中华人民共和国农民专业合作社法》颁布以来，我国在工商部门注册的农民合作社的数量已超过 50 万家，由于农民合作社具有制度优势，其提供价值链金融的功能已逐渐受到重视。2008 年 10 月，十七届三中全会通过的《关于推进农村改革发展若干重大问题的决定》中首次提出"允许有条件的农民合作社开展信用合作"；2009 年中央一号文件提出"抓紧出台农民合作社开展信用合作试点的具体办法""尽快制定金融支持合作社的具体办法"。2014 年中央一号文件提出："发展新型农村合作金融组织。在管理民主、运行规范、带动力强的农民合作社和供销合作社基础上，培育发展农村合作金融""推动社区性农村资金互助组织发展"。由于现阶段正规金融机构能为合作社所用的信贷品种太少，合作社正规信贷可得性较差（孙晨光，2009；郭红东，2012），因此价值链融资成为合作社满足自身发展需要、发挥服务功能的重要手段（Enjiang Cheng，2013；马九杰，2013）。

很多学者对合作社提供的产前、产中、产后服务的效果进行了细致丰富的研究，对合作社提供农资供应、产品销售、生产技术指导、培训、金融借贷等服务的效果都进行了系统的分析论证（钟真，2012；郑丹，2012；黄祖辉，2013；楼栋、孔祥智，2013），然而已有文献对合作社提供价值链融资服务效果的定量研究还比较少见。合作社提供价值链融资对其自身发展状况和服务功能的发挥是否有显著的促进作用？不同形式的价值链融资其影响方向又有何不同？本节针对这些问题，以合作社为社员提供的借款、赊销和农业订单三种价值链融资形式为例，从农民合作社自身发展效果和合作社提供服务效果两个角度入手，分析价值链融资的影响效果，并比较不同价值链融资方式间影响效果的差异。

一、理论分析

（一）农业价值链融资与互联合约理论

近年来，价值链融资在工商业和贸易领域获得了巨大的成功，并逐渐被引入到农业领域。价值链融资的一般做法是金融机构将价值链上的核心环节主体与其他上下游环节主体联系起来，通过提供灵活的金融产品和服务，使得金融机构与核心环节主体达成面向价值链其他环节主体的系统性融资安排。农业价值链融资的理论基础是互联合约理论，从 20 世纪 70 年代开始，互联合约理论由 Bhaduri（1973）和 Belland Zusman（1976）提出，此后由 Bardhan（1980、1984）、Mitra（1983）、Braverman 和 Stiglitz（1982）、Basu（1983、1984）、

Bell（1988）等学者不断丰富和发展。互联合约制度在农业领域是两个及以上的交易主体（如地主、农民、农产品经销商或职业放贷者之间）将几项交易或合同（如租佃、信贷、劳动力、农产品交易合同）打包成一个总的合同后系统性地进行，其中包含的每一项交易的达成都必须与其他所有交易的达成互为条件。互联合约内的主体之间进行交易有可能会实行偏离市场价格的"折扣"或"优惠"，这就对外界交易者形成了交易的门槛或壁垒，合约内的交易与外部市场被相对隔离开来（Enjiang Cheng、Longyao Zhang，2013）。农民合作社提供的价值链融资服务可以体现于合作社提供的产前、产中和产后各项服务中，这些服务可以在很大程度上润滑交易，通过扩大销售量或提高销售价格来增加销售收入。

（二）农业价值链融资在合作社与社员间实现的条件

农业价值链融资在合作社和社员间的实现，首先是基于双方对互联合约制度的需要。对于小农户而言，其参与价值链的优势一方面在于多年从事生产的经验，另一方面在于其与地缘和血缘相关的社会资本，这会直接降低协商成本，提高合作效率。而小农户最需要的生产资金、先进生产管理技术正是合作社的比较优势，如果合作社在筹集资金、获得先进生产和管理技术方面具有足够的能力，并愿意为了寻求自身发展而向社员提供各项社会化服务，双方优势互补，才能通过价值链融资合作实现互利共赢，即合作社能够增加经营收益、带动更多社员致富、增加社会影响力，社员则增加生产经营收入、降低生产成本投入、得到更丰富的社会化服务（见图6-1）。

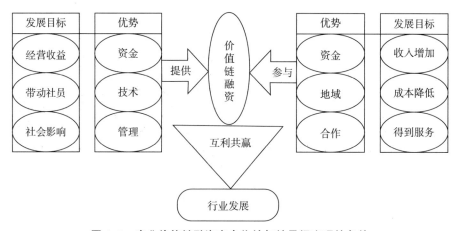

图6-1 农业价值链融资在合作社与社员间实现的条件

（三）交易成本与合作社提供价值链融资的效果

价值链融资是发生在合作社与其社员之间的一种互联交易制度安排，其交易成本直接影响着交易的效率。如果合作社提供价值链融资的交易成本较高，就会给其发展带来沉重的负担，或者交易无法达成（即不会提供价值链融资）；如果合作社设计了良好的制度安排控制了交易成本（如根据自己的特征提供了恰当的价值链融资形式），那么良好的金融支持会大大促进其功能的发挥，并促进其自身的健康发展。笔者选取合作社资质特征、领办人特征和经营环境特征等因素来体现合作社提供价值链融资的交易成本，选取合作社经营收益和社员规模来体现合作社自身发展效果，选取合作社帮助社员增收、节约成本以及提供社会化服务来体现合作社的服务功能效果。即合作社的特征会影响到合作社是否提供价值链融资，以及提供何种形态的价值链融资，进而影响到合作社的自身发展效果和服务效果（见图6-2）。

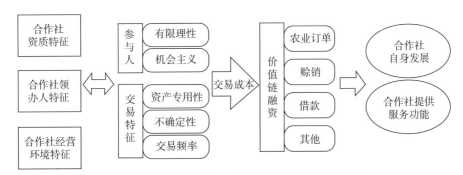

图6-2 交易成本与合作社提供价值链融资的效果

二、数据来源与样本概况

（一）数据来源

本节使用的农民合作社数据来源于2009年在山西、宁夏、山东3个省（区）进行的农民合作社分层抽样调查。该调查首先在各省（区）将县按照合作社发展程度分成好、中、差三类，在每一类总体中进行随机抽样；然后获得样本县的合作社名单，根据其领办性质将其分为能人领办、企业领办和村集体领办三类，对每一类合作社进行随机抽样。该调查覆盖12个县，采用问卷调查结合深度访谈的方式，访问了120余家农民合作社。合作社调查问卷采集了包括合作社基本信息、资本与股权、生产经营销售、投资与融资、提供社会化服务类型、周边基础设施六个方面的信息。通过对调研数据及资料的整理，共获得有关农民合作社的有效样本数据 114 家，其中提供了赊销赊购、农业订单、直接借款、融资租赁等各类农业价值链融资服务的合作社共有 78 家，包括提供借款的合作社 24 家，提供赊账的合作社 50 家，以及提供订单农业的合作社 51 家。

（二）样本特征描述

本节从合作社资质特征、领办者特征、经营环境特征三个方面选取变量进行分析（见表6-6）。

表6-6　变量说明

所属变量集	主要指标	变量定义	均值	标准差
合作社 资质特征	实有资产（万元）	实际数额	459.7	912.9
	固定资产占比（%）	固定资产占总资产比例	62.3	32.9
	出资人数	实际人数	24.7	61.2
	农民社员占比（%）	农民社员占全部社员的比例	96.4	17.1
	专职人员数	合作社专职工作人员的人数	3.8	6.6
	自有品牌	0＝没有自有品牌，1＝有自有品牌	0.4	0.5
	政府项目	0＝没承担过政府项目，1＝承担过项目	0.32	0.47
合作社 领办人特征	领办人性质	1＝能人领办，2＝企业领办，3＝政府领办	1.9	0.9
	领导者学历	1＝初中及以下，2＝高中，3＝大专及以上	1.8	0.8
合作社 经营环境特征	从事行业	1＝种植业，2＝养殖业，3＝奶业	1.4	0.7
	合作企业数量	实际数量	4.2	19.2
	固定渠道销售占比（%）	固定渠道销售量占总销售量的比例	34.5	42.2
	贷款需求满意	0＝不满意，1＝满意	0.6	0.5
	基础设施满意	0＝不满意，1＝满意	0.8	0.3

1. 合作社资质特征

根据郭红东（2009）、谭智心和孔祥智（2011）、黄祖辉（2012）等的研究成果，合作社资本数量和结构、成员特性、社会认可度等特征都对其经营决策和经营效果存在重要影响。本节选取了合作社实有资产、固定资产所占比例、出资人数、农民社员比例、专职人员数、合作社自有品牌商标数量、是否承担政府项目七个变量作为合作社资质变量，实有资产和固定资产占比用以反映合作社的资本禀赋，出资人数和农民社员比例用以反映合作社的成员异质性程度。合作社专职人员数量、是否拥有自有品牌商标、是否承担政府项目则在一定程度上反映了其现阶段的实力、发展能力和外部支持，即社会认可度。由表6-6可知，样本中合作社实有资产均值为459.7万元，固定资产占比均值为62.3%，实际出资人数均值为24.7人，农民社员占比均值为96.4%，合作社专职人员数量均值为3.8人，大多数合作社都没有自有品牌或承担政府项目。

2. 合作社领办人特征

合作社领办人是合作社的领导者，其在合作社日常管理决策中拥有突出的影响力，领导者特征会显著影响团队的创建水平、发展水平与发展路径（徐旭初，2005；邓显勇，2009；黄祖辉，2012），领办人职业性质和学历直接影响合作社的社会资源可得性，也会影响到合作社成员结构的异质性。本节选取合作社领办人职业性质、学历作为领导者特征变量，用以反映人力资本禀赋。由表6-6可知，样本中合作社领办人性质以能人领办居多，学历则以初中及以下居多。

3. 经营环境特征

经营和制度环境对合作社发展效果有着至关重要的作用。合作社主要产品经营特征会影响合作社提供服务功能的实现程度，基础设施和相关政策制度则起到引导合作社发展、提供宏观环境的作用（苑鹏，2006；黄祖辉，2013）。根据文献，本节选取了五个变量描述经营环境特征：合作社从事行业用来反映合作社经营产品的特性；合作社通过固定渠道销售产品的比例、合作企业数量等变量反映合作社的销售特征及市场的可能性；贷款需求满足度和基础设施满意度是合作社对与其发展相关的公共服务的评价。由表6-6可知，样本中合作社从事种植业的占比较大，合作企业数量的均值为4.2个，通过固定渠道销售主要产品的比例均值为34.5%，贷款需求满意度一般，但对周边基础设施的满意度较高。

合作社特征变量的T检验和Pearson检验中，合作社实有资产、出资人数、专职人员数、自有品牌拥有率、政府项目拥有率、固定渠道销售占比六个变量的影响在统计上比较显著，其他变量则不显著（见表6-7）。由表6-7可知，在合作社资质特征中，提供组实有资产的均值是未提供组的3.8倍，其固定资产占比的均值也比未提供组高11.2%。提供组出资人数均值为32.23人，是未提供组均值的3.9倍，可见提供价值链融资的合作社具有明显的资本优势，资本规模大，出资人数多。两组农民社员占比的均值均超过了94%。提供组合作社的专职人员数均值为4.47人，是未提供组的2倍。提供组中有53.85%的合作社有至少一个自有品牌或商标，这是未提供组的2.4倍。提供组承担政府项目的比率为38.96%，是未提供组的2.3倍。这在一定程度上反映了提供价值链融资的合作社有更强的品牌意识、经营实力和社会认可度。

表6-7　主要变量特征的统计性描述

主要指标	未提供（36户）		提供（78户）		均值差异的T检验	
	比例或均值	标准差	比例或均值	标准差	T值或Pearson值	Sig.
实有资产（万元）	159.19	48.22	598.45	120.01	-2.44**	0.02
固定资产占比（%）	57.87	6.75	64.33	3.27	-0.97	0.33
出资人数	8.31	3.47	32.23	8.10	-1.96**	0.05
农民社员占比（%）	94.59	2.85	97.27	1.95	-0.77	0.44
专职人员数	2.21	0.87	4.47	0.80	-1.69*	0.09
品牌拥有率（%）	22.22	7.03	53.85	5.68	-3.28***	0.00
政府项目拥有率（%）	16.67	6.30	38.96	5.59	-2.41**	0.02
领导者学历						
初中及以下（%）	41.67		41.03			
高中（%）	33.33		33.33		0.01	1.00
大专及以上（%）	25.00		25.64			
合作社性质						
能人领办（%）	44.44		44.87		0.92	0.63
企业领办（%）	13.89		20.51			
政府领办（%）	41.67		34.62			
行业比例						
种植业（%）	62.86		72.37			
养殖业（%）	22.86		14.47		1.32	0.52
奶业（%）	14.29		13.16			
合作企业数量	0.89	0.58	5.67	2.60	-1.24	0.22
固定渠道销售占比（%）	6.94	4.06	47.22	4.83	-5.27***	0.00
贷款需求满意率（%）	52.78	8.49	58.97	5.61	-0.62	0.54
基础设施满意率（%）	88.89	5.31	84.62	4.11	0.61	0.55

注：T检验的前提是同方差假定，*、**、***分别代表在10%、5%和1%的水平上显著。

在领导者学历变量中，提供组与未提供组中占比最大的都是初中及以下学历，约为 41%；占比最小的都是大专及以上学历，约为 25%。在合作社领导者特征中，提供组和未提供组的领办人占比最多的均为能人领办，比例均约为 44%；两组领办人性质占比最少的均为企业领办，但提供组企业领办的比例略高，比未提供组高 6.62%，这与企业为了稳定上游生产基地而更有激励提供价值链融资的文献结论一致。在合作社经营环境特征中，两组合作社从事行业占比最大的均为种植业，提供组略高，其次均为养殖业和奶业。提供组的合作社合作企业数量均值为 5.67 个，而未提供组不足 1 个；提供组通过固定渠道销售产品的比例均值为 47.22%，是未提供组的 6.8 倍，这一变量的 T 检验在 1% 的水平上显著。相较于未提供组，提供组的合作社具有相对更稳定的销售渠道和更多的交易对象选择。提供组的贷款需求满意率比未提供组高 11%，两组对基础设施的满意率接近。

三、模型构建

(一) 模型的构建

根据合作社是否提供了价值链融资，本节将样本合作社分为两类：激励组——提供价值链融资的合作社；控制组——未提供价值链融资的合作社。为了合理评估提供价值链融资的效果，本节采用 Rosenbaum 和 Rubin (1983) 提出的"倾向得分匹配"方法 (PSM)，即找到与激励组尽可能相似的控制组以降低样本选择偏误。PSM 通过一些特殊的方法将多个特征浓缩成一个指标——倾向得分值 (Propensity Score，简称 PS 值)，从而实现多元匹配。

"倾向得分"即指在给定样本特征的情况下，某个合作社提供价值链融资的条件概率，即

$$p(X) = Pr[D = 1 | X] = E[D | X] \qquad (6-6)$$

其中，D 是一个指标函数，若该合作社提供价值链融资，则 $D = 1$，否则 $D = 0$。因此，对于第 i 个合作社而言，假设其倾向得分 $p(Xi)$ 已知，则其提供价值链融资的平均处理效果为：

$$ATT = E[Y1i - Y0i | Di = 1] = E\{E[Y1i - Y0i | Di = 1, p(Xi)] = E\{E[Y1i | Di = 1, p(Xi)] - E[Y0i | Di = 0, p(Xi)] | Di = 1\} \qquad (6-7)$$

其中，$Y1i$ 和 $Y0i$ 分别表示同一个合作社在提供价值链融资和不提供价值链融资两种情况下的效果。本文通过 Logit 模型获取倾向得分 (Dehejia and Wahba，2002)：

$$p(Xi) = Pr(Di = 1 | Xi) = exp(\beta Xi) / [1 + exp(\beta Xi)] \qquad (6-8)$$

其中，$exp(\beta Xi) / [1 + exp(\beta Xi)]$ 表示逻辑分布的累积分布函数，Xi 是一系列可能影响合作社提供价值链融资的特征变量构成的向量，β 为相应的参数向量。通过式（6-8）可获得合作社提供价值链融资的概率值，即 PS 值，然后将样本合作社等分为 k 组，本节中取 $k = 5$。在每个细分组中，分别计算激励组和控制组的平均 PS 值，并检验二者之间是否存在显著差异，若存在，则进一步细分组别，并重新进行上述检验，直至在每个细分组中，激励组和控制组的平均 PS 值都相等。

获得倾向得分 PS 值后，我们还需其他匹配方法来解决连续变量 $p(X)$ 无法实现激励组和控制组样本之间的匹配的问题，从而估计出对应的平均激励效果 ATT（连玉君，2010）。根据文献，本节分别使用最近邻匹配法、半径匹配法，以及核匹配法获得 ATT 值。

在对平均激励效果 ATT 进行统计推断的过程中，为了克服潜在的小样本偏误对结论的影响，本节采用"自抽样法（Bootstrap）"获得相关统计量的标准误，即从原始样本中可重复地随机抽取 n 个观察值并计算其平均激励效果 ATT，重复进行 K 次（本节中 K = 500），得到平均激励效果 ATT 的 K 个统计量并计算其标准差，即可得到原始样本 ATT 统计量的标准误。

（二）变量选取

根据徐旭初（2009）、程克群（2011）等构建的农民专业合作社绩效评价体系，本节选取了 6 个变量来衡量合作社效果，合作社上年纯收入和社员规模用来反映合作社自身发展效果，社员参与合作社后年均增收额与节约生产资料成本额、合作社参与公共服务、提供社会化服务和培训人次用以反映合作社提供服务功能效果。各变量统计描述见表 6-8 和表 6-9。

表 6-8　合作社自身发展和提供服务功能效果描述

	主要指标	变量定义	取值	均值	标准差	均值差异的 T 检验	
						T 值	Sig.
自身发展效果	合作社收入（万元）	上年纯收入	Ln（上年纯收入）	264.6	854.8	1.2	0.3
	社员规模（人）	社员数量	人数	292.3	795.7	-1.2	0.3

主要指标		变量定义	取值	均值	标准差	均值差异的T检验	
						T值	Sig.
提供服务功能效果	社员增收（元）	社员参与合作社后年均增收额	ln（社员年主营项增收额）	5923.4	10170.8	1.3	0.2
	社员节约成本（元）	社员参与合作社后年均节约生产资料成本	ln（社员年生产成本节约额）	3157.5	8957.6	0	0.9
	公共服务参与率（%）	合作社是否参与当地公共服务	0—未参加，1—参加过	0.4	0.7	-0.6	0.6
	社会化服务（项）	合作社提供社会化服务项数	连续变量	1.8	1.4	-1.4	0.2
	培训人次（人次/年）	合作社年培训人次数	连续变量	578.9	1639.6	-1.6	0.1

注：T检验的前提是同方差假定，*、**、***分别代表在10%、5%和1%的水平上显著。

合作社收入、社员增收和社员成本节约三个变量在模型中取值为对数值，此处描述的均值为实际值。

表6-9 是否提供价值链融资合作社特征对比

主要指标	未提供（36户）		提供（78户）	
	均值	标准差	均值	标准差
合作社收入（万元）	453.9	339.9	180.9	47.5
社员规模（人）	166.7	53.8	350.2	105.7
社员增收（元）	7938.4	2242.2	4998.5	1184.7
社员节约成本（元）	3187.2	2180.8	3145.7	1275.3
公共服务参与率（%）	36.1	0.1	43.6	0.1
社会化服务（项）	1.5	0.2	1.9	0.2
培训人次（人次/年）	213.3	84.4	752.2	222.6

由表6-8和表6-9可见，在合作社收入方面，提供组合作社的收入均值仅为未提供组的40%；提供组的合作社社员规模均值为350.24人，是未提供组的2.1倍。在增加收入和节约成本功能方面，提供组的社员参与合作社后年均增收额均值仅为未提供组的63%；社员参与合作社后年均节约生产资料成

本的均值在提供组和未提供组基本一致。在服务功能方面，提供组参与当地公共服务（如参与当地水电路讯建设等）的比例比未提供组高 7.5%；提供组提供社会化服务（如帮助统购统销，提供信息服务、技术指导、贷款担保等）的项目种类均值为 1.91 项，比未提供组高 25%；提供组提供相关培训的均值是未提供组的 3.5 倍。

四、实证分析

（一）农民合作社提供价值链融资的效果分析

表 6-10 是 PSM 方法估算的合作社提供价值链融资的影响效果，以及采用半径匹配、最近邻匹配与核匹配得到的平均激励效果 ATT，不同匹配方法的结论基本一致，结果具有较好的稳定性。笔者将样本分为两组：激励组是包括了提供任意一种价值链融资的合作社，控制组是未提供任何价值链融资的合作社。通过回归结果可以看到，对照未提供组，提供价值链融资对合作社收入、社员增收和社员节约成本有负影响，但对社员规模、公共服务参与、提供社会化服务和培训有正影响。从统计上来看，提供价值链融资对所有变量的影响都没有通过显著性检验，为了进一步厘清价值链融资的效果，笔者将合作社提供的价值链融资按类型细分为三类，即农业订单、赊销服务和借款服务，分别分析其对合作社的影响。

表 6-10　农民合作社提供价值链融资的效果

	（1）合作社收入	（2）社员规模	（3）社员增收	（4）社员节约成本	（5）公共服务参与	（6）社会化服务	（7）培训人次
提供组	-0.25	171.90	-0.50	-0.04	0.06	0.31	569.147
S. E.	(0.76)	(171.74)	(0.31)	(0.46)	(0.15)	(0.29)	(353.37)
ATT 半径匹配	3.32	358.28	7.77	6.78	0.43	1.90	768.46
ATT 最近邻匹配	3.32	358.28	7.77	6.78	0.43	1.90	768.46
ATT 核匹配	3.61	376.91	7.75	6.83	0.45	1.91	800.74
N	48	108	82	60	108	107	106
r2	0.002	0.009	0.031	0.000	0.002	0.011	0.024

注：括号内为标准误差，*p<0.10，**p<0.05，***p<0.01。

（二）农民合作社提供不同类型价值链融资的效果分析

1. 农民合作社提供农业订单的效果

表6-11是PSM方法估算的合作社提供农业订单的效果，以及采用半径匹配、最近邻匹配与核匹配得到的平均激励效果ATT，不同匹配方法的结论基本一致，结果具有较好的稳定性。激励组是提供农业订单的合作社，控制组是未提供农业订单的合作社。通过回归结果可以看到，对照未提供组，提供订单农业服务对合作社收入仍然是负影响，但对社员规模、社员增收、社员成本节约、参与公共服务、提供社会化服务和培训均有正影响。其中，对帮助社员节约成本和提供培训这两个变量的影响分别在10%和5%的水平上显著。帮助社员节约成本的ATT为7.09，即对照未提供组，提供农业订单会使得合作社能够帮助社员节约自然对数值为7.09的生产成本；培训的ATT为955.79，即对照未提供组，提供农业订单会使得合作社每年培训的人次增加955.79人次。根据实证结果可以得出结论：合作社提供农业订单能够发挥一定的规模效应，节省交易成本，从而显著地帮助社员降低生产成本。合作社提供农业订单还可以显著地激励合作社提供相关技术培训，因为农业订单的顺利履行需要通过有针对性的培训来帮助和指导农户的生产过程。

表6-11　合作社提供农业订单的效果（PSM方法）

	（1）合作社收入	（2）社员规模	（3）社员增收	（4）社员节约成本	（5）公共服务参与	（6）社会化服务	（7）培训人次
提供组	-0.01	229.96	0.03	0.68*	0.08	0.39	667.90**
S. E.	(0.68)	(156.43)	(0.29)	(0.39)	(0.13)	(0.27)	(322.83)
ATT 半径匹配	3.53	430.84	7.93	7.09	0.46	2.02	955.79
ATT 最近邻匹配	3.53	430.84	7.93	7.09	0.46	2.02	955.79
ATT 核匹配	2.79	433.83	7.92	6.92	0.47	2.04	974.67
N	53	108	82	60	108	107	106
r2	0.000	0.020	0.000	0.049	0.003	0.020	0.040

注：括号内为标准误差，*p<0.10，**p<0.05，***p<0.01。

2. 农民合作社提供赊销服务的效果

表6-12是PSM方法估算的合作社提供赊销服务的影响效果，以及采用半径匹配、最近邻匹配与核匹配得到的平均激励效果ATT，不同匹配方法的结论

基本一致，结果具有较好的稳定性。这里激励组是提供赊销服务的合作社，控制组是未提供赊销服务的合作社。通过回归结果可以看到，对照未提供组，提供赊销服务对社员增收有负影响，但对合作社收入、社员规模、社员节约成本、公共服务参与、提供社会化服务和培训均有正影响。其中，提供赊销服务对公共服务参与、社会化服务和培训的影响分别在10%、5%和10%的水平上显著。参与公共服务的 ATT 值为 0.54，提供社会化服务的 ATT 值为 2.13，提供培训的 ATT 值为 910.27，即相对于未提供组，若合作社提供赊销服务，其参与公共服务的可能性会提高54%，其提供的社会化服务将增加 2.13 项，其提供的培训将增加 910.27 人次。根据该实证结果可以得出结论：提供赊销服务可以显著激励合作社参与公共服务，提供更多样的社会化服务和增加培训人次。相对于农业订单，由于没有直接的信贷与交易的互联作为保障，提供赊销服务的风险更大，必须解决信息不对称带来的道德风险问题，因而提供赊销服务的合作社往往是已深深扎根于当地，对周边环境非常熟悉，对社员情况非常了解，其参与公共服务和增加社会化服务多样性的激励也更显著。

表 6-12　合作社提供赊销的效果（PSM 方法）

	（1）合作社收入	（2）社员规模	（3）社员增收	（4）社员节约成本	（5）公共服务参与	（6）社会化服务	（7）培训人次
提供组	0.55	180.99	-0.19	0.26	0.23 *	0.57 **	573.19 *
S. E.	(0.67)	(157.59)	(0.29)	(0.40)	(0.13)	(0.26)	(325.12)
ATT 半径匹配	3.84	407.89	7.81	6.92	0.54	2.13	910.27
ATT 最近邻匹配	3.84	407.89	7.81	6.92	0.54	2.13	910.27
ATT 核匹配	3.85	415.69	7.80	6.89	0.54	2.11	915.06
N	53	108	82	60	108	107	106
r2	0.013	0.012	0.006	0.007	0.027	0.042	0.029

注：括号内为标准误差，*p<0.10，**p<0.05，***p<0.01。

3. 农民合作社提供借款服务的效果

表 6-13 是 PSM 方法估算的合作社提供借款服务的效果，以及采用半径匹配、最近邻匹配与核匹配得到的平均激励效果 ATT，不同匹配方法的结论基本一致，结果具有较好的稳定性。这里激励组是提供借款服务的合作社，控制组是未提供借款服务的合作社。

表 6-13　合作社提供借款的影响效果（PSM 方法）

	（1） 合作社收入	（2） 社员规模	（3） 社员增收	（4） 社员节约成本	（5） 公共事业参与	（6） 社会化服务	（7） 培训人次
提供组	0.11	363.09*	-0.14	-0.34	-0.05	-0.15	365.99
S. E.	(0.88)	(186.21)	(0.39)	(0.51)	(0.16)	(0.33)	(396.83)
ATT 半径匹配	3.49	589.75	7.79	6.51	0.38	1.69	883.22
ATT 最近邻匹配	3.49	589.75	7.79	6.51	0.38	1.69	883.22
ATT 核匹配	3.34	589.75	7.79	6.51	0.38	1.69	883.22
N	48	108	82	53	108	107	106
r2	0.000	0.035	0.002	0.008	0.001	0.002	0.008

注：括号内为标准误差，$*p<0.10$，$**p<0.05$，$***p<0.01$。

通过回归结果可以看到，对照未提供组，提供借款服务对社员增收、社员节约成本、公共服务参与和提供社会化服务均有负影响，但对合作社收入、社员规模和培训均有正影响。其中，提供借款服务对社员规模的影响在 10% 的水平上显著。社员规模的 ATT 值为 589.75，即相对于未提供借款服务的合作社，提供借款服务会使得合作社的社员规模增加 589.75 人。从实证结果来看，提供借款服务对合作社社员规模的扩大有非常明显的激励作用。对合作社来说，相对于农业订单和赊销服务，直接提供借款服务的风险最大。合作社提供借款服务，一方面意味着合作社有较强的资金实力，另一方面也说明合作社希望通过这种方式吸引更多的社员加入，达到扩大规模的目的。对社员来说，借款服务不像农业订单和赊销服务那样限制了资金的用途，因其具有更高的灵活性而更受欢迎，因而合作社提供借款服务也增加了对有资金需求的农户加入该合作社的激励。

五、结论与建议

本节通过对 114 家农民合作社提供价值链融资的效果进行分析得出以下结论：虽然从总体上来看合作社是否提供价值链融资对各种效果的影响都不显著，但合作社提供不同类型的价值链融资对其效果却有不同的影响。提供农业订单、赊销和借款三种价值链融资方式对合作社经营收入和帮助社员增收均没有显著影响，但相对于农业订单和赊销，提供借款形式的价值链融资更能显著地影响合作社扩大社员规模，提供农业订单则能显著地帮助社员节约生产成本。在合作社服务功能的效果方面，提供赊销会显著激励合作社参与当地公共事业，也会显著地激励合作社提供多样性的社会化服务；提供农业订单和赊销都会显著地激励合作社增加培训人次，其中提供农业订单的影响尤为显著。这也回应了一个事实，即为了确保社员能够较好地进行生产经营以便保障履约和还款，合作社有必要向社员提供相关培训。

基于以上研究可以看出，合作社提供价值链融资对其自身发展效果和服务功能有显著的激励作用。为了充分发挥农业合作组织提供农业社会化服务的功能，鼓励合作社社员互助式农业服务的发展，完善我国农业社会化服务体系，一方面应通过补贴、惠农信贷等多种方式，有针对性地引导和支持农民合作社提供适当的价值链融资服务，充分利用其提供服务贴近农户需求、形式灵活、成本较低廉的优势，增强合作社提供农业社会化服务的瞄准度；另一方面，应以市场化为主导，增加其提供价值链融资服务的激励和主动性，实现合作社健康发展、社员长期受益的良好局面。

第七章　交易成本与农民合作社社会化服务

第一节　交易成本与农民合作社社会化服务绩效[①]
——以山东省滕州市舜耕合作社为例

党的十九大报告提出"健全农业社会化服务体系，实现小农户和现代农业发展有机衔接"。钟真等（2015）认为，以服务规模化弥补经营细碎化是实现农业现代化的一个重要战略取向。陈锡文（2017）指出，用扩大现代农业技术的服务规模弥补耕地经营规模的不足是农业经营体系创新方面的一种独特要求。可见，农业社会化服务对于解决中国耕地小农户经营的困境，以及实现农业现代化具有重要的意义。但农户是否愿意接受社会化服务，取决于其外包服务的成本—收益。与"自服务"相比，如果接受社会化服务能够降低成本或提高收益，那么农户就有外包服务的激励。蔡荣等（2014）指出，只有在交易成本较低的情况下，外包才会被选择。外包服务的价值在于降低生产成本和获取更有效的规模经济效应，决策的关键是外包服务和自购农机的交易成本比较。庞晓鹏（1997）认为，当农业生产者自己完成某项操作的单位生产费用大于交给农业社会化服务组织完成的单位生产费用与交易成本之和时，农业生产者才有可能接受服务。显然，降低交易成本是促进农户外包服务的重要措施之一。

山东省供销社所探索的农业社会化服务模式，在降低服务外包交易成本、

---

① 执笔人：穆娜娜、周振、孔祥智。

实现小农户与现代农业有机衔接中就取得了积极的效果。那么，山东供销社是如何克服其在社会化服务过程中与小农户的沟通困难——有效降低交易成本，从而将小农户纳入现代农业发展框架的呢？研究表明，提高交易双方的垂直协作紧密程度有利于降低交易成本。同时，结合《国家现代农业示范区建设水平监测评价办法（试行）》可知，对小农户而言，与现代农业发展有机衔接，主要指其土地生产率、农业劳动生产率、环境友好度和机械化水平等的提高。而在这些衡量小农户与现代农业发展有机衔接程度的各类指标中，土地生产率最为直观和具有综合性，其由资源禀赋、经济、技术、物质装备条件及各类要素投入综合决定；且很多学者都对提高土地生产率的途径进行过研究。由此，本节将基于交易成本的视角来探究解释农业社会化服务供需双方的垂直协作紧密程度与土地生产率之间的关系，进而以舜耕合作社为例，来分析山东供销社农业社会化服务模式的内在逻辑与经济合理性。当然，本节中的土地生产率具体指亩均生产利润。

一、研究方法与资料收集

本节采用的是案例研究方法中的单案例研究法。案例研究法最适合研究诸如"怎么样"和"为什么"等类型的问题，研究对象为目前正在发生的事件，且研究者对当前正在发生的事件不能控制或极少能够控制。本节所研究的问题便属于这一类型。此外，单案例研究要选取典型和极端的情形才更为合适。

2014年4月国务院《关于同意供销合作总社在河北等4省开展综合改革试点的复函》中提出，要努力将供销合作社打造成为农民生产生活服务的生力军和综合平台。2015年4月中共中央、国务院《关于深化供销合作社综合改革的决定》进一步指出，供销合作社要采取大田托管等多种方式，为农民和各类新型农业经营主体提供农资供应等服务；9月中共山东省委、山东省人民政府发布了《关于深化供销合作社综合改革的实施意见》。在中央与地方政策文件的共同指导下，山东供销社探索出了独具特色的农业社会化服务模式：

首先，山东供销社形成了"以土地托管为切入点推进现代农业服务规模化，以为农服务中心为依托打造3公里土地托管服务圈，以'党建带社建、村社共建'创新工程为引领搭建协同为农服务机制，以'3控3×6+1'双线运行机制为核心"的综合性、规模化、可持续为农服务体系①。其次，山东供销社根据本省不同地区的资源禀赋，发展形成了两种为农服务中心，一是在平原丘陵地区，以提供大田作物托管服务为主，服务半径 3 公里、辐射耕地面积 3 万~5 万亩；二是以托管林果等经济作物为主，以由山体自然形成的小流域作为基本服务单元，服务半径 6 公里、辐射土地面积约 10 万亩。

基于上述理论与实践两个方面的原因，本节选择在山东供销社改革过程中发展起来的农业社会化服务典型案例，即来自山东省滕州市的舜耕粮蔬专业合作社（简称"舜耕合作社"）作为研究对象。在对舜耕合作社进行资料收集的过程中，笔者综合采用了半结构访谈法、实地调查法和文献资料分析法（见表 7-1）。

表 7-1 舜耕合作社资料收集的具体情况

方法		具体内容
半结构访谈法	对象	合作社理事长、会计、理事会成员、普通成员；基层供销社和为农服务中心的负责人
	内容	合作社的成立发展、利益分配机制、农业社会化服务的内容、经营模式与收入等
	形式	根据每位被访谈者的特征及其对合作社的熟悉程度，分别进行了 0.5~3 个小时不等的访谈。其中，对理事长的访谈时间长达 3 个小时。为了使访谈者畅所欲言，保证访谈的有效性，课题组对每个人员的访谈都是在独立的办公室中进行的
实地调查法		2017 年 4~5 月，课题组赴滕州、临沂、潍坊等地调研山东供销社改革的整体情况。在滕州调研时，对舜耕合作社进行了实地考察，现场观察了合作社的办公条件、规章制度，以及参与开展村社共建的情况等；同时也实地调查了当地基层供销社和为农服务中心的运营现状
文献资料分析法		山东供销社的文献资料（省社的政策文件和报告、总结；网络等媒体的报道；学术论文）；舜耕合作社的文献资料（财务报表和总结报告；网络等媒体对其运营模式的经验总结；基层供销社和为农服务中心的相关材料）

---

① "3 控 3"指的是省（市）供销社联合社控股省（市）的龙头公司、县一级的供销社联合社控股各县的农业服务公司，而镇一级的农民合作社联合社则控股各为农服务中心；"×6"指省（市）龙头公司、县农业服务公司和为农服务中心各自承担的 6 项农业社会化服务功能；"+1"指在各为农服务中心所设立的政府涉农部门服务窗口；"双线"则是指由联合社机关所主导的行业指导体系以及由社有企业所支撑的经营服务体系。

二、分析框架

（一）农业社会化服务供需双方的协作模式

1963 年，Mighell 等（1963）首先提出了垂直协作的概念，其认为，垂直协作是指在某种产品的生产和营销系统内协调各相继阶段的所有联结方式。很多学者都对垂直协作的方式进行过归纳总结。综述学者们的研究可知，垂直协作的方式一般包括现货市场交易、销售合同、合作社或战略联盟、生产合同以及垂直一体化。基于此，本节总结出了农业社会化服务供需双方垂直协作的 3 种模式，分别是现货市场交易模式、契约协作模式和垂直一体化协作模式（见表 7-2）。其中，契约协作模式可以进一步细分为销售契约协作模式和生产契约协作模式。通过表 7-2 可知，主要有三方面因素决定了农业社会化服务供需双方的垂直协作紧密程度：服务的具体形式、供需双方的利益分配方式和农业生产经营决策主体。显然，从现货市场交易、契约协作再到一体化，服务供需双方的协作紧密程度依次增加。

表 7-2　农业社会化服务供需双方不同垂直协作模式的主要特征

类别		主要特征				备注
		（1）农业社会化服务的具体形式	（2）利益分配方式	（3）生产经营决策主体	协作紧密程度	
现货市场交易模式		没有约定服务的具体价格、时间以及地点等	市场价格结算	服务需求方	松散	
契约协作模式	销售契约协作模式	约定了服务的价格、时间以及地点等相关的一些内容	市场价格结算	服务需求方	较松散	包含了"合作社＋农户"的模式
	生产契约协作模式		保底价格结算	服务供需双方	较紧密	
垂直一体化协作模式		生产经营决策和操作都被整合到一个"系统"中，服务供给方以企业管理的方式提供服务	按照股份分红	服务供给方	紧密	

注：根据相关文献中有关垂直协作的资料，并结合农业社会化服务的一些实际情况总结整理所得。

很多学者将合作社单独归为一类垂直协作模式。与现货市场交易相比，合作社通过吸收农户等经营主体入社，能够明显提高服务供需双方的协作紧密程度；但在中国，合作社中的服务使用者和供给者很少实现统一，"合作社+农户"的协作模式实际上包含在了现货市场交易、契约协作以及一体化协作中。现实中，农业社会化服务供需双方的垂直协作模式也不一定与表7-2所列模式完全对应，例如，虽然农业生产经营决策主体是服务供给方，且所有的经营决策和操作也整合到了一个"系统"中，但服务供需双方采取保底价格结算的利益分配方式。表7-2呈现的只是一种标准状态，可以肯定的是：在契约协作中，服务供给方开始拥有经营决策权并对服务的一些具体内容做了约定，一体化协作中经营决策权全部由服务供给方掌握并连同经营操作整合到了一个"系统"中；利益分配方面，现货市场交易必然以市场价格结算，随着服务供需双方协作紧密程度的提高，保底价结算和按股分红逐渐成为主要的利益分配方式。当然，不同垂直协作模式最根本的区别在于利益分配方式和生产经营决策主体的差异。

（二）不同协作模式对土地生产率的影响

在农产品销售中，选择适当的垂直协作方式可以减少市场等方面的不确定性，从而有助于降低交易成本。专用性投资引起的敲竹杠问题通过契约安排或一体化等方式可以被最大限度地减少。而不同的垂直协作模式最终也能通过影响交易成本和养殖风险来间接影响生产绩效。由表7-2已知，从现货市场交易到契约协作再到一体化，农业社会化服务供需双方的垂直协作紧密程度依次提高。也就是说，服务供需双方的协作紧密程度会对交易成本产生影响。关于交易成本的测量，主要有两种方法：一是基于交易特性的视角；二是基于交易成本的内容的视角。针对农业的生产经营特点，并结合相关研究，本节将农业社会化服务中面临的交易成本的衡量指标，做了如表7-3所示的总结。交易成本的衡量指标反映了其潜在的影响因素，换句话说，通过降低或减弱表7-3中所列交易成本的衡量指标，可能达到降低交易成本的目的。

表7-3　农业社会化服务交易成本的主要衡量指标

角度		衡量指标	影响方向
交易特性	资产专用性	土地细碎化程度、大型农机具的投资、服务契约等	正向
	不确定性	自然和市场等环境的不确定性、服务质量的监督难度	正向
	交易频率	交易的次数	正向

续表

角度		衡量指标	影响方向
交易成本的内容	搜寻成本	获取服务信息的难度	正向
	谈判成本	谈判花费的时间、费用等	正向
	实施成本	运输成本、农机空跑成本等	正向
	监督成本	服务质量的考核难度	正向
	违约成本	违约的损失	正向

注：Williamson（1975、1985）曾将交易成本分为搜寻、信息、议价、决策、监督和违约成本；并把交易本身具有的特性总结为了资产专用性、不确定性与交易频率三个维度。

无论基于哪个视角衡量交易成本，缓解信息不对称、优化生产组织方式等都是减少社会化服务交易的敲竹杠问题和不确定性，以及降低搜寻、谈判等交易成本的重要措施。由图7-1可知，服务供需双方的利益联结越紧密，越有助于增进彼此之间的信任，从而缓解社会化服务中的信息不对称问题；同时，服务供给方对生产经营决策的控制程度越大，就越有助于优化生产组织方式。当然，服务供需双方的利益联结紧密程度和服务供给方对生产经营决策的控制程度还会彼此加强各自在降低交易成本方面的效果。但从交易成本降低到土地亩均利润增加的逻辑线索，可以明确地概括为两点：一是提高服务需求方已外包服务的质量、降低已外包服务的成本——直接途径"①"；二是增加服务需

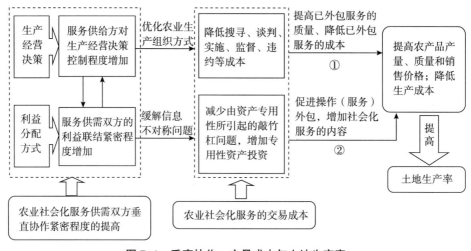

图7-1　垂直协作、交易成本与土地生产率

求方所接受的社会化服务的内容——间接途径"②"。这两种途径最终都可以通过农业生产成本的降低，农产品的产量、质量和销售价格提高中的某一种或几种方式来实现土地生产率的提高：

（1）直接途径。首先是服务供需双方利益联结紧密程度对服务需求方已外包服务的质量和成本的影响。"委托—代理"理论表明，恰当的激励约束机制能够预防道德风险，有助于缓解代理人与委托人之间的信息不对称问题。基于此，增加社会化服务供需双方利益联结紧密程度的激励约束机制，将有助于缓解社会化服务的信息不对称问题。从交易特性的视角来看，信息不对称问题的缓解，一是能够减少由地理位置等资产专用性所可能引起的服务需求方被供给方敲竹杠的行为，二是能够增加服务供给方对农机具等专用性资产的投资，从而实现提高服务质量、降低服务成本的目的。当然，从交易成本所包含的内容来看，信息不对称问题的缓解则有助于降低服务前的谈判成本，服务中的监督、实施成本以及服务后的违约成本等，从而提升服务质量、降低服务成本。

其次是服务供给方的经营决策控制程度的增加对服务需求方已外包服务的质量和成本的影响①。服务供给方的经营决策控制程度的增加有助于优化生产组织方式、合理高效安排生产经营活动，从而降低服务的实施成本。例如，服务供给方可以将需求方的土地整合连片以便统一作业，降低由分散服务所引起的较高的空跑成本，即农机作业的实施成本。如果服务供需双方的利益联结紧密程度也较高，那么，服务供给方将有更大的激励来优化农业生产组织方式、降低服务的实施成本，且其也可能增加专用性资产投资以提高服务质量、降低服务成本。可见，通过增加对农业生产经营决策的控制程度，社会化服务供给方不仅能够基于农业生产组织方式的优化来降低服务的实施成本，还可以在服务供需双方利益联结紧密程度增加的影响下，提高交易成本降低的幅度、增加与服务需求方已外包服务相关的专用性资产投资，实现服务成本的降低和服务质量的提高。

显然，社会化服务质量的提高最终会带来农产品的质量、产量及销售价格的提高，而社会化服务成本的降低则会带来农业生产成本的降低。由图7-1可知，农产品的质量、产量和销售价格的提高，以及农业生产成本的降低，都将会促进土地生产率的提高。

（2）间接途径。如前所述，社会化服务供需双方利益联结紧密程度的增加

---

① 一般服务供给方对农业生产经营决策控制程度的增加，即表明了服务需求方外包服务的增加，但也有例外，例如在订单农业中，销售服务供给方控制了农业生产经营全过程的所有决策，其却可能仅提供农资供给和农产品销售服务，所以，此处不考虑决策增加即服务外包增加的情况。

有助于缓解服务外包中的信息不对称问题。对于服务需求方来说，信息不对称问题的缓解，一是有助于减少由地理位置、时间等资产专用性所引起的敲竹杠行为，二是有助于降低社会化服务的谈判、实施等交易成本，促进服务需求方外包服务，增加农业社会化服务的内容。当然，信息不对称问题的缓解，不仅可以减少服务需求方被供给方敲竹杠的可能性，更重要的是，其也有利于缓解服务供给方被需求方敲竹杠的风险。如此一来，就会促进服务供给方进行专用性资产投资，增加服务内容。但社会化服务的内容能否最终增加，与服务供给方对农业生产经营决策的控制程度有密切的关系。如果服务供给方对生产经营决策没有较大的控制权，即服务需求方仍掌握主要的生产经营决策，那么服务供给方即使进行了专用性资产投资，也不一定会增加农业社会化服务的内容。服务供给方对生产经营决策控制程度的增加，能够强化社会化服务供需双方利益联结紧密程度，增加在促进服务供给方进行专用性资产投资、增加服务内容中的作用。

分工能够带来专业化经济。而农业社会化服务作为农业领域中的一类分工形式，显然是能够促进农业经济效益增加的。如图 7-1 所示，农业社会化服务内容的增加，最终也可以通过提高农产品的产量、质量和销售价格以及降低农业生产成本来提高土地生产率。

可见，通过实行紧密程度较高的垂直协作模式，农业社会化服务供需双方能够在降低交易成本的基础上，实现农产品的质量、产量和销售价格的提高以及农业生产成本的降低，从而最终提高土地生产率。具体来看，农业社会化服务供需双方从现货市场交易，到契约协作再到一体化协作，土地亩均利润会逐渐增加。以此类推，农业社会化服务一级接包方与二级接包方之间垂直协作紧密程度的提高，同样也会在降低社会化服务交易成本的基础上，实现土地生产率的提高。

三、案例观察与解释分析

（一）舜耕合作社的基本情况及其服务供需双方的具体内容

1. 合作社的基本情况

舜耕合作社位于滕州市西岗镇东王庄村，由丰谷农资公司于 2009 年牵头成立，合作社理事长为东王庄村党支部书记单新民。目前，舜耕合作社主要从事小麦、玉米等大田作物的生产托管服务。2010 年丰谷农资公司以舜耕合作社的名义，在东王庄村流转了 310 亩耕地用于建设小麦和玉米示范种植基地。2013年下半年，利用山东供销社开展"党建带社建、村社共建"创新工程之机，西岗基层供销社引导东王庄村村两委，在征得全村农户一致同意的基础上，于2014年初与舜耕合作社达成了"入股式"土地全托管协议，组织全村农户加入了该合作社。实现土地全托管之后，东王庄村村两委进行了土地连片综合整治，使全村耕地由原来的1050亩扩增到了1111亩。到2017年4月，该合作社已先后被评为"枣庄市农民专业合作社示范社""山东省农民专业合作社示范社"，且多次被枣庄、滕州两级供销社评为"农民专业合作社示范社"。

2. 与山东供销系统之间的关系

已知西岗基层供销社联合东王庄村村两委，组织该村全体农户与舜耕合作社签订了"入股式"土地全托管协议，并对该合作社的运营进行指导管理。此外，西岗基层供销社还牵头成立了包括舜耕合作社在内的西岗供销社农民专业合作社联合社（简称"西岗供销社联合社"）、入股建设了西岗为农服务中心；作为西岗基层供销社的上级单位，滕州市供销社则对丰谷农资公司、舜耕合作社的领办主体绝对控股；丰谷农资公司最初投资建设了西岗为农服务中心（见图7-2）。很明显，舜耕合作社的利益相关主体中既有联合社，也有供销社、企业、村社组织和普通农户。毋庸置疑，山东供销系统在舜耕合作社的经营活动中处于绝对的主导地位。

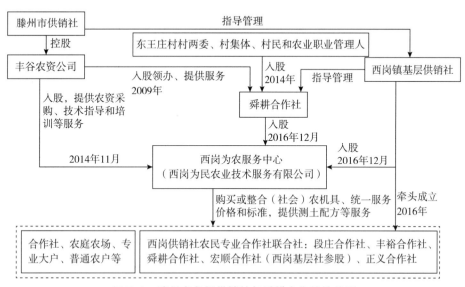

图7-2　滕州市各级供销社与舜耕合作社的关系

注：为了实现规范运营，山东供销社在各地指导建设的部分为农服务中心在工商局进行了注册，西岗为农服务中心便注册为"西岗为民农业技术服务有限公司"。

3. 社会化服务供需双方的内容

丰谷农资公司、东王庄村党支部书记在内的 12 名村两委成员、农业职业管理人、村集体经济组织及所有入社农户，分别以不同的方式参股了舜耕合作社（见表 7-4）。在引导东王庄村村民入股舜耕合作社的过程中，尽管西岗基层供销社发挥了重要的作用，但是其并未在舜耕合作社中入股。即便如此，基层供销社仍然与丰谷农资公司、村两委成员、农业职业管理人、村集体共同代表舜耕合作社，组成了农业社会化服务供给方，负责制定日常与重大决策；而以土地经营权入股的村民，则不会参与合作社的任何决策，仅通过与合作社签订的托管协议来接受其提供的服务和参与分红，为舜耕合作社经营活动中的服务需求方。

表 7-4　舜耕合作社中服务供需双方的具体内容及其入股方式

类别	具体内容		入股方式	资金入股比例/%	备注
服务需求方 （一级发包方）	入社农户	东王庄村全体农户	土地经营权	—	
服务供给方 （一级接包方）	舜耕 合作社	丰谷农资公司	农资、资金、技术、销售渠道	65	服务供给方中的二级接包方为西岗为农服务中心和西岗供销社联合社
		党支部书记在内的 12 名村两委成员	农业机械、资金	35	
		农业职业管理人	管理者才能	—	
		东王庄村 村集体经济组织	电力、水利设施和办公场地	—	
		西岗基层供销社	—	—	

注：根据调研资料整理所得。

对于入社农户而言，舜耕合作社只是其服务外包的一级接包方。因为在舜耕合作社的经营活动中，除田间日常管理、灌溉以及大部分技术、农资采购、农产品销售等农业社会化服务是由舜耕合作社直接提供外，入社农户的耕种收、植保、测土配方、智能配肥、仓储及少部分技术、农资采购、农产品销售等服务都经舜耕合作社外包给了其他服务主体，也就是农业社会化服务中的二级接包方。由图 7-2 可知，为入社农户提供服务的二级接包方主要有西岗为农服务中心和西岗供销社联合社；这两家服务主体的共同之处在于，都是由山东供销系统主导建设或成立的，并且舜耕合作社在其中都有参股。

（二）舜耕合作社中社会化服务供需双方的垂直协作模式

舜耕合作社的生产经营决策和日常管理是由丰谷农资公司、东王庄村村两委和西岗基层供销社共同负责的。其中，丰谷农资公司负责种植决策制定、农资供应、资金支持和技术管理；村两委负责水电等基础设施的经营管理；由 4 名村两委成员所组成的现场管理队，以职业管理人的身份，划片负责耕种耙收及田间日常管理；基层供销社则主要负责指导、管理和监督合作社的运营。入社农户在同合作社签订"入股式"土地全托管协议之后，便不再参与任何生产经营活动的具体决策与操作。总之，在舜耕合作社与其入社农户的协作关系中，农业生产经营决策主体为服务供给方。

舜耕合作社与其入社农户的利益分配方式可总结为"保底+分红"。如表 7-5 所示，正常年份，合作社将生产经营收入扣除农资等成本和支付给入社农户保底金后，如有盈余，将按照 2∶8 的比例提取风险金和给股东分红（丰谷农资公司和 12 名村两委成员作为资金出资主体，与村集体、农业职业管理人和入社农户按 2∶2∶2∶2 的比例分红）；如没有盈余，除入社农户外，其他股

表 7-5　舜耕合作社经营中服务供需双方的利益分配情况

单位：元/亩

			正常年份有盈余	正常年份无盈余	遭遇严重损失的年份
服务需求方（一级发包方）	入社农户	东王庄村全体农户	900+盈余分红 20%	900	900 −40%（900−750−a）
服务供给方（一级接包方）	舜耕合作社	村集体经济组织	盈余分红 20%	0	0
		丰谷农资公司	盈余分红 20%	0	−60%（900−750−a）
		12 名村两委成员			
		农业职业管理人	盈余分红 20%	0	0
		西岗基层供销社	0	0	0
风险金			盈余提取 20%	0	−a

注：根据调研资料整理所得。750 元是保险赔付金，舜耕合作社购买了双重保险——政策性保险和商业性保险，两者的赔偿金都是 375 元/亩；a 代表合作社的风险金中用于弥补损失、补充入社农户保底收入的金额。900−750−a，即是指在保证入社农户保底收入 900 元的前提下，扣除保险赔付金 750 元和合作社的风险金 a 元，剩余的风险分担部分，也即剩余的损失，由入社农户、村集体经济组织、丰谷农资公司和 12 名村两委成员承担。

东都不会从合作社的经营活动中获得收入。当遭遇比较严重的自然灾害或市场价格波动时，合作社首先以保险公司的赔付金和其在往年所提取的风险金来支付入社农户的保底金；不足部分则由丰谷农资公司和12名村两委成员承担60%，村集体和入社农户承担40%。尽管舜耕合作社与其入社农户采取的是"保底+分红"的利益分配方式，但显然双方已近似"利益共享、风险共担"。

结合农业社会化服务供需双方不同垂直协作模式的主要特征可知，舜耕合作社与其入社农户明显已经建立起了"准一体化"的协作关系。当然，这里指的是农业生产经营服务的一级发包方（入社农户）与一级接包方（舜耕合作社）之间的协作关系。而舜耕合作社与二级接包方——西岗为农服务中心和西岗供销社联合社之间，则是契约协作关系。这是因为在舜耕合作社与二级接包方之间，以市场优惠价进行服务费用的结算，明显没有形成紧密的利益联结机制，并且生产经营决策完全由舜耕合作社制定，但合作社就服务的时间、地点及内容与二级接包方进行了约定。

在舜耕合作社的农业社会化服务模式下，土地生产率得到了提高，其核心成员股东与入社农户也都实现了增收。2016年，合作社的亩均利润达到1200元，而西岗镇同样种植粮食作物的未入社普通农户，亩均利润最多只有1000元；入社农户通过"保底+分红"获得了960元/亩的收入。由此来看，入社农户从土地生产率提高中获得的增收效果并不显著；但其因土地托管得以从农业生产中解放出来，并通过转移就业进而提高了家庭非农收入，总体上实现了增收。丰谷农资公司与村两委成员作为出资主体，同村集体、农业职业管理人，在2016年也分别获得分红66660元①（职业管理人人均收入16665元）。

（三）舜耕合作社经营中服务外包交易成本降低的逻辑

在舜耕合作社与其入社农户实行"准一体化"协作，同时与西岗为农服务中心、西岗供销社联合社实行契约协作的情形下，土地生产率得到了提高且实现了多方共赢。原因在于较之现货市场交易模式，在契约和"准一体化"垂直协作模式中，服务供需双方的协作紧密程度更高，有助于降低服务外包的交易成本，从而增加土地亩均利润。这也是山东供销社进行农业社会化服务模

---

① 丰谷农资公司和村两委的成员一共获得分红66660元（2016年），且该部分收入一直存放在舜耕合作社的账户中作为流动资金使用。

式选择的内在逻辑与经济合理性。下面就分"一级发包"（入社农户将全部生产操作外包给舜耕合作社）和"二级发包"（舜耕合作社将部分生产操作外包给西岗为农服务中心和西岗供销社联合社）两个阶段，来解释舜耕合作社经营中服务外包交易成本降低的逻辑：

（1）一级发包阶段社会化服务交易成本的降低。在该阶段，为给入社农户提供全程社会化服务，舜耕合作社直接或间接地进行了一系列专用性资产投资。间接投资方面，例如合作社的股东、东王庄村村集体对村庄水电设施所进行的投资管护，丰谷农资公司为入社农户垫支的农资、农机作业费用等——舜耕合作社的农资大多数来自于丰谷农资公司，由于减少了中间的运销费用，亩均可为入社农户节省种子、化肥、农药等费用在 80 元左右。直接投资方面，舜耕合作社参股了西岗为农服务中心的建设。专用性资产投资会使投资主体面临被"敲竹杠"的风险，而"准一体化"有助于缓解专用性资产投资所带来的敲竹杠问题，降低农业社会化服务的交易成本，提高服务的经济效益。

从服务的内容来看，入社农户所接受的灌溉、除草、看护等田间日常管理类社会化服务都是由舜耕合作社直接提供的。合作社将其所托管的耕地进行整合划片之后，交由 4 名农业职业管理人经营。由于职业管理人的收入与土地生产率密切相关，在利益的驱使下，其发生机会主义行为的可能性会大大减少，即监督成本得到降低，从而促进除草、看护、灌溉等社会化服务的质量提升，最终带来了土地产出数量和质量的提高。此外，舜耕合作社还对其所托管的耕地进行统一灌溉，既避免了一家一户灌溉所带来的单次、频繁操作启动的麻烦，也减少了设施设备的磨损，延长了其使用寿命，最关键的是降低了设施设备的维护费用和农业灌溉成本。

（2）二级发包阶段社会化服务交易成本的降低。首先是外包给西岗为农服务中心的情况。为农服务中心促进了舜耕合作社农机作业服务外包交易成本的降低。具体来看，中心会整合社会上的一些闲散农机具；这些农机具一般来自于个体农机手和农机合作社，且都是普通的耕种机或播种机等，植保机等许多大型先进、价格高昂的农机具则由实力雄厚的省市县级供销社统一采购与调度。农机整合后，中心会对农机手统一进行技术培训并制定服务标准与价格，从而节省了农业经营主体与农机作业服务主体的谈判、监督等成本。农业经营主体有农机作业服务需求时，通过服务中心便可获得全方位的服务，无须再去市场上寻找农机作业服务组织，降低了搜寻成本。服务中心还会根据就近、连片的原则调度农机手或农机作业服务组织，以降低实施成本。此外，有山东供销系统做担保，而且服务需求方通常都与服务中心或直接提供服务的主体签订服务协议，所以违约成本也得到了降低。最终，为农服务中心为舜耕合作社所提供的耕种收等作业服务，使小麦的生产成本最少可比市场价①便宜125元/亩，玉米最少可便宜135元/亩（见表7-6）。

表7-6　西岗为农服务中心服务价格与市场服务价格的比较

单位：元/亩

	(1) 为农服务中心服务价格		(2) 市场服务价格		(2) － (1) 价格差	
	小麦	玉米	小麦	玉米	小麦	玉米
机耕	60	60	90	90	30	30
机种	20	20	30	30	10	10
机收	60	70	80	100	20	30
测土配方施肥（含肥料）	250	250	300	300	50	50
飞防（含农药费）	15	15	30	30	15	15
成本	405	415	530	550	125	135

注：根据2017年在西岗为农服务中心的调研数据整理所得。为充分说明西岗为农服务中心在服务价格方面的优势，此处为农服务中心的服务价格取了最大值，市场服务价格则取了最小值。

其次是外包给西岗供销社联合社的情况。西岗供销社联合社主要促进了舜耕合作社农资采购、粮食仓储和烘干等农业社会化服务交易成本的降低。一方面，联合社会给成员社提供免费的技术培训和信息共享服务，例如，联合社建立了新型职业农民俱乐部微信平台。另一方面，联合社增强了成员社的农资采购优势。具体来看，联合社通过直接与丰谷农资公司或者其他农资企业联系，能够以最低的价格将农资运送到各个成员社所在地，最终得以在降低搜寻、实施、谈判等交易成本的基础上减少了成员社的农资采购费用，如"金中华"化肥的市场价为2400元/吨，而联合社直接从丰谷农资公司批量采购的价格仅为2150元/吨，比市场价便宜约10%。需要说明的是，舜耕合作社最大的股东为丰谷农资公司，所以舜耕合作社不会也无须通过联合社来采购该公司的农资。同时，联合社还会为各成员社联系仓库及饲料厂、粮库等销售渠道，以便

① 市场价，即指现货市场交易的价格。

降低成员社的搜寻、谈判等交易成本。此外，联合社的成员社之一，西岗基层供销社参股的宏顺合作社，还会为其他成员社提供粮食烘干服务且只收取成本费，这表明舜耕合作社外包粮食烘干服务的交易成本几乎为零。

四、结论与启示

由对舜耕合作社的案例分析可知，山东供销社所探索出的农业社会化服务模式的经济合理性在于，其最大限度地降低了农业生产经营主体服务外包，也就是农业社会化服务的交易成本，提高了耕地的经营效益。农业社会化服务供需双方通过选择紧密程度较高的垂直协作模式，即契约和一体化协作，可以在降低农业社会化服务交易成本的基础上，促进服务质量的提高和服务成本的降低，从而达到提高土地生产率的目的。基于此，本节得出了如下两点重要启示：

首先，农民专业合作社等农业社会化服务主体应着力提高与其服务需求方的垂直协作紧密程度。具体来看，一方面，农业社会化服务主体应加强与其服务需求方的利益联结紧密程度，建立和完善"利益共享、风险共担"的利益联结机制；另一方面，服务的需求方可以减少对农业生产经营决策的控制程度，以便将更多的生产经营决策权让渡给农业社会化服务供给方。值得注意的是，目前在中国各地兴起的土地全托管服务中，除种植之外的农业生产经营决策基本都由土地托管方，即农业社会化服务主体制定；当然，土地托管的利益分配机制多种多样，但也都不同程度地实现了"利益共享、风险共担"，因此，有条件的地方可以尝试发展土地全托管的服务模式。

其次，基于提高农业社会化服务供需双方协作紧密程度的需要，社会各界力量应各尽所能，充分发挥其作用。第一，政府应加强新型农业经营主体培育工程和新型职业农民培育工程建设，为健全农业社会化服务体系、创新农业社会化服务模式提供人才等要素支撑；同时适当发挥其信用背书的作用，供销系统因其参公事业单位的性质而在农民群体中有较强的政府信用，由此山东供销社的农业社会化服务模式得以发展和完善。第二，村社组织应通过适当的制度安排，例如成立股份合作社等方式盘活集体资产，挖掘自身提供农业社会化服务的潜力。第三，农业企业、高校与科研机构等则应不断提升科研水平，以便为农业经营主体供给更加优质、高效、低成本的农资和农机作业等社会化服务。

第二节　交易成本与合作社农业社会化服务模式的选择①

——基于两家合作社的比较研究

有学者研究分析发现，目前，中国的农业社会化服务供给与需求呈现"双增长"的趋势（钟真，2018）。但是，农业社会化服务的发展与推广也存在诸多困难。分工是农业社会化服务的本质，但分工程度的大小会受到交易成本的制约。这表明，农业经营主体的服务外包行为必然会受到交易成本的负面影响。有研究指出，降低成本的动机促使外包行为发生。只有在交易成本较低的情况下，外包才会被选择。规模经营主体进行服务外包决策的关键是外包服务和自购农机的交易成本比较。当农业生产者自己完成某项操作的单位生产费用大于交给农业社会化服务组织完成的单位生产费用与交易成本之和时，农业生产者才有可能接受服务。如何缓解或克服交易成本对农业社会化服务的制约作用？更为重要且值得关注的是，在现实中，不同地区不同主体的农业社会化服务模式不尽相同——土地全托管或半托管、成员"生产在家、服务在社（合作社）"、代耕代种以及"农业共营制"等，这与交易成本又有什么样的联系呢？鉴于此，本节将以黑龙江省克山县的仁发现代农业农机专业合作社（以下简称"仁发合作社"）和河南省荥阳市的新田地种植专业合作社（以下简称"新田地合作社"）为例，在分析交易成本降低的方式的基础上，探索交易成本与社会化服务模式之间的关系，以说明现实中不同农业社会化服务模式存在的原因与逻辑。

一、资料收集与案例介绍

（一）资料收集

笔者综合采用了半结构访谈法、实地调查法和文献资料分析法来收集案例资料。而关于两家案例合作社资料收集的具体情况，可见表7-7。

---

① 执笔人：穆娜娜、钟真、孔祥智。

表 7-7 两家案例合作社资料收集的具体情况

<table>
<tr><td colspan="2"></td><td>仁发合作社</td><td>新田地合作社</td></tr>
<tr><td rowspan="3">半结构
访谈法</td><td>访谈对象</td><td>理事长、理事会和监事会成员、普通成员、农机手</td><td>理事长、生产要素车间主任、农机手、成员、社员</td></tr>
<tr><td>访谈内容</td><td>合作社的成立、发展、盈余分配方式、社会化服务内容、经营模式与绩效等</td><td>合作社的成立、发展、利益联结机制、社会化服务内容、经营模式与收入等</td></tr>
<tr><td>访谈形式</td><td colspan="2">根据每位被访谈者的个体特征及其对合作社的熟悉程度，分别了进行 0.5~3 个小时不等的访谈，其中对理事长的访谈时间一般长达 3~4 个小时。为了使访谈者畅所欲言，保证访谈的有效性，课题组对每个人员的访谈都在独立的办公室中进行</td></tr>
<tr><td colspan="2">实地调查法</td><td>2013~2017 年，多次赴克山县进行实地调查，现场观察了合作社的农机具、仓库、部门设置与办公条件、规章制度等</td><td>2016~2017 年，先后两次赴荥阳市进行实地调查，现场观察了合作社的烘干设施、办公条件、规章制度、农业生产安排等</td></tr>
<tr><td colspan="2">文献资料
分析法</td><td>合作社年度（或季度）总结、规章制度与财务报表；会议资料和报告；政府部门对其运营模式的总结；媒体的有关报道；学术论文</td><td>合作社财务报表、规章制度及年度（或季度）总结；会议资料和报告；政府部门对其发展模式的总结</td></tr>
</table>

（二）案例介绍

1. 仁发合作社

（1）成立发展过程。仁发合作社位于黑龙江省克山县，主营业务是为其成员提供全程的农业社会化服务。当然，仁发合作社也会为非成员提供一些农机作业服务。2009 年 10 月，克山县河南乡仁发村党支部书记李凤玉联合 6 户村民共同出资 850 万元（见表 7-8），成立仁发合作社。成立当年，仁发合作社便获得了 1234 万元政府农机购置补贴资金[①]；利用 1234 万元农机购置补贴资金和 850 万元股金，合作社购置了 30 多台（套）大型农机具。到 2017 年，仁发合作社已经先后获得"全省现代农机合作社示范社""全国农民专业合作社示范社"等荣誉称号。

---

① 包括中央农机购置补贴资金和黑龙江省对农机合作社购置大型农业机械的专项补贴资金。

表 7-8　2017 年仁发合作社发起人入股的基本情况

序号	发起人	入股耕地（亩）	入股资金（万元）
1	李凤玉（理事长）	0	550
2	张德军	19	50
3	杨　斌	69	50
4	王宝君	82	50
5	王新春	64	50
6	郑海军	22	50
7	车跃忠	33	50
合计		289	850

注：根据调研资料整理所得。

在 2009~2010 年，仁发合作社只有 7 名（发起人）成员。2011 年为了扭转发展初期的亏损，7 户发起人商议形成了"七条承诺"① 以吸收农户入社。如表 7-9 所示，仁发合作社的成员于 2011 年之后明显分成了两类：一是核心

表 7-9　2011~2017 年仁发合作社成员组成的基本情况

年份		2011	2012	2013	2014	2015	2016	2017
核心成员	户数（户）	7	7	7	7	7	7	7
	入股耕地（亩）	0	0	0	0	289	289	289
	入股资金（万元）	850	850	850	850	850	850	850
普通成员	户数（户）	307	1215	2429	2631	1007	1007	1007
	入股耕地（亩）	15000	30128	50159	54000	55711	55711	55711
入股耕地总面积（亩）		15000	30128	50159	54000	56000	56000	56000

注：根据调研资料整理所得。2015 年之后入社农户减少、入股耕地却增加的原因：①因为仁发合作社将财政补贴资金取得的收入按户平均分配，之前很多农户将自家人口和耕地分割成几部分，再分户入社以获得更多的财政补贴资金分红；②2015 年，12 个大户加入了合作社，入股耕地都在 1000~5000 亩，促进了合作社入股耕地面积的增加。

_____

① "七条承诺"的内容：第一条，保证带地入社的农户能够获得每亩 350 元的保底收益；第二条，所有入社农户享有平等的权利义务，即都能够参与仁发合作社每年秋后的盈余分红；第三条，由政府给予的 1234 万元农机购置补贴资金所产生的盈余，每年秋后按照成员户数进行平均分配；第四条，合作社以 10% 的年息为带地入社农户提供资金借贷服务，贷款限额为入社耕地的市场流转价格折价；第五条，入社农户仍然享有政府发放的种粮补贴；第六条，合作社的重大决策实行民主决策，一人一票而非按股权进行表决；第七条，入社自愿、退社自由，成员在退出合作社时可以获得该成员账户上的全部股金，包括各种盈余结转、公积金等。

成员，即 7 户发起人，主要以资金入股；二是普通成员，即合作社吸收入社的农户，仅以耕地入股。"七条承诺"提高了仁发合作社周边农户的入社积极性。仅 2011 年春季就有 307 户农民加入仁发合作社，入股耕地达到 15000 亩。随着成员规模的壮大，仁发合作社开始通过村社组织的干部来协调村民，以整村推进的方式吸收农户入社。到 2017 年，仁发合作社的成员总数已发展到 1014 户，入股耕地 56000 亩。

（2）运营管理模式。仁发合作社的运营管理模式可从利益分配方式、耕地经营方式和农业社会化服务内容三个方面进行概括。目前，仁发合作社采取按股分红的利益分配方式，扣除公积金（2015 年开始，合作社不再提取公积金）后，剩余盈余按成员的耕地和资金（政府补贴资金等，2015 年开始不再包括公积金）股份占比进行分配，实现了"利益共享、风险共担"；合作社的总盈余为耕地经营收入、农机作业收入和其他收入（粮食烘干塔收入+利息收入）减耕地经营支出、农机作业支出（大修提存+日常维修+轮胎提存+主油+副油+管理费+驾驶员工资）、固定资产折旧（农机装备+场库棚）、管理费（工资等）和其他支出。仁发合作社的耕地经营方式为"分片承包责任制"，即将入社耕地划分成 22 个连片区域，每片占地 2000～3000 亩，交给 22 个"片长"（通常为村组长）经营，以"同种农作物的平均产量×市场销售价格−平均成本"作为考核标准，减惩超奖。仁发合作社的服务范围涵盖耕种收等与农业生产经营有关的所有环节，服务内容包括了技术、资金借贷、农机作业、农资采购、农产品销售和加工（粮食烘干）、品牌等：

一是农机作业服务，仁发合作社共拥有 132 台（套）农机装备，其中不仅包括用于深耕深松作业的大型农机，还有合作社于 2017 年引进的两台大型马铃薯收获机。二是农资采购服务，仁发合作社的农资供应厂家有田丰农资、施可丰、龙峰种业等。三是技术服务，譬如"科技包保"①、农产品检测、玉米 110 公分"大垄双行技术"、马铃薯 85 公分"大垄单行密植技术"和测土配方施肥等。四是销售、品牌与加工服务，2011 年仁发合作社与麦肯公司开展了订单合作，2015 年建立"仁发特卖"网络营销平台，2013～2014 年，相继注册"仁发""龙哥""龙妹"和"仁发绿色庄园"等商标以促进农产品销售；2015 年仁发合作社联合 7 家合作社共同出资 5000 万元，成立仁发农业发展有限责任公司以开

---

① "科技包保"是指政府农业技术推广站的农技人员与种粮大户或专业合作社签署科技服务、种苗采用协议：如果该技术或品种能够将粮食产量提高一定百分比，农技人员则获得一定的资金奖励；如果不能达到议定的增产效果，农技人员则要自掏腰包补偿种粮大户或专业合作社的损失。

展马铃薯等农产品加工业，在仁发农业发展有限责任公司的基础上，这几家合作社还成立了华彩薯业、仁发食品、仁发主食、哈克仁发这四家公司；2014年仁发合作社引进烘干塔来开展粮食烘干仓储服务，为合作社带来了较大的利润（见表7-10）。在上述运营管理模式下，2016年合作社的普通成员通过耕地入股，户均获得分红收入602元/亩，比未入社普通农户高280元/亩。

表7-10　2014年仁发合作社玉米烘干服务的成本—收益情况

烘干前—潮粮			烘干后—干粮			烘干费用合计 （元/吨）	纯利润 （元/吨）
数量 （市斤）	单价 （元/斤）	金额 （元）	数量 （市斤）	单价 （元/斤）	金额 （元）		
2000	0.80	1600	1080	1.69	1831.20	80.00	151.20

注：根据调研资料整理所得。

2. 新田地合作社

（1）成立发展过程。新田地合作社位于河南省荥阳市的高村乡高村，理事长是当地新型职业农民李杰。2011年3月，李杰联合其他5户农民注册成立了新田地合作社，其主营业务是在为社员提供农业社会化服务的基础上专注生产经营优质小麦和玉米。到2017年，新田地合作社已先后获得"荥阳市十佳合作社""郑州市示范社""河南省示范社""国家级示范社"和"国家优秀示范社"等荣誉称号。

新田地合作社中共有"成员"和"社员"两类主体。"成员"需出资并参与分红，"社员"仅接受服务，不参与入股和分红；其中，"成员"又包括"核心成员"和"普通成员"，"核心成员"指6户发起人，"普通成员"指合作社后续吸收、参与入股的农户。与成立初期相比，新田地合作社在2017年的耕地服务面积、"成员"和"社员"数量都得到了大幅增加（见表7-11）；其中，耕地服务面积从2011年的200亩增加到了2015年的51000亩并维持至今，"成员"由2011年的6户增加到了2017年的186户（2013年曾发展到203户，为防止股权稀释，2017年借增加股金之机，"核心成员"劝退了17户"普通成员"），"社员"发展到了12000户①，涉及7个乡镇、40个村庄。

————————

① 本节的研究对象是位于荥阳市的新田地合作社。由于李杰发起成立的荥阳新田地合作社取得了显著的经济效益，因此河南省的许昌、开封和濮阳等一些地方也在荥阳市新田地合作社的带动指导下，相继成立了诸如许昌新田地合作社、濮阳新田地合作社等。到2017年5月，河南各地新田地合作社的耕地服务总面积已达14万多亩。

需要说明的是，在新田地合作社，"成员"（包括"核心成员"和"普通成员"）相当于一般合作社的核心成员，而"社员"则相当于一般合作社的普通成员（见表7-11）；为了便于分析，下文将新田地合作社的"成员"与"社员"统称为成员，并且其"核心成员"和"普通成员"统一称为核心成员，社员为普通成员。

表7-11　2011~2017年新田地合作社规模扩张的基本情况

	年份	2011	2012	2013	2014	2015	2016	2017
核心成员	"核心成员"（户）	6	6	6	6	6	6	6
	"普通成员"（户）	0	14	197	197	197	197	180
	合计（户）	6	20	203	203	203	203	186
普通成员	"社员"（户）	0	0	0	6000	12000	12000	12000
服务耕地面积（亩）		200	500	5000	19000	51000	51000	51000

注：根据调研资料整理所得。

（2）运营管理模式。新田地合作社的典型特征是其采用了农业生产要素车间管理方式。生产要素车间是新田地合作社设立的虚拟单位，负责管理分布在各村庄的成员；每个车间配有一名管理人员，即车间主任，车间主任在合作社的运营中发挥代理人的作用。新田地合作社一般以1000亩耕地为标准设立一个生产要素车间；车间主任①从合作社成员中选拔和聘用。到2017年5月，新田地合作社已设立60个生产要素车间。如图7-3所示，在为成员提供服务时，新田地合作社首先与成员签订耕地托管合同；然后成员将自己的农业社会化服务需求反馈给相应的生产要素车间，车间主任再负责将成员的需求传递给新田地合作社，最终由合作社来安排和提供各项服务。

与一般社会化服务主体不同，新田地合作社直接提供的服务很少。如图7-3所示，新田地合作社将很多服务进行了二次外包。以农机作业服务为例，仅有约20%的植保服务是由新田地合作社直接提供，而耕种收作业服务都经其外包给了当地其他农机合作社，多数植保作业服务则外包给了安阳全丰航空植保科技股份有限公司；虽然农机作业服务价格由新田地合作社与二级接包方商议确

---

① 生产要素车间主任的选用标准：第一，该成员要在本村中具有较大的威望且种粮经验丰富；第二，除从事农业生产之外，本人最好有其他的职业，如电工、农机手等；第三，坚决不聘用村干部，防止村干部以权谋私。根据各生产要素车间的耕地数量，车间主任会相应获得新田地合作社支付的绩效工资。

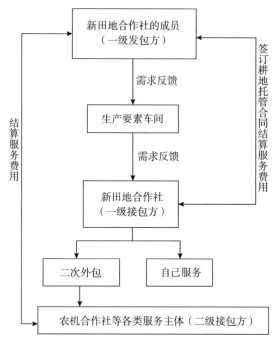

图7-3　新田地合作社的农业社会化服务过程示意图

定，但服务费用由成员与二级接包方直接结算，新田地合作社并不参与利润分成（见表7-12）。如表7-12所示，新田地合作社为其成员提供的农资的价格和农机作业服务价格都低于市场价且合作社同样不参与利润分成；粮食销售方面，成员以市场价与新田地合作社进行结算，而后合作社再以高于市场价的价格将粮食销售出去，获得差价收入。与荥阳市未入社普通农户相比，2016年新田地合作社的小麦亩均增收525元，玉米亩均增收580元（见表7-13）。

表7-12　新田地合作社利益分配的基本情况

农业生产经营环节	利益分配方式	备注
种子等农资投入	成员获得市场优惠价，合作社不参与分成	—
耕种收等农机作业	成员获得市场优惠价，合作社不参与分成	—
灌溉等田间日常管理	—	成员"自服务"
烘干、销售等	成员获得市场价，合作社获得差价收入	—

注：根据调研资料整理所得。

表 7-13　2016 年新田地合作社耕地增收的基本情况

	成本节约（元/亩）				增产	提价	增效	增收
	种子	化肥	农药	农机	（斤/亩）	（元/斤）	（元/亩）	（元/亩）
小麦	20	50	10	5	200	0.2	440	525
玉米	10	70	10	20	400	0.1	470	580

注：根据调研资料整理所得。增收＝成本节约＋增效，其中，小麦增效：2016 年荥阳市未入社普通农户的小麦亩产 1100 斤，市场价是 0.9 元/斤，新田地合作社成员的小麦亩产 1300 斤，1300 斤×0.2（提价）＝260 元；200 斤（增产）×0.9＝180 元，260＋180＝440 元；玉米增效：2016 年荥阳市未入社普通农户的玉米亩产 1100 斤，市场价是 0.8 元/斤，新田地合作社成员的玉米亩产 1500 斤，1500 斤×0.1（提价）＝150 元；400 斤（增产）×0.8＝320 元，150＋320＝470 元。

二、交易成本视角下农业社会化服务模式的阐释

（一）理论分析框架

垂直协作模式一般包括现货市场交易、销售合同、合作社或战略联盟、生产合同与一体化五类。就农业社会化服务而言，从现货市场交易到一体化，其供需双方的协作紧密程度是不断提高的。交易成本促使农户在接受农业社会化服务时，倾向于选择紧密程度较高的垂直协作模式，这是因为提高服务交易双方的协作紧密程度能够在一定程度上降低交易成本。有学者研究指出，纵向一体化可以节省生产成本和交易费用。需要注意的是，这些已有文献所涉及的交易成本，准确来讲，是市场交易成本。此外，交易成本还应包括组织的内部交易成本。

交易具有资产专用性、不确定性和交易频率三个特性。资产专用性越强的农户，越倾向于选择紧密程度较高的垂直协作模式。威廉姆森分析了资产专用性、交易成本与治理结构之间的关系。如图 7-4 所示，威廉姆森认为，为使交易成本实现最小化，当资产专用性位于 K_1 左侧时，采用现货市场治理结构；当资产专用性位于 K_1 和 K_2 之间时，采用混合式治理结构；当资产专用性位于 K_2 右侧时，采用垂直一体化治理结构。值得注意的是，在威廉姆森的交易成本理论范式中，交易成本不仅包含了市场交易成本的内容，也内在地涵盖了组织内部的管理和协调成本，即组织的内部交易成本。如当资产专用性位于 K_1 的左侧时，如果采取垂直一体化治理结构，交易成本会是最高的，而这正是由垂直一体化组织的内部管理和协调成本增加所导致的。

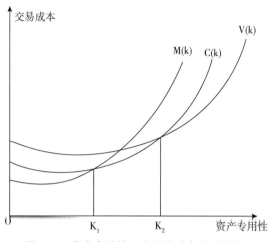

图 7-4　资产专用性、交易成本与治理结构

当组织内部进行生产、控制、管理、协调和监督等操作时，相应就会产生内部交易成本。纵向一体化经营后，企业内部的组织和管理成本会随之大幅上升。许多农业活动都选择在契约框架内进行，既代替了现货市场交易，也代替了垂直一体化交易，就是因为当组织程度提高时，交易成本会降低而组织成本增加，所以最优的组织模式应使交易成本与组织成本之和最小，即市场交易成本与内部交易成本之和最小。可见，尽管提高农业社会化服务供需双方的协作紧密程度能够降低市场交易成本，但服务供给方也会面临更高的管理协调等内部交易成本，从而阻碍其与服务需求方实行紧密程度更高的垂直一体化协作模式。换句话说，当一体化增加的内部交易成本相对大于降低的市场交易成本时，服务供需双方就会选择契约协作，或者现货市场交易等紧密程度较低的垂直协作模式。

（二）案例对比研究

由前文可知，现有研究都将合作社单列为一种垂直协作模式。但合作社在中国已进行了改良和演进。在中国，合作社的成员通常分为核心成员与普通成员，核心成员为服务供给方①，普通成员为服务需求方；合作社中实际发挥作用、进行决策的为核心成员，而各合作社间的区别在于其核心成员与普通成员协作方式的不同。显然，在仁发合作社，核心成员与普通成员基本形成了利益

---

① 在前文，论及仁发合作社和新田地合作社所提供的服务或其相关利益分配时，实际也都是以合作社的概念代指其核心成员（服务供给方）。

共同体，实现了一体化协作；在新田地合作社，核心成员与普通成员则是契约协作关系。但仁发和新田地合作社都取得了积极的经济效果。下面就基于交易成本的视角，通过对比分析来探索仁发和新田地这两家合作社选择不同协作模式的原因与逻辑。

1. 交易成本的指标选择与测度

（1）市场交易成本。很多学者都对市场交易成本的测量指标和方法进行过研究。从交易特性来看，市场交易成本可以用资产专用性、不确定性和交易频率来衡量；从交易成本的构成来看，则可以用搜寻、谈判、实施、监督和违约成本来衡量。资产专用性是市场交易成本重要的影响因素。资产专用性越强，其拥有者被"敲竹杠"的风险就越大，市场交易成本也就越高。在实际生产经营中，为顺利开展农机作业服务，农业社会化服务供给方一般需购进各类农机具；而农机装备大多具有较强的资产专用性。所以本节用农机装备的投入衡量市场交易成本。

（2）内部交易成本。在本节中，内部交易成本是指组织内部的管理与协调成本。在合作社内部制度安排相同的情况下，导致其组织成本上升的原因主要有两点：一是社员数目的增多使协调成本增加；二是社员明显的异质性使协调困难增加。有研究指出，内部管理成本可以看作是有效整理组织内部资源所需的成本。在农业社会化服务中，一体化协作要求服务供给方把需求方的耕地资源进行整合，统一决策安排农业生产经营中各个环节的操作。其中最关键的是对服务需求方的耕地资源的整合，整合难度越大，服务供需双方一体化的内部交易成本就越高。

结合学者们关于组织内部协调与管理成本的分析，本节列出了衡量农业社会化服务供需双方一体化协作内部交易成本的三项指标：服务需求方的农户数量、户均耕地规模以及其组织或整合方式。如表7-14所示，服务需求方的户数越多，越不利于供给方进行利益协调、分配与管理；同时，如果户均耕地规模也偏小，则表明服务需求方的耕地细碎化现象较严重，供给方连片作业、统一生产安排的协调与管理难度就会增加。在这样的条件下，如果农业社会化服务供需双方实行一体化，将产生较高的内部交易成本。而就服务需求方的组织方式来说，由村社组织的干部参与协调、组织，便于整村推进、降低一体化所增加的内部交易成本。村社干部借助自身职责、能力和威信可以协调、推进农民的组织化。但如果服务供给方仅靠自身来协调、组织农户，其通常会因在农民中缺乏群众基础与威信，而很难整村连片地将耕地资源组织起来，农业社会化服务供需双方的一体化内部交易成本无疑是较高的。

表 7-14　服务供需双方一体化内部交易成本的衡量指标

衡量指标		对内部交易成本的影响
服务需求方的农户数量		正向
服务需求方的户均耕地规模		负向
服务需求方的组织或整合方式	村社干部参与协调、组织	负向
	服务供给方仅靠自身协调、组织	正向

2. 仁发和新田地的比较与分析

（1）基本情况的对比。仁发合作社与新田地合作社的成立时间、牵头人类别等都较为相似，在一定程度上缓解了其对农业社会化服务供需双方一体化内部交易成本的潜在影响。如表 7-15 所示：一是成立时间相近，仁发成立于2009 年 10 月，新田地成立于 2011 年 3 月；二是牵头人都为农民；三是管理者才能相似，仁发理事长李凤玉为高中学历，新田地理事长李杰为大专学历；四是同一时期内服务耕地的规模非常相近，2015～2017 年仁发服务的耕地一直保持在 56000 亩，新田地服务的耕地一直稳定在 51000 亩；五是以生产经营粮食作物为主，仁发主要种植玉米、水稻和马铃薯，新田地主要种植小麦和玉米；六是耕地经营方式相像，2015～2017 年仁发以 2000～3000 亩耕地作为一个农业社会化服务片区，新田地以约 1000 亩耕地作为一个农业生产要素车间来开展社会化服务。

表 7-15　2015～2017 年两家案例合作社的基本情况

指标	仁发合作社	新田地合作社
注册成立时间	2009 年 10 月	2011 年 3 月
牵头人或单位	李凤玉与其他 6 户农民	李杰与其他 5 户农民
理事长的学历	高中	大专
服务耕地规模	56000 亩	51000 亩
耕地经营方式	分片承包责任制（每片2000～3000 亩耕地）	农业生产要素车间（每个车间约 1000 亩耕地）
经营作物种类	玉米、水稻、马铃薯等	小麦、玉米
服务需求方规模	1007 户	12000 户

续表

指标	仁发合作社	新田地合作社
服务需求方的户均耕地规模	55.32 亩/户	3.83 亩/户
服务需求方的组织或整合方式	村社干部参与协调、组织农户（2012 年开始）	服务供给方仅靠自身（车间主任）协调、组织农户
服务供需双方的垂直协作模式	垂直一体化协作	契约协作

注：根据调研资料整理所得。仁发合作社服务的耕地中有 289 亩来自核心成员，新田地合作社服务的耕地中有 5000 亩来自核心成员。所以两家合作社中服务需求方的户均耕地面积分别为（56000-289）亩/1007 户≈55.32 亩/户，（51000-5000）亩/12000 户≈3.83 亩/户。

（2）服务供需双方一体化净收益的比较。基于上述条件，接下来对仁发合作社和新田地合作社中服务供需双方各自一体化的净收益进行比较：

首先是内部交易成本增加的比较。2015～2017 年，仁发合作社中的服务需求方规模一直维持在 1007 户，户均耕地面积超过 55 亩，同时，仁发合作社通过村社干部来协调、组织各村农户，实现了整村统一接受农业社会化服务的目的与效果；新田地合作社中的服务需求方规模一直保持在 12000 户，远高于仁发合作社中的服务需求方的规模，此外，其服务需求方户均耕地面积不到 4 亩并通过车间主任来协调、组织各村成员，为了防止村干部利用职权的便利以权谋私，新田地合作社还规定绝不聘用村干部做车间主任。显然，如果农业社会化服务的供需双方选择垂直一体化协作，仁发合作社将会比新田地合作社面临更低的内部交易成本。

其次是市场交易成本降低的比较。仁发合作社在成立初期便购置了 30 多台（套）大型农机具，而核心成员在其中的投资高达 850 万元。毋庸置疑，如果仁发合作社中的社会化服务供需双方实行一体化，对服务供给方来说，将大大缓解资产专用性所引起的被"敲竹杠"的风险。在新田地合作社中，核心成员仅购置了 4 架植保机用于飞防作业，多数服务都实行了二次外包。在这样的运营管理模式下，新田地合作社中的服务供给方（核心成员），即便与其服务需求方（普通成员）实行契约协作，也不会面临严重的被"敲竹杠"的风险。可见，与新田地合作社相比，仁发合作社中的农业社会化服务供需双方通过一体化协作所降低的市场交易成本会较高。

最后是一体化净收益的比较。本节用 a 和 b 表示两家合作社中的服务供需双方各自一体化所可能增加的内部交易成本，以 c 和 d 表示两家合作社中的服务供需双方各自一体化所可能降低的市场交易成本。如表 7-16 所示，仁发合作社中的服务供需双方一体化的净收益为 d-b，新田地合作社中的服务供需双方一体化的净收益为 c-a；由于 a>b、c<d，所以显然 c-a<d-b，换句话说，如果农业社会化服务供需双方实行一体化，仁发合作社将比新田地合作社获得更高的净收益。并且在实际中，仁发合作社中的服务供需双方实现了一体化，而新田地合作社中的服务供需双方一直维持契约协作的关系。可见，交易成本会在一定程度上影响农民专业合作社的农业社会化服务模式的选择。

表 7-16　两家案例合作社中服务供需双方的一体化协作净收益

指标	指标解释	仁发合作社	新田地合作社
成本	一体化增加的内部交易成本	b	a
收益	一体化降低的市场交易成本	d	c
净收益	一体化带来的净经济效益	d-b	c-a

新田地合作社中的农业社会化服务供需双方采取的是契约协作模式。在契约协作中，合作社的核心成员无须将 12000 户普通成员的 46000 亩耕地进行连片整合，即农户仍分散地从事生产经营活动，因此就不会产生协调、管理服务需求方的内部交易成本。仁发合作社中的农业社会化服务供需双方采取了一体化协作模式。这是因为在仁发合作社中，服务需求方的规模相对较小而户均耕地面积相对较大，且由村社干部协调、组织农户，一体化协作的内部交易成本会较低；同时，其核心成员在初始发展阶段投资了大量的专用性资产，实行契约协作的市场交易成本会比较高。总之，基于交易成本的视角来看，仁发合作社与新田地合作社的农业社会化服务模式都有其各自的经济合理性。

三、研究结论与政策启示

本节的研究结果表明，交易成本会对农民专业合作社的农业社会化服务模式的选择产生一定的影响。一体化协作所降低的市场交易成本与其增加的内部交易成本之差越大，农业社会化服务供需双方通过一体化协作获得的净收益就越高，双方选择一体化协作的可能性也就越大，如仁发合作社；反之，服务供需双方则选择契约协作或现货市场交易的可能性更大，如新田地合作社。中国的农户已分化为专业农户、一兼农户、二兼农户和非农户四类。不同类型农户的农业社会化服务需求通常不一样。契约协作中的农户仍需在一定程度上参与农业生产经营中的部分环节的决策或操作，对于有务农意愿的专业或一兼农户来说，较为适宜。而随着中国社会各行各业的分工深化，务农机会成本不断增加，更多农户倾向于脱离农业或将全部生产经营活动外包出去，即其对农业社会化服务一体化协作的需求会增加。

基于此，得出以下两点政策启示：

第一，完善农业社会化服务体系，降低社会化服务的市场交易成本。由上文已知，提高农业社会化服务供需双方的垂直协作紧密程度，有助于降低社会化服务的市场交易成本。在既定的垂直协作模式下，则需要不断完善农业社会化服务体系、提高社会化服务的质量与市场范围，以缓解市场交易成本对农业社会化服务的负面影响。具体来看，需要政府、科研机构、高校以及各类新型农业经营主体充分发挥各自在农业社会化服务中的作用。例如中央财政应继续实施和不断扩大农业生产全程社会化服务试点，支持各类农业经营性服务组织从事农资配送等农业社会化服务，联合农业部门加强对农业社会化服务的资金扶持力度；科研机构和高校应加大对农业相关技术的研发，以提供更加优质的农资、农技；农业企业、合作社、家庭农场和专业大户等各类新型农业经营主体则应积极地强化自身农业社会化服务的供给能力。

第二，促进农民组织化，降低社会化服务供需双方垂直一体化协作的内部交易成本。提高农业社会化服务供需双方的协作紧密程度、促进双方一体化的关键在于降低组织的内部交易成本。行政力量、乡村能人及新型农业经营主体在促进农民组织化、降低一体化内部交易成本方面可以发挥重要的作用。具体来看，各级政府部门及村社组织、供销社应充分利用其在农民群体中所建立的威信，为农业社会化服务供需双方搭建业务对接平台，如成立合作社、建立为农服务中心等；此外，要持续推进实施新型职业农民和新型农业经营主体培育工程，为创新农业社会化服务模式、降低服务供需双方一体化协作的内部交易成本、促进农民的组织化提供人才等要素支撑；同时，要注重总结探索农业社会化服务供给方与需求方的利益联结机制，通过"利益共享、风险共担"来缓解组织内部的协调成本。

第八章 农业服务企业与社会化服务

第一节 龙头企业提供农业社会化服务的机制及其绩效[①]

——以江西省绿能公司为例

一、引言

中共十九大报告明确提出中国特色社会主义进入到了新时代，乡村振兴是党和国家在新时代的重要战略任务。同时，"健全农业社会化服务体系"被赋予了新的历史使命"实现小农户和现代农业发展有机衔接"。实际上，健全农业社会化服务体系的提法由来已久。1990 年《中共中央、国务院关于一九九一年农业和农村工作的通知》就提出，"稳定完善以家庭联产承包为主的责任制，建立健全农业社会化服务体系"，"农业社会化服务体系，包括合作经济组织内部的服务，国家经济技术部门和其他各种服务性经济实体为农业提供的服务"。2008 年中共十七届三中全会进一步提出"加快构建以公共服务机构为依托、合作经济组织为基础、龙头企业为骨干、其他社会力量为补充，公益性服务和经营性服务相结合、专项服务和综合服务相协调的新型农业社会化服务体系"。2015 年《国务院办公厅关于加快转变农业发展方式的意见》则指出，"鼓励引导粮食等大宗农产品收储加工企业为新型农业经营主体提供订单收购、代烘代储等服务"，"鼓励龙头企业为农户提供技术培训、贷款担保、农

---

① 执笔人：穆娜娜、卢洋啸、孔祥智。

业保险资助等服务"。基于政策视角来看，涉农企业在中国农业社会化服务体系中显然占有重要的位置。

从实践角度来看，中国涉农企业的社会化服务作用也越来越突出。根据《中国农村经营管理统计年报2018》的统计数据显示，截至2018年底，全国提供农业生产托管服务的农业企业数量为23951个，占农业生产托管服务组织总数的6.5%，较2017年增长了43.6%。2019年9月10日，全国农业社会化服务工作现场推进会在山东省齐河县召开，会上公布了第一批20个全国农业社会化服务典型案例，其中，仅企业类服务主体就有13个[1]。学界对于企业开展农业社会化服务的情况也进行了诸多研究：2013年通过调查研究北京郊区的30家农业企业发现，农业企业中能够发挥技术服务的比重高达93.3%，发挥信息服务的有66.7%，发挥金融服务的有20%；以陕西"大荔模式"为例，分析企业在供给农业社会化服务中面临的阻力；以湖北老农民高新科技有限公司为例，研究龙头企业的农业社会化服务创新模式。另有学者以江西绿能公司[2]为例，探究了农业社会化服务的可行路径及其背后生成逻辑。

现有文献对涉农企业社会化服务内容与模式的研究，大多是基于经济学的视角，鲜有学者从企业管理学的角度分析其农业社会化服务模式。管理的一切行为都是为了实现它的预期目标，企业管理的目标就是提高绩效。1954年德鲁克就指出"企业的本质，即决定企业性质的最重要原则是经营绩效"，"在制定任何决策、采取任何行动时，管理层必须把经营绩效放在首位"。农业社会化服务企业也不例外。当然，企业管理的内容十分丰富，包括对稀缺资源的管理及确保企业目标得以实现的技术的应用，即计划、设计、组织、沟通、协调、控制（评估）和报告等。但是，管理产生于组织，也作用于组织，组织是管理的基础；组织结构是服务型制造企业成功的关键因

---

[1]　2019年第一批全国农业社会化服务典型案例名单，其中，企业服务主体包括北京农信互联科技集团有限公司、山西翼城县新翔丰农业科技有限公司、黑龙江宝清美来现代农业服务有限公司、福建司雷植保技术有限公司、江西绿能农业发展有限公司、山东丰信农业服务连锁有限公司、山东高密市宏基农业发展有限公司、山东金丰公社农业服务有限公司、河南安阳全丰航空植保科技股份有限公司、湖南隆平现代农业科技服务有限公司、四川绵阳市川椒王子农业开发有限公司、陕西白水县美华果业有限公司、甘肃谷丰源农化有限公司13个；非企业类服务主体有吉林德惠市惠泽农业生产专业合作社、黑龙江龙江县超越现代玉米种植农民专业合作社、江苏泰州市姜堰区家庭农场服务联盟、浙江乐清市金穗水稻专业合作社联合社、安徽黟县有农优质粮油生产联合体、湖北钟祥市春源农作物种植农民专业合作社联合社、重庆市梁平区新农人农产品股份合作社7个。

[2]　江西绿能公司属于2019年第一批全国农业社会化服务典型案例，也是本节所要分析研究的对象。

素和保障机制。鉴于此，本节将以江西绿能公司为例，从组织结构的视角，分析新时代中国涉农企业社会化服务模式及其经营绩效，主要探究两个问题：一是在剖析涉农企业组织结构的基础上，分析其社会化服务模式的创新与运行机理；二是分析企业创新农业社会化服务模式、带动小农户增收①的效果。通过本节，以期为健全中国农业社会化服务体系、促进小农户和现代农业发展有机衔接提供启示。

二、理论基础与分析框架

学术界关于组织结构的已有研究成果，为本节提供了充实的理论基础。组织结构是工作角色的正式安排，以及控制与管理包括跨组织边界工作行为等的机制。具体来看，组织结构是在特定情境下，将成员分组为单元（节点），并在单元（节点）间进行职责权限确定、工作任务安排、作用关系调节或（和）规则程序制定的结果；基于此，权力格局、任务安排、关系调节与规则制定被认为是组织结构的主要维度。类似地，有学者提出了组织结构的复杂化、规范化、集权化和层次化四个维度，并被进一步总结为专业化、规范化、集权化和层级结构。还有学者从服务业务部门化、企业间协作性、决策权下放三个维度，专门分析了海尔的"平台+小微企业"型组织结构。在现有研究的基础上，结合农业社会化服务公司的具体实践，本节将其组织结构的关键要素概括为三点：任务安排——公司不同农业社会化服务业务的具体安排；权力分配——分权程度，即农业社会化服务经营决策权的下放程度；关系协调——公司不同业务单元与公司内外部资源的协作。农业社会化服务公司，通过在组织结构中综合运用联邦分权制原则与平台化优势，可以实现农业社会化服务模式创新、促进小农户增收。

首先，在任务安排和权力分配中应用联邦分权制的原则，能够提高公司管理效率、增加分工收益。1954年，德鲁克指出，组织结构必须尽可能包含最少的管理层级，设计最便捷的指挥链；而且，组织结构必须采取联邦分

---

① 很显然，农业社会化服务的服务对象不仅限于小农户，还包括家庭农场等规模经营主体。但是，本节重点关注小农户的增收情况。换句话说，本节不止涉及小农户与现代农业衔接的问题。因为通过购买农业社会化服务或者流转承包土地经营权之后，很多农户已经完全脱离了农业生产；就农业生产本身来讲，规模化服务促进了农业现代化，但是否属于实现了"小农户与现代农业有机衔接"的范畴，在学界仍有争议。基于此，本节以小农户（普通农户家庭）增收情况，衡量涉农企业社会化服务的经营绩效。

权制，或职能分权制。通过尽可能强化联邦分权制，以及把分权制的原则应用在职能性的组织活动上，以改善组织结构，总是能提升企业的经营绩效。在农业社会化服务公司中，则可以通过服务业务部门化（当然，本节所指公司不止经营一种农业服务）和经营决策权下放（见图 8-1），来达到强化联邦分权制、提升企业经营绩效的目的。服务业务部门化指负责农业不同环节社会化服务的单元自成一体，如农资采购部、农机作业部、农产品加工部和销售部等；不同业务部门各司其事、独立核算，进行专业化服务，由此增加公司从农业专业化分工中获得的收益。经营决策权下放，即提高分权程度，不仅有助于提高经营决策效率、降低公司内部管理成本；正如中国在 20 世纪 80 年代实行的家庭联产承包经营责任制，决策权下放一般还会显著提高员工的积极性，降低监督成本。分工收益的增加和公司管理效率的提高，最终会提升公司农业社会化服务业务的经营绩效，进而促进公司以及参与其中的小农户增收（见图 8-1）。

其次，在关系协调中充分发挥平台化的优势，有助于提高公司的服务效率与规模经济。如图 8-1 所示，在本节的分析框架中，关系协调包含两个维度：服务业务部门与公司内部资源的协作，以及与公司外部资源的协作。农业生产的各个环节间是相互衔接和紧密联系的，简单来讲，在公司内部，农资采购部门需衔接农机作业部门，将化肥、农药施用到农作物上；农作物收获之后，需衔接农产品加工和销售部门，将农产品加工并销售出去。通过与公司内部资源

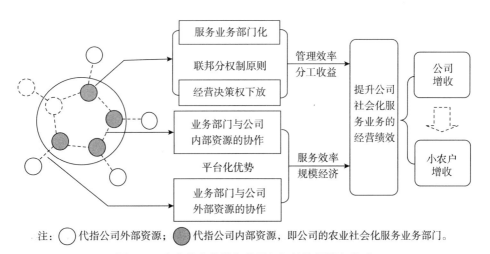

注：〇代指公司外部资源；⬤代指公司内部资源，即公司的农业社会化服务业务部门。

图 8-1　农业社会化服务公司组织结构及服务模式

开展衔接合作，而非二次外包的做法，有助于减少市场交易成本的支出、提高社会化服务效率。与之相比，服务业务部门在与公司外部资源，如农资厂家、农业经营主体等的协作中，可以充分发挥公司集聚资源的平台化优势，提升公司经营绩效的效果更显著。因为平台具有双边网络效应和快速聚合一系列资源的能力，能够帮助管理者应对频繁出现的"惊喜"，建立各方社会力量广泛参与的开放式合作平台来集成、培育和涵养服务资源，以及通过"一揽子"的统筹协同，可有效解决服务供给过于"碎片化"的问题，可实现服务质量和数量并举。并且，与公司外部资源的协作还有助于扩大服务规模，进而通过增加规模经济，提升公司经营绩效，促进小农户增收。

三、案例选择与数据来源

案例研究的方法，最适用于研究诸如"怎么样"和"为什么"等类型的问题，研究对象为目前正在发生的事件，且研究者对当前正在发生的事件不能控制或极少能够控制。因此，对本节来说，案例研究的方法是比较适合的。通过案例剖析，可以获得较为完整、全面和详细的信息，从而为本节的论点提供更加充足的论据，使研究结果更加具有说服力。

（一）案例选择

江西绿能农业发展有限公司（以下简称"绿能公司"）成立于 2010 年，是一家集土地流转、水稻种植、农资农机农技服务、稻谷烘干储存、大米生产加工与销售等为一体的综合性涉农企业。公司总部位于江西省安义县，同时在乐安县成立了绿能子公司。2010～2012 年，公司累计亏损达 670 万元，直到 2013 年才开始盈利，2018 年实现总产值 1.15 亿余元。截至 2019 年 6 月，公司有固定员工 370 余人，其中管理科技人员 45 人、聘用长期农民工 325 人、季节性用工 400 余人。公司经营耕地 20.2 万亩，其中，"流转自营"[①] 4.4 万亩、托管服务 15.8 万亩（包括全程托管、菜单式托管以及订单生产[②]等），直接带动农户 12000 余户，帮助区域农民人均增收 2500 元左右。绿能公司先后

---

① 从表面上来看，"流转自营"属于土地流转行为。但是，从"流转自营"的具体过程与操作来看，还是可归于农业社会化服务——绿能公司以流转（主要是租赁和入股）为手段，将小农户组织起来，进而提供农业社会化服务；而租赁和入股等则代表了社会化服务过程中，供需双方（绿能公司和小农户）之间不同的利益分配机制。

② 简单来讲，订单生产可视为将农产品销售环节、农资采购环节等托管给相应的服务供给方，在本节中也即指绿能公司。

被评为"江西省农业产业化龙头企业""全国种粮大户"和"全国农机合作社示范社"。

单案例研究要选取典型和极端的情形才更为合适。为促进安义县当地农业社会化服务体系建立健全、带动小农户和现代农业发展有机衔接，绿能公司通过实践，探索出了独具特色的"绿能模式"。基于此，绿能公司于 2019 年被列入第一批全国农业社会化服务典型案例名单。作为新时代涉农企业经营社会化服务的典型，绿能公司的组织结构及服务模式具有重要的实践意义与学术价值。如图 8-2 所示，围绕主营业务，绿能公司成立了水稻种植部、烘干部、加工部、销售部及土地流转合作社、农机服务合作社、生产资料合作社、统防统治合作社等业务部门，其中，水稻种植部下又成立了若干生产队，主要负责"承包"经营公司"流转自营"的 4.4 万亩耕地。而且绿能公司成立的现代职业农民培训学校、土地流转合作社等机构与部门，还发挥了集聚资源的平台作用。显然，结合本节分析框架可知，以绿能公司作为研究对象，具备一定的典型性、代表性与极端性。

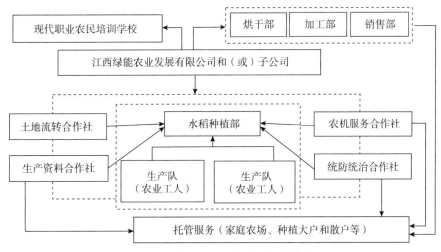

图 8-2　绿能公司组织结构及服务模式

（二）数据来源

本节案例资料收集的具体来源与方式如表 8-1 所示。

表 8-1　案例资料来源与收集方式

类型	来源	收集方式
一手资料	公司领导、员工、村级组织成员访谈	安义县公司总部董事长、总经理、有关部门负责人；乐安县子公司总经理、员工、村级组织成员等
	实地调研观察	2019 年 6 月 14~15 日，赴绿能公司在安义县和乐安县的基地进行调研，参观了公司水稻烘干储藏设施设备、农机设备以及稻田
二手资料	学术论文、网络资料、会议和论坛素材	通过中国知网，搜集有关绿能公司的学术论文；通过绿能公司网站，搜集有关信息；通过 2019 年 9 月在山东齐河县召开的全国农业社会化服务工作现场推进会，收集案例素材；通过 2020 年 1 月在江西安义县举办的"绿能模式"创新实践高峰论坛，收集相关素材

四、案例观察与发现

由上文已知，绿能公司成立了若干服务业务部门（见图 8-2）。农业社会化服务过程中，各业务部门遵循联邦分权制的原则，合理分工、密切协作，在保持独立性经营的基础上，通过与公司内外部资源的衔接配合，发挥平台化优势，实现了公司管理与服务效率的提高，以及公司专业化分工收益、规模经济的增加，从而最终促进了绿能公司和参与其中的小农户增收。

（一）服务业务部门的独立性及与公司内部资源的协作

首先，从水稻的产前农资供应服务、产中农机作业与植保服务，到产后烘干加工与销售服务，绿能公司分别成立了生产资料合作社、农机服务合作社、统防统治合作社及烘干部、加工部和销售部等业务部门。其中，生产资料合作社负责采购供应种子、化肥、农药等生产资料；农机服务合作社负责提供农机作业和维修服务；统防统治合作社负责开展病虫害防治服务。水稻收获之后，可以运输到公司烘干部进行烘干；订单生产和自产稻谷，烘干后则进入公司加工部，加工成大米，然后经销售部销往市场。绿能公司的各业务部门在服务开展和财务核算中都保持一定的独立性，如单环节托管。另外，在"流转自营"以及水稻的生产托管服务中，绿能公司探索出了"四良"种田法①：通过与政府高标准农田建设项目合作，集中连片打造了土地平整、土壤肥沃、设施完

———————

① "四良"种田法具体是指良田、良种、良技、良机。

善、生态良好、旱涝保收、高产稳产田块；所用种子均具有米质优、产量高、抗病害、抗倒伏、株高适中等特性，耕种过程采用与水稻生产相匹配的农艺措施，科学种田，并通过购置先进农机具，实现了全程机械化。各部门间的协作，使绿能公司得以提供覆盖水稻生产全程的"九统一"①服务，并促进了节本增效。以中稻为例，全程托管后每亩净增收 335 元②。

其次，针对"流转自营"的 4.4 万亩耕地，绿能公司成立了土地流转合作社和水稻种植部。其中，土地流转合作社通过与村集体合作，负责整村、集中连片推进土地流转；水稻种植部则负责"承包"经营公司的"流转自营"耕地。正如前文所述，水稻种植部下成立了若干生产队。绿能公司规定，每个生产队一般由 4 对夫妻 8 名农业工人组成，实行"基本工资+奖金"的薪酬管理制度，按产量定收入。③ 每队"承包"经营面积约 1200 亩，一对夫妻的耕地经营规模最大为 300 亩，生产队由农业工人自行组建，并选取一名队长负责与公司对接。绿能公司按规定亩均标准和经营面积，为各队配发农资；用量超额由生产队承担，结余则公司与生产队五五分成。公司还为每个生产队配置了若干农机具④；生产队既可以使用公司配置的农机具"自服务"，也可以进一步"外包"给公司的农机服务合作社。虽受绿能公司的监管，但是生产队显然已拥有近乎完全独立的经营决策权，这种经营决策权下放到公司最底层的"队生产"责任制，有助于提高管理效率、激发农业工人积极性，促进农户家庭增收。2013年以来，绿能公司累计发放年终超产奖金 1219 万元，种粮状元刘高美累计获得182 万元。目前，一对夫妻平均能够获得超产奖金 14.7 万元/年。

（二）服务业务部门与公司外部资源的协作

服务业务部门与公司外部资源的协作，主要指各业务部门通过利用平台化的优势，实现了对相关资源的整合。其中，绿能公司对耕地资源、农机资源、

① "九统一"服务具体包括统一供应良种、供应化肥、机械播种施肥、田间技术指导、病虫害防治、收割烘干、回收加工、连锁销售、融资担保。
② 托管前成本为 1110 元/亩，产量 1110 斤/亩，收入 1375 元/亩，利润 265 元/亩；托管后成本为 1080 元/亩，产量 1200 斤/亩，收入 1680 元/亩，利润 600 元/亩，在节本增效的基础上，中稻亩均增收 600 元−265 元＝335 元。
③ 以早、晚稻（两季）为例，绿能公司以 750 公斤为基准，低于 100 斤以上的，每少 1 斤扣 1元；超产 25 公斤/亩以下每公斤奖励 1 元，超产 25 公斤/亩以上每公斤奖励 2 元。
④ 绿能公司为每个生产队配置了 2 台大型拖拉机、1 台手扶拖拉机、1 台收割机和若干打药设备。设备折旧期限为三年，除机油补贴外，农机设备的保养与维修费用均由生产队负责；生产队在完成本队的农机作业任务后，可以无偿使用公司配备的农机设备对外开展农机作业服务，赚取收入。

农业工人和农产品营销渠道的集聚，整合效果最为显著。通过资源的整合，绿能公司不仅实现了规模化生产与服务，也提高了农业社会化服务效率，进而以扩大耕地经营服务规模、降低服务价格、提高农产品品质和销售价格等路径，提升了公司的经营绩效，促进了小农户增收。

（1）以土地流转合作社为载体的耕地资源整合平台。整合耕地资源实际上就是组织分散经营的小农户，即公司"流转自营"耕地。如前所述，目前绿能公司的土地流转总面积为4.4万亩，其中安义县2.3万亩、乐安县1.6万亩、莲花县0.5万亩。公司主要以"整村整组+合作社"的方式进行土地流转。绿能公司充分利用村集体的组织优势，以村或村组为单位成立土地流转合作社，鼓励农户以承包土地的经营权入股合作社，合作社再将土地统一交付绿能公司经营。公司要求流转耕地必须达到50亩连片，有水利、道路等配套基础设施，村集体协助解决水源调配、农民纠纷等问题。在利益分配中，绿能公司除了为农户社员支付500元/亩的土地租金之外，还承诺给予每家土地流转合作社不低于160元/亩的分红收益，其中，60元用于村集体经济建设、100元用于农户社员分红；公司还会给村委会每亩20元的土地流转工作经费。通过耕地资源整合平台，绿能公司实现了对分散、细碎化耕地的集中连片，促进了小农户的组织化。

（2）以农机服务合作社为载体的农机资源整合平台。整合农机资源是绿能公司从事农业生产托管服务的关键支撑，尤其是对于水稻等机械化水平较高的大田作物而言。绿能公司于2011年成立了农机服务合作社，负责提供耕、种、收等农机作业服务。农机服务合作社的机械设备，大部分为公司自购；当然，合作社也会吸收社会上的一些闲散农机手带机入社。截至2019年6月，绿能公司的农机服务合作社共计拥有农业机械设备430台（套），全年可完成机耕5万亩、机插1万亩、机收5万亩；公司还专门建设了省级农机维修服务中心和服务站。此外，绿能公司投资670万元，为烘干部购置配备了两套日处理能力700吨的粮食烘干设备。而农机服务合作社以及粮食烘干部对各类农机资源的整合，大大促进了绿能公司农业生产托管服务能力的提升。截至目前，绿能公司的水稻生产托管服务面积达到了15.8万亩，其中，安义县11.4万亩、乐安县3.1万亩、莲花县1.3万亩，服务对象包括家庭农场、种植大户和小农户。由于规模化服务（公司通常要求托管服务的耕地规模必须达到50亩连片），绿能公司的服务价格一般会比当地市场价低约30%。

（3）以现代职业农民培训学校和生产队为载体的农业工人整合平台。绿能公司以现代职业农民培训学校和生产队为载体，通过加强专业技能培训、创新薪酬管理制度等方式，为江西省现代农业发展，培养了一批具备一定专业技术能力的管理人员和农业工人。如公司现有管理科技人员 45 人、长期农民工 325 人。在具体做法上，公司特聘贺浩华、罗必良、尹建华、翁贞林等国内知名教授、专家学者到现代职业农民培训学校，对农民开展培训；与江西农大、国家杂交水稻研究中心等高校和科研院所建立合作关系，选派员工进修和接受在职培训。年轻人接受新生事物能力强，有助于公司推广测土配方施肥和土壤改良等新技术，所以绿能公司加大了对"80 后""90 后"新型职业农民的培训力度，培训后持证上岗，让年轻人运用现代化技术管理农业生产。而且，绿能公司在生产队实行"基本工资+奖金"的薪酬管理制度，承诺返乡年轻人每年至少获得 10 万元超产奖金，这些做法在促进公司管理效率提高的同时，无疑将激励农业工人提高专业技能、增强自身稻田经营管理水平，并最终带动提升公司的经营绩效。另外，绿能公司也会以评选"和谐奖""执行奖"等方式，提高农业工人的工作积极性。

（4）以加工部和销售部为载体的农产品营销渠道整合平台。绿能公司依托加工部和销售部，搭建形成了从稻谷收购到大米加工和销售的农产品营销渠道整合平台。首先订单生产、高价收购稻谷，帮助公司解决了优质粮源的难题，也提高了水稻种植户抵御粮价波动风险的能力。如 2018 年国务院规定，早籼稻、中晚籼稻和粳稻的最低收购价分别为每 50 公斤 120 元、126 元和 130 元，分别比 2017 年下调了 10 元、10 元和 20 元，导致大部分水稻种植户收益下降，种粮积极性受挫，为调动水稻种植户的积极性，绿能公司以高于市场价 10%~15% 的保底价进行订单收购、统一加工，打造出了好看、好吃、好安心、零香精、零色素、零污染、零陈米、零掺杂的"三好五零"标准"绿能大米"。在绿能公司，经过烘干加工后的粮食由 1.3 元/公斤卖到了 2 元/公斤，精深加工的再生稻大米价格更是达到了 20 元/公斤。为促进大米销售，绿能公司还注册了"绿能大米""凌继河大米"两大品牌。与此同时，公司以安义县当地人外出创业为契机，以"乡情"为卖点，通过外出经商的本地人销售大米，不仅提高了公司销售额，也使得"凌代表"大米走出了江西省。可见，绿能公司通过充分发挥整合农产品营销渠道的平台作用，帮助水稻种植户实现了稻谷的高价销售。

（三）绿能公司农业社会化服务模式的经营绩效

根据本节分析框架，关于绿能公司农业社会化服务模式的经营绩效，可以从公司收入和小农户收入两个维度进行分析。由前文已知，从直观上来看，小农户与绿能公司的合作关系主要分为三种：一是将土地流转给公司，即土地租赁或（和）股份合作关系；二是购买公司的农业社会化服务，即服务与被服务的关系；三是被公司聘用，成为农业工人，即雇佣与被雇佣的关系。通过这三种合作关系，绿能公司与小农户之间建立起了紧密的利益联结机制，带动了小农户增收。2013 年以来，绿能公司直接带动小农户数量由 2132 户增加到了 2018 年的 6708 户，间接带动小农户数量由 8210 户增加到了 2018 年的 33500 户。小农户增收的具体情况如下：

在绿能公司，小农户的收入来源有经营性收入、财产性收入、工资性收入和转移性收入（主要是指保险赔偿）。经营性收入即水稻生产销售收入，农户通过购买绿能公司的社会化服务，如前文所述，尤其是全程托管服务，可以实现节本增效，提高土地经营收入。财产性收入包括承包土地经营权流转的租金收入和分红收入两部分，截至 2018 年，绿能公司的分红金额已由 2013 年的 156 万元增加到了 518 万元。工资性收入包括务工薪金和超产奖励金，通过劳务聘用，绿能公司帮助农民成为农业工人，每月发放工资 5000 元/对夫妻，保证"承包"经营公司"流转自营"耕地的农户年工资收入不低于 6 万元。值得注意的是，成为农业工人，赚取工资可使农户收入得到最大幅度提升。因为经营性收入是农业作为一产的产出；财产性收入来源主要是土地租金，尽管农户会获得分红，但由前述介绍可知，分红收入相对比较固定；而工资性收入的来源是农业与二三产业融合的产出，包含了稻谷精深加工和大米营销等农业价值链增值收益。

五、研究结论与展望

（一）结论

从企业管理学的视角来看，通过在涉农企业的组织结构中综合运用联邦分权制原则和平台化优势，能够在创新农业社会化服务模式的基础上，显著提升企业社会化服务业务的经营绩效，促进公司与小农户增收。本节中的绿能公司，正是通过分权与平台化，探索创新出了农业社会化服务的"绿能模式"，并促进了公司和参与其中的小农户增收。具体来看：

第一，根据联邦分权制原则，通过在企业组织结构中践行服务业务部门化和经营决策权下放，可以提高公司管理效率与社会化服务效率、增加农业专业化分工收益，提升企业农业社会化服务业务的经营绩效。绿能公司根据农业社会化服务的具体内容，分别成立了土地流转合作社、农机服务合作社、统防统治合作社、生产资料合作社，及水稻种植部、烘干部、加工部与销售部等，并且在水稻种植部下成立了若干生产队，实行"队生产"责任制；从而使得各业务部门在保持独立经营与财务核算的同时，也可以与公司内部其他资源或业务部门衔接配合，实现合理分工、密切协作，提升公司经营绩效。如在"队生产"的责任制下，农业工人独立经营决策，一对夫妻（农业工人）平均每年可以获得近15万元超产奖金；农机服务、农资采购等服务业务部门之间的协作，更是使绿能公司具备了开展全程托管服务的能力，促进了农业节本增效。

第二，公司服务业务部门与其外部资源的协作中，可以通过充分利用企业组织结构的平台化优势，实现对相关资源的整合及农业的规模化生产与服务，进而提高服务效率、提升企业农业社会化服务业务的经营绩效。本节中，绿能公司依靠其成立的各类服务业务部门，通过与农户、村集体、农机手、专家学者、"经销商"等公司外部资源开展协作，实现了对耕地资源、农机资源、农业工人和农产品营销渠道的整合，进而在扩大耕地经营服务规模、降低服务价格、提高农产品品质和销售价格等的基础上，提升了公司经营绩效。如绿能公司以"整村整组+合作社"的耕地流转方式，打造了4.4万亩集中连片的高标准稻田；以成立农机服务合作社、吸收社会闲散农机手的方式，购置、整合了430（台）套农业机械设备，促使公司托管服务面积增至15.8万亩；以成立现代职业农民培训学校等方式，培养了一批具备一定专业技术能力的管理人员与农业工人，显著地推动了绿能公司的现代化农业生产；以订单生产和大米加工、品牌营销等方式，实现了稻谷和大米的高价销售。

（二）展望

在中国实施乡村振兴战略的新时代背景下，农业社会化服务是促进小农户和现代农业发展有机衔接的重要路径。与此同时，毋庸置疑的是，农业社会化服务是一种市场行为，相比农民合作社、协会等半公益性半经营性的服务主体，企业作为市场经营性主体，具有提供农业社会化服务的先天优势。本节的研究结果也表明，公司在农业社会化服务模式创新中大有可为。中国农业社会化服务未来的发展也必将依赖于农资、农产品供销等涉农企业的参与。因此，在中国农业社会化服务发展中，需要特别注重发挥企业的主体地位，强调服务的市场化。

就学术研究的角度来看，下一步可以重点分析探究农资、农产品供销等涉农企业，转型从事农业生产性社会化服务的动力或因素。随着企业在农业社会化服务中发挥的作用越来越突出，可以深入、定量地分析企业供给农业社会化服务的经济、社会、生态和文化效益，以及对于乡村振兴的现实意义。当然，强调市场主体在农业社会化服务中的主导地位时，政府对农业社会化服务工作的引导与支持作用也不容忽视。文中绿能公司的发展，就与当地政府在政策、资金、用地等多方面给予的支持有着密不可分的关系，如前文所提到的，公司与当地政府在高标准农田建设项目上的合作。基于此，可以就政策支持对涉农企业社会化服务行为及其效果的影响进行研究。

第二节 专业化服务企业的农业社会化服务

——以山东省沃华公司为例①

当前我国的农业和农村经济发展已经进入了新阶段，农民专业合作社、农业龙头企业、家庭农场等新型农业经营主体不断涌现，并越来越多地进入农业社会化服务领域，逐渐成为政府公共服务体系的有益补充。近年来，不少农业企业积极实践创新，为相关农业生产经营主体提供了丰富多样的社会化服务，对促进我国新型农业社会化服务体系的构建和完善做了多方位的探索。

目前学者对农业企业社会化服务的研究主要集中在大田作物上，对蔬菜的社会化服务研究较少。我国是世界上最大的蔬菜生产国和蔬菜消费国，蔬菜的播种面积和产量均占世界的40%以上，是我国种植业中仅次于粮食的第二大农作物。蔬菜产业是各地区农村经济发展的支柱产业，成为部分区域农民增收的重要来源。以大葱为例，大葱是我国广泛栽培的重要调味蔬菜及特色经济作物之一。我国大葱年均种植面积达50万公顷，而且每年种植面积呈逐年递增的趋势。中国也是世界大葱的主产区，我国大葱每年的出口份额占世界的70%。作为重要的调味蔬菜，大葱这个品类涵盖问题较全面，对我国蔬菜产业的发展现状具有很强的代表性。山东沃华农业科技有限公司对大葱的全程机械化和农业社会化服务模式进行了积极探索，并取得了一定成果。因此，对山东沃华农业科技有限公司的农业社会化服务情况进行报告，对我国蔬菜全程机械

---

① 执笔人：王沁轩。

化具有引领意义，对农业生产和农业社会化服务的发展有重要借鉴意义。

基于此，笔者于 2019 年赴山东省潍坊市安丘县展开了深入的调研。在此次调研过程中，笔者对山东沃华农业科技股份有限公司（以下简称"山东沃华"）的农业社会化服务模式进行了深入访问调研，结果如下：

一、公司基本情况

（一）公司简介

山东沃华成立于 2010 年 8 月，是一家以农业产业化发展为模式的现代农业科技型股份制企业，是国家首批一二三产融合项目试点示范企业，主要业务涉及基地种植、初加工、深加工、全程机械化种植与社会化服务、农机研发、农超对接、国际贸易等。

公司自成立以来，在基地建设领域，积极与政府、合作社、农户沟通合作，科学、高效地推进土地流转，流转土地达 1000 多亩作为标准化自属种植基地，以生产绿色食品为基本要求、GGAP 产品认证为种植标准，推进种植过程采用沃华大葱全程机械化种植技术。在二产蔬菜精深加工方面，公司现建有高标准的农产品深加工车间和先进的冷藏设备，脱水蔬菜年加工产能达 3000 吨；冷藏保鲜蔬菜的年加工能力达 15 万吨，恒温冷藏库一次性可贮存大葱 5000 余吨，各类先进生产、加工设备百余台。为了持续将质量控制与食品安全贯穿于原料采购、加工和物流配送的全过程，先后通过 ISO 9001/HACCP 体系认证。

2013 年，公司成为山东省葱类产业创新战略联盟领军单位，山东农科院在山东沃华设置"蔬菜研发实验室"和"蔬菜成果转化试验示范基地"。2014 年，国家农产品保鲜工程技术中心在沃华设立研发中心，青岛农业大学在沃华成立专家工作站。2018 年 7 月 9 日，"沃华牌大葱"成功入选为"潍坊市知名农产品企业产品品牌"，2018 年 12 月 27 日，山东沃华荣获为"第七批农业产业化省级重点龙头企业"。

在三产融合领域，沃华与国内知名科研院所开展相关领域的战略合作。凭借 2018 年为农业产业化发展做出的突出贡献，山东沃华荣获"山东省农业产业化龙头企业""潍坊市知名农产品企业产品品牌"等荣誉称号。而且，董事长张金全、总经理张笑笑分别荣获"中国蔬菜产业领军人物""鸢都产业领军人才"等荣誉称号。

（二）企业发展情况

在经济效益方面，2018 年山东沃华社会化服务面积达 20000 余亩，年产值达 2100 万元；深加工销售量达 28000 吨，产值达 1.1 亿，纳税金额 140 余万元。

在自主知识产权方面，公司拥有专利 18 项，其中发明专利 12 项，已授权 8 项，实用新型 6 项，已全部授权；拥有商标品牌 9 项；拥有软件著作权 2 项。

在基地建设方面，通过与安丘农发办和农业局合作开发项目，山东沃华在安丘农谷投资 2966 万元，新建现代化智能育苗大棚 24 座，占地 350 余亩，年辐射带动能力 30000 余亩，可辐射带动大葱种植户 3000 余户，为进一步"引领产业升级，助力乡村振兴"奠定了良好的基础。

在人才引进方面，为进一步推动农业向产业化、信息化方向迈进，2018 年，山东沃华引进了高层次管理人才以提升管理水平；同时组建了互联网服务团队，意在搭建农业社会化服务交易平台，整合各类农业资源，以实现资源共享。

二、社会化服务的主要做法

（一）建设机械化体系，提升作业服务质量

1. 引进先进技术和设备

近几年随着我国大葱产业的迅速发展，国内的大葱机械化种植开始起步。但从种植技术上看，我国大葱播种、育苗与移栽技术还相对落后，配套性差，相关机械化体系的实际应用还处于空白状态，大多采用传统的人工种植方式。从种植机械上看，尽管国内已研发了多种类型的移栽机械，但从总体上讲，我国研发的移栽机械还是存在品种单一、规格不全、结构复杂、生产率偏低、成本高、农机农艺脱节、不能满足多种栽植作业的问题。此外，国内对穴盘苗移栽自动化机械的研究也才刚刚起步，存在移栽过程技术要求高、用工多的突出问题。加之劳动力成本的上升，农民对先进的种植技术和新型的机械化机具需求相当迫切。

为了充分优化配置现代农业技术、资金、劳动力、土地等生产要素，实现小农户和现代农业发展的有机衔接，为农业现代化助力，自 2012 年以来，山东沃华发扬敢闯敢干，敢为人先的精神，不断探索和实践，加强科技助推现代农业，集约提升生产效率，以工业化的理念开展机械化种植与采收，多次完成美国、德国、日本、以色列等发达国家的现代农业调研和考察，先后斥巨资陆续引进、研发并装备了世界先进的自动化设施、设备，如自动化播种机、自动

化移栽机和自动化采收机等，并在自有基地上规模化投入使用，同时，积极地消化吸收国际上先进的大葱自动化育苗、移栽、采收技术，极大地提升了机械化、自动化生产水平。

2. 建立标准化育苗工厂

为进一步加强大葱全程机械化生产与社会化服务辐射力度，畅通农民增收渠道，带动更多的农民增收致富，位于安丘景芝的总投资约 1100 万元、建设面积 5 万平方米的现代化标准化育苗中心建设项目，于 2017 年 4 月中旬竣工，新增辐射带动大葱种植面积超 6000 亩。

为进一步推进现代农业向智慧农业转变，2018 年 10 月，山东沃华安丘农谷"智慧农业科技园"项目正式建成并投入使用，新增育苗中心面积 350 亩，并配套建设水肥一体智能控制中心和科技研发中心，按每年繁育 3 茬计算，年可繁育葱苗 10 亿株，社会化服务辐射带动能力达 30000 亩，规模面积、科技含量均处于国内领先地位，该智能化育苗中心年可辐射带动 3000 余大葱种植户增收致富，节约成本 300 元/亩，农户增收总额达 9000 余万元，极大地提升了现代农业社会化服务水平，降低农业生产成本，大幅提高了农业综合效益，进一步助推和振兴农业农村经济。

2019 年，为扩大社会化服务规模，沃华现代化育苗大棚建设项目启动。新建大棚地点位于沃华农谷科技智慧园内北侧，预计投入 1382 万元（每平方米 300 元），共建设智能化大葱育苗大棚 12 座，每座宽 48 米、长 80 米，单座面积为 3840 平方米，棚内面积 46080 平方米，总占地 100 亩。同时引进水肥一体化系统设备 91 套，育苗盘 21.6 万个以及其他配套设备。该项目收入主要来自社会化服务收入，即为农户定植移栽收入，预计年服务面积 15000 亩，年销售收入 2000 万元，可实现净利润 180 万元。

3. 完善大葱全程机械化体系

2014 年末，山东沃华在安丘建立了首个全程机械化生产试验示范基地，立足于研发国际最先进的大葱机械化体系，通过农艺与农机相结合的反复实践，不仅极大地提升了大葱生产劳动效率，还在已引进国际先机技术的基础上完善并确立了大葱全程机械化生产体系："丸粒化包衣、精量化播种、工厂化育苗、自动化移栽、集约化采收"等，破解并改变了大葱千年种植生产方式，有效地提高了大葱生产过程中的生产效率，确保了作物品质，同时带动了农民增收致富，解决了一家一户土地经营零散、技术能力不强、劳动力不足、品质不高、产量不稳、信息不畅等问题，从根本上实现了大葱播种、育苗与移栽的低成本、机械化、自动化、工厂化，是适合我国国情的经济、实用、高效、环保的机械化体系。

（二）搭建互联网平台，丰富技术和信息服务

为促使农业朝信息化、智能化方向发展，山东沃华已自主研发搭建了中国首个农业社会化服务管理信息系统，且于2017年7月正式上线运营，并获得国家计算机软件著作权登记证书。

由于大葱难以储存、市场价格波动较大等特点，农户进行种植面临的风险较大。为充分整合各类农业资源，为农户提供农业信息服务，指导农户进行生产、控制市场风险，实现资源最优化和效益最大化，解决农户与市场信息不对称问题，山东沃华搭建的"葱天下"互联网服务平台，已于2019年8月2日正式上线。"葱天下"平台，是一个以服务为核心，集农户、经纪人、加工、仓储、物流、采购于一体的大葱全生态链平台。"葱天下"平台通过新零售、新营销、新模式的融合，引领农业向智慧农业的道路发展。该平台通过线上聚资源，线下供服务，为农户提供产前、产中、产后全方位服务，更好地推动大葱全程机械化的实施。

三、社会化服务的主要作用

沃华以大葱全程机械化与社会化服务为载体，依托龙头企业的引领带动作用，优化配置技术、培训、资金、劳动力、土地等生产要素，以最大限度地解决小农户种植过程中生产要素缺失问题，契合小农经营在现代化转型中的现实需求，实现小农户和现代农业发展的有机衔接，加速现代农业社会化服务的转型升级，带动农民增收致富，助力乡村振兴战略。具体来说，社会化服务的主要作用有以下几点：

（一）改善农户生活水平

第一，减少农户的要素投入。通过农业社会化服务，农户只要拨通电话或手机登录平台下订单，沃华就可提供全程机械化服务和技术支持。期间，农户不仅省心省力，还能减少劳动力投入，可从事其他劳动；农户不需要自己育苗，减少了育苗土地的投入。

第二，降低农户的劳动强度。山东沃华通过推行大葱全程机械化与社会化服务模式，改变了葱农们"面朝黄土背朝天"的传统种植模式，大大降低了葱农的劳动强度。

第三，转移农户的生产风险。接受农业社会化服务后，公司统一处理种

子，统一育种，统一移栽，进行标准化作业。这使得农户的育种风险直接转嫁到育苗工厂这边，从而降低农户育种风险。另外，沃华还会在不同季节向农户推荐不同品种，提供市场信息，降低农户的市场风险。

第四，增加农户的农业收入。接受社会化服务可以增加大葱单产，一些受益农户单亩产量超过了18000斤，收入大大增加。另外，沃华公司与接受其农业社会化服务的农户签订订单，从农户那里收购大葱用于公司二产加工，实现了农户与企业的直接对接，也可增加农户的农业收入。

（二）促进企业自身发展

一方面，取得了良好的经济效益。2018年，山东沃华社会化服务面积达20000余亩，年产值达2100万元。

另一方面，取得了良好的社会效益。2015年10月底，公司成功承办了全国"大葱全程机械化生产与社会化服务现场观摩暨葱姜蒜发展高层论坛"，全国葱姜蒜岗位专家齐集沃华，共商葱姜蒜等特种蔬菜产学研合作事项，并一致认为沃华在大葱全程机械化和社会化服务方面走在了全国前列，起到了引领和示范作用，受到了与会领导和专家的高度评价。

（三）增加农业生产效率

实现产业智慧化，让农业也能像工业一样进行标准化、规模化、集约化发展，这是大葱产业发展的一场革命，全程机械化作业也使农业生产效率得到了大幅度的提高。通过实现"丸粒化包衣、精量化播种、工厂化育苗、自动化移栽和集约化采收"，目前这批自动化程度突出的机械化设备效益倍出：第一，传统种植方式需要农户购买安装地膜、拱棚、滴灌等农资，化肥、农药投入大，且未按科学配比使用。与传统手工作业相比，机械化种植和社会化服务提供农资一站式服务，可省大量人力、物力和资金，节约药肥用量约20%，提高产量约10%。第二，现代机械化种植方式还能保证移栽时秧苗的株行距和移栽深度均匀一致，可按技术要求在一定范围内调整，还能够完全消除在移栽过程中的伤苗问题，秧苗移栽后的直立度、覆土压密程度等都得到良好的控制，达到苗全、苗齐、苗匀、苗壮的要求。第三，实施机械化种植在种子、育苗、定植、大田管理、收获、加工、流通等各个环节均有记录，做到全程可追溯，确保食品安全。这种机械化和社会化服务体系可广泛用于青葱类等旱地蔬菜作物的播种、育苗、移栽、采收，大幅度地提升了生产效率，确保了大葱品质和产量（见表8-2）。

表 8-2　沃华现代种植与传统种植各环节生产效率对比

类目	传统种植	沃华现代种植
种子	采购的种子未经专业处理，平均出芽率60%左右	一是通过丸粒化包衣达到综合防治苗期病虫害，提高抗逆性。二是应用了种子引发技术，芽势强，出芽率提高到90%以上，且饱满，使育苗周期缩短15~30天
播种	人工移动播种，种子漫撒，不均匀，效率低	精量化播种使用专利苗盘技术，保证了每个穴孔精准播入三粒丸粒化包衣种子，每个苗盘上共载有660粒包衣种子，育种速度在3960~6600粒/分钟（6~10盘/分钟），可实现人工难以实现的每亩均匀播种3万株葱苗
育苗	自然生长，人工施肥，打药，除草，浇灌等，受天气气候影响较大，成苗率低	通过工厂化育苗，布宗种子的苗盘在育苗温室人棚及芽，生长期缩短为45~50天，可使每千亩种植所需育苗地的面积从传统的170亩节省到20亩，且不受不同季节天气影响。工厂化育苗实现了温度、水分、光照、营养可控，管理统一高效，成苗率提升到85%以上
定植	人工移苗，插苗，劳动效率极低，弯腰作业工作强度大	与传统移栽方式相比较，自动化移栽一是移栽速度快，一般比人工移栽快20倍；二是移栽的质量好，行距、株距、直立度和深度都比人工移栽要好，达到苗全、苗齐、苗匀、苗壮的高标准要求，且避免了缓苗过程，有利于葱苗快速成长，缩短了生长期；三是省力，不需要人弯腰作业，减轻了劳动强度。四是可以扩大种植面积，获得更多的经济效益
采收	一般聘请劳务队，费用高，效率低	集约化采收应用机械化设备，与传统手工作业相比可节省10倍的人工用量，并且有效地降低大葱采收过程中的劳动强度，提高生产效率，确保大葱品质

资料来源：根据课题组调研资料整理。

四、山东沃华的具体做法

（一）签订合同，增强契约稳定性

在进行社会化服务的过程中，通过签订较为规范的合约条款，农户和企业之间责任明晰，二者间契约稳定性较强，服务过程能够得到保障。无论是三千亩土地的大农户，还是二亩地的小农户，沃华均与农户签订社会化服务相关合同。

以大葱种植服务协议为例：

第一，合同明确了葱苗移栽地点、面积、时间、品种和标准。

第二，说明了葱苗、移栽款和计算方式。葱苗及移栽服务按1.4元/米计算（800米/亩），折合人民币1120元/亩。因葱苗、天气、移栽地达不到机械化定植要求等原因而无法使用机械化设备定植情况下，人工的雇用及费用由乙方负责，甲方葱苗按1.15元/米计算（800米/亩），折合人民币920元/亩收取费用。出苗时，乙方需派专人到甲方棚内共同清点葱苗数量，双方达成一致后，甲乙双方即时签署定植核算单，货款两讫。甲方协助乙方拔苗、装载，并送至乙方合同移栽地块。如乙方在合同规定时间内未履行该义务造成葱苗超期，甲方有权利按合同约定处理乙方葱苗。最终结算以800米/亩为标准，实际定植面积超过合同面积以上的部分，若甲方能够提供葱苗并继续提供服务的，乙方按上述标准付清款项后移栽。实际定植面积低于合同面积5%以内的部分，该部分全额退款（种子款不退），实际定植面积低于合同面积5%以外部分，葱苗由乙方在定植日期结束5天内自行处理，超过5天葱苗归甲方所有，种子款与定金公司不予退还。

第三，介绍了服务方式、费用计算和违约后果。沃华提供了两种服务方式，一是由甲方提供种子（甲方保证葱种来源正规、品种纯正，如乙方需要检测结果，可在育苗前向甲方提出申请，甲方委托有资质的检测机构进行检测，检测合格时费用由乙方承担。如乙方未提出检测要求，乙方在付款后即视为认可甲方葱种质量合格），由乙方认可后进行丸粒化。二是由乙方提供种子给甲方，甲方负责丸粒化，乙方需提供种子品种、批次、时间、品种芽率证明等资料，便于责任划分及相互监督。

第四，合同规定了企业和农户双方的权利和义务。

（二）落地安丘，发挥当地资源优势

2014年末，针对安丘市的大葱资源禀赋：一年两季种植大葱30万亩，并拥有近7万户葱农的大葱主产区，沃华在安丘建立了首个全程机械化生产试验示范基地。安丘这片土壤适合沃华发展：一是安丘葱农数量多，葱农正是企业发展农业社会化服务的服务对象；二是安丘为大葱主产区，当地生产加工大葱的技术已经基本实现标准化了。在这样的环境下，沃华发展大葱社会化服务能够事半功倍。沃华围绕主导产品，按照市场需求，充分发挥了安丘地区大葱的资源优势、传统优势和区位优势，从而大幅度提升当地农村经济实力和综合竞争力，也使得企业自身社会化服务规模得以壮大。

（三）发展技术，构建研发知识体系

沃华不仅到国际农业先进国家考察，斥巨资引进并装备了世界上先进的自动化设施设备，积极消化吸收国际上先进的大葱自动化育苗、移栽、采收技术，还十分注重科学和技术的自主研发。

科研是企业发展的生命线。沃华一直努力加强产学研联合，构建科研开发知识体系，在生物育种、良种良法、农机设备研发、自动化加工、蔬菜保鲜、营养成分研究、"互联网+"现代农业、活性物质提取、种植全程机械化等领域展开研发工作。2013 年，成为山东省葱类产业创新战略联盟领军单位，山东农科院在沃华设置"蔬菜研发实验室"和"蔬菜成果转化试验示范基地"。2014 年，国家农产品保鲜工程技术中心在沃华设立研发中心，青岛农业大学在沃华成立专家工作站。2018 年 12 月 27 日，山东沃华荣获为"第七批农业产业化省级重点龙头企业"。在三产融合领域，沃华正与美国加州州立戴维斯大学、中国农业大学、华南农业大学、山东农业大学开展相关领域的战略合作。

（四）提升口碑，带动农户科学种植

在多年实践探索的基础上，以"做给农民看，带着农民干"为服务宗旨，山东沃华于 2018 年成立"安丘市云农农机专业合作社"，为农户提供农作物机耕、机播、收获以及相关的技术信息服务，通过"一户带四邻、四邻带全屯"的模式，对 50 多家成员单位实现了"三统一"管理，即统一提供大葱全程机械化种植以及相关技术信息服务、统一产品产地准出标准、统一产品回采品控标准，引导成员单位进行标准化、科学化种植，带动种植户 3000 余户。沃华还在 2019 年推行"乡村合伙人模式"，即在安丘各个乡镇寻求合伙人做技术示范，通过知识培训，带动其就业以增加收入。这些措施不仅极大地带动了农民的科学种田习惯，降低了农户的种植成本，达到了降本减工、提质增效、增产增收的效果，还调动了农民科学种田的积极性，提高了周边地区的农业机械化水平，改变了传统种植方式。

五、存在的主要问题

（一）人力资本短缺

人力资本严重不足这一问题制约了企业的进一步发展。在研发方面，山东沃华计划成立研发中心，在农机、种子、肥料应用方面做深入的研究，但是缺少人才，发展十分困难。在企业管理方面，随着社会化服务规模不断扩大，企业需要更多高素质的管理人才和农业技术人才加入。企业需要人力资本，但当地地理位置难以吸引人才流入，企业面临人力资本短缺这一严重问题。

（二）市场价格波动

大葱价格具有季节性波动和异常波动，经营主体难以预测价格，指导农业生产。大葱的生长采收具有季节性，受温度、天气等自然因素的影响，价格存在季节性波动，因此，一定浮动范围内的大葱价格波动属于正常波动。另外，大葱的生长、采收和运输容易受到突发自然灾害的影响，价格容易出现异常波动。因为大葱价格具有季节性波动和异常波动，历年大葱价格的整体走势不尽相同。在这种市场行情下，葱农难以预测大葱的价格走向，面临的市场风险较大。

（三）服务规模不足

安丘大葱种植面积约 30 万亩，约占山东省的 30%，种植农户近 10 万户。沃华 2018 年服务面积 2 万亩，但在安丘仅有 2000 余亩，服务规模不足。目前安丘地区大葱种植主要是一家一户分散生产种植，组织化程度低、生产效率低，难以与大市场对接和抗衡，遇到的问题和困难依靠农民自己无法解决。对于企业来说，服务对象零散，服务规模较小，也不利于企业组织规模化的农业社会化服务，服务规模化效果不能充分体现出来。

六、对策建议

基于以上几点存在的问题，提出以下三点对策建议：

第一，着力提升企业人力资本水平，要注重人才引进，改善人才的办公环境和福利，提高他们对企业的认同感和归属感。另外，还应加强农业科技人员的再教育，不断提高农业科技人员的能力和素质。科技进步日新月异，面对激烈的国内外市场竞争，农业科技人员的知识必须持续拓宽和更新。

第二，完善市场信息平台，提供相关保险政策。沃华已经自主搭建了一个以服务为核心的大葱全生态链"互联网+"平台——"葱天下"互联网平台。在此基础上，沃华应继续完善该互联网平台，提供更加丰富完善的市场信息。同时，政府相关部门应加强监控，及时发布指导性信息，稳定种植户的生产行为，以助于稳定大葱市场价格。另外，为保障广大农户利益，政府应协调保险公司和沃华一起为农户提供大葱保险，以保障农户最低收入。

第三，借助合作社的力量，增加服务规模。通过农民专业合作社和部分加盟商，企业能够把零散的农户集中起来，形成"企业+合作社+农户"的模式，实现生产集约化和服务规模化。企业还可以成立联合社，把各个合作社联合起来，实现更大规模的作业服务。这不仅能够服务当地农户，还能为周边地区种葱的散户提供整地开沟、繁育葱苗、机械定植、种植管理、机械收获、农资服务、网上交易等全程社会化服务。另外，为更好地服务各乡镇农户，政府可以提供各乡镇大葱种植户相关信息并协调集约化种植规模。

第九章 新型农业经营主体提供社会化服务的机制和成效

第一节 农业社会化服务模式创新与农民增收的长效机制[①]

——基于多个案例的实证分析

农民增收问题一直是社会关注的焦点，而近些年农业社会化服务体系的发展与完善对促进农民收入增长发挥了重要作用，尤其是农民合作社、农业产业化龙头企业等新型农业经营主体通过创新农业社会化服务模式极大地提高了农民的收入水平。新型农业经营主体提供的社会化服务可以通过降低农业生产成本、提高农产品产量和销售价格、稳定农产品销售渠道、开展农产品深加工、促进剩余劳动力转移和土地流转以及鼓励生产要素投资参股等多种方式来提高农民的经营性、工资性和财产性收入，进而增加农民纯收入。

一、引言

提高农民的收入水平一直是党和政府的工作重点，也是"三农"问题的核心所在。2004 年以来，伴随着我国经济的快速发展，农民增收实现了"十一连快"。其中，家庭经营性收入和工资性收入所占比重最大，并且工资性收入还呈现逐年快速增长的趋势。2013 年，我国农民的人均家庭经营性纯收入为 3793.2 元，而工资性纯收入为 4025.4 元，首次超过了经营性纯收入。随着

---

① 执笔人：穆娜娜、孔祥智、钟真。

城镇化和农地流转加速，城乡劳动力市场逐步完善，农民职业化程度大幅度提高，农民的工资性收入必将进一步增长。鉴于我国仍以农村人口为主的现状，保证农民收入的持续稳定增长对于促进国家整体经济实力的提高具有十分关键的作用。2015 年中央一号文件指出，中国要富，农民必须富，并且要从优先保证农业农村投入、提高农业补贴政策效能、完善农产品价格形成机制、强化农业社会化服务、推进农村一二三产业融合发展、拓宽农村外部增收渠道以及大力推进农村扶贫开发七个方面促进农民增收。其中农业社会化服务作为促进农民增收的主要途径之一，被给予了高度的重视：增加农民收入，必须完善农业服务体系，帮助农民降成本、控风险。

关于农业社会化服务体系的内涵，学术界有许多研究。孔祥智等（2009）认为，农业社会化服务体系是在家庭承包经营的基础上，为农业产前、产中、产后各个环节提供服务的各类机构和个人所形成的网络。陈建华等（2010）则将农业社会化服务体系概括为由国家公共服务机构、合作经济组织、企业事业单位和其他社会力量所组成的，为农、林、牧、副、渔各业提供公益性服务和经营性服务的组织体系。党的十七届三中全会指出，新型农业社会化服务体系是以公共服务机构为依托，合作经济组织为基础，龙头企业为骨干，其他社会力量为补充，公益性服务和经营性服务相结合，专项服务和综合服务相协调的覆盖全程、综合配套、便捷高效的社会化服务体系。在新型农业社会化服务体系中，政府公共服务机构、农口以外部门、村集体提供的农业社会化服务主要是公益性服务，龙头企业、民间服务主体、农村金融机构提供的农业社会化服务主要是经营性服务，农民专业合作社提供的农业社会化服务是半经营性半公益性服务。并且合作经济组织、龙头企业等新型农业经营主体在构建新型农业社会化服务体系方面有重要的作用（见图 9-1）。新型农业经营主体的发展会促进农业社会化服务体系的配套，而农业社会化服务体系的配套反过来又会提高新型农业经营主体的建设水平。钟真等（2014）也指出，农业社会化服务的供给者将从有政府背景的公益性机构扩展至各类新型经营主体。

可见，新型农业经营主体的农业社会化服务功能已得到广泛认可与研究。那么，新型农业经营主体通过提供农业社会化服务促进农民收入增加的机制是什么呢？对于这个问题学界尚未作出清晰的回答。为此，本节拟通过三个典型的新型农业经营主体的案例来分析农业社会化服务促进农民收入增加的逻辑机理，并提出相应的对策建议，以期为推动新型农业经营主体的进一步发展、农业社会化服务体系的逐步完善以及农民纯收入的持续增加提供借鉴。

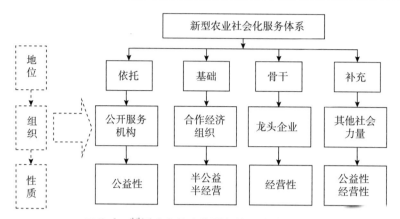

图 9-1　新型农业社会化服务体系的基本框架

二、理论框架

根据国家统计局的解释，我国农民收入构成包括：①家庭经营收入，指农村住户以家庭为生产经营单位进行生产筹划和管理而获得的收入；②工资性收入，指农村住户成员受雇于单位或个人，靠出卖劳动力而获得的收入；③财产性收入，指金融资产或有形非生产性资产的所有者向其他机构单位提供资金或将有形非生产性资产供其支配，作为回报而从中获得的收入；④转移性收入，指农村住户和住户成员无须付出任何对应物而获得的货物、服务、资金或资产所有权等。而新型农业经营主体的农业社会化服务功能正是通过影响农民以上四个方面的收入，最终促进了农民增收（见图 9-2）。

首先是经营性收入。新型农业经营主体通过统一供应生产资料、机械化作业、储藏和运输等可以降低农业生产成本，统一销售、品牌和质量认证又可以提高农产品价格，从而促进农民家庭经营性收入的增加。合作社提供的社会化服务符合市场经济的原则，会增进组织的效益和个人经济福利，而自我服务又确保了服务的质量和成本的控制，有助于增加农民的收入。陈锡文（2013）指出，在一定程度上可以说，只有依靠合作经济组织，农民才能在与各类市场主体打交道时获得平等地位。这种平等地位使得农民在销售农产品时可以拥有较多的话语权，从而增加经营性收入。此外，新型农业经营主体还可以通过增加农作物产量来促进农民增收。如陈洁等（2009）通过对种粮大户的调查发现，种粮大户在提高土地资源利用率、促进良种良法采用、提高单产水平和农业劳动生产率以及增加农民收入等方面具有明显的积极作用。当然，稳定的农

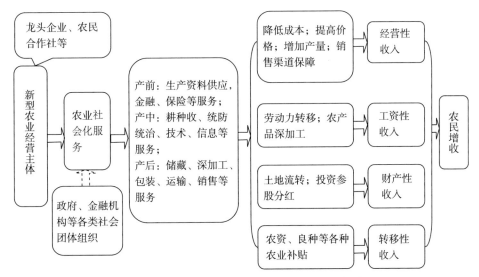

图9-2　农业社会化服务与农民增收之间的逻辑关系

产品销售渠道对于保障农民的经营性收入也是必不可少的。

其次是工资性收入。新型农业经营主体的社会化服务功能有助于促进劳动力转移就业，从而增加农民的工资性收入。新型农业经营主体通常都会进行土地流转，开展规模化、集约化、专业化及社会化的农业生产。而获取规模收益、实现规模经济也是农民专业合作社在农业社会化服务体系中的优势之一。规模经营的结果是使农村大量的剩余劳动力被释放出来，并向城市二三产业转移就业，获取工资性收入。此外，一些规模较大的新型农业经营主体还通过农产品深、初加工，为农民创造了许多就地就近转移就业的机会，从而增加农民的工资性收入。

再次是财产性收入。党的十七大报告首次提出"创造条件让更多群众拥有财产性收入"，十八大报告进一步提出"多渠道增加居民财产性收入"。新型农业经营主体的社会化服务功能为增加农民的财产性收入提供了可能。如前文所述，多数新型农业经营主体会进行土地流转，但流转形式多种多样，其中以土地折价入股和出租为主。通过土地入股，农民可以获得股息和红利；而通过出租，农民同样可以获得租金，从而增加自己的财产性收入。此外，如图9-2所示，农民还可以通过投资参股来分享经营主体的利润，主要是指农民利用自有资金等生产要素入股：一方面入股实体经济以获取利润分红；另一方面可以参与经营主体内部的资金互助来获取利息收入。资金互助一般是由合作社开展，社员将手中的闲置资金存放在合作社的资金互助账户中，到期分享利息收入，部分合作社还会按交易额对社员进行分红。这种金融服务模式不仅有利于解决合作社资金紧张的问题，也有助于促进农民财产性收入的增加。

最后是转移性收入。转移性收入主要指农民获得的各种补助和补贴等形式的收入。目前新型农业社会化服务在增加农民转移性收入方面所发挥的作用比较有限。土地流转过程中，各新型农业经营主体的良种补贴、粮食直补、农资综合补贴等的归属情况不尽相同，因此难以从农业社会化服务的角度分析其对农民增收的影响。但是就农机购置补贴而言，由于合作社及农机大户等新型经营主体能够更大规模、更大范围地提供农机作业服务，因此在农机购置补贴政策方面较普通农户享有更大的优惠：各地对新型农业经营主体会给予较多的补贴指标及较高的补贴额度，从而可以在一定程度上增加农民的转移性收入。

总而言之，农业产业化龙头企业以及农民合作社等新型农业经营主体可以为农民提供一系列农业产前、产中和产后的社会化服务。同时，新型农业经营主体的农业社会化服务能通过降低农业生产成本、提高农产品产量和价格、稳定农产品销售渠道、开展农产品深加工、促进农村剩余劳动力转移和土地流转以及鼓励农民投资入股等方式促进农民收入的增加。

三、研究方法与案例的选择

（一）研究方法

案例研究的方法较为适用于研究"怎么样"和"为什么"的问题。而本节所要研究的正是这类问题：农业社会化服务水平和农民收入水平怎么样？农业社会化服务为什么会促进农民收入增长？但根据研究中所使用案例数量的不同，案例研究一般分为单案例研究和多案例研究。通常情况下，单案例研究不适用于系统构建新的理论框架。而多案例研究则不仅适用于构建新的理论框架，还能更好更全面地反映案例背景的不同方面，尤其是在多个案例同时指向同一结论的时候，案例研究的有效性将显著提高。Herriott 和 Firestone（1983）也认为从多个案例中推导出的结论往往更具说服力，因此整个研究就常常更能经得起推敲。所以，为了使研究结果更具说服力和可信度，在此采用多案例研究的方法。

多案例研究可以被视为多个相关实验，其研究设计中的每一个案例都要服务于某一目的，而且每一个案例都要经过仔细挑选，挑选出来的案例能产生相同的结果（逐项复制）或者由于可预知的原因而产生与前一研究不同的结果（差别复制）。所以，本节要选择的案例必须符合以下两个标准：首先，新型农业经营主体都有提供或者接受农业社会化服务，能够用来服务于同一个目的，即说明农业社会化服务对农民收入的影响；其次，案例必须满足逐项复制或差别复制的原则，针对本研究而言，就是新型农业经营主体的案例要能够产生相同的结果，即经营主体的农业社会化服务都可以促进农民收入的增长。

（二）案例来源与筛选

根据多案例研究设计中的案例选择标准，最终选取了河南瑞阳农业产业化龙头企业、山东乡村丰种植专业合作社以及山东会宝山生态产业合作社三家新型农业经营主体作为研究对象。这三个案例均来自笔者于 2014~2015 年对河南安阳和山东临沂的调研。在此期间，笔者对企业及合作社的负责人做了详细的访谈并实地考察了其生产基地，获得了比较丰富的第一手资料。而且这三个案例基本满足了要求：首先，作为新型农业经营主体的重要组成部分，农民合作社和龙头企业在新型农业社会化服务体系中分别发挥了基础和骨干的作用（见图 9-1）。而瑞阳集团、乡村丰及会宝山合作社又都属于发展比较规范的规模经营主体，能够为农户提供农资、农机作业、技术、信息、品牌、金融、运输及销售等各个方面的农业社会化服务。其次，瑞阳集团、乡村丰及会宝山合作社通过为农户提供农业社会化服务，在促进土地流转、农民转移就业等方面发挥了重要的作用，使得参与龙头企业与合作社经营管理的农民的收入水平得到了极大提高。

同时需要说明的是，选择两个合作社的案例主要基于以下两点考虑：①乡村丰种植专业合作社虽然主营农资销售与配送等服务，但其实质为资金互助社。而资金互助社作为一种新型农村金融机构，目前在农村地区应用场景十分广泛，在提供金融服务、满足农民借贷需求方面发挥了较大的作用。所以对以资金互助为主的合作社进行研究有比较重要的现实和理论意义。②会宝山生态产业合作社虽然综合发展乡村旅游，农资供应，农产品生产、销售以及初加工等服务，但其实际以土地合作为主。自 2004 年国务院颁布《关于深化改革严格土地管理的决定》以来，土地流转得到快速发展。截至 2014 年上半年，全国农村土地流转面积达到 3.8 亿亩，占总耕地面积的 28.8%，其中就包括 98 万个合作社，可见合作社在推动土地流转方面发挥了重要的作用。因此，对以土地合作为主的合作社进行研究十分必要。

四、案例分析与比较

（一）新型农业经营主体的案例基本情况介绍

1. 农业产业化龙头企业——以河南瑞阳集团为例

位于河南省滑县的瑞阳集团是一家专业提供优质、安全粮食与食品的农业产业化龙头企业。公司经营范围包括土地流转业务、种植、养殖、育种、育雏、饲料加工、粮食仓储贸易、食品加工销售以及餐饮等。截至2015年3月，公司总计流转并投入使用了9.2万亩土地，专注生产有机小麦和玉米。此外，瑞阳集团还开展了万头种猪场、万头肉猪养殖场、两万头肉牛场和万头奶牛场四个养殖合作项目，同时配以肉类食品加工、饲料生产、新能源和有机肥项目；战略合作伙伴涵盖了茅台、中粮、光明、路易达孚、亚太中慧等多个国内外知名企业。

2. 农民合作社

（1）乡村丰种植专业合作社——以资金互助为主。乡村丰种植专业合作社位于山东省平邑县，采取"公司+合作社+农户"的经营模式，服务范围覆盖了生产资料配送，农副产品收购、储藏、运输和深加工以及技术、信息咨询等各个方面。乡村丰合作社最显著的特点是：本着对内不对外的原则，在社员之间开展信用互助，为具有一定规模的种植户、养殖户提供小额借款，数额从千元到万元不等。截至2014年7月，乡村丰种植专业合作社共拥有社员3400户，覆盖全县13个行政村，社员入股土地4000多亩，入股资金4000多万元。

（2）会宝山生态产业合作社——以土地合作为主。会宝山生态产业合作社位于山东省兰陵县尚岩镇葛村，实行"统一规划布局、统一生产管理、统一农资供应、统一技术服务、统一储藏加工、统一市场销售"的生产管理模式。合作社通过对会宝山进行山水林田路综合治理，建成了鲜果采摘园、干果采摘园、水上垂钓区、休闲娱乐度假区、金银花及苗木发展育苗基地和千亩多元养殖基地。2013年合作社共有社员13200人，涉及23个村庄。截至2014年4月，合作社入股荒山及零星土地近2万亩，入股资金1600万余元，栽植各种名优果树及绿化苗木12000余亩。

（二）新型农业社会化服务促进农民收入增长的机制分析

1. 农业社会化服务对经营性收入的影响机制

（1）农业生产成本降低。新型农业经营主体通过统一购买化肥、种子、农药、薄膜等生产资料和统一机械化作业，包括机耕、机种、机收及统一施肥、灌溉和植保等，可以大大降低农业生产成本。此外，政府及各类社会组织为新型农业经营主体提供的生产资料实物补助及水利、道路等基础设施服务，也降低了经营主体的生产成本。而农业生产成本的降低是推动家庭经营性收入增长的重要因素。如瑞阳集团通过统一提供化肥、种子等生产资料，可以使生产成本降低 20%。同时，通过农机合作社统一进行田间农机作业，使得其作业成本比市场价低 10%～15%；小麦每亩地节省 20 元，玉米每亩地节省 24 元。同样，在乡村丰种植专业合作社，统一提供生产资料，可以比市场价低 10%。而在会宝山生态产业合作社，除了通过统一提供农资降低成本之外，政府支农项目的扶持也促进了合作社农业生产成本的降低。自 2009 年以来，当地政府在修路及整山等方面对会宝山的投资达 2000 万元以上，极大地降低了合作社的成本。

（2）农产品产量增加。农作物产量的提高也会增加农民的经营性收入。而产量提高的途径一般有两种：增加单产或是扩大种植面积。根据笔者的调研经历，即使采用规模化、机械化、现代化的生产管理模式，粮食单产一般也鲜有提高。其原因在于很多地方的土地产出率已经接近饱和，很难有较大的突破。如在河南，瑞阳集团有机小麦的单产是 400～500 公斤，而普通农户的小麦单产是 500～600 公斤；其玉米单产则与普通农户基本一样，都在 500～600 公斤。而新型农业经营主体在土地流转之后通过地块平整，一般可以扩大土地耕种面积，从而提高农作物产量，增加农民收入。如会宝山生态产业合作社入股荒山及零星土地近 2 万亩，通过土地平整和荒山整治，全部增加为合作社的有效耕地，提高了农产品产量。但是通过地块平整增加耕地面积的现象在山区比较普遍，平原地区由于土地利用率较高，很难通过地块平整增加耕地面积。以瑞阳集团为例，其目前流转了近 9.2 万亩土地，据公司负责人称，他们在地块平整后没有增加耕地面积，因为土地已被充分利用，尽管一些田间道路平整后能作耕地使用，但可增加的面积寥寥无几。

（3）农产品价格提高。新型农业经营主体的农产品销售价格一般高于市场价，这是农业社会化服务能够促进农民经营性收入增加的另一个非常重要的因素。经营主体统一销售农产品，可以提高农民的市场谈判能力，解决农户小生产与大市场之间的矛盾并缩短产品流通环节，从而促进农产品价格的提高。此外，品牌和有机绿色认证也有助于新型农业经营主体获得较高的产品销售价格。如瑞阳集团已有 5 万亩粮食认证了"中国有机产品"，从而使得其价格比普通粮食要高出几分至 1 毛钱。同样，在乡村丰种植专业合作社，其统一销售农产品的价格比一般市场价高出约5%。原因在于：首先合作社采用"农超对接"、商贩直接批发以及网络营销平台的方式销售农产品，没有中间商从中攫取中间利润，使得农产品的大部分收益都归农民；其次是品牌优势和有机认证，目前乡村丰合作社注册了产品品牌"颛臾王"，并且通过了无公害和有机认证。与之相比，会宝山生态产业合作社的品牌经营更为典型。目前，会宝山合作社已注册有"会宝山牌""沂蒙会宝山牌""会宝山生态园"三个品牌，而且有多元养殖、林果生产、果品加工等六大系列的十一个品种通过了有机绿色认证。统一品牌和有机绿色认证使得合作社农产品的价格要远高于一般的市场价。

（4）农产品销售渠道保障。与其他产业不同，极易受自然环境影响的特性使得农业极其脆弱，再加上农产品价格弹性比较小，所以保证销路稳定对于增加农民收入极其重要。合作社及龙头企业等经营主体一般通过与下游企业签订固定的购销合同来保证农产品销路稳定。如瑞阳集团的有机小麦一般固定销往茅台、五粮液等酒类企业，有机青贮饲料主要供应光明乳业；乡村丰种植专业合作社则与农产品收购企业每年签订固定的购销合同以保证销路稳定。

会宝山生态产业合作社的农产品营销方式在保证销路稳定方面也发挥了重要的作用。合作社的农产品，一方面通过网络统一销售给固定买家；另一方面，每年林果采摘之前，合作社会在相关农业网站、报纸杂志等媒介上发布产品信息，邀请销售商到现场考察，参观绿色生产全过程，使得合作社一大部分产品尚未采摘就有了销路。

2. 农业社会化服务对工资性收入的影响机制

新型农业经营主体通过土地流转，开展农产品深、初加工等，可以促进农村剩余劳动力转移就业，从而增加农民的工资性收入。目前最普遍的一种促进农民工资性收入增加的途径是：农民将土地流转给新型农业经营主体后，便脱离农业生产，转入城市二三产业打工，获得工资性收入；由新型农业经营主体为农民提供就业机会，帮助农民增加工资性收入。后一途径主要是通过以下两个环节的雇用来发挥作用的：

一是生产环节的雇用。如瑞阳集团在农作物生产过程中，会雇用部分农民进行植保、灌溉等工作，人工成本达150元/亩，从而增加了农民的工资性收入。同样，会宝山生态产业合作社也会在生产中雇用较多的长期工或短期工。在会宝山合作社，长期工都是社员，合作社负责其吃住并付给固定工资；短期工则大部分是社员，也有部分非社员，其可以在合作社的养鸡场或养羊场打工赚取收入。

二是加工环节的雇用。新型农业经营主体通过开展农产品深、初加工，一方面延长了产业链，帮助农民获得农业产后利润；另一方面吸收了大量的农业剩余劳动力，促进农民转移就业。以乡村丰种植专业合作社为例，其在为社员提供农业产前、产中的社会化服务之外，还进行花生油、纯净水及山泉水的生产业务，需要大量雇用劳动力。因此，乡村丰合作社不仅可以使社员分享到农业的增值利润，其也为社员提供就业机会，增加其工资性收入。

3. 农业社会化服务对财产性收入的影响机制

农业社会化服务促进农民财产性收入增加的途径主要有两种：一是农民租出土地获得租金收入；二是农民以土地、资金、劳动或技术等生产要素投资入股到新型农业经营主体获得盈余分红收入。如农民将土地租给瑞阳集团后，每年会获得公司支付的固定租金。对农民来说，这是一笔较为稳定的财产性收入。关于投资参股，会宝山生态产业合作社的做法比较具有代表性。在会宝山合作社，社员可以以荒山承包经营权、土地承包经营权、劳动力工资、技术工资以及自有资金五种方式入股，通过盈余分红，得以增加自身的财产性收入。

此外，在合作社内部开展资金互助，吸引社员资金入股也是目前增加农民财产性收入的一种比较普遍的方式。乡村丰种植专业合作社便是开展社员内部资金互助的典型。合作社通过积聚社员的闲散资金，一方面，可以为从事种植、养殖业需用资金的社员提供 1 万~3 万元的小额借款；另一方面，合作社在年分红率 5.04% 的基础上，给予入股社员 60 元的生资补贴和花生油福利，再加年终按交易量分红，实现了不固定分红，促进了农民财产性收入的增加。

4. 小结

综上所述，农业社会化服务在促进农民收入增加方面确实发挥了重要作用。农民合作社、农业产业化龙头企业等新型农业经营主体通过提供各种农业社会化服务，得以降低农业生产成本、提高农产品销售价格和产量、统一稳定销售渠道、开展农产品深加工、促进农村剩余劳动力转移和土地流转，并带动农民投资参股，从而提高了农民的收入水平（见表 9-1）。例如，在会宝山生态产业合作社，2012 年全年实现营销额 3500 万元，利润 650 万元，社员分红390 万元；合作社人均纯收入实现 8450 元，比非成员农民人均纯收入高出 25%。

然而由于所选案例的限制，以及农业补贴等转移性支付在农业实际生产经营中归属的多样性和复杂性，对农民转移性收入增加的逻辑机理没能给出具体的案例证据，这也是不足之处和需要进一步研究的方面。

表 9-1　农业社会化服务促进农民收入增加的逻辑机理与效果

类别	名称	农业社会化服务	经营性收入	工资性收入	财产性收入	农民纯收入
农业产业化龙头企业	瑞阳集团	统一农资、农机作业和灌溉；销售服务；技术服务；品牌服务和有机认证	农作物单价高出 0.1 元；亩均作业成本减少 20 元	雇用农民，日工资 150 元	支付租金给转出土地的农民	—
农民合作社	乡村丰种植专业合作社	统一农资和销售服务；技术服务；品牌服务和有机认证；农产品深加工；资金互助	农产品单价高出 5%；亩均成本降低 100 元	农产品深加工，雇用社员	资金互助实行 5.04% 固定分红＋按交易量分红	2013 年人均收入 19000 元
	会宝山生态产业合作社	统一生产、管理和农资服务；基础设施建设；品牌服务和有机认证；要素投资入股	统一农资降低成本；统一销售提高产品价格	农业生产雇用社员、非社员；将合作社的山庄等承包给社员经营	盈余按股份分红	2012 年人均收入 8450 元

五、结论与政策启示

（一）结论与讨论

1. 农业社会化服务通过降低成本、提高产量和价格促进了经营性收入增长

农业龙头企业以及农民合作社等新型农业经营主体，通过统一农资供应、技术信息指导，统一生产、销售、运输、加工，以及提供金融服务等降低了农业生产成本，提高了农产品销售价格和产量。同时，新型农业经营主体也为农民提供了稳定可靠的销售渠道，减轻了市场波动或自然灾害等对农民收入可能造成的负面影响，从而增加了农民的家庭经营性收入。

2. 农业社会化服务通过推动剩余劳动力转移就业促进了工资性收入增长

新型农业经营主体

通过土地流转，统一的机械化、规模化生产作业服务可以释放大量的农业剩余劳动力，促进其向二、三产业转移，从而使得农民的工资性收入得以增

加。如瑞阳集团目前流转了近10万亩土地，其规模化的生产作业解放了大量的农村劳动力。此外，新型农业经营主体通过农产品深、初加工服务以及农业的季节性雇工，也为农民创造了较多就近就地转移就业的机会，从而促进了农民工资性收入的增加。如会宝山合作社因为生产经营的需要，雇用了大量的长期工和短期工，而且社员还拥有优先被雇用的权利。这些都为农村劳动力的转移就业提供了条件，并促进了工资性收入的增加。

3. 农业社会化服务通过增加土地租金和股份分红促进了财产性收入增长

对农民而言，财产性收入在其总收入中所占比重较小。但土地承包经营权的流转使得农民的财产性收入得到了显著提高。一方面，农民将土地流转给规模经营主体后可以获得固定的租金收入；另一方面，农民还通过投资入股在更大程度上增加了自身的财产性收入。例如，在会宝山生态产业合作社，农民可以以劳动、资金、技术及土地等多种生产要素投资参股，并通过合作社的盈余分红增加自己的财产性收入。同样，乡村丰种植专业合作社通过开展信用合作，引导农民将闲置资金入股到合作社内部的资金互助并参与分红，促进了农民财产性收入的增加。

4. 关于农业社会化服务促进农民转移性收入增长的机制尚缺乏具体的案例证据

关于农业社会化服务促进农民转移性收入增长的机制，本节未能给出具体的案例证据。在实践中，各地在进行土地流转以后，关于粮食直补、良种及农资综合补贴的归属不尽相同，所以很难分析社会化服务对此类转移性收入的影响。但农机购置补贴政策与农业社会化服务有着比较明确的关系：一方面，目前各地政府都倾向于将农机购置补贴指标向提供大规模农机作业服务的合作社或大户倾斜，有利于提高农民的转移性收入；另一方面，如果未来农机补贴与农机手的作业面积相挂钩，那么无论大户或小户，只要提供农机作业服务，即可获得农机补贴，从而更加有利于发挥农业社会化服务对农民转移性收入的促进作用。

（二）政策启示

一是要为新型农业经营主体的发展营造良好的政策制度环境。新型农业经营主体在构建新型农业社会化服务体系中发挥了至关重要的作用。因此，如果要通过农业社会化服务促进农民增收，必须首先规范和完善新型农业经营主体的发展，尤其是针对家庭农场、农民合作社以及农业产业化龙头企业，制定统一规范的制度，为各类新型农业经营主体提供各项配套和补充服务，特别是财政补贴和项目支持。同时帮助新型农业经营主体解决其个体无法解决的问题，为农业社会化服务的顺利开展清除障碍。

二是要继续鼓励多种市场主体积极参与提供新型农业社会化服务。目前，在我国提供农业社会化服务的主体主要有新型农业经营主体、政府相关部门以及农业协会等各类社会组织，但是这些组织目前提供的农业社会化服务远远不能满足农业的需求，尤其是一些专门提供技术、农资、农机作业、产品销售等服务的专业组织比较缺乏。为此，政府部门应该厘清自身与市场的关系，为各种农业社会化服务主体提供良好的法律和政策环境，促进各类服务主体的发展。同时，政府应将财政支持的重点放在基础设施和市场失灵的领域。

三是鼓励农民以各种途径和渠道参与新型农业社会化服务。首先，针对部分农业经营能力不强、经营规模较小的农户，应鼓励他们转变思想观念，积极进行土地流转和劳动力转移，为新型农业经营主体开展专业化、集约化、规模化、社会化的生产经营和农业服务创造条件，这也将有助于提高这部分农户的财产性和工资性收入。其次，针对农业经营大户或者家庭农场等规模化经营主体，应鼓励他们充分发挥自身的规模优势，并通过合作或联合的方式提高自身的农业社会化服务水平，促进农民增收。

第二节　新型经营主体的农业社会化服务功能研究[①]

——基于京郊农村的调查

一、引言

进入 21 世纪以来，随着我国工业化、城镇化进程的加快，农村劳动力大量向城镇和非农产业转移，务农劳动力老龄化和妇女化、农业生产兼业化和副业化越来越普遍，"谁来种地"问题日益凸显，发展更加有效率的农业经营组织、创新农业经营体制机制的要求日益迫切（张晓山，2006；赵西华，2010）。为此，党的十八大提出要"构建集约化、专业化、组织化、社会化相结合的新型农业经营体系"。2013 年中央一号文件进一步对如何在保障农户生

---

① 执笔人：钟真、谭玥琳、穆娜娜。

产经营主体地位的基础上培育、壮大新型农业生产经营组织和如何在充分发挥公共服务机构作用的基础上构建公益性服务与经营性服务相结合、专项服务与综合服务相协调的新型农业社会化服务体系做出了具体部署。这实际上是回答了"未来的中国谁来经营农业、如何经营农业"的问题。换言之，农业经营将由多元化的生产主体和服务主体共同参与，并以专业化、集约化、组织化、社会化相结合的方式来推进。据此，新型农业经营体系的基本框架将由普通农户和多种类型经营主体参与的新型农业生产体系同由公共服务机构和多元化服务主体配合的新型农业社会化服务体系共同构成。在这一框架下，两大相互影响、相互促进的子体系都将分别呈现出"四化"相结合的明显特征（见图9-3）。

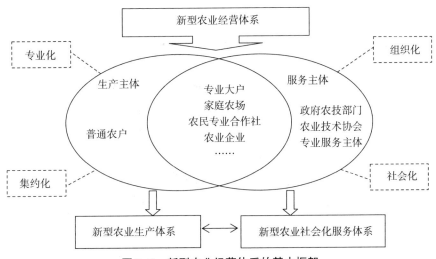

图9-3　新型农业经营体系的基本框架

　　显然，一些新型农业生产主体也发挥着重要的农业社会化服务功能，兼具生产主体和服务主体的双重特征。综合学界和政界的观点，这些新型农业经营主体主要可分为专业大户、家庭农场、农民专业合作社、农业产业化龙头企业和经营性农业服务组织等类型（张照新，2013）。它们体现了改造传统农业的历史规律性，引领着现代农业的发展方向，符合提升农业现代性的基本要求，是中国现阶段农业发展的中坚力量（黄祖辉、俞宁，2010）。因而也是当前中国农业政策的重要依托和支持对象。那么，新型农业经营主体是如何在农业生产经营的同时提供农业社会化服务的？不同经营主体所发挥的农业社会化服务是否存在着差异？存在着何种差异？哪些因素影响着他们农业社会化服务功能的发挥及其差异的存在？对于这些问题的回答，将有助于提高新型农业经营主体支持政策的针对性和有效性，为加快完善并构建起新型农业经营体系起到积极作用。

二、文献回顾与拟验证假说

（一）新型经营主体与农业社会化服务的研究现状

以家庭承包经营为基础、统分结合的双层经营体制，既是我国农村改革已取得的最重要的制度性成果，也是走中国特色农业现代化道路的现实起点（陈锡文，2013）。故新型经营主体的发展不是对家庭经营的取代，而是在家庭经营基础上的拓展和创新。即使在已经实现了现代化的美国（Strange，2008；Offutt，2002）、欧洲（Chaplin 等，2004）、澳洲（Pritchard 等，2007），农业仍普遍实行家庭经营；不仅经营规模有大有小（Johnson 等，2011），而且规模越大并不意味着效率更高（Hansson，2008；Madelrieux 等，2010）。另外，国外农户经营同样因资金短缺（Ahearn，2012；Katchova，2010）、劳动力外流（Miluka，2010）等问题而面临"是否放弃、谁来接班、怎么接班"等家庭农业经营的代际传递问题（Lange 等，2011）和产业间进退选择问题（Adamson and Waugh，2012；Kuehne，2013）。因此所谓"家庭经营已没有前途"的观点是不能成立的。虽然家庭经营本身是难以被替代的，但在大多数情况下仍需要靠通过合作和社会化服务来弥补家庭的不足（陈锡文，2013）。这正是培育新型农业经营主体和构建新型的农业社会化服务体系的现实与逻辑起点。

从新型经营主体方面的实践和研究看，经过 30 多年的发展，中国的农业经营主体已由改革初期相对同质性的农户家庭经营占主导的格局向现阶段的多类型经营主体并存的格局转变。但是，由于"新型农业经营主体"的概念被提出的时间还不长，系统和深入的研究还十分薄弱。目前多集中在政策性理论探讨（顾益康，2013；孙中华，2011；楼栋、孔祥智，2013；等等）和趋势性调查总结（黄祖辉、陈龙，2010；于亢亢、朱信凯，2012；张云华、郭铖，2013；等等）两个方面。而以综合性框架对新型经营主体的特征、功能及不同主体间的差异等方面的研究则明显不足①。相比而言，农业社会化服务方面

---

① 比较而言，针对专业大户或家庭农场、农民合作社、农业企业等各类具体主体的专门性研究相对于新型经营主体的综合性研究要为丰富，尤其是合作社研究和农业企业的研究已较为深入。但碍于主题关系，本节不对各类型经营主体进行分类综述。

的实践和研究要更为丰富一些。到目前为止，国内学术界已经就如何建立新型农业社会化服务体系形成了不少有价值的研究成果（孔祥智等，2009、2012；谭智心等，2009；宋洪远，2010；陈建华等，2010；李春海，2011；等等）。但是这些成果多数采用规范分析的方法，侧重于从宏观层面探讨建立新型农业社会化服务体系的必要性、作用、历史沿革及模式选择，从微观层面对于谁来提供农业社会化服务、哪些因素影响了农业社会化服务的供给、政府如何提供支持政策等方面所进行的实证性研究相对较少。

（二）拟验证的研究假说

目前，农业经营主体的多样化已经促成了农业社会化服务需求的多元化格局，而各类新型经营主体本身也具备供给农业社会化服务的（部分）功能，所以农业社会化服务的供给也将呈现多样化特征。这种农业社会化服务需求与供给的"双重多样化"正是当前建设新型经营体系所要面临的重要挑战。当然，由于小规模的普通农户在各类农业经营主体中仍占主导地位，他们仍将是农业社会化服务的主要需求者；而农业社会化服务的供给者则将从有政府背景的公益性机构扩展至各类新型经营主体。由于新型经营主体提供的农业社会化服务往往来自农业生产经营，服务于农业生产经营，故更能为普通农户和相关需求者所接受。但新型农业经营主体自身的发展也面临着诸多方面的限制，进而影响到其农业社会化服务功能的发挥。那么哪些因素将显著影响新型经营主体的农业社会化服务功能呢？根据已有文献的相关结论①，本节将利用实证数据重点验证如下几个方面的推断：

第一，关于经营规模。一般认为，新型经营主体的经营规模都较普通农户更大，而经营规模越大，他们能够向相关农户提供的农业社会化服务就越多。当然，这得益于土地、劳动、资本等要素市场的逐步形成，即土地可以通过土地流转等方式来实现、劳动可以通过长短期雇工来解决，资本可以通过正规金融机构或民间借贷来满足。要素投入的综合规模在一定程度上决定了经营规模。为此，笔者推断：新型经营主体的土地经营面积、劳动力使用数量、资本投入规模对其农业社会化服务功能的发挥具有正向的促进作用。

第二，关于盈利水平。新型的农业经营主体不仅是有别于农户的专业化生产主体，更是参与市场的经济主体，必然具有追求利润最大化的经济理性。而如果其具备较高的盈利能力，不仅它们正常运行所必须包括的服务功能能够更

---

① 限于篇幅，本节在此不对关键的影响因素做具体的文献综述。

加充分地发挥，还会更加愿意提供其他可选的服务功能。为此，笔者推断：新型经营主体盈利能力越强，其农业社会化服务功能就越强。

第三，关于政府支持。培育和扶持新型农业经营主体的发展正是现阶段农业政策的重点方向。尤其是农民合作社在近些年获得了越来越多的政府支持。而无论是直接的资金支持还是间接的政策优惠，都往往带有明显的公益性或公共物品性质。这就要求这些"支持"在一定程度上实现更大范围的社会效益。故新型经营主体如果能够获得相应的政府支持，那么除了实现自身的做大做强之外，还需要在力所能及的范围内实现对普通农户的辐射带动作用。为此，笔者推断：新型经营主体获得政府支持越多，其提供的农业社会化服务就越多。

第四，关于经营者的特征。新型经营主体的负责人常常具有较为丰富的经历或特殊的背景，这将影响其农业社会化服务的供给意愿。这些特征较多，其中较为明显的两个特征是：是否具有党政干部的工作经历和是否为本地人。前者往往具有较高的政治素质和较好的社会关系，无论是出于利己还是利他动机，这一特征都将提高其农业社会化服务功能。后者主要涉及在经营环境中的社会信任。如是本地人（本村、本镇），经营者提供社会化服务后，往往能更容易地获得相应的经济回报和社会反馈（个人声誉、社员的合作等）。而如果是外地人，这种互动关系的建立则往往要困难得多。这也就影响了他们提供农业社会化服务的积极性。结合已有文献和实践观察，笔者推断：如果具有党政干部经历、经营者是本地人，新型经营主体就更倾向于提供更多的农业社会化服务。

当然，还有很多因素也影响着新型经营主体的农业社会化服务供给。但笔者将重点关注上述变量，而将其他因素作为控制变量进入实证模型。

三、数据来源与变量设置

（一）抽样调查及样本概况

本节所用数据来自对北京郊区 8 个区县的问卷调查①。调查共访问新型经营主体 245 家，获得有效问卷 228 份。其中专业大户 110 家（48.3%），农民合作社 88 家（38.5%）、农业企业 30 家（13.2%）。本节涉及的农业企业不包

---

① 调查的 8 个区县为大兴、房山、通州、延庆、怀柔、昌平、顺义、平谷。调查采取每个区县选择 2 个典型乡镇，每个乡镇根据其农办提供的新型经营主体名单并结合具体情况随机选择 10~20 家进行访问。

括农产品加工企业，仅为直接从事农业生产的企业。从产业分布看，所获样本中从事蔬菜产业的新型经营主体数量最多，占到了46.5%，其后依次是水果、养殖、粮食和花卉四大涉农产业。从不同经营主体角度看，除专业大户中从事粮食产业的比例略多于养殖产业外，各类主体在上述五种产业中的分布大致相同。总的来看，样本基本符合北京市目前新型农业经营主体发展的总体格局（见表9-2）。

表9-2　样本中各类型经营主体数量与产业部分布情况

单位:%

	专业大户	合作社	农业企业	合计
粮食	5.3	6.1	0.9	12.3
蔬菜	23.7	17.5	5.3	46.5
水果	13.2	7.0	3.5	23.7
花卉	1.8	0.9	0.9	3.5
养殖	4.4	7.0	2.6	14.0
合计	48.3	38.5	13.2	100

资料来源：根据课题组调研资料整理。

（二）因变量：新型经营主体提供的农业社会化服务

农业社会化服务是指各类市场化主体或公益性组织为农业产前、产中、产后各个环节提供的相关服务，包括物资供应、生产服务、技术服务、信息服务、金融服务、保险服务，以及农产品的包装、运输、加工、贮藏、销售等各个方面（孔祥智，2009、2012）。从调查的情况看，北京市新型农业经营主体所能提供的农业社会化服务主要覆盖了销售服务、技术服务、农资服务、信息服务、金融服务、农机服务、基建服务七个方面。其中，可以帮助普通农户解决农产品销路问题是新型经营主体发挥最多的服务（包括直接收购和代销等方式），具有该功能的新型经营主体比例达到88.1%；其次是技术服务（包括技术指导、培训和直接的技术应用服务等），具有该功能的比例为72.9%；排在第三、第四的服务为农资服务和信息服务，发挥这些功能的新型经营主体都在一半左右；而只有不到10%的新型经营主体可以在资金借贷和农业机械方面提供相关服务；最少被提供的服务是为周边农户提供农田水利或乡村道路等公益性的基础设施，发挥该功能的新型经营主体只有5.3%（见表9-3）。可见，目前北京市新型农业经营主体发挥的农业社会化服务功能仍主要集中在产后的农产品销售与产中的技术相关方面，而在信息、金融、公共物品等非生产性农业社会化服务供给方面的作用还十分有限。

表9-3 新型经营主体提供各类农业社会化服务的比例

单位:%

	新型经营主体的供给比例	各类主体的供给份额		
		专业大户	农民合作社	农业企业
销售服务	88.1	35.7	42.9	9.5
技术服务	72.9	31.6	29.0	12.3
农资服务	52.6	23.7	25.4	3.5
信息服务	48.2	17.5	21.9	8.8
金融服务	8.7	2.6	3.5	2.6
农机服务	8.8	0.9	6.1	1.8
基建服务	5.3	0.9	3.5	0.9

注："销售服务"是指农产品的直接收购、代销等，"技术服务"包括技术指导、技术培训和直接技术应用服务等，"农资服务"包括农资供应、农资代购、农资选购指导等，"信息服务"指技术、市场、政策等各种相关信息资讯的提供，"金融服务"是指未解决资金困难而提供直接借贷、担保等服务，"农机服务"指农业机械销售、出租和修理等，"基建服务"指提供农田水利、乡间道路等农村基础设施建设相关的服务。

资料来源：根据课题组调研资料整理。

总体来看，新型经营主体提供的农业社会化服务最大的贡献来自农民合作社，其份额除了在技术服务方面略低于专业大户外，其他服务均高于专业大户与农业企业；其次是专业大户，而农业企业提供服务的份额均相对较小（见表9-2）。但是，从不同类型的新经营主体本身角度看，情况并不如此。其中，农业企业中能够发挥技术服务（93.3%）、信息服务（66.7%）、金融服务（20.0%）的比重最高，农民合作社在销售服务（92.3%）、农资服务（65.9%）、农机服务（15.9%）和基建服务（9.1%）方面能力最强，而专业大户在全部7类服务上提供的比重均为最低（见图9-4）。其原因与不同新型经营主体的数量、提供服务的实力及能力有关。如专业大户的数量最多，但提供服务的实力与能力较低；而农民合作社和农业企业的数量相对较少，但所能发挥农业社会化服务的条件和实力都较专业大户更优越。

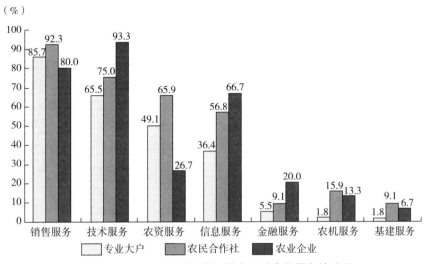

图 9-4　不同新型经营主体提供农业社会化服务的差异

那么，如何来衡量新型经营主体的农业社会化服务功能的强弱呢？现有文献鲜见对此进行专门讨论，而多从需求者的满足程度来间接地讨论农业社会化服务的水平与效果（孔祥智、徐珍源，2010；谈存锋等，2010；Xu 等，2011）。一些学者虽对我国农业社会化服务水平进行了初步的测算（韩苗苗等，2013；殷秀萍等，2013），但仅停留在宏观层面。笔者认为，从供给者角度看，农业社会化服务功能的强弱至少应从供给的广度和深度两个方面来衡量。供给广度是指供给者能够提供哪些方面的农业社会化服务和可以向哪些群体提供，即服务种类和服务对象。供给深度是指供给者在单位时间内提供农业社会化服务的次数和所要花费的成本，即服务频率和服务投入。但是，不同农业社会化服务的物质形态、服务形式、计量单位等特征千差万别，相关服务对需求者的可满足性和对供给者自身的重要性也存在极大差异，因此很难将各类服务在供给广度和深度上按照统一的标准进行整合。而通过赋权或调整量纲等方法获得的综合性指标常常较为主观或难以解释具体含义。故一个客观、简单且易于观察和解释的指标来衡量农业社会化服务供给程度是必要的。事实上，从完整的农业产业链角度看，产前、产中、产后的任何一种农业社会化服务对于农业本身而言都具有同等重要的价值。之所以对不同的供给者或需求者具有不同的重要性，是因为他们所处的具体产业、区域环境以及所采用的经营方式等方面存在差异，而这些差异可以通过设定相应的自变量来控制。所以农业社会化服务功能的强弱更多地可以体现在服务的广度上。而本节主要从供给者角度进行研究，故服务种类可以成为考察服务功能强弱的重要指标。为此，笔者假定：①新型经营主体所能提供的各类农业社会化服务的权重是一致的；②新型经营主体所能提供的农业社会化服务种类越多，其农业社会化服务功能就越强。

基于上述逻辑，本节对北京市新型经营主体提供的农业社会化服务种类进行了汇总，数据显示：仅提供 1 种农业社会化服务的新型经营主体占到了27.2%，提供 2~4 种服务的比例分别为 17.5%、20.2% 和 19.3%，提供 5 种及以上服务的比重迅速降低，而有 4.4% 的新型经营主体基本没有提供相关服务（见图 9-5）。从三种不同新型经营主体来看，农民合作社平均提供的服务数量最多，为 3.60 项；农业企业略低于农民合作社，为 3.41 项；专业大户提供的服务数量相对最少，为 2.77 项。两两比较的结果显示，农民合作社和农业企业提供的服务数量均显著高于专业大户，而农民合作社与农业企业之间的差异并不明显（见表 9-4）。那么其原因是否也与经营规模、盈利能力、政府支持以及经营者（或负责人）特征等存在的差异有关呢？这需要进一步的验证。

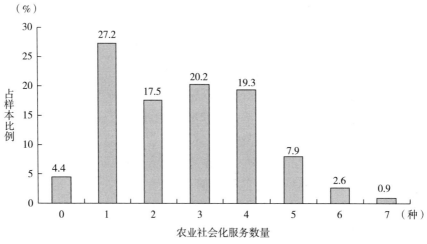

图 9-5　新型经营主体提供农业社会化服务的数量分布

表9-4　不同新型经营主体提供农业社会化服务数量的差异

	专业大户	农民合作社	农业企业
均值	2.77 （1.079）	3.60 （1.231）	3.41 （1.623）
农民合作社—专业大户	0.83 * （0.062）		
农业企业—农民合作社	−0.19（0.860）		
农业企业—专业大户	0.64 ** （0.020）		

注：均值下面的括号中为标准差，两两比较后面的括号中为 p 值。

（三）自变量：新型经营主体的资源禀赋与生产经营特征

根据前述推断，本节采用土地经营面积、劳动力使用数量、资本投入规模来衡量新型经营主体的经营规模。样本数据显示，北京市新型农业经营主体的平均土地经营面积达到了 130 亩，其中 80.7% 的经营主体是通过流转土地实现土地规模经营的；平均的劳动使用数量为 68 人，其中 79.8% 的经营主体以长期雇工的方式实现劳动投入；平均的年资本投入规模在 358.8 万（取对数后的均值为 3.99），其中 85.1% 以上的经营主体具备价值 4 万元以上的农业生产性用房或中大型农业机械等固定资产。

从盈利能力看，当前盈利水平和未来的盈利潜力是两个重要指标。对于前者采用当年投资利润率来衡量，而对于后者使用"当前是否还存在资金缺口"来衡量，这是因为如果新型经营主体还存在资金缺口，那么进一步提高盈利水平将受到限制，而往往需要将利润进一步投入再生产中，进而减少在农业社会化服务方面的投入。数据显示，当前北京市新型农业经营主体平均投资利润率约为 1.62，即 1 元的投资将获得 1.62 元回报，这成为激励越来越多的经济主体投身农业的重要原因之一；但也有 56.1% 的新型经营主体仍然存在不同程度的资金缺口，制约着业务的发展和服务的提供。

从政府支持方面看，新型经营主体所获得的来自政府的帮助形式多样（项目形式、奖励形式、补助形式、优惠形式等），内容差异也较大（资金的、技术的、管理的、市场的等），很难用同一指标衡量。为此，本节将其统一为一个二分变量，即是否获得过政府相关支持。数据显示，目前北京市新型经营主体中有 24.6% 的比例获得过相关的政府支持。

从经营者的个人特征看，具有一定政治身份（党员或村干部等）和本地居民的比例分别为 39.5% 和 58.8%。他们中的大多数是男性（约占 80.7%），平均年龄为 46.9 岁，且有 57% 的人都具有农业生产以外的特殊从业经历（如在企事业单位任职、村干部、自营工商业、跑运输、建筑包工、外出打工、教师等）。这些因素或许都会对新型经营主体发挥农业社会化服务具有直接或间接的影响。

此外，为了更准确地估计关键变量对新型经营主体农业社会化服务功能的影响，本节还将经营主体的类型和所从事的具体产业作为控制变量引入模型。具体涉及的上述所有变量的统计学特征可见表 9-5。

表 9-5 自变量描述性统计

变量名		变量设置	样本量	均值	标准差
E1	专业大户	否=0，是=1	228	0.482	0.501
	农民合作社	否=0，是=1	228	0.386	0.488
	农业企业	否=0，是=1	228	0.132	0.339
A	土地经营面积	实际经营的土地总面积（亩）	228	130.167	258.803
	劳动使用数量	全年平均投入的劳动力（人）	228	68.219	85.777
	资本投入规模	ln[全年固定资本折旧与可变资本投入额之和（万元）]	228	3.988	2.202
B	投资利润率	当年经营利润/资本投入规模	228	1.621	3.840
	资金缺口	目前是否存在资金短缺，否=0，是=1	228	0.561	0.497
C	政府支持	是否获得政府资金补贴、实物奖励或其他优惠政策；否=0，是=1	228	0.246	0.431
D	政治身份	是否为党员、村干部等；否=0，是=1	228	0.395	0.490
	本地居民	是否为经营地所在乡镇居民；否=0，是=1	228	0.588	0.493
E2	性别	女=0，男=1	228	0.807	0.396
	年龄	目前年龄（岁）	228	46.877	8.544
	经历*	无特殊经历=0，有特殊经历*=1	228	0.570	0.496
E3	粮食	否=0，是=1	228	0.123	0.329
	蔬菜	否=0，是=1	228	0.465	0.500
	水果	否=0，是=1	228	0.237	0.426
	花卉	否=0，是=1	228	0.035	0.184
	养殖	否=0，是=1	228	0.140	0.348

注："特殊经历"是指开始目前农业生产经营之前所从事的其他职业或行业，包括在企事业单位任职、村干部、自营工商业、跑运输、建筑包工、外出打工、教师等。

四、实证检验

(一) 内生性问题

由于新型经营主体提供农业社会化服务的数量是一个非负整数集合，且具有较明显的偏态分布特征 (见图9-5)，为此选择 Tobit 模型对前述推断进行计量检验。在不考虑内生性问题时的估计结果显示，除了政府支持外，在表示经营规模、盈利能力、经营者个人特征的指标中均代表性变量在统计上显著。但是政府支持对于新型经营主体所能提供的农业社会化服务数量而言显然具有内生性。原因是，政府在选择支持对象时常常更倾向于选择那些愿意并有能力提供更多农业社会化服务的新型经营主体。而这种互为因果关系 (联立性) 将导致模型结果有偏颇。同时，也不排除因测量误差或遗漏变量等原因造成的内生性问题。如对于有些经营者而言简单的信息提供或技术介绍等并不能算作"正式的"服务而没有被计入在内。再如有些服务本身就是新型经营主体正常经营的必要内容，这使得服务的提供还受到影响经营的相关变量的牵制，即便已经对其从事不同产业的差异进行了控制，但仍然可能遗漏某些重要变量。

对于测量误差和遗漏变量可能造成的内生性问题，一方面对因变量进行调整，即按照提供服务数量的多少将其划分3个或4个组，再利用有序多元选择模型进行估计，以减小因变量测量误差；另一方面增加更多的代表性指标进入模型估计，以缓解遗漏变量的问题；但各关键变量的显著性程度和模型整体的统计学特征并没有明显改进。这表明，或许测量误差和遗漏变量带来的内生性问题并不严重[①]。为此，本节重点对政府支持与服务数量之间的联立性所造成的内生性问题进行了校正。根据已有文献的经验，采用工具变量的办法对结果做进一步估计。基于实地调研获得信息和工具变量选择的基本原则，使用本地区自然灾害的严重程度作为政府支持的工具变量。理由在于：一是一个地区发生影响农业的自然灾害对于新型经营主体提供农业社会化服务具有较强的外生性；二是如果一个地区农业面临的自然灾害越频繁、造成的损失越大，那么政府对该地区农业的支持力度往往越高，因而政府支持与本地区灾害发生情况之间具有很强的相关性。问卷调查中用自然灾害的发生频率和造成的损失两个指标让经营者评估所在地的灾害发生情况，从"不严重"到"很严重"分5个等级进行打分，打分均值为2.14，标准差为1.06。它与政府支持之间在5%水

[①]　有需要相关估计结果的读者可向作者索取。

平上呈显著的正相关关系（相关系数为 0.117，p 值为 0.0783）。这表明本地区灾害发生情况可以被认为是政府支持的一个强工具变量。

采用工具变量法进行的 Tobit 估计结果显示，政府支持对新型经营主体的农业社会化服务功能具有显著的正向影响。数据表明，相对于没有获得过政府支持的新型经营主体而言，有政府支持的经营主体所能提供的服务数量平均要多出 4.5 项。而进一步的瓦尔德内生性检验（Wald Test of Endogeneity）也说明，政府支持的确存在显著的内生性，而本地区灾害发生情况作为其工具变量是可以接受的（见表 9-6）。

表 9-6　模型估计结果

		Tobit		IV-Tobit	
		系数	标准误	系数	标准误
E1	专业大户	0.05	(0.373)	2.75 *	(1.389)
	农民合作社	0.73 *	(0.392)	3.31 **	(1.349)
A	土地经营面积	0.00	(0.000)	0.00	(0.001)
	劳动使用数量	0.00 *	(0.001)	0.01 **	(0.003)
	资本投入规模	0.13 **	(0.052)	0.06	(0.082)
B	投资利润率	−0.12	(0.216)	−0.55	(0.378)
	资金缺口	−0.05 **	(0.026)	−0.05	(0.039)
C	政府支持	−0.08	(0.279)	4.50 **	(2.201)
D	政治身份	0.28	(0.214)	0.52	(0.495)
	本地居民	0.35 **	(0.157)	0.34 **	(0.157)
E2	性别	0.29	(0.256)	0.43	(0.384)
	年龄	−0.02 *	(0.012)	−0.01	(0.019)
	经历	0.45 *	(0.214)	0.54	(0.319)
E3	粮食	0.023	(0.382)	1.21	(0.799)
	蔬菜	0.229	(0.308)	1.26 **	(0.667)
	水果	−0.130	(0.341)	1.09	(0.767)
	花卉	0.428	(0.585)	2.82 **	(1.422)
	常数项	2.80	(0.834)	0.91	(1.523)
观测值		228		228	
卡方检验 p 值		0.000		0.002	
对数似然值		−393.72047		−455.36553	

注：*、** 分别表示在 10%、5% 水平上统计显著。E1 中农业企业为参照组，E3 中养殖业为参照组。

（二）结果分析

根据 IV-Tobit 的估计结果，本节前述推断并没有得到全部验证。具体来说主要有以下几个方面：

第一，反映经营规模的三种要素投入规模中，只有劳动使用数量对新型经营主体提供的农业社会化服务数量具有显著的正向影响，但影响的程度较小（平均每多投入 100 个劳动力，才能使其增加一种农业社会化服务）。而土地经营规模与资本投入规模对服务数量的影响并不显著。并且在没有考虑内生性的情况下，资本投入规模的影响显然是被高估了。事实上，投入更多劳动力的新型经营主体往往需要更多地与农民打交道，一方面是因为普通农户是初级农产品的供应者，新型经营主体常常是他们的下游收购商；另一方面是因为普通农户也是土地和劳动力的提供者，并常常受雇于新型经营主体。因此，劳动密集型的农业经营更容易实现农业社会化服务的扩散与共享。

第二，盈利能力并没有表现出预期的显著影响。纠正了内生性之后，投资利润率对服务功能的负向影响看似更大了，但依然不具有统计显著性。而资金缺口对新型经营主体提供社会化服务数量的负面影响也变得不显著了。这说明，至少对北京市新型经营主体而言，盈利能力并不是其提供农业社会化服务的决定性因素。调查的情况也表明，越是盈利能力强的新型经营主体，以资本为导向的企业化运作特点越突出，而向普通农户提供的农业社会化服务，尤其是他们经营范围之外的服务，就会因增加成本而变得越少。

第三，经营者个人特征中，是否为本地居民对其服务供给具有显著的正向影响，而党员、村干部等政治身份并没有使新型经营主体显著表现出更强的服务功能。可能的原因是，对于带有一定公益性质的农业社会化服务而言，政治荣誉感的影响已经逐步让位于经济地位和社会声誉。调查也发现，在具有政治身份的新型经营主体中仅有不到15%的人认为他们提供农业社会化服务与政治荣誉感有关；相反，几乎所有人认为未来稳定的经济回报或更高的社区认同感是最大的动力。此外，在经过内生性问题的校正之后，性别、年龄、特殊经历等因素的影响均不显著。其原因或许是，随着农业的市场化、专业化程度不断深入，提供农业社会化服务与生产经营行为的动机与目的在根本上是存在差异的，因而人口学特征、社会经历等被多数学者认为能决定生产经营行为的因素并能显著影响农业社会化服务的供给。

第四，从其他控制变量看，不同经营类型和不同产业类型的新型经营主体的农业社会化服务功能的确存在着明显差异。相对于农业企业而言，专业大户、农民合作社能够提供更多的农业社会化服务，且农民合作社的服务功能略强于专业大户。这一结果仅部分地验证了表 9-4 的判断：农民合作社提供的服务数量的确要高于专业大户和农业企业，但这里专业大户提供的服务数量反而要高于农业企业。其原因或许在于表9-4中两两比较的结果没有纠正政府支持的内生性以及没有控制其他变量有关。相对养殖业而言，从事蔬菜和花卉种植的新型经营主体所提供的服务数量也显著地增加。从调查资料看，可能的原因是：京郊蔬菜种植业的进入门槛虽然较低，但在数量和品种上的市场要求高，而花卉虽经营户的比例较小，但技术要求很高；这就迫使新型经营主体主动联结一定数量的普通农户，并向其提供销售、技术、信息等服务，以获得更大、更稳定的蔬菜和花卉种植面积与供应量。

五、研究结论与政策含义

在新型经营体系的基本框架下，以专业大户、农民合作社、农业企业为代表的新型农业经营主体，兼具生产和服务的双重功能。而它们的农业社会化服务功能的有效发挥将有助于我国农业的"新四化"转型。基于此，本节利用北京市新型经营主体的调查数据，重点对经营规模、盈利能力、政府支持、经营者特征四个方面可能影响其服务功能发挥的因素进行了实证检验。所得主要研究结论及其政策含义如下：

第一，经营规模并不必然与新型经营主体的农业社会化服务功能呈正相关关系。在土地、劳动、资本三个维度上，只有劳动使用数量在统计上表现出显著的"微弱"影响（系数很小）。这说明，不是种植规模或投入资本越大的经营主体所提供的农业社会化服务就越多，而吸纳农民就业较多、与农户互动较深的劳动相对密集的农业经营方式才是促进新型经营主体发挥农业社会化服务功能优选方向。

第二，盈利能力对新型经营主体提供农业社会化服务具有正向影响的推断没有得到证实。这说明，为强化新型经营主体通过农业社会化服务对普通农户的辐射带动作用，而根据其经营绩效或盈利状况进行的"锦上添花"式的政策扶持模式是缺乏理论依据的。

第三，经营者的本地人特征对新型经营主体的农业社会化服务功能具有明显的正向影响。这说明，基于地缘关系的社会网络所能带来的社区认同感和经济回报，比预期的社会地位或政治荣誉感，更能够激发新型经营主体的农业社会化服务供给。所以，从更好发挥农业社会化服务功能的角度看，新型经营主体培育对象以本地化为重点的策略是必要的。当然，这并不是指新型经营主体的培育要排斥外来经营者。如果他们能与当地普通农户建立良好的社会关系和经营互动，亦能有效提供农业社会化服务。

第四，政府支持对于新型经营主体提供农业社会化服务具有强有力的促进作用。但如果不考虑政府支持的内生性问题，将严重低估甚至误判它对新型经营主体服务功能的影响。为此，政府在培育新型经营主体和提高其农业社会化服务功能方面仍需发挥主导作用，进一步加大支持的力度和范围，强化新型经营主体作为生产主体和服务主体的双重功能，促进新型农业经营体系的不断完善。

第十章　黑龙江省农业社会化服务调研报告

——大型机械化农业社会化服务模式[①]

黑龙江省地广人稀，拥有富饶的黑土地资源，是我国重要的商品粮生产基地之一；其农业生产规模大，机械化、现代化程度高，涌现出一批走在时代前沿的新型农业经营主体，探索出一条特色鲜明的农业社会化服务"黑龙江之路"，使黑龙江农业生产体系、农业产业体系和农业经营体系焕发新的活力。基于此，笔者团队于 2019 年 8 月 16~23 日赴黑龙江省哈尔滨市、齐齐哈尔市进行调研。实地调研过程中，课题组成员参加"仁发现象"研讨会 1 次，与相关政府部门、服务主体代表召开座谈会 4 次，实地走访服务主体 10 家，一对一深度访谈服务主体 12 家。

第一节　基本情况

黑龙江省是中国最北端以及陆地最东端的省级行政区，北部、东部与俄罗斯相望，西部与内蒙古相邻；地跨黑龙江、乌苏里江、松花江、绥芬河四大水系，水资源丰富；黑土资源丰富，农用耕地占农用地的 30%，林地占农用地的 61.8%。2018 年，黑龙江省粮食产量达到 7506.8 万吨，连续 8 年来位列全国第一；其中，全省农机合作社的粮食总产量达到了 47.9 亿斤，占比 3.2%；是我国重要的商品粮生产基地。

在推进黑龙江省大型机械化的农业社会化服务进程中，黑龙江省主要有以下几点做法：首先，在政府以灵活运用资金补贴为主要形式的政策引导和扶持

---

① 执笔人：杨睿。

下，一部分诸如克山县仁发现代农业农机专业合作社（以下简称"仁发"）这样的先进典型、拥有较强机械作业能力的现代农机合作社、种植合作社以及专业大户等新兴农业经营主体涌现出来，丰富了农业社会化服务的市场供给主体，提升了农业社会化服务市场供给主体的能力和水平。其次，在克山县政府的鼓励支持下，在"仁发"先进发展模式的带动下，成功探索建立克山县联兴现代农机专业合作社联合社（以下简称"联兴联社"）；创新建立了带地入社的二次收益分配制度、合作社（联社）投资公司的产业融合模式、联合社整合调度服务资源的综合服务体系，为省级层面综合性农业社会化服务平台搭建提供了制度和模式参考。然后，在黑龙江省农业农村厅的指导支持下，在联兴联社的示范带动下，黑龙江省龙联农民专业合作社联合社（以下简称"龙联联社"）建立，整合全省涉农资源，以合作社运营管理制度和公司制运营管理制度"双轨制"运营，搭建了省级层面农业社会化服务综合平台，并不断提升平台的综合价值，逐步适应服务于大型机械化、适度规模化的东北现代农业生产。

虽然在上述主要做法的努力下，黑龙江省农业社会化服务市场主体活力凸显，龙联联社综合性服务平台搭建基本完成，农业社会化服务节本增效作用初显；但是在黑龙江农业社会化服务体系中，仍然存在着政策支持力度不均衡，整合主体之间利益联结机制不完善，以及人力资本支撑不足的问题。基于此，笔者提出，建立健全联合社政策扶持和配套制度体系，探索完善更加紧密的利益联结机制，以及大力实施人才振兴政策。

第二节　主要做法

一、灵活运用资金补贴，引导农业生产方式转变

为适应黑龙江省农业生产背景、引导现代农业生产方式转变，黑龙江省通过区分农机具补贴种类，促进农业机械转型，为农业社会化服务提供坚实的机械设备基础；通过优化项目补贴方案，培育壮大新型农业经营主体，为农业社会化服务提供活跃的市场主体。

（一）区分农机具补贴种类，促进农业机械转型

明晰农机具补贴优选条件，引导适度规模经营和种植结构调整。一方面，

优先补贴大型农业机械、规模种植或作业主体。在 2016 年颁布的《黑龙江省农业机械购置补贴专项资金使用管理细则》中明确指出重点补贴"80 马力以上大型拖拉机，80 马力以上拖拉机配套农机，整地深度在 0.3 米以上的深松机、深耕机和深耕整地复式作业机械，作业幅 2.1 米以上的旋耕机和作业幅 3 米以上的机引耙，大豆和玉米作物播种配套的作业幅相当于标准垄距 6 行以上的气力式播种机和机械式精密播种机"；补贴对象的优选条件包括"农机大户、种粮大户，有驾驶、操作、维修、保养大型农业机械经验，积极参与场县共建、跨区作业，自愿组成的农机作业合作组织"等。在《黑龙江省 2018—2020 年农业机械购置补贴实施方案》中指出，"原则上平原旱田种植区补贴 100 马力及以上拖拉机；水稻种植区、山区半山区、丘陵漫岗区补贴 45 马力及以上拖拉机。为适应我省现代化大农业发展需求，从 2019 年开始，免耕播种机品目只补贴 4 行及以上档次，水稻种植区、山区半山区、丘陵漫岗区拖拉机只补贴 60 马力及以上档次"。另一方面，补贴向大豆、玉米和水稻农机具倾斜。在 2016 年颁布的《黑龙江省农业机械购置补贴专项资金使用管理细则》中指出，重点补贴自走式大豆收获机械、全喂入和半喂入自走式水稻收获机械，以及青贮玉米收获机械（含收割、压捆、打包等）。

完善农机具补贴方案制定，引导使用清洁化、高效化农业机械。鼓励各地积极开展农机报废更新补贴试点工作，加快淘汰耗能高、污染重、安全性能低的老旧农机具。除此之外，不断完善农机具补贴目录，2018 年，将秸秆还田离田机械、水稻侧深施肥装置、清粪机、撒肥机和蔬菜小粒种子播种机等农机具纳入补贴范围；2019 年，开展了黑龙江省植保无人飞机购置补贴产品投档工作。

（二）优化项目补贴方案，壮大市场服务主体

创新农机具补贴使用方式，培育现代农机合作社。从 2013 年起，黑龙江省以种植业农民专业合作社为基础，逐步建立起一批专业化农机合作社，以推动适度规模机械化作业，统一命名为"现代农机合作社"，作为新型农业经营主体进行培育和扶持。现代农机合作社，基于不同的自营土地规模，设定农机装备配备标准（2017 年配备标准见表 10-1）。在农机装备总额中，政府补贴占比 60%，其中，国家农机具购置专项补贴占比 30%，省政府补贴占比 30%；合作社自筹 40%。合作社依据当年农机购置补贴目录和农机装备配备标准自选机型，设备所有权归合作社，政府在监督期内监督其使用。其他合作社组建资金，诸如场库棚建设资金等，由合作社自筹和政策允许的其他扶持资金支撑；全部政府投资资金平均量化至每位成员，参与年度收益分配。

表 10-1　2017 年现代农机合作社农机配备标准

经营类型	自营土地面积	农机装备配备规模（万元）	政府补贴金额（万元）
旱田	1 万亩以上	1000	600
	0.8 万亩以上	800	480
	0.5 万亩以上	500	300
贫困村、山区、半山区和丘陵地区旱田	0.3 万亩以上	300	180
水田	0.5 万亩以上	500	300
	0.3 万亩以上	300	180
具备秸秆收储功能的农机合作社	配备与其土地规模相应并预留一定社会化服务能力的秸秆收集处理装备	秸秆收集处理装备规模控制在 300 万元以内	装备规模的 60%

注：农机装备规模 800 万元以上的合作社，水、旱田农机装备可以兼选，其余只可以选择对应经营类型的农机装备；农机装备的处置权归现代农机合作社所有，在监管期内受政府监督。

资料来源：《2017 年黑龙江省现代农机合作社建设方案》。

完善现代农机合作社配套制度，规范现代农机合作社管理。自鼓励支持"现代农机合作社"的建设以来，黑龙江省结合 2008 年以来全省农机合作社建设经验，与时俱进地结合当前农业生产发展需求，逐步完善现代农机合作社建设、运营和监管相关制度体系的配套建设，分别在 2013~2017 年颁布了当年更新版本的《黑龙江省现代农机合作社建设方案》（见表 10-2），根据当年建设重点和方向，对当年支持建设的现代农机合作社申请条件做出更新说明。总体来说，现代农机合作社的建设方案鼓励合作社规模经营、配备大型高效机械，重点建设内容逐步向明确市场主体地位、信息化管理、种植结构调整、推进农业社会化服务供给方面转变。除此之外，还单独颁布了相关政策文件，完善现代农机合作社内部管理规范，农机购买、管护和更新，供给产业链延伸服务所需的固定资产建设等扶持、监管制度体系。

表 10-2　培育、壮大现代农机合作社的配套规章制度

年份	颁布政策文件	重点建设内容
2013	《黑龙江省 2013 年现代农机专业合作社建设方案》	种植业农民专业合作社基础上建设现代农机专业合作社；玉米青贮、牧草种植合作社基础上建设畜牧机械合作社

续表

年份	颁布政策文件	重点建设内容
2014	《2014年黑龙江省现代农机合作社建设方案》	制定了详细的自营土地规模配备农机设备的规模标准和合作社规范化管理内容；重点在种植业方面进行建设；规定工商注册名称《××县××现代农机合作社》
2015	《2015年黑龙江省现代农机合作社建设方案》	允许合作社在规定年限内达到自营土地规模，配备相应规模的农机设备；农机设备开始配备GPCS系统；开始鼓励农业社会化服务
2016	《2016年黑龙江省现代农机合作社建设方案》	以玉米、大豆、水稻和马铃薯等种植业合作社为主；不再设定规定年限，需在申请时达到相应自营土地规模
2017	《2017年黑龙江省现代农机合作社建设方案》	进一步推动农机社会化服务；延伸产业链上的社会化服务领域
2015	《关于加强全省现代农机合作社规范建设的通知》	现代农机合作社内部管理规范
2017	《关于进一步加强现代农机合作社规范建设工作的通知》	
2018	《黑龙江省现代农机合作社管理暂行规定》	
2019	《黑龙江省现代农机合作社整改方案》	
2015	《关于加强黑龙江省现代农机合作社农机安全管理和维护保养的通知》	农业机械装备购买、管护和更新
2017	《黑龙江省现代农机合作社农机安全与机务管理规定》	
2018	《黑龙江省现代农机合作社农机装备报废暂行办法》	
2019	《黑龙江省现代农机合作社农机装备置换暂行办法》	
2018	《关于现代农机合作社GPCS设备巡检维护的通知》	农业机械装备信息化管理
2013	《黑龙江省现代农机合作社粮食烘干设施建设方案》	供给产业链延伸服务所需的固定资产建设

年份	颁布政策文件	重点建设内容
2016	《2016年黑龙江省现代农机合作社规范社粮食烘干塔建设方案》	

资料来源：根据黑龙江省相关文件整理。

对接现代化农业生产方式，增强现代农机合作社综合实力。一是将现代农机合作社培育和种植业结构调整相结合。在《2017年黑龙江省现代农机合作社建设方案》中指出，"原则上，在玉米、大豆、水稻、马铃薯和蔬菜等规范的种植业农民专业合作社（以下简称"农民合作社"）基础上，自愿建设农机合作社"。二是将现代农机合作社培育和适度规模经营相结合。在《2017年黑龙江省现代农机合作社建设方案》中指出，"合作社以土地集中连片，满足大型机械作业为前提，以自主经营土地（入股、租赁等土地流转）为基础，鼓励开展代耕服务和土地委托经营等农机社会化服务，推进土地适度规模经营，特别是整村规模经营"。三是将现代农机合作社培育和提升社会化服务能力相结合。一方面，扩大服务的辐射面积。在2019年颁布的《黑龙江省现代农机合作社整改方案》中指出，"服务型农机合作社，要广泛开展土地托管、代耕作业、跨区作业等农机社会化服务，每100万元农机装备单项作业面积旱田要达到2000亩，水田要达到1000亩"。另一方面，丰富服务的种类。在《2017年黑龙江省现代农机合作社建设方案》中指出，"稳步开展蔬菜、鲜食玉米和具有秸秆收储功能的农机合作社试点，逐步探索服务区域更广，专业化程度更高，种植特色更鲜明的合作社建设路径，为区域内的现代农业发展服务"。

跟进多样化项目补贴内容，吸引服务主体拓宽服务领域。在《关于规范使用2019年秸秆综合利用项目资金的通知》中，明确了作业补贴、项目建设补贴、器具购置补贴、青贮利用补贴、离田利用补贴等补贴内容。在作业补贴方面，玉米秸秆全量翻埋和碎混还田作业，每亩补贴40元；玉米秸秆覆盖还田作业，每亩补贴10元；水稻秸秆翻埋还田作业，每亩补贴15元；水稻秸秆本田腐熟作业，每亩补贴20元；玉米和水稻秸秆离田作业，每亩分别补贴15元和10元。在玉米青贮配套补贴方面，每吨在享受国家补贴60元的基础上，配套增加40元。在玉米和水稻离田利用方面，每吨秸秆补贴50元。在项目建设补贴上，对"秸秆固化成型燃料站建站"项目，按照年产0.25万吨投资100万元、年产1万吨投资300万元、年产2万吨投资590万元的建设标准，分别给予投资额度70%、50%和30%的定额补贴；对"秸秆工业原料化建设"项目，每吨秸秆补贴100元。在器具购置补贴方面，秸秆还田离田机具，在享受国家农机购置补贴的基础上，省级财政按照所购机具前2年市场最低售价的20%给予累加补贴，总补贴额不超过50%。

二、典型主体涌现带动，引领社会化服务新模式

在政府的引导、培育和扶持下，一批先进、典型新型农业经营主体在黑龙江省农业社会化服务市场中迸发活力。其中，仁发合作社及其带头成立的联兴联社，创新建立了带地入社的二次收益分配制度、合作社（联社）投资公司的产业融合模式、联合社整合调度服务资源的合作体系，带动成立了省级层面的综合性农业社会化服务主体——龙联联社，为其提供了制度和模式参考。

十年"仁发"，打造综合性现代农机合作社运营的新模式。仁发合作社成立于2009年10月，由7名农民投资850万元、国投资金（国家、省补贴）1234万元组建而成，总投资2084万元。

一方面，探索建立了土地规模经营新方式，确保成员土地经营收益和入社、生产积极性。该社转变了土地入社方式，由流转土地入社转变为成员带地入社，建立了二次盈余分配制度，后续建立的合作社纷纷效仿该收益分配机制。该社将成员入社土地规模作为第一次盈余分配的标准，属于按交易量分配的范畴，该部分收益分配后，提取第一次公积金；将各成员股东权益作为第二次盈余分配的标准，属于按出资额分配的范畴，该部分收益分配后，提取第二次公积金；二次盈余的分配比例由当年全体成员大会做出决议，2018年，第一次分配的盈余占总盈余的78%，第二次分配的盈余占总盈余的22%。在第一次盈余分配中，根据当年总盈余和第一次分配比例，得出该部分盈余分配总额；再除以自营土地总面积，得出每亩土地均分盈余（前期为吸引成员加入，设立固定金额的每亩土地保底收益；后期发展壮大后，不再设置保底收益）；然后，用每亩均分盈余乘以每位成员入社土地规模，得出每位成员第一次盈余分配总额。在第二次盈余分配中，股东权益由股东出资额、公积金平均量化额和政府投资资金平均量化额组成，根据当年总盈余和第二次分配比例，得出该部分盈余分配总额；再除以股东权益总额，得出出资回报率；然后，用出资回报率乘以每位成员的股东权益规模，得出每位成员第二次盈余分配总额。

另一方面，逐步拓展了服务成员的范围至全产业链，丰富农民收入途径，促进产业融合。该社投资成立了黑龙江仁发农业发展有限公司、黑龙江华彩薯

业发展有限公司和黑龙江仁发农业科技开发有限公司等，提供玉米、马铃薯仓储加工等产前、产后社会化服务。2018 年，该社总盈余 3216.5 万元，先后荣获"全国农民专业合作社示范社""全省农机专业合作社示范社"等荣誉称号。

探索"联兴"，开启联社整合、提供社会化服务的新篇章。在克山县政府的引导支持下，2014 年联兴联合社成立。2018 年，在仁发的牵头带动下，筛选 38 家高质成员入社，联合社正式开始运营。成员社不再需要购置种类齐全、资产专用性高的各项设备，而是发挥各自比较优势，专业化分工、提供服务，主要集中在作业服务、技术服务、信息服务、农资服务、物流服务和销售服务方面。随着"联兴"的建立与成功探索，黑龙江省农业农村厅鼓励支持成立黑龙江龙联农民专业合作社联合社。2015 年 2 月 6 日，龙联成立，总部设在哈尔滨市，联兴作为其分支机构被纳入运营，政府提供技术、信息服务；龙联依托成员社网络的搭建，合作社和公司化双轨机制运营，整合全省涉农资源，打造为农服务平台。

三、龙联联社推陈出新，搭建省级综合服务平台

在政府的推动和支持下，基于仁发合作社和联兴联社探索的经验，龙联联社充分发挥合作社的联合作用，整合多元化市场资源；运用合作社、公司化两套机制，双轨运营，建立共同利益联结机制，提升异质性个体生产体系、产业体系和经营体系的稳定性。

（一）多元主体以多样方式融合，编织资源网络

合作社伙伴化融合，优势互补。首先，在政府的支持下，农民投资、组建合作社。然后，依据《黑龙江龙联农民专业合作社联社成员入社管理办法》，龙联联社审核合作社提交的申请资料，包括合作社规模、农资、产品信息等发展情况证明，审核通过后，签订入社协议，颁发成员证书。在成员社当中，分为股东成员社和非股东成员社，股东成员社出资额 5 万元起、200 万元封顶（为汇集更多合作社，设置出资金额上限），不论出资多少，投票权均等。在这样的伙伴化融合下，聚集了省内一批优秀典型示范合作社，成立了龙联联合社，注册资本 1716 万元。

公司企业市场化融合，贯通三产。第一，为更好地融合三产，去中间商节约成本，提升合作社和农民收益，龙联联社投资创办了黑龙江龙联农业投资有限公司（实际控股 100%，工商注册信息显示其由两家主体控股，一家是龙联联社，占比 70%；另一家是哈尔滨博阳投资有限公司，占比 30%，但博阳有

限公司的控股人为龙联联社经理）。第二，黑龙江龙联农业投资有限公司出资创办黑龙江龙联农业发展有限公司、黑龙江龙联农业科技有限公司、黑龙江龙联物流有限公司（目前控股100%，期待未来有实力强大的大型投资商加入，达成合作关系），其中，黑龙江龙联农业科技有限公司还投资创办了黑龙江龙联企业管理咨询有限公司、黑龙江龙联网络科技有限公司、黑龙江龙联农副产品营销有限公司、黑龙江龙联农业生产资料有限公司以及黑龙江龙联仓储服务股份有限公司；分别负责投资第一产业、第三产业以及第二产业中的企业，整合三产中的涉农资源，达成战略合作伙伴关系，从而搭建起全省农业社会化服务平台（见图10-1）。

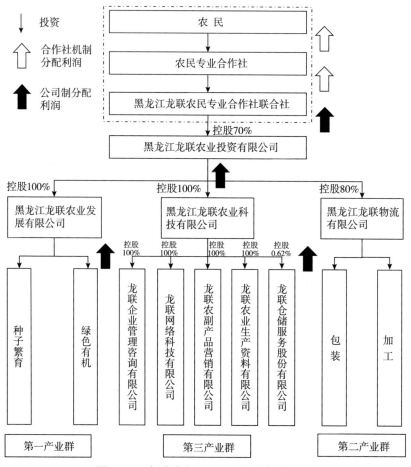

图10-1　龙联联合社"双轨制"运营平台

分支机构科学化融合，提升效率。为了全面、及时地开展服务，龙联联社目前在克山、牡丹江、鸡西、五大连池、七台河等地，以典型的示范性股东成员社为机构依托，抽调人员搭建了 14 个联合社分支机构，分片区运营管理，实现服务供给的适度规模。分支机构在联社的监管约束下，被充分授权，起到了上传下达、联合更多优质合作社的作用：负责完成联社分配的目标和任务，向片区内成员提供各类咨询及服务；负责向联社提供片区内成员社信息，降低联社整合资源中遇到的信息不对称和不完全程度。设定联社分支机构等级评定标准（见表10-3），激励分支机构高效运营。

表10-3　龙联联社分支机构等级评定标准

级别	成员社接受政策支持的力度	所在区域成员分布	所在区域股东成员分布
一级	其自身已是国家级示范社或省级示范社	100家（含）以上	20家（含）以上
二级	经营效益优异，有相当的经济实力	80家（含）以上	15家（含）以上
三级	得到当地政府相关部门大力扶持	50家（含）以上	10家（含）以上
四级	具有可持续发展能力	30家（含）以上	5家（含）以上
五级		15家（含）以上	3家（含）以上

（二）多元主体以共同利益联结，巩固资源网络

"双轨制"运营，调动异质性主体联合能动性。一是在农民至龙联联合社联合区间上，以合作社机制运营，各成员平等享有权利与义务，利益共享、风险共担。自上至下，按照合作社内部管理准则，管理运营，确定并实施决策；自下至上，盈余分配按照合作社分配原则进行，将龙联联社所得总盈余的60%按交易量分配，40%按出资额分配至各合作社，每一批次交易量单独核算，股东和非股东成员社都参与交易量分配，只有股东成员社参与出资额分配，各合作社再基于自身分配机制依次将盈余分配至农民。二是在龙联联社至具体涉农公司联合区间上，以公司化机制运营。自上至下，按照股东制公司内部管理准则，管理运营，确定并实施决策；自下至上，净利润按照股东出资额进行分配（见图10-1）。

共同利益联结，提升异质性主体联合稳定性。土地成为异质性主体联合达成同质性利益的关键要素。通过农民的合作、合作社的再合作，实现土地连片成方、适度规模经营，互相提供服务；通过联合社与各涉农企业的合作，实现三产有机融合，丰富社会化服务种类、提升社会化服务水平。一方面，对农民

来说，土地种植收益增加、工资性收入增加，激励其加入利益联结链条；另一方面，对涉农企业来说，规模化土地意味着巨大的市场利润空间，是企业增强盈利能力、建立长效发展机制的关键，激励其加入利益联结链条。综合以上两点分析，当土地形成科学的适度规模经营以后，会让龙联联社所整合的资源链条上的多元个体，都以选择加入该资源链条作为约束条件下的效用最大化抉择，从而使该资源链条上的个体紧密抱团，合作共赢。

四、求同存异科学管理，综合提升服务能力水平

仅基于共同利益，完成资源整合平台的搭建是不够的，还需要提升平台的综合价值。政府引导扶持和龙联科学规范管理双管齐下，一方面，从资源网络中的各节点入手，不断增强平台内各主体、各环节的服务能力；另一方面，从资源网络服务的各方面入手，不断拓展服务环节和服务领域，丰富服务内容，进行产业升级。

（一）内部科学管理，提升服务能力

合作社专业化分工，提高运营效率。农机手雇用专职化，合作社长期雇用的农机手，大多将自有承包土地流转出去，专职在合作社从事农机作业、维修、保养等相关工作，一年工作 8~10 个月，年薪 4 万元左右。此外，管理人员、技术指导人员配备也都是专人专岗。2018 年，黑龙江省全省 1411 家农机合作社，聘请职业经理人 268 人、大学生 219 人，选举任理事长的村干部 181 人。

合作社多元化经营，增强盈利能力。第一，多元化土地自营形式。一方面，多种形式实现土地适度规模经营收益。成员带地入社，按照入社土地面积，享受第一次盈余分配；成员也可以出资流转土地入社，流转入社的土地等同于成员带地入社的土地面积，享受第一次盈余分配。另一方面，多品种种植调整结构。2018 年，农机合作社自营土地面积 556.5 万亩，其中，种植玉米 268 万亩、大豆 143.5 万亩、水稻 108.9 万亩、马铃薯 2.7 万亩、经济作物 33.4 万亩，种植品种多样化。第二，多元化生产服务内容。除了自营适度规模的土地以外，大多数合作社都会对外提供作业服务，作业范围涉及全国，作业环节涉及农作物生产全程。2018 年，全省农机合作社单项代耕面积 1926.7 万亩，全程代耕面积 192.2 万亩，是 2017 年的 3.8 倍。第三，多元化产前产后服务内容。一些经营实力强的合作社，或者是龙头企业建立的合作社，则有能力供给更加丰富的社会化服务，如物流、品牌、基建、质量服务等，拥有更加多样的收入来源。

联社星级化评定成员社，形成良性竞争。龙联联社通过"星级成员"评

选，进一步规范其成员社的内部管理，提升成员社运营能力，引导联社成员走健康可持续发展之路。评审委员会根据合作社提交的申请材料，依据星级评定标准（见表10-4），做出最终评定，一年一审，激励成员合作社不断规范化管理，提升自身作战实力。

表10-4 龙联联社星级成员评分项目

项目类别	项目分类1	项目分类2
基本情况（70分）	经营规模（10分）	土地规模（5分）
		资产规模（5分）
	经营能力（15分）	土地效益（5分）
		入社成员（5分）
		带地入社（5分）
	组织建设（5分）	组织机构（2分）
		规章制度（1分）
		会议制度（2分）
	财务规范（20分）	分配机制（5分）
		分红方式（5分）
		财务核算（10分）
	社会信用（10分）	诚信经营（5分）
		银行信用（5分）
	基础设施（10分）	场区建设（5分）
		场所建设（5分）
外部关系（30分）	联社互动（10分）	沟通互动（5分）
		参与互动（5分）
	政府支持（10分）	支持力度（5分）
		联社影响（5分）
	成员互动（10分）	组织能力（5分）
		推荐入社（5分）
特殊贡献（20分）	激励加分（20分）	三产融合（5分）
		荣誉激励（5分）
		协助联社（5分）
		入股联社（5分）

资料来源：龙联联合社。

（二）外部产业升级，丰富服务内容

延伸产业链，合力增强产业链价值。在第一产业方面，重点开发种子繁育和绿色有机种植服务，引进国际先进优质品种，如荷兰优质马铃薯；充分发挥黑土地资源优势，加快推进绿色食品生产。在第二产业方面，做强关键的加工环节，提高产品附加价值，如马铃薯全粉、薯条、干物质加工等。在第三产业方面，建立龙联联社金融服务系统，在省农业农村厅的支持下，为联社成员对接资源，担保收益，解决资金周转问题；黑龙江龙联农业生产资料有限公司和实体经营农资企业建立合作关系，提供大宗物资采购服务；黑龙江龙联企业管理咨询有限公司，在政府支持下，为联社成员及专业大户提供农业技术培训、生产管理培训和经营理念培训等，黑龙江龙联农副产品营销有限公司在政府指导和支持下，建立联社自有品牌——"龙联绿食源"，授权通过资格认证的成员社使用，还与锦州港（上海物通农业发展有限公司）合作，为成员社提供"订单农业"种植服务；黑龙江龙联网络科技有限公司将在未来两年内，联合国内知名互联网企业——用友软件，打造国内先进的信息化云平台。

第三节　主要成效

在政府的积极引导下，在"仁发模式"的推动下，一批农机合作社、专业种植大户等高效新型农业经营主体涌现，丰富了农业社会化服务供给的市场主体；龙联联社严格筛选，逐步搭建起具备广阔前景的省级农业社会化服务平台；随着平台的不断发展，其综合价值，得到进一步提升，节本增效作用初显。

一、示范引导效果初显，涌现一批高效运营新型主体

在政府扶持下，同时借鉴"仁发模式"的经验，一大批新型农业经营主体逐步发展壮大（见表10-5），优势互补，提升了当地农业社会化服务的质量与水平。农机合作社是供给社会化服务的中坚力量。

除农机合作社外，还有许多其他新型经营主体活跃参与农业社会化服务的供给。以克山县赢佳玉米种植专业合作社为例，该社注册资本200万元，其中，60%是农机具项目补贴资金；效仿"仁发"集中土地方式——成员带地

入社+流转土地，效仿"仁发"二次分配盈余、二次提取公积金的盈余分配方式；2018年，合作社总盈余2621058.73元，其中，农业社会化服务总利润约9万元，覆盖面积3000亩；可以为其成员提供技术、农资、销售、物流、信息和作业服务。

表10-5　黑龙江省部分新型农业经营主体的基本情况

类别	固定资产情况	"自服务"种类	社会化服务种类	社会化服务净利润（2018年）
专业大户（五大连池市）	仓库厂房1处；拖拉机1台，农具2套	技术、销售、信息和作业服务	销售和作业服务	0.4万元
克山县赢佳玉米种植专业合作社	办公场所1处，仓库厂房1处，车棚1处；拖拉机4台，农机6套，玉米烘干塔1座	技术、农资、销售、物流、信息和作业服务	作业服务	9万元
克山县更好农机专业合作社	办公场所1处，仓库厂房1处，车棚2处；拖拉机25台，收割机4台，大型农药机2台，烘干塔1座	技术、信息和作业服务	技术、信息和作业服务	100万元
克山县永强农机专业合作社	办公场所1处，仓库厂房1处，车棚1处；拖拉机9台，收割机3台，烘干塔1座	农资、销售、信息、品牌和作业服务	农资、销售、信息、品牌和作业服务	30万元
五常市农业植保飞防队	车库1处；70台大疆农业植保无人机，6台小型无人机	植保作业服务	植保作业服务	135万元

资料来源：根据课题组调研资料整理。

二、平台整合效果初显，联合一批实力较强市场主体

龙联联社基于"双轨制"运营，实现政府、市场多元主体有机融合，逐步搭建起全省农业社会化服务平台，具备广阔的市场空间。自龙联联社组建大宗贸易团队以来，累计为成员社服务大宗粮食交易量10余万吨；和省政府协调、争取到火车专列，为成员社解决因运力不足而产生的卖粮难问题，销售粮

食几十万吨，每吨盈利 20 元。2018 年，龙联联社与锦州港（上海物通农业发展有限公司）在农业种植一体化上深度合作，锦州港向联社提供种植资金 1.7 亿元，发展"订单农业"，在克山和密山两地种植玉米、大豆 34 万亩。同年，获得黑龙江省农业担保公司 5000 万元贸易资金担保支持，与哈尔滨农商银行达成战略伙伴关系。

三、农业服务效果初显，开拓一条农业现代生产模式

无论是从龙联联社的整体运营效果出发，还是从黑龙江省各新型农业经营主体的个体服务效果出发，社会化服务节本增效作用都初步显现，使黑龙江省的大农业生产与大服务相匹配。

（一）降低成本

一是降低交易成本。龙联联社通过聚集多元化市场主体，规模化、去中间商经营，降低了彼此的"讨价还价"成本、双向搜寻成本，用成员社作为纽带，彼此提供各自具备比较优势的产品和服务，将经销商的部分利润内化在这条资源整合链条中，最终分配至农民手中。

二是降低土地生产经营成本。成员社发挥各自比较优势，联社全域调度安排机械作业，有效解决了因固定资产专用性而带来的生产成本增加问题。合作社创新土地规模经营方式，整合土地、凝聚成员社，实现土地规模化种植，实现规模经济。

三是降低金融融资成本。一方面，龙联联社与省农担、商业银行等正规金融机构建立合作关系，构建龙联正规渠道融资金融体系。另一方面，龙联联社巧妙利用涉农企业和农业生产经营主体之间的共同利益关系，构建社会资本融资金融体系。龙联联社协助在合作社等农业经营主体与农资销售商、农产品加工商之间建立合作关系，使合作社等农业经营主体从农资销售商、农产品加工企业处贷款利率加上龙联联社所收取的服务费用，还低于市场贷款利率。

（二）增加效益

一是专业化、机械化、规模化生产提高农作物产量。农机合作社粮食平均亩产远远高于普通农户水平。2018 年，黑龙江省农机合作社玉米亩均产量 1214 斤，比普通农户高 18.1%；大豆亩均产量 335 斤，比普通农户高 21.8%；水稻亩均产量 942 斤，比普通农户高 7.6%。

二是拓宽销售渠道，增加农产品销售量。各新型农业经营主体通过建立互联网平台、发展"订单农业"等，打破了传统农业销售渠道的限制，使商品

粮生产基地焕发新活力。2018 年，全省农机合作社实现总收入 60.5 亿元，总支出 46.1 亿元，总盈余 14.4 亿元。

三是提升农产品附加值，提高农产品销售价格。龙联联社基于搭建的综合平台，积极开展优良种子繁育研发，推行绿色有机种植，提供质量检测服务，推动农产品加工业发展，促进三产融合，申请注册"龙联绿食源"商标品牌，规划出 17 个系列、84 个品类；全面提升农产品质量，增加农产品附加价值，提升农场销售收益，培育品牌忠诚度。农产品量和质的综合提升，一方面提高了农民的农业生产经营收入；另一方面创造了大量的就业岗位，促进了农民工资性收入的增加。

四是丰富农业社会化服务领域，拓宽增收渠道。除提供上述产业链延伸服务外，还不断拓宽了作业环节的服务范围，逐步从单一作业环节向全程作业环节拓展，增加收益。2018 年，宁安市友联农机合作社的农机作业纯利润达 552 万元；虎林市兴隆达农机合作社的作业服务面积 5000 余亩，纯利润达 60 万元。

第四节　主要问题和对策建议

一、存在的主要问题

在推进与黑龙江省大规模农业生产相匹配的现代化农业社会化服务的进程中，虽然政府扶持了一批与时俱进的、综合实力较强的合作社、专业大户等新型农业经营主体，鼓励、指导龙联联社成立并搭建社会化综合服务平台，但相关配套政策、制度体系还未跟上步伐，联合社实际业务推进有难度。虽然社会化综合服务平台已初步搭建完成，多元主体基于共同利益，在形式上紧密联系在一条利益链上，但实际业务合作较松散。虽然龙联联社构建的资源网络已经运营多年，并实现 1 次盈利分红，但该体系内人力资本支撑普遍不足。

（一）在联合社与合作社之间，政府政策扶持力度不均

联合社作为新兴市场主体，各项配套政策还未完善。一方面，联合社市场根基薄弱。在 2017 年底新修订实施的《中华人民共和国农民专业合作社法》中，联合社的市场主体地位是第一次被法律承认；龙联联社也是在联兴联社成

功运行的带动下，探索性创建，开创性尝试以合作社、联合社为纽带搭建省级层面农业社会化服务综合平台。另一方面，合作社各项配套政策、制度体系基本完善。在 2007 年颁布的《中华人民共和国农民专业合作社法》中，就在法律上确认了农民专业合作社的法律主体地位；在中央各项新型农业经营主体的扶持政策下，在黑龙江省特色鲜明的农机购置补贴、农民合作社创办补贴等政策扶持下，种类丰富的大型机械化的现代农机合作社在黑龙江省逐步具备一定的市场竞争实力。这两方面原因导致一些合作社可以符合相关政策标准，享受政策扶持；而联合社却难以符合标准，享受到相应的政策支持；这制约了龙联联社资源整合作用的发挥。

（二）在平台各元主体之间，实际业务合作不够紧密

多元主体形式上建立紧密联系，实际上异质性带来的不稳定性问题依旧突出。虽然通过土地这一关键要素，将政府、市场多元主体基于共同利益紧密整合在一条资源链条中，但是在平台实际运营中，各多元主体之间的专业化分工协作功效并没有得到充分的发挥。一方面，合作社内部共同利益联结机制不稳定。以黑龙江金禾现代农业有限公司为例，该龙头企业领办合作社，并在政府扶持下组建五常市农业植保飞防队。在与农民签订合作关系合约时，时常面临违约问题，农民缺乏契约精神；在与五常市农业植保飞防队协同运营时，飞防队作为独立作业组织，依附于合作社，合作社与飞防队之间的最优化决策存在矛盾点，时常难以达成一致性决策。这就制约了合作社和龙头企业的资源优化配置，难以实现创立之初所规划的共同目标。另一方面，平台多元主体之间共同利益联结机制不稳定。以农资集中采购服务为例，龙联联社以低于市场价格集中从农资合作供应商处采购农资，并向合作社收取一定比例的服务费，比例依据市场行情确定，最高达到 20%。2018 年，农资集中采购服务并未收取服务费，原因是价差太少，愿意以低价出售的供销商不多；而反季节储存的最大制约因素则是流动资金。此外，平台目前主要在运营的服务仅有农资服务、金融服务、品牌服务和销售服务。综合以上两方面，平台所整合的多元主体之间的协作种类丰富性不足，协作力度呈现下滑趋势。

（三）在平台探索运营之中，人力资本普遍支撑不足

虽然平台汇集了一批农业经营精英、先锋模范理事长，但总体人力资本短缺。以全省农机合作社为例，聘请职业经理人的合作社仅占比 19.0%，大学生从业人数占比 12.8%。一是技术人才短缺。黑龙江省劳动力外流现象严重，村庄空心化问题严重，田间管理技术人才、农机作业技术人才以及农产品运销人才均存在短缺问题。二是经营管理人才短缺。一部分农机专业合作社缺乏长远科学规划，走一步看一步，除自身农业经营以外，社会化服务以"游击"作业为主，资源配置效率低；缺乏规范性的财务管理；缺乏合作共赢意识与机制设计。三是农民人力资本不足。限于人力资本，农民难以达成理想契约精神，难以形成"利益共享、风险共担"的真正合作意识。人力资本的短缺，严重制约了社会化综合服务平台硬件基础具备下的软实力支撑，制约了该平台更加紧密的、价值更高的利益共享链建设，从而制约综合社会化服务能力和服务水平。

二、对策建议

基于以上主要问题，提出以下几点对策建议：

一是建立健全联社政策扶持和配套制度体系。进一步明晰和巩固联合社的市场主体地位，赋予完善的配套制度体系；扶持政策的目标群体筛选标准，要充分考虑联合社初步建立的实际情况，着重考察联合社的发展潜力，平衡联合社、合作社、专业大户、家庭农场等新型农业经营主体之间的扶持力度。

二是探索完善更加紧密的利益联结机制。在社会化综合服务平台的各主体之间，在社会化综合服务平台的各主体内部，充分考察各异质性个体的具体情况，积极寻找核心的利益共同点，使之得到公共认可；充分考虑集体中个人效用最大化决策的依据，逐步探索出一条能够使彼此联系更加紧密、彼此分工协作作用更加充分发挥的利益联结机制，以实现集体的共同目标。

三是大力实施人才振兴政策。建立健全职业教育、义务教育、高等教育体系，不断提高教育水平，推动产学研有机融合；建立健全务工人员返乡扶持政策，吸引本地人就近安居乐业；加强政府对新型农业经营主体的技术指导、信息传递服务，强化政府公共服务职能。

第十一章 山东省临沂市农业社会化服务调研报告

第一节 兰陵县农业社会化服务调研报告①

兰陵县是以粮食生产和蔬菜种植为主的农业大县，促进兰陵县现代农业发展，加快推进现代农业发展，实现由农业大县向农业强县的转变，是促进兰陵县经济又好又快发展的重要推动力量。大力推广农业社会化服务、着力建设农业社会化服务体系，是兰陵县建设现代农业的必然要求和重要抓手。作为农业产业多样化的典型农业生产大县，兰陵县的农业社会化服务推广实施有丰富经验和地区特色。基于此，笔者于2019年8月27~28日赴山东省临沂市兰陵县展开了农业社会化服务专项调研。围绕全县社会化服务这一主题，重点调研服务基本情况、服务主要做法、服务突出成效、服务存在问题等多方面情况。调研过程中，课题组成员与相关政府部门、服务主体代表召开座谈会1次，实地走访服务主体2家，一对一深度访谈服务主体8家。现将情况报告如下：

一、基本情况

兰陵县位于山东省南部，与江苏省邳州市相邻，总面积1724平方公里，耕地面积161.7万亩，山区和平原各占一半。兰陵自然条件优越，农产品资源丰富，是全国蔬菜生产大县，被誉为"中国蔬菜之乡""中国大蒜之乡""中国牛蒡之乡"和"山东南菜园"，被授予"全国蔬菜产业十强县""中国果菜

---

① 执笔人：李思雯。

无公害十强县""全国无公害蔬菜出口生产示范基地县""国家级出口食品农产品质量安全示范区"和"山东省现代农业示范区"等称号。

近年来，兰陵县坚持以科学发展观为统领，认真贯彻落实党的十八大、十九大精神和中央有关政策，积极发挥区位优势和沂蒙革命老区享受中部优惠政策等有利条件，大力发展精品农业、生态农业、观光农业，走出了一条依靠科技进步、发展特色高效农业的路子，促进了传统农业向现代农业转型。2019年上半年预计实现农林牧渔业总产值 77.78 亿元，可比价增幅 3%，农林牧渔业增加值 44.9 亿元，可比价增幅 2.9%；蔬菜及食用菌播种面积 58.4 万亩，同比增加 3.8%，总产 194.32 万吨，同比增加 3.4%，平均亩产 3326 公斤；二季度肉鸡存栏 542.6 万只，同比增加 23.3%，上半年肉鸡出栏 1057.2 万只，同比增加 38.9%。[①]

在发展推广农业社会化服务方面，重点培育了多类服务主体，增强主体服务能力；创新服务业态，拓展服务领域，丰富服务内容；建设服务队伍，引进农村优秀人才；对外学习先进服务模式；建立项目支撑体系，健全服务补贴保障制度，全方面、多维度推进社会化服务实施推广工作。

二、主要做法

（一）培育服务主体，增强主体服务能力

兰陵县把各类农业专业合作社、农业龙头企业、种养大户、家庭农场作为现代农业发展的主体和重点，其中突出培育农民专业合作社、农业企业和家庭农场的服务功能。截至 2019 年 8 月，兰陵县规模以上农业产业化龙头企业达到 162 家，其中省级 7 家、市级 62 家、县级 93 家。同时，加快新型经营主体培育，新增合作社 61 家，全县合作社注册总数 1958 家，家庭农场新增 315 家，全县家庭农场注册总数 945 家。

1. 培育具备综合型或专项型服务的农民专业合作社

近年来，兰陵县坚持把农民专业合作社作为服务农民、推广科技、提升农民组织化程度的重要平台和载体来抓。通过项目资金支持、专项补贴制度等方式，带动合作社开展高度专业化、全面综合性的社会化服务，充分发挥合作社辐射示范作用，提升农户生产效率。例如，兰陵县有大量育苗基地，技术成熟，供苗及时，菜农根据市场需求，拱棚套种各类蔬菜品种，一年有时可达 5

---

① 资料来源：兰陵县人民政府，http：//www.lanling.gov.cn/info/1257/23995.htm。

季不同品种的蔬菜，其中向城镇的鸿强蔬菜产销专业合作社占地300多亩，设备齐全、科技含量高、专业性强，一次性育苗能力可达400万株，年综合育苗能力可达1.2亿株，在育苗服务方面走在全县前列，保障菜农育苗水平。再例如，在养殖业方面，德友养殖专业合作社是集鸡苗、饲料供应、技术服务和成鸡销售于一体的大型专业合作社，提供肉鸡养殖覆盖产前、产中、产后全过程的专业服务。合作社下设七个肉鸡养殖场，养鸡占地面积达400亩，兼营肉鸡养殖和全程社会化服务，2018年出栏肉鸡达到700多万只。

2. 培育市场化引领兼多主体联动的农业企业

近年来，兰陵县高度重视发展龙头企业，成立了农业产业化领导小组，下发了一系列配套文件，并把农业产业化龙头企业和标准化基地的发展列入县委、县政府对乡镇和县直有关部门的目标考评。一方面，鼓励龙头企业抓住发展机遇、搭上政策快车，充分发挥自身资源优势和行业特点，实现以商招商、以企引企，切实发挥人脉广的资源优势，发挥好龙头企业在开展社会化服务方面的带动效应。2019年3月，兰陵县龙头企业希杰荣庆物流供应链有限公司和山东压油沟现代农业发展有限公司两家企业获得山东省服务名牌称号。这两家农业龙头企业注重服务质量，在品牌强农、质量兴农方面做了大量的工作，通过与大中院校建立校企合作，提升服务项目水平，取得了良好的社会和经济效益。另一方面，支持合作社与企业多主体联动，共同开展多维度服务工作。2019年7月，在"苍山大蒜"挑战世界吉尼斯启动仪式上，长城镇沙沟东村党支部领创办合作社等7个合作社与兰陵县良宇农资有限公司达成了合作意向，现场签订了"助力兰陵县乡村振兴 四雁工程 百万惠农"合作协议。① 通过社企合作，合作社成员将以更加优惠的价格采购农资产品，也将享受到更加优质的服务。

3. 培育具备创新性和先进性的家庭农场

政府相关部门牵头组织农技服务人员、新型经营主体等多主体开展面对面的创新技术交流，搭建技术互享互助平台，加强家庭农场自服务和对外服务能力。2019年5月29日，兰陵县农业农村局召开2018年度基层农技推广体系改革与建设补助项目小麦新品种、新技术及水肥一体化观摩会议。该县基层农技推广体系改革与建设补助项目基层农技人员、各乡镇农技站站长、农业科技示范主体200余人先后观摩了兰陵县景亮家庭农场水肥一体化设施装备、兰陵农

---

① 资料来源：兰陵县人民政府，http：//www.lanling.gov.cn/info/1257/23622.htm。

场的 49 个小麦新品种展示。兰陵县景亮家庭农场负责人讲述了水肥一体化技术实际就是将传统的"浇地"改为"浇作物"，作物在吸收水分的同时吸收养分，是一项集成的高效节水、节肥新技术。兰陵农场负责小麦新品种展示的技术员详细介绍了小麦示范品种名称、特征特性、适宜推广范围、重点配套栽培技术等。[①] 通过观摩会议，各主体互相学习先进技术，增长专业知识，为自主创新服务指明了方向，为粮食生产注入了新活力、新智慧。

（二）创新服务业态，丰富服务种类和内容

1. 建设出口基地，创新平台建设服务

兰陵县高度重视农产品出口，全面拓展农产品出口空间，大力推动农产品基地建设，为农产品出口提供平台服务。规划和重点建设肉类、粮油、蔬菜、果品等农产品出口基地，提高资源的利用率和区域农业竞争力。引导和支持出口企业和农户按照国际市场标准建设出口生产基地，实行集约化经营，标准化生产，积极探索建立农产品出口加工区。同时，兰陵县先后连续成功举办七届蔬菜产业博览会，搭建起与国内外交流合作的桥梁，随着展会规模和影响的逐届扩大，蔬菜产业博览会成为兰陵县展示形象、打造品牌、促进交流、带动和推进全县现代农业发展的盛会。2019 年 4 月 12 日，第七届兰陵（苍山）蔬菜产业博览会在临沂农展馆开幕，为期一个月。此届博览会围绕农业"双招双引"，积极服务"三农"和乡村振兴战略。参会嘉宾和客商来自德国、法国、荷兰、俄罗斯等 20 多个国家和地区，参展的国内农业龙头企业、农业科技企业、农业电商企业、合作社 450 多家。"双招双引"大会签约项目 25 个，签约金额 48.21 亿元；蔬菜产销对接会签约金额超过 100 亿元。[②] 兰陵县也以此为契机，加强与金融机构、涉农企业、科研机构的交流合作，建立长期共赢的伙伴关系，不断巩固和扩大菜博会成果，有效提升了兰陵县、临沂市蔬菜的知名度和美誉度，为推动当地现代农业向更高水平发展提供了载体和平台。

2. 筹划"三夏""三秋"，实时调整服务重点

兰陵县在服务方面的创新还体现在根据农时调整服务工作内容，顺应农业生产规律，结合本县自然环境和农业生产特点，提前筹划重要农时"三夏""三秋"的服务工作。例如，今年夏季高温无雨，旱情蔓延较快，新兴镇党委政府把夏季抗旱和秋苗管理作为农业工作中的重点，服务到位。抽派农机人员

---

① 资料来源：临沂市农业农村局，http://nyj.linyi.gov.cn/info/1049/20103.htm。

② 资料来源：琅琊新闻网，http://www.langya.cn/lyxw/jrgz/201904/t20190415_576520.html。

与各村"田秀才""土专家"一起深入田间地头跟班做好技术服务，指导农户开展作物的浇灌和田间管理工作。组织协调做好农机具、电力、柴油等相关农资供应。再如，为更好应对"三秋"，全县提早筹划"三秋"工作，重点包括生产技术指导服务、小麦良种推广服务、秋季配方肥推广服务等。具体来说，一是成立技术指导小组，分赴全县18个乡镇、街道和开发区开展技术指导服务，实地查看作物成熟情况、旱涝情况、病虫害发生情况等，开展现场技术培训、宣传和指导。二是做好小麦良种推广工作。积极争取县级财政配套资金，推广小麦良种，指导乡镇做好小麦良种的宣传和销售等工作。三是做好秋季配方肥推广工作。要求农技人员加大配方肥推广力度，增强农民科学施肥意识，提高科学施肥水平；加强配方肥使用技术指导工作；县土肥站加强配方肥生产的监管工作。①

3. 联合服务主体，丰富服务提质增效

一是全面推进农机作业服务。2018年兰陵县农机化工作以"立足大农业，面向现代化，发展新农机，服务新农村，助推乡村振兴战略全面实施"的整体思路，全面提升农机化整体发展和社会化服务水平。春耕期间，投入各类技术人员380人次，检修各类农业机械1.1万台（套）。大力宣传惠农政策，春耕期间共发放各种宣传资料1.3万余份，现场解答农民政策咨询700人次；抓好农机化教育培训水平，共举办拖拉机、联合收割机培训班10期，新训农机手300余人；举办两期200人的大蒜生产全程机械化培训班和100人的新型职业农民暨农机合作社带头人培育培训。"三夏"期间，累计上阵机械1.28万台（套），完成小麦机收66万亩。"三秋"大忙期间，全县共完成玉米机收67.6万亩，玉米秸秆还田面积64.3万亩，机收率87.8%，还田率95.1%，机耕面积77万亩，机耕率达到100%，机播小麦67万亩，保护性耕作技术项目共实施面积67.6万亩。组织机构跨区作业服务，免费帮助机手办理跨区作业证，在《中国农业机械化信息网》发布跨区作业信息，了解跨区作业点的具体情况、价格等，保障机手一路绿色通行。目前，共免费发放跨区作业证762张。② 另外，为充分保障农机作业服务的质量，各服务主体创新作业服务检测方法。例如，润生种植农机化服务专业合作社对当地小麦、玉米等粮食作物进行耕种防守等田间作业以及全国范围的作物收割等大规模跨区服务，服务户数

---

① 资料来源：兰陵县人民政府，http：//www.lanling.gov.cn/info/1257/25327.htm。
② 资料来源：鲁网临沂，http：//linyi.sdnews.com.cn/qx/201812/t20181205_2484575.htm。

大约 2.5 万户。该合作社购买了 20 余台监测仪，每台 300 元左右，投放至田间对农机手的作业服务质量进行监测。在这种模式下，合作社服务质量得以保证，口碑良好。

二是落实农资推广供应服务。争取县级财政配套资金，推广作物良种，为各乡镇做好良种的宣传和销售等工作提供指导服务。做好秋季配方肥推广工作：要求农技人员加大配方肥推广力度，增强农民科学施肥意识，提高科学施肥水平；加强配方肥使用技术指导工作；县土肥站加强配方肥生产的监管工作。

三是发展特色农业气象服务。近几年来，兰陵县气象局一直大力发展精细化特色农业气象服务，加强气象为农社会化服务体系建设，推进现代农业气象业务向无缝隙、精准化、智慧型方向发展。将气象现代化建设与各乡镇农业扶贫种植项目对接，通过气象信息员、网络平台、电子显示屏、大喇叭等手段，为大蒜种植、大棚蔬菜等产业项目提供精细化的服务，组织农气工作人员走进田间地头，深入到生产基地，结合当地气候条件，因地制宜，加强气象为农服务，取得了显著效益。

四是强化现代农业技术服务。以兰陵县鸿强蔬菜产销专业合作社为例，该合作社以技术部为载体，构建了"技术服务专员＋村级服务站站长＋成员"的三级技术服务体系，向成员即种植蔬菜的农户推广标准化种植管理技术。合作社成立后，投资 3500 余万元先后建成了两处标准化种苗繁育园区。园区严格执行工厂化、标准化、专业化的育苗管理准则，一次性育苗能力可达 1000 万株，年综合育苗能力可达 1.2 亿株以上。兰陵县鸿强蔬菜产销专业合作社与中国农科院、中国农业大学等科研机构和单位建立了长期技术指导和合作伙伴关系，并且聘请了 10 余名国内外专家为技术顾问。同时，合作社参与承担了"氮磷污染负荷削减水肥协同调控技术和产品研发""化肥减施增效技术效果监测与评估研究"等国家重点研发项目，以项目为依托加快了技术的研发推广。合作社种苗繁育设施齐全，并且引进应用了种苗插接技术、水肥一体化技术、无土栽培技术、生物农药综合防治病虫害等 30 余项国内外先进技术，保证了种苗培育的质量。目前，园区主要培育的品种包括黄瓜、辣椒、茄子、苦瓜、西红柿、甜瓜等种类，"鸿强"牌种苗已经成为山东农产品知名品牌。

五是健全农产品购销服务体系。兰陵县进一步健全农业社会化服务体系，提升社会化服务水平，发展县域农贸市场、乡镇物流配送中心，健全农产品购销服务体系，畅通了农产品进城和工业品下乡的双向流通渠道，加快菜农增收步伐。

（三）建设服务队伍，持续引进农村优才

在服务队伍建设问题上，兰陵县一方面组建专门服务机构和专项服务团队，开展针对性精细化服务；另一方面实施"农村优才"引进计划，培养"领头雁"队伍，为社会化服务注入年轻人才力量。具体来看：

第一，成立兰陵县蔬菜产业发展中心。探索实施"农技人员+"长效机制，充分发挥农技人员的服务、攻关、引带作用，先后开展实地调研 22 次，进行技术服务 60 次。蔬菜产业发展中心针对全县蔬菜生产开展多样化服务，主要包括：其一，农机人员对接合作社，多次深入基层农业企业、专业合作社及家庭农场等开展专项技术服务，加速了科技成果向现实生产力转化，推进了产业发展和新农村建设。例如，兰陵县利源种植合作社是兰陵县首家双孢菇种植基地，为发挥好产业示范引领作用，实现高产高效，兰陵县蔬菜发展中心技术员先后多次深入合作社对双孢菇养殖从原料发酵、上架、温度、病虫害处理、湿度调控及采菇流程进行全方位跟踪指导服务。其二，多次邀请国家、省、市农技专家和技术人员，采取举办讲座、现场示范指导等形式，向农民解读国家农业信息新政策，传授新技术，推广新品种，强化农民科技意识，提高生产技术水平。例如，2019 年 3 月 12 日，邀请中国农科院农业资源与农业区划研究所专家对兰陵利源种植专业合作社水肥一体化技术进行现场指导。2019 年 3 月 15 日，邀请省市食用菌专家安秀荣研究员、兰玉菲高级农艺师、王献杰研究员等对全县黑木耳栽培及病虫害防治等进行专题培训等。其三，加大信息和物资服务力度。通过分组分批次下派农技人员服务基层，每周定期向农户提供产品、市场等信息服务，及时指导蔬菜生产、加工与销售，从根本上防止了信息不对称导致的损失。进一步提高蔬菜技术咨询服务，制订指导计划，为农户下发《蔬菜生产技术》《食用菌生产标准》等手册，利用微信平台，加大对兰陵蔬菜的宣传力度和蔬菜种植技术的宣传及蔬菜病虫害的指导力度。其四，定期在生产一线从品种选择、秧苗管护、壮秧培育、化肥减量增效和绿色防控病虫害等方面举办田间课堂，以点带面，促进全县蔬菜生产扎实有效地展开。田间课堂的举办，使科技真正入户，将科技成果实实在在地送到农民手中。全县有 100 余项新技术得到推广应用，极大地提升了苍山蔬菜的品质，保障了农业持续增收，保障了资源高效利用、绿色发展，推动了乡村产业振兴。

第二，兰陵县科技局对接农业农村局等单位，寻求对口科技人才，组建 7 个科技扶贫服务队，包括兰陵县农业技术推广服务团队、尚岩镇科技扶贫服务队、临沂市农村和城市社区基层干部学历教育素质提升工程兰陵县学员科技扶

贫工作队等专项队伍。科技扶贫服务队的组建，通过提供各类技术指导服务、知识培训服务等，将有力提升农民的科学文化素质，提高其资源开发水平和劳动生产率，保障农户生产生活质量，加快农民脱贫致富的步伐。

第三，加强农村干部队伍建设，引导大学生投身乡村振兴事业，储备一批优秀、年轻、高学历、高素质的后备人才队伍，培养造就一支懂农业、爱农村、爱农民的"领头雁"队伍，实施"农村优才"引进计划。

（四）打造服务样板，学习先进服务模式

开展农业社会化服务，不仅要对内培育服务主体、创新服务业态、建设服务队伍，还要对外学习先进的服务模式和经验。兰陵县主动建设农业对外开放格局，以促进农业增效、农民增收、农村稳定为目标，通过大力调整农业内部结构，壮大农业产业化龙头企业，拉长农业产业化链条，初步形成多元化、宽领域、深层次、全方位的农业对外开放格局。通过外商引入、模式复制、经验粘贴，培育农业利用外资的主体，提高与外商的合作能力，通过生产基地、龙头企业、中介组织和专业批发市场的建设与发展，打造与外商在经营组织和生产方式上对接的平台。例如，2019年7月，矿坑镇带拟与厦门百利现代农业科技园合作，吸取厦门现代农业发展经验，打造"都市有桃源"——集空中草莓乐园、荷兰小番茄、红掌鲜切花、玫瑰鲜切花、礼品小西瓜、文冠果、大樱桃、繁花世界、循环农业等为一体的精致现代新型农业产业园，该项目努力打造产景高度融合的农旅小镇，构建"南有代村、北有棠林"的兰陵农业产业新格局，建设临沂城区美丽"后花园"。[1]

（五）完善服务保障，健全项目补贴制度

1. 明确政策导向

认真贯彻落实上级各部门关于农业对外开放相关政策，进一步完善全县农产品出口的政策体系。加大资金支持力度，重点扶持农业产业化、基地建设、标准化建设以及农业技术推广、农产品检验服务等，鼓励支持金融机构将符合贷款条件的农产品出口龙头企业列为优先扶持对象，通过贷款投放解决企业资金难题。

2. 稳定基本补贴

2019年，兰陵县将农业"三项补贴"合并为"农业支持保护补贴"，政策目标调整为支持耕地地力保护和粮食适度规模经营，加强耕地生产能力建

---

① 资料来源：兰陵县人民政府，http://www.lanling.gov.cn/info/1257/23758.htm。

设，实施"耕地地力保护补贴"，从基本补贴层面保障农户生产收益。2019年，全县共有小麦种植户 161732 户、核定小麦种植面积 626271.29 亩，共发放补贴资金 78283911.25 元。[①]

3. 加大项目补贴

2018 年保障惠农项目落到实处，上级分配给兰陵县农机购置补贴资金 3210万元，根据国家政策规定，结合全县农机化生产需求，与财政局联合制定《2018~2020 年兰陵县农业机械购置补贴实施方案》，严格按照方案的要求扎实开展相关工作。截至目前，共补贴各类农机具 954 台，其中玉米收割机 53 台、大中型拖拉机 473 台、小麦收割机 42 台、秸秆粉碎还田机（灭茬机）59 台、打捆机 9 台、播种机械 258 台，惠及农户 778 户，共使用补贴资金 1491.262万元。[②] 以兰陵县润生种植农机化服务专业合作社为例，合作社发展至今，政策性支持起了重要作用。第一，合作社获得过政府提供的现金补贴和奖励：2009 年，合作社建车库厂房，政府提供了 5 万元现金补贴；2017 年，被评为市级示范合作社后，政府以奖代补，奖励合作社 5 万元购买农机；2019 年，合作社种植 300 亩小麦，获得了 125 元/亩的小麦种植补贴。第二，合作社还承担过政府的各类农机作业服务项目：2015~2019 年，政府对深松作业进行补贴，直接承担了 30 元/亩的作业费用，合作社不需要向农户收取费用；2015~2018 年，政府承担了 15 元/亩的秸秆费用；2019 年，政府承担了 90 元/亩的深翻费用。这些补贴一方面减轻了农户购买农机服务的经济压力，另一方面使得合作社的作业面积大大增加。

三、主要成效

（一）服务主体集聚，经营多样化明显

2019 年上半年，兰陵县不仅在粮食、蔬菜等传统种植业上增产增收明显，同时得益于良好的市场环境和服务政策，在肉鸡养殖方面新型经营主体集聚，大型肉鸡养殖场遍地开花、价格可观，全县农业经营多样化趋势明显。据初步统计，2019 年上半年兰陵县进入大型切割点（年饲养量 10 万只以上，存栏25000 只以上）的肉鸡养殖场达 14 家，第二季度存栏 379.5 万只，上半年出栏 788.4 万只，形成了以兰陵镇乡农乐白羽鸡养殖场、善中家庭农场，磨山镇

[①] 资料来源：兰陵县人民政府，http：//www.lanling.gov.cn/info/1257/25440.htm。

[②] 资料来源：鲁网临沂，http：//linyi.sdnews.com.cn/qx/201812/t20181205_2484575.htm。

杜万亿养殖场、牧森养殖专业合作社、睿旭牧业有限公司、佳誉肉鸡养殖场、裕友养殖场等大型肉鸡养殖场户为代表的产业集聚区，规模效益已初步显现，上半年肉鸡价格由去年同期的 3.4 元/斤上涨到 5.1 元/斤左右，同比增加 50%，肉鸡养殖效益高。[①]

（二）服务内容全面，作物增产增收明显

兰陵县的优势产业——双蒜和蔬菜，得益于政府在社会化服务上的扶持力度加大，优势产业产品价格高位运行，产量增长明显，蒜农菜农收益显著增加。近年来，兰陵县突出加强了产地环境、农业投入、生产过程、包装标识、市场准入五个环节的服务和管理，建立了质量安全标准、监测、认证、执法监督、技术推广和市场信息六大服务体系，进一步提高了产品质量，增强了产品竞争力，实现了有标可依。具体来看：其一，双蒜价格创历史新高，蒜农增产增收。兰陵县采取扎实有效的服务措施，营造了良好的产销环境，同时蒜农收益有保障，2019 年大蒜保险 28.46 万亩，参保蒜农不盼价惜售，有利于稳定产销秩序。据统计，2019 年上半年全县大蒜收获面积 29.6 万亩，其中蒜头总产约为 4.45 亿斤，平均亩产 1500 斤，同比增加 4.6%。截至 2019 年 8 月，蒜农目前约销售了 60% 的蒜头，销售收入约达到 10.7 亿元，比 2018 年翻 4 倍多，平均价格达 4 元/斤，比 2018 年翻了四倍；蒜薹总产 3.95 亿斤（县内入库 1.88 亿斤、投放外地 2.07 亿斤），平均亩产 1274 斤，同比增加 5.6%，蒜农销售总收入 12.83 亿元，同比增加 48.3%，平均价格 3.25 元/斤，同比增加 49.8%。其二，蔬菜价格高位运行，行情远超往年同期价。得益于由政府引领带动的多主体联合服务，在农资服务、技术服务、销售服务等方面综合发力，有效服务于菜农。

2019 年上半年各类蔬菜销售价格都一路看好，价格比往年翻倍增加。2019 年上半年兰陵主产黄瓜、辣椒种植面积为 6.1 万亩、10.2 万亩，同比增加 16.2%、13.1%。艾曲蔬菜批发市场收购的刺黄瓜，平均收购价格 1.8 元/斤，比 2018 年一斤增加 8 毛，2 月份曾达到 4 元/斤，大棚黄瓜采摘时间长，瓜农一年可采摘 5 到 6 个月，产量大，平均亩产可达 9000 公斤，2019 年上半年黄瓜种植户收益大；而 2019 年特别受收购商欢迎的线椒、龙椒、螺丝椒 3 月中旬到 5 月 1 日之前曾达到 10 元/斤，下半年收购价还在 3.6 元/斤，价格较 2018 年翻了好几番，种植面积和产量比往年也翻倍增加；向城、尚岩、新兴、

---

① 资料来源：兰陵县人民政府，http://www.lanling.gov.cn/info/1257/23995.htm。

艾曲等上市春生菜平均亩产 4500 公斤，平均收购价达 2.2 元/斤，每斤增加了 1.1 元，大棚菜种植户 2019 年蔬菜收入比 2018 年增加一倍。[①]

四、主要问题

兰陵县在推广农业社会化服务、加快农业产业化现代化发展上取得显著成效的同时，依然存在市场化服务主体经营能力不足、服务项目长期作用不显著、服务内容分工不明确等问题，具体来看：

（一）服务主体市场化经营能力不足

兰陵县新型经营主体在农业社会化服务的推广实施上发挥了至关重要的作用，但这些服务主体呈现普遍依赖政府惠农项目支撑、自身市场化经营能力不足，资源利用整合效率低，缺乏市场化经营运作经验的局面。例如，兰陵隆坤蔬菜产销专业合作社和德友养殖专业合作社虽生产经营领域不同，但均面临共同的土地规模小、生产规模难以扩大；资金短缺、贷款难度大；市场竞争激烈，缺乏竞争优势等难题，从而在一定程度上限制了新型经营主体的服务能力。

（二）服务项目长效化作用机制缺乏

在项目资金补贴的扶持下，在一定程度上缓解了新型经营主体面临的资金压力、土地压力和劳动力成本压力，但项目支撑作用短效化，只能"救急火"，不能治远忧。例如，德友养殖专业合作社共有 7 个养殖场，其中有两个养殖场分别获得 270 万元和 140 万元的养殖场扶贫专项补贴，这成为当时推动合作社经营发展的重要支撑。但从合作社的长期发展角度看，同时有 7 个养殖场在开展养殖经营，仅仅两个场的扶贫补贴远远不够。而新型经营主体所普遍面临的问题均具有长期性、周期性的特点，因此如何调整项目支持方式，转换项目支持的作用机制，变短期集中补贴为长期持续作用，成为亟待探究解决的问题。

（三）服务内容精细化分工不够明确

综合来看，兰陵县社会化服务工作总体覆盖面广、作用力度大、服务效果突出，但由政府组织带动的服务主体和市场化服务主体在服务内容上存在明显的交叉重叠问题。例如，兰陵县可以提供技术服务的主体包括蔬菜产业发展中心农技服务人员、农业技术推广服务团队以及农民专业合作社、农业企业等新

[①] 资料来源：兰陵县人民政府，http://www.lanling.gov.cn/info/1257/23995.htm。

型经营主体，在提供技术的过程中，多主体尚未形成高效分工模式，服务内容重复、各主体服务重点无明显差异，这可能形成服务资源浪费、影响服务效率或导致后期服务责任纠纷等问题。

五、对策建议

（一）惠农项目灵活开展，重在长期作用

以往兰陵县在支持农业产业化、出口化、现代化发展方面，通过惠农项目的方式，全面开展服务项目，落实财政资金支持，效果显著。但项目的作用呈现短效性，暂未形成长期性良性作用机制，未来可重点转变项目补贴方式，化集中一次性补贴为长期持续性补贴，并建立健全配套监管机制，保障项目落实进展，从根本上提升项目服务效果。

（二）政府转换服务定位，重在统筹引领

长期以来，兰陵县政府及农业相关部门积极抓紧落实推广社会化服务，从政府到每个责任部门都亲自力行，成立多个专项服务队伍，从服务平台搭建、服务领域拓展、服务内容丰富多方面推进服务工作。这期间，政府的主导作用明显，农户和其他服务主体也难免形成过度的政府依赖。未来可适当调整政府在推广社会化服务方面的核心定位，转变核心主导为统筹引领，大力鼓励支持其他服务主体发挥服务作用，逐步形成多主体联动服务的格局。

（三）市场主体积极发力，重在自主服务

新型经营主体在推广社会化服务、建设服务体系上潜力巨大，政府应大力鼓励农民专业合作社、农业企业、专业大户等主体发挥主观能动性，结合实际情况，积极创新服务模式，丰富服务内容，增强自服务和对外服务能力，逐步成为兰陵县服务主体力量。

第二节　平邑县农业社会化服务调研报告[①]

　　随着我国城镇化、工业化进程不断推进，大量劳动力从农村向城镇和非农产业转移，农村空心化、务农劳动力老龄化现象日益严峻。尤其是山区农村更

---

① 执笔人：谢东东。

为凋敝，不具有平原大规模机械作业的优势，土地流转难以开展、农户兼业化现象严重。在此背景下，政府对于农业社会化服务的升级成为平邑县因地制宜发展农业生产的有效抓手、通过服务的一定规模化实现小农户单打独斗无法实现的规模效益，有力地促进平邑县农业产业振兴。

基于此，笔者团队于2019年8月28~29日赴山东省临沂市平邑县展开了深入调研。实地调研过程中，团队成员与相关政府部门、服务主体代表召开座谈会1次，实地走访服务主体3家，一对一深度访谈服务主体12家。现将情况报告如下：

一、基本情况

（一）因地制宜利用资源，农业产业环境较好

平邑丰富的农业产业资源基础和良好的生态质量、基础设施条件，加之农业产业的一定的发展为社会化服务开展提供了有利的环境。

1. 生态优势凸显区位，环境建设成就显著

平邑地貌类型多样，具有明显的山区特征，山区面积占85%，平原占15%。全境地势南北高，中间低，略向东南倾斜。平邑山清水秀、风光旖旎，生态保护与建设取得突破性进展，环境质量各项指标均保持较好水平，成功创建全国绿化模范县，获得"美丽中国示范县"荣誉称号。特别的是水源生态质量的极大改善，有力支撑生态农业发展，为平邑特色林果、优质作物的社会化服务开展提供了良好的自然生态环境。

2. 交通区位优势发挥，基础设施不断升级

平邑县位于山东省蒙山西南部，位于临沂、枣庄、济宁、泰安四市交界处，交通位置极为优越。2018年底完成"户户通"道路硬化的村庄达到853个，村庄硬化覆盖率达到90.8%，境内农村公路里程2391千米。是年县财政安排专项资金2000万元，实行重点工作项目化管理，奖补结合开展美丽乡村建设，省级美丽乡村覆盖率达到22.4%，极大便利了农产品产前、产后环节的社会化服务开展，提供了优越的基础设施环境。

3. 农业产品特色多样，产业融合发展较快

平邑县根据自身地理环境条件，发展粮蔬果药四类农产品生产。发展高产优质粮油生产，建设高蛋白优质小麦、玉米、花生生产基地；开展特色蔬菜种植如大蒜、生姜等品种；发展黄桃、山楂等具有山区特色的林果业；依托现有天然药材分布状况，以金银花、丹参为重点，引导种植户在林下套种中药材，

发展生态林药产业。近年来初步形成了一批优势特色农产品基地。截至 2018
年末，市级以上农业产业化龙头企业达到 66 家，其中省级 8 家、市级 58 家、
认证"三品一标"76 个。农业产业的因地制宜合理布局为平邑的社会化服务
开展提供了重要的方向指引。

（二）生产经营规模较小，服务开展动力不足

虽然，平邑县有着丰富的农业产业资源基础；但是以山区为主的农业生
产、农村生活中的许多问题严重制约着这些资源优势的进一步发挥。

1. 农村空心化，生产老龄化

经过调研队员不断与当地一些社会化服务组织一对一访谈，发现农村空心
化的问题在平邑较为严重。在平邑县温水镇，山区农村劳动力大量流失，土地
撂荒化现象屡见不鲜，低至 200 元一亩的土地流转价格也是经常无人问津。农
村中只有大量留守老人，近年来，甚至留守孩童也跟随父母进城接受教育。在
走访的几家社会化服务主体中，无论是接受服务的农户还是在服务过程中提供
劳动的雇用人员皆呈现老龄化的特点。

以该县文东家庭农场为例，长期雇工 6 人（含专业服务人员 4 人），平均
年龄 50 岁，据负责人透露，目前稳定劳动力数量远不能支撑合作社的开展社
会化服务，理想状态中应有专业服务人员 28 人，这与当下现实情况有着严重
的差异。而林果业生产诸多服务环节中更是需要大量劳动力从事如套袋等工
作，该县保国果蔬种植合作社对此类服务劳动力的严重短缺使之服务规模难以
扩大，据该县华农有机农产品种植专业合作社负责人透露，县城的罐头厂木板
场等中小企业凭借较高的工资水平对于农村青壮年劳动力具有较高的吸纳作
用，而其他不同类型农业社会化服务主体均面临着雇佣劳动力只能是来自本村
的剩余老龄劳动力这一严峻问题，这在不同程度上对社会化服务主体供给力量
的发挥起到一定阻碍作用。而从事农业生产经营的农户呈现老龄化特征，虽然
在一定程度上能凸显社会化服务的现实意义，即能够解决一家一户办不了、办
不好、办了不划算的现实问题，但是农户的长期从业经营积累的经验与自信、
偏见致使在很多环节对于统一服务的接受意愿程度较低，降低了服务的需求，
难以实现服务的规模效应。

2. 土地流转不规范，适度规模难实现

根据课题组与县农业局访谈内容，平邑县通过土地流转的方式来扩大经营
规模的路径面临巨大问题。农村土地因城市化进程被征收征用和农村人口变动
使得土地使用权时常变换经营者等因素，使得土地经营权随时需要被重新分

配。据调查显示，平邑县下辖多数农村每4~6年就要进行一次土地经营权调整，这导致农民土地使用权期限过短且不稳定，无法实现土地的充分利用，降低了土地交易收益。且由于农民的文化程度普遍较低，对于法律法规认识不足，对于"土地承包30年不变"的国家政策，多数农民觉得，在这30年中自己对土地享有绝对的经营、交易权利，因而土地使用权的流转大多由农民私下交易，只有极少数会经由集体组织协调，缺乏正规的土地流转手续。加之法律意识淡薄，交易双方往往不会签订土地流转合同来约束彼此的权利与义务，只是通过口头协议完成土地流转，使土地流转呈现出强烈的随意性。同时，多数地区的土地流转具有短期、不稳定的特点。以该县专门从事黄桃社会化服务的爱农果品专业合作社为例，2018年该合作社经营农用地面积达330亩，而附近区域种植黄桃面积至少1500亩，对于该合作社而言，土地要素投入有着严重缺口。

3. 小农户难以衔接现代农业

一家一户的土地承包生产经营方式，在农村空心化、劳动力老龄化、兼业化、土地撂荒化的背景下，不利于农业生产发展。农户田地规模较小、地块分散，增加了作业成本；组织化程度不高，难以提高在农资市场以及农产品销售市场中的谈判话语权，以该县爱农果品专业合作社为例，统一农资服务只能覆盖该社100户，成员约占总数的1/3，其余成员还是分散化状态，且据负责人透露由于农户方面接受统一农资服务的意愿较低，致使该合作社服务规模难以扩张；而农业生产作为自然再生产与经济再生产过程的有机交织，需要面临自然与市场的双重风险，小农户抵御风险能力较弱。平邑县山区农村种植林果业居多，水果收购价格常年波动，再加上面临气候等不确定因素的影响致使比较收益较低，从而小农户从事农业生产积极性较低。并且小农户开展产品加工等活动难度较大，而相应的服务主体力量较小，难以整合，从而又难以分享产业链延伸所带来的收益，小农户收入较低，也进一步推动兼业化现象加剧。以该县文东农场社为例，由于没有冷库，部分成员种植的水果保存起来极为困难，损坏率较高，并且难以应对市场价格的剧烈波动，负责人表示桃子收购价仅为0.2元/斤，但若有充足的冷藏空间，保鲜得当的桃子收购价可达1元/斤左右。华农有机农产品种植专业合作社负责人计划扩大仓库面积，并将其中一部分作为冷库，设计库存达到100~200吨，但是建设用地的指标长期困扰合作社，难以付诸实现。

二、主要做法

（一）县乡两级联动，壮大新型经营主体

平邑县建立了县、乡土地流转服务平台，通过土地依法有序流转来培育新型农业经营主体。县委、县政府成立农村土地流转规模经营领导小组，领导小组下设办公室；各镇（街道、开发区）成立了相应领导机构，挂牌成立了农村土地流转服务中心；全县规范流转农村土地9.2万亩。

平邑县以培育龙头企业和农民专业合作社为重点，提高农民组织化程度。近年来，着力培育农业经营主体，立足"生态、绿色、特色"优势，坚持走"龙头企业+专合组织+产业基地"发展之路，强力推进农业产业化经营，加快农业发展方式转变。已培育省级龙头企业7家，市级龙头企业34家，农民专业合作社960个。有农业产业化经营组织24个，直接带动农户2万户，带动面达到36%，农产品加工率达55%。包括家庭农场、农民专业合作社的新型农业经营主体的成长壮大对于平邑县的农业社会化服务开展具有重要意义。

新型农业经营主体兼有生产和服务的双重功能，且长期在一线投入生产经营，熟悉各个环节薄弱点，准确把握农户实际一线需求。以该县绿顺家庭农场为例，既可以选择流转土地自主经营，也可以通过向他人提供服务的方式获得相应收入。在实践中发挥技术外溢性的优势，家庭农场可以在劳动能力不紧张的情况下对外提供服务，成为农场收入的重要组成部分，从而形成以土地流转经营为主、以对外服务为辅的业务结构。该县的华牛有机农产品种植专业合作社兼营农业生产和社会化服务，从最初带机入社的6户成员，发展到了现在的200户，以经营在家、服务在社的形式，通过订单联结统一生产，并按交易数量分红。迄今为止该合作社发展的最大优势是蓝莓苗木培育及销售，对于成员和农户来说，种苗质量较高，又能在实际生茶种植环节接受合作社开展的统一技术、信息等服务，极大便利农户生产经营。在此基础上该合作社形成了一定的规模以及全省范围内稳定的客户群体，稳定了相应的销售服务，解决农户种植的后顾之忧。

（二）开展技术信息服务，引领经营主体发展

平邑县以科技推广为基础，积极开展技术服务，提高农业社会化服务水平。近年来年均组织近百名农业科技人员深入开展农村实用技术培训20次。

2017年，平邑县组织新型农业经营主体负责人、果树种植大户等121名学员参加了新型农业经营主体培训。2018年平邑县农业农村局农广校已培育

新型农业经营主体带头人（生产经营型新型职业农民）322 名，超额完成既定的 300 名培训任务。培训班聘请全省知名培训师，授课老师以通俗易懂的方式，为学员们讲授农业支持保护政策、新型农业经营主体运营与发展、农产品品牌建设、农产品质量安全、农业资源与市场分析等课程。培训采取理论授课、参观考察、模拟训练的教学模式，积极组织学员赴标准化生产基地、农业技术示范园、合作社、农村电商实地参观学习，并且成立了新型职业农民联谊会，新建微信交流群，为广大学员们搭建了技术、信息交流服务的平台。

政府对于新型农业经营主体开展创新形式的技术服务活动，也促进了社会化服务组织对于小农户技术服务提供方式"换代升级"。该县爱农果品专业合作社与农资供应商合作，由厂家针对合作社成员开展免费定期培训。在此基础上合作社监事长也充分利用互联网、短视频媒体等新兴媒介，创办快手号，在快手平台上通过直播和录制短视频的方式，更新合作社最新生产进展，讲授如何选种、如何更好地种桃、采桃和辨别好品种，提供多样技术指导。这一技术服务形式新颖、效果显著，受到了成员的认可和好评，更是为今后合作社电子商务销售奠定了一定的运营基础。

（三）强化质量服务，建设示范基地

农产品质量安全事关人民群众身体健康和生命安全，事关农民增收与农业发展，更是与平邑产地品牌休戚与共，基于此，质量服务在当地的社会化服务内容中具有举足轻重的地位。平邑县创新提出"一体两翼"工作机制，即以农产品质量安全为体，以农药、种子、化肥等农业投入品监管和农业行政执法为两翼，通过分工协作，从源头解决农产品质量安全隐患。

平邑县对农技人员、检测员开展农产品质量检测技术培训班，学习沂水县等其他地区的农产品质量安全体系建设的先进经验与培训农药残留检测技术，提升政府在质量检测方面的能力。并通过广播、电视、报刊、网络等媒体，广泛开展食品农产品质量安全宣传活动。县、乡两级有关部门组织开展多层次的专业培训，重点抓好生产经营人员培训，夯实食品农产品质量安全管理基础。村一级采取举办实用技术讲座、印发宣传材料等多种形式，对农产品质量安全方面的有关政策法规、生产技术规程、农业化学投入品安全使用要求等进行广泛宣传。

与此同时，对全县国家级出口食品农产品质量安全示范区重点开展质量服务。健全完善出口企业与基地、农户及农业生产合作组织之间的利益联结机制，形成推进质量安全体系建设的整体合力；对基地实行农资供应、技术指导、生产管理、质量检测和收购销售"五统一"，建立健全生产记录，实现基地生产标准化、规模化和产品的无害化、优质化。

在实践中，平邑县还创新质量服务实现形式，一方面注重为果农减负，另一方面不止步于质量检测，开始接受有机认证服务。该县爱农果品专业合作社与销售对象龙头企业公司合作，为果农提供质量监督和管理。合作社委托企业质检部专业技术人员对黄桃进行质量检验，期间费用由财政承担，果农免费接受质量服务。华牛有机农产品种植专业合作社在质量检测基础上，主动购买专业公司有机认证产品的检验服务，接受专业有机产品认证公司的质量管控。

（四）资金服务支农惠农，推动服务主体发展

新型农业经营主体、社会化服务主体发展迅速，往往处于扩大规模时期，需要融资时，缺乏有效抵押和担保，影响了其发展壮大，进而不利于该县社会化服务的深入开展。为了满足新型农业经营主体、社会化服务主体多样化、个性化、差异化的金融需求，平邑县抢抓机遇，与山东省农信担保部门合作成立山东省农业发展信贷担保有限责任公司平邑办事处，并成立了以县长为组长的财政金融协同支农领导的小组，出台了一系列配套文件，建立了以村会计为基础的农业担保体系，形成了由财政金融协同支农领导小组—财政局—财政所—村会计的垂直管理网络，引导推动金融资本更多地投入农业农村，有效应对了该县新型农业经营主体和社会化服务主体融资"难"、融资"贵"、融资"慢"等问题，探索出一条农业信贷担保"平邑模式"助推社会化服务开展的有效路径。截至2019年7月，已发放担保贷款5100万元，另有流程上待批的2300万元、已考察拟上报的5080万元，预计2019年底实现担保贷款2亿元，让360户农民收益，极大地带动了平邑县各类社会化服务主体的发展。该县华农有机农产品专业合作社在农业银行和信用社放宽对农户贷款的年龄限制到65岁的有利政策扶持下，成功申请贷款满足一部分资金需求。此外，合作社接受了山东省农业担保公司提供的担保服务，获得贷款的速度和效率大大提高，具有良好的效果反馈。

在撬动金融资本支农的基础上，该县继续坚持一系列的财政惠农举措，爱农果品专业合作社依托政府财政资金项目，购入苗木、机井及配套设施、检测检验设备，一方面接受政府财政补贴，节省了购置成本；另一方面也为合作社的各项服务提供了设施设备方面的保障。

（五）强化物流销售服务，开拓农村电商发展

平邑县针对自身农产品质量优势，以完善电子商务服务体系特别是整合快

递物流服务体系为重点，通过提供电商销售服务，破解农产品销售难题，探索凸显平邑特色的电商销售服务模式。该县依托平邑县电子商务创业园，深入开展"互联网+"现代农业行动，金泰花、鲁蒙、九间棚等金银花品牌农产品先后与阿里巴巴、京东等电商巨头签订战略合作协议。平邑县建设了1处县级电子商务公共服务中心、14个镇级电商服务站、225个村级服务点，实现了镇级电商服务中心全覆盖，有效解决了农产品上行的物流问题。

在农产品销售服务中，该县除了传统的批发模式外，一部分经营主体采取农超对接模式，如绿顺家庭农场，此方式往往依赖于社会化服务主体负责人的相应社会资源，具有一定门槛。同时，电商销售的便利便捷性受到该县农户、新型农业经营主体的极大欢迎。该县源丰家庭农场利用网络视频直播销售鲜桃，2019年截至8月桃子预售营业额已经突破200多万元。目前网上直播平台已积累了6万多"粉丝"，对周边农户的果品销售都具有一定带动作用。该县文东家庭农场负责人借助在县里面培训的知识，在全村率先开网店，电商销售服务的开展对于社会化服务的产后环节具有积极的带动作用。

（六）关注品牌服务，实施商标兴农

平邑县把实施商标兴农、品牌培育作为推进社会化服务工作的加速器，运用商标和地理标志，实现农业增效、农民增收。近年来，平邑县共有各类注册商标4217件，其中，中国驰名商标2件、地理标志证明商标4件、山东省著名商标26件。

围绕平邑金银花、天宝山山楂、天宝山黄梨、武台黄桃4个中国国家级地理证明标志商标，按照"布局连片化、品种优质化、管理科学化"的原则，综合规划金银花、水果连片种植基地的路、水、电等基础设施配套建设，探索实践"协会+联合社+合作社+花农（果农）+基地"五位一体的基地建设模式，建立示范基地，加强技术指导服务，成功创建了"平邑金银花省级农业科技园区""武台黄桃省级农业科技园区"等基地。围绕特色产业，鼓励生产经营大户、农业龙头企业牵头兴办各种经济协会，增加农产品的技术含量，增强农户抵御市场风险的能力。

品牌服务意识也在田间地头的农民专业合作社、家庭农场等的新型社会化服务主体中间留下深深烙印，同样开展了一系列行动。该县源丰家庭农场自创品牌"桃帮主""怡品贤果"；忠良果品专业合作社因流转林场土地，免费接受了林场的农产品地标服务，主动付费接受有机产品认证服务并共同打造品牌。

（七）开展服务助力脱贫，实现服务带动增收

平邑县将脱贫攻坚作为最大的政治任务和第一民生工程，坚定不移举全县之力坚决打赢脱贫攻坚战，2018 年实现全县省定重点贫困村全部摘帽，建档立卡贫困人口全部脱贫退出。但是还存在着农村路、水、管网等基础设施和公共服务供给与生产生活需求还不匹配；农村贫困人口脱贫稳定性不高，依然相对贫困等问题。在此基础上，社会化服务组织对于农业劳动力的天然吸纳作用有助于农村贫困人口脱贫增收。以该县源丰家庭农场为例，该主体发展对于周边农户脱贫增收具有一定的带动作用，通过积极响应省市精准扶贫政策，长期雇用 16 户 21 名贫困村民在农场务工，主要从事采摘、分拣、包装、发货等工作，人均年增收可达 4000 元以上。同时该合作社又积极收购附近贫困户家桃子 30 余万斤，通过网上直播和销售平台已经全部售罄，销售收入达到 297 万元，纯利润 37 万余元，实现了经营主体和贫困农户的互利共赢。

三、主要问题

（一）技术培训重数量轻质量

在组织培训过程中，存在形式主义问题，重视参与人数却缺少参与反馈。据参与深入访谈的经营主体透露，大家技术层次需求不一，呈现多样化特点，致使统一培训收获感不强烈。

在特色产品种植过程中，技术需求往往围绕产品而展开，德宝果蔬合作社的理事长每年都要赴其生产的猕猴桃原产地实地开展技术学习，优质产品在平邑如何落地开花结果也依赖于不断改良技术，摸索适应当地气候、水土等要素。正是这些在实践中遇到的新情况新问题致使培训的实用性低于预期水平。

（二）标准化生产推进乏力

一是农户实施农业标准化的意识还不够强。从目前实践的情况看，实施农业标准化的意识的强弱与地理环境和信息是否通畅有很大的关系，甚至起到关键作用。交通便利信息通畅地区的农民接受新事物的能力比较强。而交通不便信息闭塞的边远山区，从事农业的老龄劳动力凭借其丰富的实际生产种植经验，思想仍然停留在坚持单打独斗，接受服务效果不如自己动手的观念自信上，所以他们实施农业标准化的积极性不高。而平邑 85% 的山区农村，现有劳动力老龄化现象问题严重，并且边远山区的农民由于居住分散，耕地为山岭且不能连成片，全面实施标准化种养殖有一定的难度。

二是农业标准化政策法规宣传力度不到位、缺乏有效的强有力的组织推动

机构。从目前的情况看，平邑县级行政单位实施和推动标准化战略的部门只有一个，那就是质监局的业务科，人员配备只有 2~3 名，单靠他们的努力实施标准化无疑是杯水车薪，造成了农民自身的认知程度决定标准化实施程度的局面。

（三）金融服务效果不尽如人意

据所有参与深入访谈的新型农业经营主体透露，他们均不同程度上面临缺少资金的问题。农业信贷担保政策宣传存在不到位的现象，许多经营主体对此了解不深入。而农业信贷担保的相关贷款同样重点面向支持辐射面广、带动力强的涉农企业，截至 2019 年暑期，5000 万元的总额规模也显得较小。对于农业相关项目补贴资金，存在严重滞后问题，部分经营主体如该县德宝果蔬种植专业合作社负责人表示相关项目支持资金一般延迟 2 年左右时间到付。

四、政策建议

（一）提升技术服务质量，追求技术培训效果

1. 精准遴选服务对象

在组织培训过程中，广泛开展宣传发动和摸底调查，组织有意愿、有需求、有基础的农民参与，鼓励农民专业合作社、农业龙头企业等市场主体参加，并建立新型职业农民培育对象库，同步开展过程管理和延伸服务等工作。

2. 创新技术培训形式

坚持因材施教原则，遵循成人学习特点和农业生产规律，大力推行强化模块化培训，突出职业素养，提高培训的灵活性和实用性。继续推进职业农民培育线上线下融合发展，鼓励学员开展在线学习，加强教育培训资源建设，量身打造精品课程，全面提升农民信息化应用水平。

（二）推动综合服务改进，实现销售服务升级

1. 推动基建服务水平深入提升

全面对接已有电子商务资源，加快推进平邑电商云仓和产业孵化中心建设。积极引导企业"触网上线"，拓宽金银花、罐头等特色产品的上行空间。完善物流配送体系，加快路宽物流冷链项目建设，支持镇村依法有序建设仓储配送中心和服务站点，拓宽"网货下行"和"特色产品上行"双向通道，逐步把平邑打造成为鲁东南地区的物流中心和仓储基地，为农业社会化服务开展的外在基础设施环境进行升级。

2. 构建农村电商多元化人才培育机制

县电商公共服务中心牵头，采取"走出去、请进来"的方式，加强电商教育培训。引进优质培训机构，强化高端人才培育能力；设立人才培育机制，开设普及班、实操班和精英班培训，提升农村及贫困群众的电子商务技能；通过会议、沙龙、社群等多种渠道，开展人才技能大赛、树立人才典型，创新人才引进机制，培训万名电商实操人员，助力解决农产品产后销售服务的关键问题。

3. 助力脱贫攻坚

优先扶持贫困村建立服务站点，开展电商业务，贫困村群众能通过电子商务购买日用消费品、农资产品以及销售当地特色产品。积极探索扶贫事业新机制、新路径，整合各项扶贫政策资源，从免费培训、扶贫贴息、小额信贷、信息服务等各方面，全方位、多角度帮助贫困群体从事电子商务，从精准帮扶到户、电商企业带动、分享溢出效应三个方面发挥电商扶贫的最大作用，助力脱贫。

（三）创新农业金融服务，实现资金惠农强农

1. 宣传农信担保政策

政府搭建平台宣传，充分利用各种活动形式宣传农信担保政策的惠农性，有助于以政府的公信度和推动力助推农担事业健康发展，信服于民。农信担保部门加强与各部门、银行、新型农业经营主体的沟通协调，印发宣传农信担保政策的宣传单页、新年挂历等宣传物品，发放给广大农户。利用媒体、微信公众号、微信交流群等多种形式广泛宣传，让金融惠农政策被更多人了解。

2. 加强村会计培训、监督

村会计是现行平邑农业信贷担保工作中其他人员不可代替的重要人物，其作用不容忽视。加强对全县 515 个村的村会计培训如何建档立卡、推荐业务、规避风险等方面的知识，助力农信担保政策基层执行不走样。积极规范建档立卡工作，并精心组织项目推荐工作，督促乡镇财政人员对村会计工作开展监督，确保认真甄别、筛选符合条件的适度农业规模经营主体，做好优质项目推荐，让各类农业经营主体获得更及时、更全面的资金支持。

3. 建立农信担保风险补偿机制

县财政部门应建立风险基金以规避风险，每年度根据风险基金使用情况及时补充，保持与政府风险责任相适应的资金数额。这种农业信贷担保风险补偿机制的建立，形成了"政银担"抱团应对风险的合力，有利于强化各方责任，调动各方防范信贷风险的积极性和主动性，形成多方推进、共防风险的合作机制。

（四）立足产地特色优势，强化质量品牌服务

1. 加强科研投入，注重绿色推广

深入利用平邑境内多低山丘岭、气候四季分明、生态良好、农业资源丰富的优势，加大科研投入，注重特色农产品培育，形成种质选育、育苗、栽培和管理技术体系，在地标品牌建设过程中，推行规模化、标准化种植，促进广大群众掌握科学绿色种植技术，对当地农田水利基础设施建设继续升级。

2. 围绕品牌建设，提供综合服务

深入实施地标农产品品牌战略，拉长地标品牌产业链。推动传统种植向景观农业、生态农业、休闲农业方向转化，依托黄桃、山楂、金银花等地理标志品牌资源，创新农业旅游产品类型，完善休闲环境，配套休闲设施，以办好桃花节为契机发展休闲农业旅游。

第三节　郯城县农业社会化服务调研报告[①]

作为华北平原典型的粮食生产大县——山东省临沂市郯城县，其农业社会化服务体系的运作，有基于人多地少的丘陵地区粮食生产特点而发展起来的东部地区特色。基于此，笔者团队于 2019 年 8 月 26~27 日，赴山东省临沂市郯城县展开了农业社会化服务深入调研。在实地调研过程中，团队成员与政府相关部门、服务主体代表召开座谈会 2 次，实地走访服务主体 3 家，一对一深度访谈服务主体 8 家。现将情况报告如下：

一、基本情况

山东省临沂市郯城县，位于山东省东南部、临沂市南部，地处鲁苏交界，南部与江苏邳州、新沂和东海三市（县）接壤，北部与临沂市临沭、河东、罗庄、兰陵四县（区）接壤。盛产小麦、玉米、水稻等粮食作物，被列为"国家千亿斤粮食产能工程"规划县、全国粮食生产先进县，素有"鲁南粮

[①]　执笔人：杨睿。

仓"之称；此外，郯城县还是银杏、板栗、琅琊草、葱、姜、蒜、椒等优质农产品产地，是"中国银杏之乡"和"中国杞柳之乡"。

项目带动、多元化主体参与的农业社会化服务模式在此逐步发展。郯城县基于粮食生产大县多年农业生产资源的积累，在劳动力转型、外流，土地生产方式应需转变的新时代背景下，政府通过实施项目，国有企业引领示范，带动、扶持、培育了一批有一定实力基础的新型农业经营主体，推进了"农业社会化服务与小农户对接"的进程。

二、主要做法

在政府通过项目带动和服务保障等措施的引导下，在郯城县种子公司示范引领建设良种繁育体系的推动下，农机合作社、种植合作社、家庭农场、龙头企业等各类新型农业经营主体逐步发展，全县形成了主体多元化、运营市场化的农业社会化服务体系。

（一）政府主导推动

郯城县政府统筹协调财政资金，主要依托项目的建立与实施，鼓励、支持、引导、推动多元化市场经营主体发展壮大，并参与农业社会化服务的市场运营，为其提供相应的保障措施。

1. 项目带动

借助作业服务补贴项目、技术推广示范项目、机械设备购置补贴项目等多样化项目的推进，政府积极引导、充分调动市场主体参与到农业社会化服务的实施进程中。

大力推进作业服务补贴项目实施。近年来，郯城县各涉农部门统筹协调项目资金，制定标准，划定各类作业项目区范围，筛选出新型农业经营主体中的典型作为项目承担实施主体，给予其一定比例的作业补贴。郯城县农业技术推广中心连续3年实施农业生产全程社会化服务试点工作项目：2013年，实施深松、秸秆还田项目24052亩，水稻病虫害防治项目17674亩，有机肥施入项目41726亩，配方肥施入项目48104亩；2014年，实施深松、秸秆还田项目10万亩，涉及7个乡镇；2015年，实施深松、秸秆还田项目（深松作业费全额补贴，秸秆还田项目补贴85%以上）6万亩，涉及4个乡镇，水稻烘干项目3500吨。2016年、2017年、2018年，深松作业项目区和植保作业项目区作业费由政府全额补贴，验收合格后，发放至承担该项目的农机合作社。近三年来，郯城县农机中心累计下发农机深松整地作业补助资金730万元、秸秆切碎还田项目资金 89 万元，补助 10 余家农机合作社发展壮大，破解其资金瓶颈难题，提高其为农服务的能力和水平。

着力开展技术推广示范项目实施。自 2011 年，郯城县开始开展"宽幅精播、高产栽培技术试验示范推广"项目的实施以来，项目累计覆盖面积超过 240 亩，小麦增产效果显著。

普惠推动设备购置补贴项目实施。在农机具购置补贴方面，前期助力部分农机合作社配备了较高质量的作业机械，但当前"激励"作用处于下降阶段。郯城县农机中心合理规划、拨付农机具购置补贴专项资金，优先向农机合作社倾斜，用于扶持其发展壮大，逐步普惠覆盖至全部农户。恒丰农机服务农民专业合作社，以合作社出资购买、社员带机入社、接受政府赠送的形式，配备的 32 台拖拉机、27 台收割机、10 台植保机械和 9 台水稻插秧机，政府补贴和政府赠送机器折价合计约 256.4 万元。近几年来，郯城县农机中心累计拨付国家农机具购置补贴专项资金 6200 万元，当前，农机具购置需求已经基本满足，农机具更新需求还不强烈，农机具购置补贴的激励作用正在逐步下降。在产业链延伸增值所需的设备购置补贴方面，"激励"作用开始逐渐升温。郯城县开始逐步开展相关农产品加工设备购置补贴项目的实施，在项目资金有限的制约下，重点推进典型合作社、典型农产品加工项目的实施。补贴恒丰农机服务农民专业合作社，建设育秧工厂 70 万元、建设烘干塔 50 万元。

2. 服务保障

在项目支持的带动下，针对"市场失灵"现象，郯城县充分发挥政府公共职能，在技术服务、质量服务等方面，或自身供给，或引导市场主体协助供给，确保为农服务者公共服务的提供。

在技术服务方面，农技人员对接合作社，齐心协力开展服务。根据山东省、临沂市相关政策文件，基于各业务站具体情况，郯城县农业技术推广中心每年制定专业化分工的工作任务、计划。郯城县农业技术推广中心，负责派出技术人员，提供技术支持；新型农业经营主体负责协调场地、设备，组织群众参与，定期开展技术培训讲座。临沂姜湖贡米米业有限公司领办的 3 家合作社，就会不定期根据社员需要，与政府相关职能部门合作，聘请专家开展技术培训和指导工作，2018 年共开展培训 8 次。郯城县金丰公社农业服务有限公司成立金丰学院，以此为平台和当地农业局等政府部门合作，承担新型职业农民培训任务，梳理出数套技术指导方案。除此之外，技术人员还会依据需要，深入田间地头，科技入户，培训到村组农户。

在质量服务方面，统领建设六大体系，逐步提升产品质量。以包含投入品管理、标准化生产、质量检测、产品追溯、农业综合执法、组织保障的六大体系建设为统领，郯城县逐步建立健全农产品质量安全监管制度。第一，不断加强农业投入品监管。实施农业投入品告知经营制度和农资经营企业农业化学投入品购销管理制度；规模以上养殖场农业投入品全部建档立卡，严格把控农药使用，尤其是高毒农药使用；建设农药销售终端信息管理系统，完善"农资可追溯体系"建设。第二，不断推动农业生产标准化建设。按照"三品、三化、十二有"的要求，制定了63项农产品生产技术操作规程，推进标准化生产基地创建、"三品一标"农产品认证。第三，不断加大农产品检测力度。大力开展种植、畜禽、水产农产品抽检、速测等工作。第四，不断推进农产品追溯体系建设。搭建农产品质量安全监管体系综合平台，涉及农产品质量安全监管服务平台、安全追溯系统，食用农产品合格证系统，农业投入品、水产品、畜禽产品质量安全追溯系统等，有效对接省级、市级农产品质量安全监管平台。

（二）国有企业引领

除了政府的积极引导和充分调动以外，国有企业在引领带动郯城县农业社会化服务体系的发展过程中也发挥了重要的作用。郯城县种子公司作为全资国有企业，积极研发适宜当地种植的优良品种，示范推广并提供全产业链良种培育服务，保障本县良种全覆盖。

组织实施各项重点工程、项目，推进全县良种繁育体系建设。大力组织实施小麦"1.2.5"工程，选建、改造、升级一批良种基地，建立了以郯城县良种场为"龙头"、国营农场为"基础"、种粮大户和农民种植专业合作社为"补充"的良种繁育体系。年度平均建立小麦穗行圃35亩、原种田1200亩、良种田2万亩，水稻穗行圃16亩、原种田440亩、良种田4000亩，形成了麦稻种子专业化、集约化生产经营的产业模式。全力推进实施"国家优质稻麦良种繁育基地"建设，总投资775万元，建设规模1.85万亩，目前已全部建成并投入使用。本县小麦、水稻良种覆盖率达到100%，为农业增产贡献约40%的份额。

引领提供多元社会化农业服务，带动全县良种繁育产业升级。一是引进试验新品种，不断提升良种选育质量。近年来，种子公司一直承担国家及省级多项实验任务，年度平均引进小麦、水稻、玉米等作物新品种200余个，筛选出适宜本县种植的品种，培育出具有自主知识产权的国审、山东省审定的小麦、水稻和大豆等品种。二是全程服务统一生产，坚持保证良种选育品质。穗（株）行圃基地建设在郯城县良种场（县农业农村局主办）和归义农场试验基地，原种田主要建设在郯城县良种场和黄墩农场（农垦），良种田主要建设在机械化程度高、技术力量强的国营农场和种粮大户。无论是穗（株）行圃田、原种田还是良种田，其良种繁育工作均由种子公司统筹协调；种子公司统一制订生产计划，统一组织相应市场主体提供农资施用、机械作业、田间管理技术指导、入库加工和物流销售等服务。郯城县民乐种植专业合作社，就是接受种子公司服务、承担种子繁育的合作社之一。其以 800 元/亩的价格流转、自主经营土地 800 亩，作为种子繁育基地；其中有 30 亩土地花费 6 万元，作为技术示范田运营；年销售种子收益和提供其他配套农资服务收益合计 10 万元。此外，该社还基于自身农业机械装备基础，提供 4000 余亩的作业和物流服务，年累计获利 15 万元左右。

（三）新型主体骨干

适应于农业社会化服务市场需求，在政府和国企的引领带动下，农民专业合作社、家庭农场和农业龙头企业等新兴农业经营主体逐渐涌现在农业社会化服务市场，依托自身资源禀赋优势，整合资源，开展实施具备自身比较优势的农业社会化服务内容。

1. 扶持农机合作社发展，重点推进作业服务

通过项目资金的支持、规范化标准的制定、农机企业和农机合作社的良性互动等形式，郯城县培育、扶持了一批典型农机合作社，培育、建设了一批典型农机作业示范区，充分发挥了郯城县农机作业的产业基础优势，不断丰富社会化服务种类和方式，引领带动"大服务"与"小农户"的衔接。

整合涉农项目资金，扶持典型合作社做大做强。加强与县农业农村局、供销、农业开发办等涉农部门的沟通联系，整合各涉农项目，向重点培植的合作社倾斜，打造一批管理规范、带动力强的典型合作社。表 11-1 呈现了在此过程中逐步发展的一些合作社实例：郯城县恒丰农机服务农民专业合作社，在各种政策的扶持下，不断增强各类机械设备的配置实力，逐步扩大服务范围和拓展服务领域；郯城县民乐种植农民专业合作社，在种子公司的引领带动下，主要开展农资服务；郯城县育新水稻农机化服务农民专业合作社，在政府扶持下组建，主要开展作业服务。

表 11-1 郯城县培育扶持合作社实例

合作社	项目扶持内容	服务供给能力和水平
郯城县恒丰农机服务农民专业合作社	1. 水稻育秧项目补贴 70 万元 2. 秸秆还田、土地深松、土地深翻项目补贴累计 538.5 万元 3. 植保作业项目补贴累计 32 万元 4. 农业产业化建设项目补贴 120 万元 5. 县粮食局产后服务体系建设项目补贴 150 万元 6. 农机具等设备购置补贴 700 余万元	1. 作业服务：2018 年，提供土地全托服务 1.5 万亩，每亩节约成本约 100 元；提供单环节跨区作业服务 10 万亩；承担政府土地深松项目 1.2 万亩。纯利润累计 200 余万元 2. 农资服务：2019 年，建立水稻育苗基地 150 亩，可为 1.3 万亩土地提供种苗服务；提供种子、化肥、农药综合供应，收取服务费。纯利润累计 50 余万元
郯城县民乐种植农民专业合作社	1. 政府扶持建设厂房和仓库 2. 种子公司将其作为良种繁育基地进行扶持，提供农资、技术和销售等服务 3. 农机具购置补贴约 15 万元	1. 信息服务：惠及 100 余名普通农户 2. 农资、技术服务：均助力农户增产 5%，节约成本 3% 3. 物流服务：年收益 10 万元 4. 作业服务：年获利 5 万元。
郯城县育新水稻农机化服务农民专业合作社	1. 政府补贴 200 万元用于办公场所、机具棚等建设 2. 农机具购置补贴约 90 万元 3. 承担 1 万亩"一喷三防"项目区作业 4. 承担约 15 万元规模的土地深松项目区作业	1. 技术信息服务：惠及 1000 余农户 2. 作业服务：惠及 5000 余农户

资料来源：根据调研资料整理。

　　规范化合作社管理，提升合作社生产运营能力。一方面，以奖代补，鼓励合作社规范提升。郯城县配套合作社规范提升标准，设立专项资金 55 万元"以奖代补"鼓励 16 家县级示范社发展。另一方面，开展培训，增强合作社内部管理能力。成立农机高效植保联盟并召开首届年会，提升合作社整体素质。2018 年，举办农机合作社带头人培训班 3 期，组织合作社人员外出参观学习 3 次，组织合作社社员机手培训 5 期；先后培训农机合作社社长、理事 150 人，合作社财务人员 100 余人，合作社机手 580 余人，社员 900 余人。

　　丰富化合作社业务，提高合作社应对风险能力。一是丰富合作社成立方式。充分发挥农机生产销售商机制灵活、管理规范、资本技术力量雄厚的优势，先后依托三农农装、立平两家农机销售公司，打造培育了恒丰（国家级示范社）、立平（省级示范社）等先进典型，推动了农机企业与农机专业合作社的良性互动。临沂姜湖贡米米业有限公司领办郯城县华雨农机化服务农民专业合作社，由公司出资购入一批专业农业机械，合作社为公司生产基地服务。除此之外，还有农民带机入社的形式，社员以带机入社时的农机折价作为出资额，参与盈余分配。二是丰富合作社农业社会化服务种类。鼓励和引导农机合作社建立农事服务中心，在做好耕种收作业服务的同时，积极开展种子、农药、化肥等农资供应。三是丰富合作社农业社会化服务形式。积极组织农机合作社开展订单作业、农田托管、土地流转和跨区作业等多种作业服务形式。就作业服务而言，本地主要有流转、全托、半托（"订单式"托管和"季节性"托管）三种服务方式；除此之外，农机合作社还会组建专门的队伍，进行全国范围内跨区作业，截至 2019 年 8 月，该县已有 21 家合作社参与跨区作业，作业面积覆盖东北三省、四川、河南、安徽等 10 余省。

联合化合作社力量，发挥合作示范带头作用。充分调动先进典型的影响带动作用，在重点培育设施完备、功能齐全、特色鲜明、效益良好的典型示范社的同时，依托这些示范社，按照区域布局，重点打造一批示范带动效果好的农业机械生产示范园区。例如，依托恒丰、于杰、立平三家示范社，分别打造了杨集镇 1 万亩水稻、庙山镇 5000 亩小麦、泉源乡 5000 亩玉米这三家县级农业生产全程机械化示范区。

2. 家庭农场自发发展，提供多样农业服务

在该县劳力外流、技术短缺、土地质量下降但流转金额提升的背景下，粮食种植容易陷入低收益的恶性循环，土地撂荒现象严重，"无人种地"问题亟须解决。这激发了热爱农业的新型职业农民，经营新型主体，填补市场需求空缺，逐步开展多项农业社会化服务。以下以山东省郯城县农大家庭农场为例进行介绍。

培育新型职业农民，不断提高新型农业经营主体经营能力。农大家庭农场主出于对农业的热爱，不忍土地撂荒，返乡流转土地，创办家庭农场；创办之后，农场主积极参加各项新型职业农民培训项目，不断丰富和提升自身管理水平和经营技能。目前，家庭农场可以提供技术、农资、销售、物流、信息、品牌、质量、作业和基建等十类农业社会化服务。

丰富服务种类和方式，提升服务水平和质量。在农资和作业服务方面，提供服务的方式主要有三类：一是流转土地 110 亩（800 元/亩/年的流转费用）作为家庭农场自主经营土地，每年支付固定租金，家庭农场年经营规模稳定在 230 亩左右；二是提供全托服务，水稻全托费用 450 元/亩，保证产量 600 公

斤/亩；三是提供订单式服务，水稻代育秧、机插秧 240 元/亩，插秧 50 元/亩，喷药 90 元/亩，机械收割 60 元/亩，此外，还有小麦"一喷三防"服务的提供。在基建服务方面，建设大田物联网，推动智慧农业发展；出资修建田间硬质化生产道路。在运销服务方面，对提供托管服务的农户，以高于市场价 0.4 元/千克的价格回收水稻；再与临沂市姜湖贡米米业有限公司建立合作关系，加工稻米，以 10 元/千克的价格出售绿色大米。在品牌和质量服务方面，创办大米品牌——"郯陈"，后与姜湖贡米米业有限公司合作，获得山东省著名商标——"姜湖"的授权；提供大米质检服务。在技术和信息服务方面，农场主积极主动地传授自身所学知识、技能和经验，曾前往临沂市河东区、罗庄区，指导水稻塑盘育秧技术等，提供深入田间地头的技术、信息服务。

3. 龙头企业应需发展，综合搭建为农平台

临沂姜湖贡米米业有限公司领办合作社，提供全产业链服务。临沂姜湖贡米米业有限公司是当地一家优质大米加工经销企业，领办了郯城县姜湖贡米富硒农品农民专业合作社、郯城县华雨农机化农民专业合作社和郯城县伟丰植保农民专业合作社，分别主要提供农资服务、作业服务和植保服务，除了为社员提供服务以外，还为非社员提供服务。一方面，公司领办合作社，既可以助力合作社配备高效农业机械，又可以提供更加高质量的技术信息、销售、物流、品牌、质量等服务，增加产品附加值。公司与专业物流配送公司合作，全程运送产出稻米；打造绿色、有机、富硒三大系列 20 多种的品牌大米产品。另一方面，公司领办合作社，发展订单农业，为公司建立了优质的生产基地，公司产品种植基地均符合 NY 5116—2002 无公害水稻产地环境质量要求。

金丰公社整合资源，搭建网络。2017 年 7 月，金正大集团发起并控股，世界银行集团国际金融公司、亚洲开发银行、华夏银行等联合参与，共同成立了我国首家开放的现代化农业服务平台——金丰公社。基于金正大多年农资销售积累的社会资本支持，其意在逐步整合种植业产业链条上多环节、广范围的优质资源，包括种子、农药、化肥、农机具等；以提供金融服务为核心力量，推动土地适度规模经营。联合 1000 个县级优质的农资经销商伙伴，或有志于为种植业提供服务的合作伙伴，建立县级"金丰公社"连接点，搭建全国性服务网络，以"上游聚资源、中游建网络、下游能下地"的工作理念统筹协调，提升资源配置效率，提升社会化服务实施落地率。

郯城县金丰公社作为连接点之一，实地开展服务。郯城县金丰公社农业服务有限公司是该连接点的运营主体，承接全国网络连接的同时，为郯城县提供

农业社会化服务。公司现有长期职工 78 人、短期雇工 140 余人、机播手农技师 32 名，发展社员 6700 余人，拥有植保无人机 8 台、地走式植保机 7 台、大马力进口拖拉机 6 台、背负式植保机 1000 台、藕田施肥器 15 台。提供农资服务，与金正大、郯城县种子公司等农资企业合作，依据农民种植需求，因地制宜制定农资服务套餐。提供托管服务，包括耕地、种植、管理、收货、加工、储藏和销售等环节，公司主要自主供给植保作业和物流服务，其余服务协调社会资源，统筹开展，2018 年完成托管服务 2 万余亩，流转 2 万亩土地自主经营。提供品牌、质量和信息服务，提供订单种植信息、粮食收购信息等，打造品牌农产品。提供金融服务，根据农户经营土地面积，为农户担保贷款，一亩地可申请贷款 700 元，贷款利息由金丰公社承担。提供技术培训服务，依据不同作物，整理成套技术指导方案，涵盖高产管理、营养解决方案、水肥一体化管理、土壤改良与修复、减肥增效等方面；建立金丰学院，联合各级政府部门，承担新型职业农民培训任务；打造示范田，发挥示范带动作用，已经打造完成"万亩示范片" 1 个、"四千亩示范方" 2 个、"千亩"示范方 2 个和"百亩示范点" 4 个。

三、主要成效

在政府各项项目的扶持带动下，郯城县种子公司良种繁育体系建设的推动下，新型农业经营主体在市场上，逐步迸发出农业社会化服务供给活力，逐步升级其资源要素配置，不断提升服务水平和能力，在农资供应、农业生产和农产品加工环节都起到了一定的节本增效作用。

（一）项目推进效果明显，充分发挥"市场"配置资源能力

土地托管面积不断加大，种类不断丰富。2019 年，该县土地共确权到户 84.3 万亩，其中，综合托管面积约 12 万亩。土地主要有三种托管模式：一是"菜单式"托管（半托），农户依据实际需要，自愿选择单个环节或多个环节的服务，按实际作业费用一次一结算；二是季节性托管，农户与合作社签订协议，将一季耕地交由合作社托管，生产决策由农户决定，生产资料投入和田间作业实施由合作社承担，合作社向农户收取成本和服务费用；三是全权（全年）委托经营性托管，农户将土地委托合作社全权进行经营管理，包括生产计划和田间管理，农民的收益一般包括"保底收益+再次分配收益（合作社扣除成本费用后的盈余分配）+种粮补贴"这三部分。当前，该县土地基本以第一种托管方式为主，2019 年，耕、种、防、收单环节托管面积分别为 70350

亩、71110 亩、57307 亩和 69920 亩。

新型主体服务覆盖面不断拓展，服务实力不断加强。在农机合作社方面，截至 2018 年底，该县经工商局注册登记、农机中心备案管理的农机合作社达到 81 家，其中国家级示范社 5 家、省级示范社 6 家、市级示范社 14 家、县级示范社 16 家。年实施代耕、代种、代收等机械化作业面积 148 万亩以上，其中，跨区作业 65 万亩，本地作业 83 万亩（作业面积并非土地面积，有所重叠），占全县作业总面积 50% 以上。在农业龙头企业方面，金丰公社提供托管服务总面积 2 万亩，其中小麦 13000 亩、水稻 12000 亩、玉米 1000 亩、植保与施肥莲藕 10000 余亩。在家庭农场方面，农大农场建设了可视化现代农业大田物联网；实施水稻和龙虾共育，生产有机稻米，以"姜湖"商标出售；提供托管服务 6000 余亩，带动引领小农户 30 多户。除此之外，郯城县还创建了国家级畜禽养殖标准化示范场 1 处、国家级水产品养殖基地 1 处等。

（二）扶持带动效果明显，紧跟生产要素的诱致性转变步伐

项目资金的整合拨付等培育扶持新型农业经营主体的做法，使得新型农业经营主体的一部分资金压力、土地压力以及人力资本压力得到了缓解。

在农机中心各项机械设备补贴项目的支持下，机械化能力得到增强。2018 年，该县农机合作社固定资产总额达 3.84 亿元、入社农户 6930 户，拥有大中型拖拉机 2240 台、小麦联合收割机 678 台、玉米联合收割机 243 台、配套农机具 3200 台。该县主要农作物生产机械化能力达到 96.8%，高效植保机械化能力达到 72%，谷物产地烘干机械化能力达到 46%、秸秆处理机械化率为 93%，畜牧业机械化 86.8%，农产品初加工机械化率 82.8%，全面全程农业生产综合机械化率达到 88.35%。

在政府相关职能部门和农业龙头企业、合作社等的合作下，人力资本得到提升。基于新型农业经营主体与政府相关职能部门联合开展技术培训工作的合作模式，郯城县年度开展技术培训 50 余场次，涉及田间技术、农机实操技术等多种技术服务培训，培训各类人员 5000 余人次，印发宣传资料 10000 余份，为农民提供咨询服务 5000 人次以上。新型职业农民接受高质量技能培训，综合素质不断提升，如农大农场主，从一窍不通的"门外汉"成长为当地有名的"技术能人"，获得省、市、县"优秀新型职业农民"等荣誉称号。

（三）农业服务效果明显，渗透"节本增效"至全产业链条

节约成本。在进一步推进农业社会化服务体系建设的进程中，农资供应、农业生产和农产品加工的规模经济性凸显，新型农业经营主体整合资源后，市场交易成本下降。就水稻生产全程托管而言，全托单价在 480~500 元/亩，而农户自主耕种防收成本在 1500 元/亩左右，每亩节约生产成本约 67%。不论是种植业服务主体，还是畜禽养殖业服务主体，都能为其客户生产经营起到一定的"节约成本"作用（见表 11-2 第 3 列）。

增加效益。在农业社会化服务进程进一步推进的过程中，作物种植品种逐步优化，田间管理技术逐步升级；农作物产量平稳增长，农产品加工效益稳步上升。当前，该县小麦、水稻良种覆盖率达到 100%，良种在农业增产中的贡献度达到 40% 以上。水稻原粮销售价格最高在 1.5 元/斤左右，而经过合作社、家庭农场或农业龙头企业提供的加工、质量和品牌服务后，高质量、品牌大米的销售价格在 5~7 元/斤。不论是种植业服务主体还是畜禽养殖业服务主体，不论是增产、增质，还是增价方面，都能为其客户生产经营起到一定的"增加效益"作用（见表 11-2 第 4 列）。

表 11-2　经营主体节本增效实例

主体	服务种类	节本作用	增效作用
郯城县恒丰农机化服务农民专业合作社	技术服务	5%	增加单产 7%
	农资服务	10%	较小
	作业服务	15%	较小
临沂姜湖贡米米业有限公司	信息服务	5%	无
郯城县金丰公社农业服务有限公司	农资服务	20%	增加单产 10%
郯城县民乐种植农民专业合作社	农资服务	3%	增加单产 5%
	技术服务	3%	增加单产 5%
郯城县庆刚家禽养殖农民专业合作社	技术服务	14%	增加单产、提高价格 14%
	农资服务	2%	增加单产、提高价格 2%
	基建服务	1%	增加单产、提高价格 1%

资料来源：根据课题组调研资料整理。

四、主要问题

在推动农业社会化服务和小农户对接的进程中，虽然该县市场主体活力相对充沛，但整合资源能力不足，服务水平的提升空间被压缩；虽然该县通过项目实施扶持新型经营主体，但并非长久之计，要素的自由流动性难以在市场上充分发挥；虽然该县农业社会化服务取得一定的成效，但受限于以上两点，整体服务水平和能力难以有效提升。

（一）市场主体整合资源能力不足

市场主体整合资源成本高收益低，资源配置难以达到帕累托最优。该县在整合市场服务资源的过程中，主导整合力量是新型经营主体，如金丰公社、贡湖米业，依托多年农资、农产品销售资源积累，搭建服务资源网络；农大家庭农场自主建设大田物联网体系等。其整合能力和水平，相较于政府来说，主要受到以下两个因素的限制：

一是成本高。在交易成本方面，在搜寻资源的时候，市场主体的搜寻成本高；在和目标资源达成合作关系的过程中，市场主体面临信息不完全性和不对称性程度相对较高，"讨价还价"成本较高；而且，在达成合作关系后，市场主体面临的监督成本较高。在运作成本方面，丰富社会化服务种类就需要配备不同的设备体系，资产专用性增加了主体运营社会化服务的运作成本。因此，从这一角度来说，市场主体很难全面整合、统筹资源。

二是收益低。一方面，对整合、统筹资源的市场主体来说，存在整合的正外部性现象，一部分收益外溢至参与整合的市场主体和享受整合成果的市场主体身上。另一方面，市场主体与接受服务农户之间的交易成本高，降低了收益单价和收益总量。市场主体受限于目标群体的人力资本水平，说服目标群体接受服务的成本高，达成服务协议后面临的违约风险高。

（二）项目推进难以形成长效机制

对项目资金补贴依赖程度高，社会化服务难以形成长效发展机制。虽然在项目资金补贴、项目建设倾向的扶持和培育下，缓解了新型经营主体一部分的资金压力、土地压力和人力资本压力；但是少部分项目推进的被动性较强，资金、土地、人才要素流动性有限，要素市场活力源泉不足。一些新型经营主体面临着政策依赖心理性强、资金压力大、建设用地短缺、土地适度规模经营难的问题；在林地苗木抬高土地流转价格的背景下，依靠流转土地实现规模经营的方式，既占用流动资金，又增加土地交易成本。

极少数政策推行"边缘化"，项目资金审批下拨流程"鸡肋化"。该县实施的少部分政策难以直击要害，难以解决新型农业经营主体最迫切的需要。有一些设备补贴资金，需要在验收合格后，才能将补贴资金下发到账；虽然起到了对新型农业经营主体的"激励作用"，但难以真正解决其固定资产升级过程中的资金紧张问题。

（三）"节本增效"面临瓶颈制约

基于市场主体整合资源的局限性，基于项目推动的被动性，基于要素市场的流动匮乏性，该县农业社会化服务水平和能力难以实现有效提升，"节本增效"作用不足。市场主体各立阵营，相互之间社会协作作用难以充分发挥，存在着供给服务的负外部性问题，例如：施肥强度较高；土地难以连片成方，田间管理难以统一推进；产后加工服务短缺等。

五、对策建议

基于以上主要问题，提出以下几点对策建议。

一是充分发挥政府统筹资源的能力。充分利用现有新型市场经营主体迸发的无限市场活力，发挥政府统筹协调资源的比较优势，推进农业社会化服务整体水平和能力的升级。

二是激活要素市场自由流动活力。建立健全相关政策制度，推广实施相关示范典型的经验做法，充分调动更加多元的社会主体参与积极性，修正要素价格扭曲现象，通畅要素诱致性转变路径。例如，充分发挥村集体"统"的作用，领办创办股份合作社，实现土地适度规模集中经营。

三是延伸产业链，提升产业链价值，推动产业升级。针对新型农业经营主体的薄弱环节，以市场引导为主，以"填鸭式"补助为辅，鼓励、扶持其延伸产业，推动产业融合。进一步加强公共服务供给能力，尤其是产业创新能力的培养，吸引更加多元化社会主体参与，为产业基础能力提升注入源泉，推动产业升级。

第十二章 山东省威海市农业社会化服务调研报告[①]

在农村老龄化、空心化、兼业化加重，集体经济增长乏力，小生产应对大市场能力不足的背景下，威海市农业社会化服务发展迅速，初步形成了以政府公共服务机构为主导、多元化市场主体广泛参与的农业社会化服务体系。2017年威海市设立4个试点镇，整合各类社会化服务资源，成立镇级农业社会化服务中心，积极探索"农户分散承包、公司集中经营"的农业生产新模式。2018年，将党建引领创新农业社会化服务与发展壮大村级集体经济相结合，中共威海市委组织部、威海市财政局、威海市农业局联合颁布《关于创新农业社会化服务发展壮大村级集体经济的实施意见》，意在建立新型农业社会化服务体系。

基于此，笔者团队于2019年7月26~29日赴山东省威海市文登区展开了深入调研。实地调研过程中，团队成员与政府相关部门、服务主体代表召开座谈会2次，实地走访服务主体3家，一对一深度访谈服务主体6家。结合后期各项资料归纳总结，现将调研情况报告如下：

第一节 基本情况

威海市地处山东半岛，生态区位优势较佳，农业产业基础夯实。但随着社会日新月异的发展，威海市乡村经济增长乏力，一家一户的小型生产模式逐渐跟不上时代发展的步伐。威海市亟须创新农业社会化服务体系建设，发展壮大村级集体经济。

---

① 执笔人：杨睿。

一、生态区位优势凸显，农业产业基础夯实

生态旅游资源丰富，推动"农旅"融合。威海是一个生态旅游城市，气候宜人、依山傍海，环境质量各项指标均保持较好水平，在全省率先实现环境空气质量全面达到国家二级标准。威海市有旅游景区（点）80多处，其中，5A级景区2处、4A级景区13处，曾荣获"中国优秀旅游城市群""国家全域旅游示范区创建城市""国家旅游标准化示范城市""联合国人均奖"等称号。

沿海开放四通八达，便利农产品贸易。威海地处山东半岛最东端，三面环海、一面接陆，是全国首批沿海开放城市，是改革开放30年全国18个典型地区之一。该市与205个国家和地区有经贸往来，拥有外资企业1418家，3个国家级开发区和综合保税区、12个省级园区、4个国家一类开放口岸（其中，海港口岸3个、空港口岸1个）坐落于此。威海还是中国与韩国海上距离最近的城市，到韩国海上航线5条、空中航线1条，与韩国仁川市合作，被联合确立为中韩自贸区地方经济合作示范区。

威海农产特色多样，产业根基坚实。威海是国家农产品质量安全市和国家现代农业示范区，苹果、西洋参、无花果、花生、大姜、茶叶等农产品享誉国内外，海洋渔业发达。威海是国内最大的西洋参产区，全市西洋参栽培面积7万亩，年产量6500吨，占全国的七成以上；皂苷含量7.8%，比美国、加拿大原产地高2.6个百分点，硒含量是美国西洋参的8倍；现已发展成为国家农业标准化示范区、省级现代农业产业园。威海是全球苹果优势栽培区、国内西洋苹果最早栽培区、苹果全产业链发展集聚区，全市种植面积71万亩，其中，按照欧美先进技术标准栽植的现代苹果园面积33万亩；拥有"威海苹果""乳山苹果""文登苹果""荣成苹果"地理标志农产品，全市国家级果汁加工农业产业龙头企业1家、省级果品生产企业3家、NFC果汁加工企业2家、法国迈夫诺达果品分拣包装生产线3条。威海还是国内最大的花生出口基地、国内最大青皮无花果产区、国内纬度最高的茶叶生产基地，被评为"中国海洋食品名城""国家海洋经济发展示范区"等。

二、乡村经济增长乏力，小生产跟不上步伐

尽管威海市有着丰富的农业产业资源基础，但是随着经济社会的快速发展，工业化、城镇化的加速推进，农业农村中的许多问题严重制约着这些资源优势的进一步发挥。

第一，农村生产要素配置面临诱致性转变。农村空心化现象明显，农村空挂户达30%以上；农村老龄化程度加重，农村50岁以上人员占农村人口的比例达到72%，60岁以上人员所占比例达41%；农业兼业化人口增多，半工半种劳动力占比40%。一方面，这提高了有效劳动力的相对价格，使得单位土地面积的有效劳动力投入量不足，土地劳动生产率下降，土地撂荒化问题突出，土地撂荒面积占比10%，农业将面临"无人种地"问题；另一方面，这诱致了农业生产机械化、规模化和集约化经营。

第二，农村集体经济增长不足。根据威海市经管站调查统计，全市2730个村，集体经营收入低于3万元的村有999个，占比36.6%，村集体经济难以长效稳定发展，制约村庄治理水平的提升、村集体公共产品或服务的供给。

第三，小生产难以应对大市场。一家一户的小农经济和分散土地的农业生产经营方式，尤其是在农村空心化、老龄化、兼业化、机械化、土地撂荒化的背景下，不利于生产力的提高、先进技术和科研成果的推广落实，不利于农产品质量的提升，农业生产抵抗自然风险和市场风险的能力差。

三、创新农业社会化服务，发展壮大村级集体经济

基于此，威海市着力建设农业社会化服务体系，不仅可以破解新形势下"谁来种地""如何种地"的难题，还可以发展壮大村集体经济，提升农业竞争力。通过政府统筹资源，公司市场化运营，社会各方多元化主体参与，依托镇级农业社会化服务中心，威海市搭建起综合线上、线下的市级现代化"一站式"农业社会化服务平台，引领"小农户"和"现代农业"有效衔接，服务产业升级，助力乡村振兴。

威海市将创新农业社会化服务体系建设与发展壮大村集体经济相结合，有效促进了农村生产要素配置诱致性转变，降低生产成本，提高生产效率；充分发挥了市场多元主体各自的比较优势，促进产业升级，提升总体效益；减轻了信息不完全和不对称程度，建立有序畅通的市场秩序。

第二节　主要做法

经过调研，笔者把威海市农业社会化服务的做法归结为四句话：政府统

筹、党建引领、多方参与、产业升级。通过政府统筹，整合各项服务资源，以镇（街道）为单位搭建农业社会化服务中心，作为市级农业社会化服务体系的重要组成部分；通过党建引领，党支部领办合作社，把分散的小农户有效连接起来；通过多元主体参与，市场化运营农业社会化服务中心，推动乡村产业升级，增加农民收入。

一、政府统筹——搭建农业社会化综合服务中心

威海市政府统筹协调，通过组织、制度、管理创新，引领构建多元化、市场化的新型农业社会化服务体系；整合行政、市场、信息资源，搭建农业社会化综合服务中心，为发展壮大村级集体经济提供强有力支撑。

（一）市区镇村四级联动，政策扶持力度加大

在组织领导方面。市委成立创新农业社会化服务发展壮大村级集体经济工作联席会议，加强对全市创新农业社会化服务发展壮大村级集体经济工作的统一领导，积极构建市、区（市）、镇、村四级联动、逐级负责的工作格局，权责明晰、组织有力。

在政策扶持方面。威海市主要从财政金融政策、土地政策、人才政策三大方面加大政策扶持力度。

加大财政金融政策支持。第一，在财政拨款方面，允许各区（市）打破行业部门限制，统筹安排使用财政专项资金、相关涉农资金和社会帮扶资金，用于扶持开展农业社会化服务创新和集体经济薄弱村发展。拨付该方面财政专项资金平均每村不低于 30 万元；除据实结算的普惠性资金外，其他涉农资金拨付比例在 30%以上；威海市文登区投资 100 万专项资金，支持名品农产、园区、乡村建设，打造"区域公用品牌+明星个体品牌"的农业品牌体系。第二，在金融扶持方面，引导金融机构积极提供为农金融服务。降低贷款审批门槛，开辟村级集体经济"绿色通道"，开展土地承包经营权、集体建设用地使用权、大型农机使用权、林权、水域滩涂使用权等抵押贷款。文登区政府与山东供销融资担保股份有限公司合作，为涉农经营主体提供合计 5 亿元规模的融资担保额度；新成立中银富登村镇银行，为涉农小微企业、种植业农户发放贷款 4 亿多元；推出"参农贷""惠农 e 贷""富民生产贷"等特色金融产品；与蚂蚁金服合作开展"互联网+创业金融"业务，发放贷款 3.5 亿元；在全国率先推出西洋参种植保险业务、农业社会化经营主体收入保险。

加大土地政策扶持。鼓励村集体开展土地整理和村庄整治，经实施、验收

确认后，所产生的补充耕地指标获得的收益直接返还村集体经济组织。

加大人才政策支持。实施集体经济发展包村联系制度；做好驻村工作队和第一书记选派工作，选好配强村"两委"班子；建立配套监督考核制度，对村集体经济发展贡献突出的，经村民代表会议或村民会议表决通过、镇街审核同意后，可按当年度村集体经营收益增量的 5% 予以奖励。威海市文登区还制订了乡村振兴创新创业人才（团队）支持计划；举办"中国·文登新农村创新创业大赛"；与中国农科院、清华大学、中国农业大学等合作建立乡村振兴研究院，设立规划治理、社会化服务、乡村文化旅游等 7 个研究中心。

（二）依托镇级涉农机构，统筹涉农服务资源

整合行政服务资源。结合镇级机构改革，整合镇农业、畜牧、农机、供销、粮食等涉农服务部门和服务资源，建设服务功能完善、组织能力强、运行管理规范的镇级社会化综合服务中心 48 处，每个中心服务半径 3 公里，辐射农田 3 万~5 万亩。

整合市场服务资源。按照"择优准入"原则，选择一批实力强、信誉好的社会化专业服务组织入驻服务中心提供服务。在产前环节，整合农药、种子、化肥、地膜等农资供应服务资源。在产中环节，整合机械化作业、病虫害统防统治、土壤测土化验、智能配方施肥等田间管理服务资源。在产后环节，整合仓储物流、加工销售等服务资源，与电商企业、产业化龙头企业合作，建设线上、线下农产品营销平台。线上与阿里巴巴、中粮我买网、供销 e 家等第三方运营平台开展合作，引进建设了山东第一家生鲜馆——"京东美食地图·威海生鲜馆"，入驻企业 40 多家，上线产品 200 多种；线下建设了西洋参交易中心、优质蔬菜集散交易中心、名优水果集散交易中心和优质粮油加工交易中心。

整合信息服务资源。依托山东益农公司的技术支持，收集整理土地、农机、劳动力、集体闲置资产、新型经营主体等信息资源，建立全市信息查询库，搭建农业社会化服务大数据平台，提供产品或劳务线上咨询、信息交流的服务。

（三）牵头建设镇级农业社会化综合服务中心，搭建"线上""线下"综合平台——以"高村模式"为例

基于以上资源的整合，镇党委、政府牵头，建立以信息化平台为依托，以专业服务公司为组织基础，以其他经营主体为补充的公益性和经营性相结合的镇级农业社会化综合服务中心，全市再以镇级综合服务中心为支撑，构建市级农业社会化服务体系。截至 2019 年 11 月，全市共培育镇级社会化综合服务平台 48 处，争取年底实现 67 处涉农镇街的全覆盖。2017 年 4 月，威海市农业局在文登区高村镇、经区桥头镇等 4 个镇探索开展农业社会化服务体系创新试点工作，其中，文登区高村镇的农业社会化服务创新建设最为典型，被称为"高村模式"。下面以其为例，简要说明镇级农业社会化综合服务中心的组织架构和服务功能（见图 12-1）。

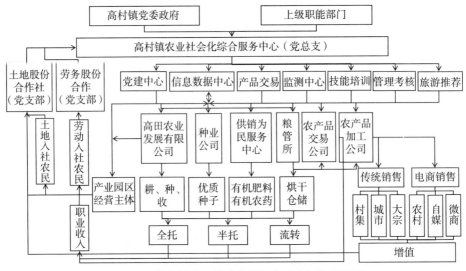

图 12-1　高村镇农业社会化服务中心主要组织架构

1. 线下建中心，提供"10+N"社会化服务

首先，成立镇级服务中心及其党支部。镇党委、政府牵头，联合上级职能部门按照服务半径 3 公里、辐射半径 3 万~5 万亩的标准，建设成立高村镇农业社会化综合服务中心（组织架构见图 12-1），投资 2000 余万元，占地面积 22 亩；同时，成立高村镇农业社会化综合服务中心党总支。该中心下设 7 个部门：党建中心、信息数据中心、产品交易部、监测中心、技能培训部、管理考核部和旅游推荐部。

其次，委托公司市场化运营中心，多元主体共同参与。高村镇主导、培育成立了威海市高田农业服务有限公司（威海市供销农业服务有限公司占股35%，威海市荣高置业有限公司占股 33%，威海市高村自来水有限公司占股32%），市场化运营中心。除此之外，还有种业公司、化肥农药供应公司（构成供销为民服务中心）、粮管所、农产品加工公司等多元化服务实施主体共同参与中心运营，提供土地经营、农安监管、劳务服务、金融服务、农技服务、烘干仓储、农资服务、农机服务、品牌农业、产品交易 10 项基本服务；依据不同镇的不同特色，附加提供 N 项特色服务。

村集体发挥"统"的作用，集中农民和土地。村党支部领办各类村级合作社，新成立土地股份合作社 46 个、农机合作社 5 个、劳务合作社 46 个，吸纳农民 4800 余人。将分散土地整理、集中起来，通过"全托""半托"等菜单式服务购买，或通过流转土地的形式，委托高田公司运营（详细的土地规模化经营模式见后文），年实施全托管服务 4500 亩、半托管服务 81000 亩、流转服务 10000 余亩。将闲置的劳动力集中起来，由高田公司根据服务体系内各主体的用工需求统筹协调。

高田公司发挥"统筹"作用，增值农业生产增加农民收入。高田公司通过招商，引进产业园区新型农业经营主体 14 家，由其承包土地开展现代农业经营，并组织中心内机械作业、农产品加工销售等主体提供服务；或者购买体系内多元化主体提供的相应服务，自主经营土地。整合后的农产品交易中心，结合传统销售和电商销售两种渠道，拓宽销路，增加销量。高田公司统筹协调，多元主体联合服务，提高土地生产率，增加农产品附加值，促进产业融合，实现土地"增值"收益；同时，为农民创造了大量的就近就业机会，实现农民职业收入的"增值"。

2. 线上建大数据，推动"3+N"信息服务

信息化管理服务体系内多元主体，各主体将数据反馈至信息数据中心；建设土地信息服务、农机信息服务、劳动力信息服务三大基础信息服务平台；依据各镇社会化服务中心实际情况，提供产品交易、管理考核、技能培训和质量检测等"N"项信息库查询服务。威海市各镇信息数据中心数据联网，威海市农业农村局主办、山东益农公司负责开发建设，建立威海市农业社会化综合服务大数据平台。平台分设了农业社会化服务数据中心、综合支撑中心、业务配置管理（农村管理、农业生产、农民服务等应用系统）、业务共享管理、智能决策管理、农村电商等板块，为各方决策者提供智能化决策的信息依据。

二、党建引领——党支部联系多边主体齐聚力量

强化村党支部建设，党员密切联系群众。威海市出台政策，鼓励党支部领办土地合作社、劳务合作社，把土地集中起来，把农民集中起来。将新型农业

社会化服务体系建设、村集体经济壮大工作的开展，同党员的评定考核联系在一起：把土地流转或托管的后备支持工作开展情况，纳入村党支部和党员"星级"评定考核；各村党支部成立2~3支党员志愿服务队，设立土地流转服务岗。充分发挥村党组织在发展壮大村级集体经济工作中的战斗堡垒作用和党员先锋模范作用，充分动员、组织群众参与农业社会化服务和村级集体经济发展，切实提高农民组织化程度。

镇农业社会化综合服务中心成立党总支，密切各党支部之间联系，沟通农业社会化服务全链条。村与村、村与镇、镇与镇、镇与各区（市）等各服务主体之间通过党支部建立密切联系，统筹协调，最优化资源配置，以最低服务成本提供最优社会化服务。上庄镇农业社会化综合服务中心成立了农业产业发展党总支，前期吸纳西桥村、东桥村、大李家村、虎山村等6个村党支部为联建党支部，辐射带动其他村党支部，充分发挥党支部在沟通协调农业社会化服务资源方面的组织作用。高村镇党委成立农业社会化综合服务中心党总支，全镇46个村成立了合作社党支部，领办土地股份合作社、劳务合作社，以支部为核心，充分发挥党建引领创新农业社会化服务、发展壮大村级集体经济的作用。

三、多方参与——市场化运作激活综合服务中心

在政府的统筹协调下，市场多元主体积极参与，组织实施农业社会化服务体系运营。村集体充分发挥"统"的作用，领办各类合作社，把劳动力"统"起来，把土地"统"起来；公司入驻中心，市场化组织运营，提高运营效果和效率，金融保险机构积极参与，保障体系运行。

（一）推进农村集体产权制度改革，充分发挥村级集体"统"的作用

积极引进现代企业制度，用公司化模式发展农村集体经济，建立既相互配合又有制约监督的民主管理体制。2018年，威海市完成500个村农村集体产权制度改革，计划2020年基本完成全市农村集体产权制度改革工作。对条件成熟的改革村，撤销原村委会，按城市标准设立新的社区居委会，全盘承接公共服务、治理职能；原村级党组织成立股份经济合作社。对条件不成熟的村，推行村委会与合作经济组织分账管理、运行模式。鼓励合作经济组织广泛吸纳多元化主体加入，鼓励合作经济组织之间联合、利益共享。

村集体发挥"统"的作用，把土地集中起来，适度规模经营。农户可以选择三种接受土地服务的模式。

第一,"流转式"土地服务,农户收益为租金。村党支部领办土地股份合作社,村民将土地流转给合作社,合作社再将土地统一规划协调,连片成方,委托社会化服务中心专业服务公司经营。专业服务公司根据土地信息招商引资,对招商引资成功的土地,专业服务公司为引进项目实施主体提供农业社会化服务,引进项目实施主体向村集体支付土地租金,向专业服务公司支付服务费用;对招商引资未成功的土地,由专业服务公司自主经营,专业服务公司向村集体支付土地租金。在该土地服务模式下,经营收益归所经营的主体(引进项目实施主体或专业服务公司),村集体和农户获得租金收入,存在"增量"和"增值"两部分增收。以一个村将300亩土地交由镇农业社会化综合服务中心经营为例:在"增量"方面,土地连片成方后,面积溢出20%,增加60亩,按招商后800元/亩的价格计算,"增量"增收总额4.8万元,归村集体所得;在"增值"方面,招商引资后,原有300亩土地,每亩土地价格由原来的500元上升至800元,每亩增值300元,"增值"增收总额9万元,村集体和农户按照3∶7比例分配,村集体"增值"增收总额2.7万元,农户"增值"增收总额6.3万元;除此之外,农户还获得原租金价格的保底收益,农户保底总收益为300亩×500元/亩,共计15万元。

第二,"全托式"土地服务,农户收益为土地经营所得。

第三,"半托式"土地服务,农户收益为土地经营所得。

在后两种土地服务模式下,农户可购买服务中心明码标价的"服务菜单",包括耕、种、管、收等环节;中心根据农户购买服务内容进行分类后,组织专业服务公司与农户签订购买服务协议。一般以村为单位购买服务,村集体出面,统一为农户办理相关协议。签订协议后,专业服务公司调度服务主体和服务资源为农户提供相应服务,统筹开展订单种植、产销对接、质量追溯和品质评定等40余项服务,农户向公司支付服务费用。

村集体发挥"统"的作用,把农民组织起来,优化劳动力配置。对加入村土地合作社的村民,每月缴纳300元,即可享受一日三餐送上门服务。对继续经营土地的农民,依托远程教育视频会议系统、农广校等平台,提升农民职业技能;对从事专业领域种养殖或具有专业技术的农民,引导其加入专业合作社,统一管理、调度服务主体和资源;对从土地中解脱出来的、具有劳动能力的农民,由村党支部牵头组建劳务合作社,实行技能分类、定级管理,根据市场需求开展劳务服务。村集体整合本村劳务资源,为全市大数据信息中心提供劳动力供给方面的信息。

（二）引进多元化主体入驻社会化服务中心，政府市场共同参与

引进专业化服务公司，市场化运作镇级社会化服务中心。比如，高村镇党委、政府牵头，主导培育成立了威海市高田农业服务有限公司，市场化运营该镇农业社会化服务中心；威海市文登区道地参业发展有限公司，负责运营张家产镇农业社会化服务中心等。当前，处于起步阶段的专业服务公司的主要盈利点有三个：一是固定资产运营收入。一方面，通过出租公司所有的农机具等设备给具体实施服务的市场主体，产生租金收益；另一方面，通过配备农产品深加工生产线，获得农产品增值收益。二是涉农项目运营收入。专业服务公司，积极竞标承担上级财政项目，组织其他服务组织具体实施，收取一定的资源调度服务成本。三是协调管理收入。在进行"托管"服务时，收取专业大户（经营土地面积100亩以上）纯利润的10%作为服务费，在推动劳务供给双方对接时，对用工单位收取一定的管理费用。

引进多样化服务组织，统筹协调各组织提供全产业链服务。在产前环节，与农资供应公司合作，如高村镇高田公司引进丰登农资公司。在产中环节，与政府农技部门合作，如高村镇政府农技人员轮流在社会化服务中心农技服务中心值班，为农户提供免费咨询服务，与农机合作社、土地股份合作社、劳务合作社合作，优化配置生产要素。在产后环节，与政府、公司合作，打造品牌，进行农安监管、检测，如威海市文登区打造"三品"认证产品271个，地理标志证明商标28个，"文登西洋参"以116亿元的品牌价值，入选中国地理标志产品区域品牌价值榜中药材类第3位。

引进社会化服务支持，提供多元化农业农村农民金融保险服务。山东供销融资担保股份有限公司、中银富登村镇银行、蚂蚁金服、中华联合财产保险股份有限公司、中国人民财产保险股份有限公司等多元化金融机构提供多种金融保险服务（部分实例见表12-1）。

表12-1 部分金融保险服务实例

服务种类	服务公司	服务特点	产品举例
贷款	中银富登村镇银行	可放大房产抵押贷款，比如100万房产最高可贷到180万元；集体土地房产、厂房、自建房、圈舍有证无证都可抵押；纯信用贷款；贷款到期不用还本，可继续贷款等	欣农贷（普惠）、欣农贷（种植）、欣农贷（养殖）、欣农贷（乐业）、欣农贷（实业）等

服务种类	服务公司	服务特点	产品举例
保险	中华联合财产保险股份有限公司——威海中心支公司	政策性农业保险承保机构之一；承保各类中小企业、农户信用保证保险业务；保险和病死畜禽无害化处理联动模式等	农户小额信用贷款保证保险、农户联保贷款保证保险、农户担保贷款保证保险、新型农业经营主体贷款保证保险、扶贫小额贷款保证保险等
	中国人民财产保险股份有限公司	政府补贴80%，农户承担20%；作物不同生育期赔付标准不同	小麦、玉米、花生农险
		镇（街道）/村（居）民委员会为投保主体，与保险公司签订契约，单位集体投保，分户出险理赔；保障居民家庭财产由于火灾、爆炸、雷击、龙卷风、暴风、暴雨、雪灾、冰凌及盗窃抢劫所造成的损失	综治保险
	中国人民保险		商业医疗保险；个人意外伤害保险

资料来源：根据调研资料整理。

四、产业升级——服务主导产业，振兴乡村经济

仅仅止步于市级农业社会化服务体系的建设是不够的，大服务对接小农户是现代农业的有效生产方式，最终是要实现村集体经济的壮大和农民的增收。基于此，威海市将农业社会化服务体系建设与发展壮大村集体经济相结合，推动乡村产业升级，探索乡村长效振兴的机制。

（一）丰富村集体经济组织经营形式，助力乡村产业振兴

乡村产业振兴是乡村振兴的根基，社会化服务是推动产业振兴的关键力量。威海市结合当前市场经济需求，在充分论证的前提下，因地制宜，通过服务平台内引外联，建设了一批村级集体经济发展优势项目，主要包括以下三大类：

第一类，依据资源优势，形成特色农业块状经济。鼓励挖掘村集体所拥有的林业、矿产、交通、旅游等各类特色资源，通过合理开发利用，使资源优势转化为经济优势。如大力发展休闲旅游业和生态观光农业，实现旅游与农业、文化有效对接；如村集体采取入股、租赁等形式，带动农户或联动企业建设特

色产业基地，发展现代农业。

第二类，依据区位优势，发展二三产业带状经济。鼓励城郊、公路沿线等的乡村发挥区位优势，兴办标准厂房、仓储物流、专业市场等二三产业载体。

第三类，建立服务实体，推动服务产业点状经济。鼓励村集体以统一管理、有偿服务等形式，领办创办各类服务实体，组建产品交易、劳务输出、家政服务等中介服务机构，推动服务创收。

（二）产业升级服务实例——张家产镇西洋参全产业链服务

文登西洋参产业发展基础雄厚，但近年来遭遇发展"瓶颈"；张家产镇通过建立农业社会化服务体系，推动西洋参产业逐步突破发展"瓶颈"，实现产业升级。

1. 西洋参产业发展基础雄厚，具备比较优势

西洋参产业发展的自然禀赋优越。张家产镇坐落于威海市文登区，文登地处山东半岛，属于暖温带大陆性季风气候，拥有得天独厚的、适宜西洋参种植的自然禀赋，尤其有利于皂苷等有效成分的积淀。文登西洋参中的主要有效成分含量高于进口产品及国家标准含量，皂苷含量最高可占比 8.8%，高于进口花旗参 3.3 个百分点；硒元素含量可占比 0.08%，是进口西洋参该含量的 8 倍。

西洋参产业发展的人文优势凸显。文登中草药种植历史悠久，有 58 科 130 属 162 种药材的种植历史；20 世纪 80 年代，张家产镇引种西洋参成功，至今已有接近 40 年的种植历史，文登也是全国三大西洋参主产区之一。在长期种植实践中，探索编写《西洋参无公害生产技术规程》，被作为山东省地方标准推荐执行。文登区西洋参种植规模已达 5 万多亩，年生产成品鲜参 5000 吨以上，张家产镇西洋参产量占文登区西洋参产量的 60% 左右。文登区共有 23 家西洋参初级加工厂，年加工干参 1000~1500 吨，全区鲜参交易都集中在张家产镇，近几年的年交易额都在 10 亿元以上。"文登西洋参"已经取得国家地理标志产品认证并注册商标，以 40.64 亿元的区域品牌价值，位列 2015 年中国品牌价值榜第 3 位，"御龙旗""嵛康源"等 5 个品牌被确立为绿色食品 A 级产品；文登素有"西洋参之乡"的美誉。

2. 西洋参产业发展近年来遭遇"瓶颈"，亟须转型发展

在西洋参生产环节，产品量、质难以得到有效提升。一是投资回报时间长和用地短缺制约其规模化发展。西洋参生长周期一般为 4 年，固定成本包括种子、化肥、遮阳棚及土地租金等费用，亩均约 1 万元；可变成本包括农药、人工等费用，亩均约 1.5 万元。理论上，西洋参在 15 年内还不能重茬种植；即

使在超过 15 年未种植过西洋参的土地上，参农由于缺乏技术支持，也不敢轻易尝试，只得再在周边寻找土地，用地问题日益突出。基于此，西洋参种植难以形成规模化发展。二是机械化、规范化程度低制约西洋参种植产量和品质的提升。无论是西洋参种植还是收获，还是田间管理，都缺乏专业化机械，只能依靠人工，劳动生产率低；在收获环节中，一个劳动力 1 天只能收获 0.2 亩左右，且掌握技术的劳动力基本都是 50 岁以上的中老年人，西洋参亩产难以提升。加之科学规范种植技术普及率较低，使得种源、植保产品多样，田间操作形式多样，过度使用农资，西洋参品质难以提升。

在西洋参加工环节，产业链条短、综合价值较低。一方面，产业链不完善，精深加工企业稀缺。2/3 以上的文登西洋参以原材料的形式出售，剩余产品也只是进行简单的烘干、切片和磨粉等初加工。另一方面，产业链综合价值低，缺乏 GMP 认证，无法从事医药用品生产加工，精深加工产品范围受限。文登西洋参饮片每斤 500 元左右，远低于以文登西洋参为原材料加工的康福来、康美等品牌每斤 1000 元的售价。

在产品交易环节，信息不对称和不完全程度高。这使得参农在参与市场交易时，"讨价还价"能力低，利润空间被压缩。虽然文登西洋参产业发展具备雄厚的基础；但是文登西洋参产业亟须转型发展。

3. 西洋参产业依托社会化服务体系，转型升级

政府成立产业发展办公室，统筹搭建镇级综合性服务平台。张家产镇政府成立西洋参产业发展办公室，以西洋参优势产业基础为依托，以市场为导向，以延伸产业链、提升产业链综合价值为核心，按照"做大做精西洋参深加工，做强做专商贸流通，培育西洋参养生保健、文化休闲旅游业"的发展思路，引导发展现代西洋参产业链。政府主导建设了总投资 6000 万元、占地 1.1 万平方米的张家产镇西洋参交易中心（镇级农业社会化服务中心），该平台由国有控股企业——威海市文登区道地参业发展有限公司负责，市场化运营，针对产业"瓶颈"，多元主体参与，基于平台提供全产业链服务；下设行政管理服务区、就业创业综合服务区、西洋参技术培训区、涉农龙头企业孵化区、西洋参集散交易中心、西洋参电子商务中心、文登西洋参文化馆和生活服务区等。

针对产中环节瓶颈，规模化、规范化服务生产。一方面，普及规范化种植技术，增强自主应对自然和市场风险的能力。已经组织参农参加技能培训 20 多次；协调区检测中心，为参农提供免费质量检测 50 多批次，依据检测指标提供专业技术指导，建立质量安全促进机制。计划与相关大专院校等科研部门

建立合作关系，优化种源，掌握西洋参隔年种催芽技术；采用引进、杂交、脱毒、提纯复壮等技术，选育、培育适应本地的优质品种；因地制宜建立新技术转化成果产业示范园，辐射带动全区西洋参标准化种植；进一步加强专业技术培训，尤其是对新型农业经营主体的培训。另一方面，完善农业保险，分担自然和市场风险。协调区金融办、威海太平洋保险公司，出台了西洋参种植保险；在2017年，农民因春天龙卷风和夏天暴雨受灾，获得理赔合计70余万元。

针对加工环节瓶颈，延伸产业链条，提升综合价值。参与中国中药协会和汉广集团合作的《西洋参产地加工技术规范》《西洋参包装技术规范》《西洋参商品规格登记规范》等行业标准、规范的制定，为当地推行实施国家级、省级行业标准奠定基础。除此之外，通过招商引资、建设重点项目，推动产业链完善（重点项目举例见表12-2）。计划结合文登部署的省级科技园、农高区总体规划，打造以西洋参产业为核心，集温泉旅游度假和养生养老等多功能于一体的新型特色园区；将西洋参文化与"文登长寿之乡·滨海养生之都"文化有效结合，充分融入西洋参产业的综合发展中，挖掘文化产品，推动农旅融合。计划在张家产镇西洋参交易中心附近，建设占地面积约800亩的文登西洋参产业加工区，一部分在昌阳河以西，设立为占地面积约500亩的西洋参精细加工产业区；另一部分在昌阳河以东，设立为占地面积约300亩的西洋参绿色加工、仓储物流产业区；加大先进企业引进、扶持力度，不断加强西洋参产品的差异化程度。

表12-2　张家产镇西洋参重点建设项目实例

项目	建设单位	内容简介
初加工+农旅结合项目	天士力控股集团、汉广（天津）中药科技有限公司	投资1亿元； 1期：2017年10月投产，西洋参产地初加工； 2期：2018年4月开工，建设中医馆和药膳养生酒店
中药饮片项目	威海市齐国参业有限公司	投资5000万元
产地初加工项目	威海市继振参业有限公司	投资3000万元
大意诚西洋参精深加工项目	大连正道生物工程有限公司	投资1亿元
正在洽谈的项目	辽宁秘参堂药业有限公司的秘制参项目、浙江天皇药业的西洋参精深加工项目、中粮集团的西洋参食品加工项目	

资料来源：根据调研资料整理。

针对营销环节瓶颈，注重品牌打造。每年举办一届西洋参文化节，将"文登西洋参"品牌推介出去；加强国内外西洋参论坛、展会的举办和参与力度。

针对交易环节瓶颈，建立线上平台，信息化运作。除了线下交易平台的建立，线上也建立文登西洋参大数据中心服务平台，与天府商品交易所合作建立集现货交易、电商及期货交易于一体的市场交易体系。建设内容包括文登西洋参社会化服务平台、种植监测服务平台、物联网监测系统工程、资源统计平台、全程质量监管服务系统、全程追溯服务平台、政府大屏监测中心、App移动应用端，提供关于文登西洋参全产业链的信息服务。

第三节　成效、问题和建议

一、主要成效

在政府统筹、党建引领、多方参与的共同努力下，威海市农业社会化服务体系建设初见成效，乡村产业逐步升级，乡村经济运行效率和效果齐升，村集体经济不断发展壮大，农民收入稳步增加。

（一）促进农村生产要素配置诱致性转变，提高生产效率

依托镇级农业社会化服务中心，统筹各类生产要素，推动要素诱致性转变过程顺利进行。农村老龄化、兼业化、空心化背景下，劳动力相对价格逐渐提高，机械对劳动的替代需求越来越强烈，适度规模经营对分散经营的替代需求越来越强烈，生态科学经营对粗放传统经营的替代需求越来越强烈，"分散承包、整合经营、集中服务"的现代农业生产模式逐渐发展起来。政府统筹社会化服务资源，专业服务公司市场化经营，社会多方参与支持，先把土地集中起来，把各生产要素信息集中起来；再根据土地情况，合理调度、畅通市场双方信息、优化配置，用产中集中服务带动产前、产后集中服务，促进生产要素的优化配置。

生产要素优化配置成效初显。在农作物种植方面，通过社会化专业服务，平均每亩土地能够节约作业成本100元，农作物产量提高10%以上，增收150元左右。在农业投入方面，全市农药使用总量减少10%，农药利用率提高

40%；全面推广水肥一体化技术，亩均节约用水 40%~50%、节约肥料 30%~40%、节省人工成本 1000 元以上；集中经营后，亩均物质投入成本降低 200元左右。在农业技术推广方面，推广农作物、蔬菜、果树等新品种 80 多个，推广优质高效栽培技术 28 项；在连方成片的土地上，保证主导品种的覆盖率和主推技术的到位率达到 100%。在粮食加工方面，建设粮食烘干项目，日烘干量达 300 吨。

（二）发挥市场多元主体各自的比较优势，提升综合效益

充分调动多元化主体积极性，发挥各自比较优势，提升总体服务能力。充分发挥政府统筹资源能力，用较低机会成本，统筹范围较广、种类丰富的涉农服务资源；充分发挥党支部和党员的沟通协调、先锋模范作用，降低各主体之间的沟通交易成本；充分发挥公司市场化运营能力，以最小化综合服务成本、最大化综合服务收益为目标，组织推进农业社会化服务运营；充分发挥村集体"统"的作用，用较低沟通成本，把土地集中起来、把农民集中起来，统一管理、集中服务；充分发挥各社会服务组织比较优势，依据资源禀赋特点，专业化分工、开展服务。截至 2019 年底，全市共有合作社 1093 家，家庭农场 727家，龙头企业 151 家，其他服务组织 284 家。截至 2019 年 11 月，全市共建设服务中心 48 个，配备专职人员 148 人；土地全托管 42021.7 亩，半托管127958 亩，流转 33073.7 亩，统防统治 85220 亩，测土配方施肥 68445 亩；统一农资销售 3128.4 万元，统一农产品销售 2554.1 万元，统一质量检测 19539次；组织技术培训 15415 人次，组织劳务交易 5651 人次。

充分利用多样化乡村资源禀赋，发挥各自比较优势，推动产业升级。依托镇级农业社会化服务中心，充分依据各乡村不同资源优势、区位优势、产业基础等，因地制宜开展创新农业社会化服务，将农业社会化服务创新与发展壮大村级集体经济相结合，发展现代农业，助力乡村长效振兴。村集体经济蓬勃发展。2018 年，威海市村集体经济年收入 3 万元以下的村转化 504 个，2019 年转化 495 个，村集体经营性收入实现倍增。高村镇全镇 26 个经济薄弱村，合计增加年收入超过 160 万元；有 21 个将农业社会化服务与村集体经济壮大相结合，年收入达到 3 万元以上。农民收入稳步提升。以高村镇为例，2100 户农户通过流转土地，人均增收 200 元/亩；农民参加培训 2200 人次，接受劳务交易服务 7000 人次，人均增收 1000 元。

（三）减轻信息不完全性和不对称性程度，建立有序市场

建立全市互联互通信息化平台，减轻供求双方信息不完全性和不对称程度。通过信息化手段，采集全镇测土配方施肥、农安监管、劳动力、农机具、土地流转等数据，形成涉农资源大数据库，为农户或新型经营主体提供一站式信息咨询、供求对接服务，提供科学决策的信息基础。截至 2019 年 12 月，全市信息发布总量 6278 条，其中供求信息为 443 条；收集农户信息 988235 条，地块信息 1037083 条，土地托管信息 1101 条，土地流转信息 61131 条。

二、主要问题

虽然威海市农业社会化服务体系建设结合村集体经济发展壮大初见成效，但仍然存在一些不足。

（一）人力资本支撑不足，制约社会化服务水平提升

人力资本支撑不足，制约信息平台功能的发挥，制约社会化服务水平的提升。一是普通农户人力资本局限。信息化平台的使用，需要信息供求双方具备一定的人力资本基础。目前，威海市农村劳动力信息和土地信息，依托村两委统一录入，农户不懂如何使用平台，难以实现信息的"最后一公里"传达和运用。二是专业化服务人员人力资本短缺。现代农业服务主体对各领域的熟练劳动力需求大，如职业经理人、农机手、维修工等，但具备对应熟练度的人才缺口很大。

（二）服务主体自主经营能力不足，容易出现市场失灵

镇级农业社会化服务中心引进的专业化服务公司公益性特点鲜明，但自主经营能力还比较薄弱。目前，专业化服务公司尚处于起步阶段，政府补贴、供销系统出资、国有企业出资占其成立、运营资金的绝大部分，以高村镇高田农业服务公司为例，威海供销农业服务有限公司和威海市高村自来水有限公司占其股份份额合计 67%；项目收入占比高，专业大户管理费用收入、固定资产出租收入等其他收入有限且形式单一，缺乏市场化运营长效机制规划，盈利潜能不足。

（三）产业链横向服务资源整合不足，综合价值提升有限

产业升级服务集中于纵向产业链整合，横向产业链综合服务较少。例如，张家产镇依托西洋参产业和温泉产业而开展的农业社会化服务，集中在西洋参产前、产中、产后的纵向产业链整合服务，重点服务西洋参农资供应、种植服务、销售加工、仓储物流等环节的纵向整合，对单一环节的横向资源整合涉及较少。

土地整合后，适度规模经营模式单一，缺乏统筹科学规划。单纯依据农户

订单生产托管经营土地、依据招商引资项目经营土地，个体的经营决策可能会和整体目标发生冲突，可能会因缺乏整体性的统筹规划和科学指导，导致土地经营的"公地悲剧""搭便车"等市场失灵问题。

三、对策建议

基于以上几点主要问题，提出以下几点对策建议：

第一，加强农民教育，提升农民人力资本。在短期提升方面，加强农民职业教育，加强信息服务平台操作技能普及，加强农机专业人才培训工作；在长期方面，注重基础教育和高等教育普及、质量提升，注重优秀人才返乡扶持，注重乡村人才振兴。

第二，提升服务主体市场化运营能力。培育扶持多元化服务主体，重在培育服务主体的市场化运作能力，引进职业经理，制定长效市场运营规划，充分发挥其公益性和经营性结合的作用。

第三，关注横向产业链整合服务，提升产业链单一环节的综合价值。关注产业链单一环节，通过强强联合、优势互补联合等形式，整合单一关键的服务资源，优化配置。

参考文献

［1］Abhijit V. Banerjee, et al. The Neighbor's Keeper: The Design of A Credit Cooperative with Theory and A Test ［J］. The Quarterly Journal of Economics, 1994 （5）: 491-515.

［2］Adamson D. W., Andrew Waugh. Farm Operator Entry and Exit Behavior: A Longitudinal Analysis ［R］. Agricultural and Applied Economics Association, 2012.

［3］Ahearn M. Financial Position of Farm Operator Households. Agricultural Outlook Forum 2012. No. 126270 ［R］. United States Department of Agriculture, 2012.

［4］Albers S, Wohlgezogen F, Zajac E J. Strategic Alliance Structure: An Organization Design Perspective ［J］. Journal of Management, 2016, 42 （3）.

［5］Armendariz B., J. Morduch. "Rethinking Banking", Chapter 1 in Armendariz and Morduch （eds.） ［M］. The Economics of Microfinance, Cambridge: MIT Press, 2010.

［6］Avishay Bravermana, Joseph E. Stiglitz. Landlords, Tenants and Technological Innovations ［J］. Journal of Development Economics, 1986 （10）: 313-332.

［7］Bailey S. J. Local Government Economies: Principles and Practice ［M］. London: MacMillan, 1999.

［8］Boyne G. A. Competitive Tendering in Local Government: A Review of Theory and Evidence ［J］. Public Administration, 1998, 76 （1）: 695-712.

［9］Bruce D. Smith, Michael J. Stutzer. Adverse Selection and Mutuality: The Case of the Farm Credit System ［J］. Journal of Financial Intermediation, 1990 （6）: 125-149.

［10］Chaplin H, et al. Agricultural Adjustment and the Diversification of Farm Households and Corporate Farms in Central Europe ［J］. Journal of Rural Studies, 2004 （20）: 61-77.

［11］Child J. Organizational Structure, Environments and Performance: The Role of Strategic Choice ［J］. Sociology, 1972, 6 （1）.

［12］Cook M L, Chaddad F. Agro-industrialization of the Global Agrifood Economy: Bridging Development Economics and Agribusiness Research ［J］. Agricultural Economics, 2000（23）: 207-218.

［13］Csaszar F A. An Efficient Frontier in Organization Design: Organizational Structure as a Determinant of Exploration and Exploitation ［J］. Organization Science. 2013, 24（4）.

［14］Daft R L. Organizational Theory and Design. Mason ［M］. OH: Cengage Learning, 2012.

［15］Duncan R. What is the Right Organisation Structure? Decision Tree Analysis Provides the Answer. Organizational Dynamics ［J］. 1980, 7（3）,

［16］Eisenhardt K. M. Better stories and better constructs: The case for rigor and comparative logic ［J］. Academy of Management Review, 1991（3）: 620-627.

［17］Enjiang Cheng, Longyao Zhang. Literature and Case Reviews on Innovative Value Chain Financing for Agriculture and Food in China and other Developing Countries ［R］. International Food Policy Research Institute, 2013.

［18］Frank S D, Henderson D R. Transaction Costs as Determinants of Vertical Co-ordination in the U. S. Food Industries ［J］. American Journal of Agricultural Economics, 1992, 74（4）: 941-950.

［19］Fries R. , B. Akin. Value Chains and Their Significances for Addressing the Rural Finance Challenge ［R］. Washington, DC: USAID, 2004.

［20］Fulton M. Producer Associations: International Experience, in: Sonntag B. H. , Huang J. , Rozelle S. and Skerritt J. H. （Eds）, China's Agricultural and Rural Development in the Early 21st Century ［R］. Australian Government, Australian Centre for International Agricultural Research, 2005: 174-196.

［21］Galarza L. J. , B. Jones. Value Chain Finance Implementation Manual: Increasing Profitability of Small Producers ［R］. WOCCU, 2009.

［22］Gary S B, Kevin M. Murphy. The Division of Labor, Coordination Costs, and Knowledge ［J］. The Quarterly Journal of Economics, 1992, 107（4）: 1137-1160.

［23］Gaudiose M, Marijke D' Haese, Stijn S. Exploring Double Side-selling in Cooperatives, Case Study of Four Coffee Cooperatives in Rwanda ［J］. Food policy, 2013（39）: 72-83.

［24］Graeme A. Hodge: Privatization: An International Review of Performance ［M］. Oxford: Westview Press, 2000.

［25］Gupta U, Gupta A. Outsourcing the IS Function: Is it Necessary for Your Organization? ［J］. Information Systems Management, Summer 1992: 44-50.

［26］Hage J. An Axiomatic Theory of Organizations ［J］. Administrative Science Quarterly, 1965, 10 (3).

［27］Hansson H. Are Larger Farms More Efficient_A Farm Level Study of the Relationships between Efficiency and Size on Specialized Dairy Farms in Sweden ［J］. Agricultural and Food Science, 2008 (17): 325-337.

［28］Herriott R. E., Firestone W. A. Multisite qualitative policy research: Optimizing description and generalizability ［J］. Educational Researcher, 1983 (12): 14-19.

［29］Hobbs T E. Increasing Vertical Linkages in Agri-food Supply Chain: A Conceptual Model and Some Preliminary Evidence ［R］. Saskatoon: University of Saskatchewan, 1999.

［30］Hoff, Karla, JosephStiglitz. Introduction: Imperfect Information and Rural Credit Markets-Puzzles and Policy Perspectives ［J］. World Bank Economic Review. 1990, 4 (3): 235-250.

［31］Hood, Christopher. A Public Management for All Seasons ［J］. Public Administration, 1991, 69 (1): 3-19.

［32］Huff S L. Outsourcing of Information Services ［J］. Business Quarterly, Spring 1991: 62-65.

［33］Huppi M., Feder G. The Role of Groups and Credit Cooperatives in Rural Lending ［J］. World Bank Economic Review, 1990 (9): 187-204.

［34］Jan P. Krahnen, Reinhard H. Schmidt. On the Theory of Credit Cooperatives: Equity and Onlending in A Multier system—A Concept Paper ［R］. Working Paper, 1995.

［35］Jocelyn M. Johnston, Barbara S. Romzek. Contracting and Accountability in State Medicaid Reform: Rhetoric, Theories, and Reality ［J］. Public Administration Review, 1999 (159).

［36］John D. Millett. Enterprise-Operations and Administration: Some Notes on a Systematic Theory of Organized Endeavor ［J］. Public Administration Review, 1967 (27).

［37］Johnson K., et al. Operator and Operation Characteristics: A Comparison of Low-sales, Medium-sales, and Large Family Farm Operations in the United States ［J］. Appalachia, 2011 (16): 13-18.

［38］Jones G R. Organizational Theory, Design, and Change ［M］. Edinburgh: Pearson Education Limited, 2013.

［39］Joseph E. Stiglitz. Peer Monitoring and Credit Markets ［J］. World Bank Economic Review, 1990, 4 （3）: 351-366.

［40］Joskow P L. Transaction cost economics, antitrust rules and remedies ［J］. Journal of law, economics and organization, 2002, 18 （1）: 95-116.

［41］Katchova A. Structural changes in US agriculture: financial performance of farms in transition ［R］. 114th EAAE, 2010: 15-16.

［42］Klein B. Fisher: general motors and the nature of the firm ［J］. Journal of law and economics, 2000, 43 （1）: 105-142.

［43］Kogut B. Joint Ventures and the Option to Expand and Acquire ［J］. Management Science, 1991, 37 （1）.

［44］Kuehne G. My decision to sell the family farm ［J］. Agriculture and Human Values, 2013: 1-11.

［45］Lange, Kelly Y. , et al. Equal or Just? Intergenerational Allocations within Family Farm Businesses ［R］. Southern Agricultural Economics Association, 2011.

［46］Lin J Y, Tan G. Policy Burdens, Accoutability and Soft Budget Constraint ［J］. American Economic Review, 1999, 89 （5）: 426-431.

［47］Macdonald J M. Market exchange or vertical integration: an empirical analysis ［J］. Review of economics and statistics, 1985, 67 （2）: 327-331.

［48］Madelrieux S. , et al. Farm, family and work: new forms, new adjustments? Liveability in the dynamics of livestock farming systems ［J］. 9th European IFSA Symposium, 2010.

［49］Marta F O, Jorge R M, Manuel A, et al. Vertical Integration in the Wine Industry: A Transaction Costs Analysis on the Rioja DOCa ［J］. Agribusiness, 2009, 25 （2）: 231-250.

［50］Martinez S W. Vertical Coordination of Marketing Systems: Lessons from the Poultry, Egg and Pork Industries ［R］. USDA, Agricultural Economic Report No. 807, 2002.

［51］McCullough E. , P. Pingali, K. Stamoulis. The Transformation of Agri-Food Systems: Globalization, Supply Chains, and Smallholder Farmers ［R］. London: Food and Agriculture Organization of the United Nations and Earthscan, 2008.

［52］Michael C. Jensen, William H. Meckling. Theory of the firm: Managerial Behavior, Agency Costs and Ownership Structure [J]. Journal of Financial Economics, 1976, 3 (4): 305-360.

[53] Mighell R L, Jones L A. Vertical coordination in agriculture [R]. USDA, Economic Research Service, Agricultural Economic Report NO. 19, 1963.

[54] Miller D, Dröge C. Psychological and Traditional Determinants of Structure [J]. Administrative Science Quarterly, 1986, 31 (4).

[55] Miluka J. The Vanishing Farms? The Impact of International Migration on Albanian Family Farming [R]. World Bank-free PDF, 2007.

[56] Minten B., K. A. S. Murshid, T. Reardon. The Quiet Revolution in Agrifood Value Chains in Asia: The Case of Increasing Quality in Rice Markets in Bangladesh [R]. Washington DC: IFPRI, 2011.

[57] Mintzberg H. Structures in Fives. Englewood Cliffs [M]. NJ: Prentice Hall, 1983.

[58] Morduch J. The Microfinance Promise [J]. Journal of Economic Literature, 1999, 37 (4): 1569-1614.

[59] Offutt S. The Future of Farm Policy Analysis: A Household Perspective [J]. American Journal of Agricultural Economics, 2002, 84 (5): 1189-1200.

[60] Oscar F, Bustinza, Ali Ziaee Bigdeli, Tim Baines, Cindy Elliot. Servitization and Competitive Advantage: The Importance of Organizational Structure and Value Chain Position [J]. Research Technology Management, 2015, 58 (5).

[61] Pearce. Contraet farming, small holders and rural development in Latin America: The organization of agroprocessing firns and the scale of orrtgrower production [J]. World Development, 2003 (2): 381-401.

[62] Pettigrew A M. Longitudinal Field Research on Change: Theory and Practice [J]. Organization science, 1990, 1 (3): 267-292.

[63] Poole N D, Del Campo Gomis F J, et al. Formal Contracts in Fresh Produce Markets [J]. Food Policy, 1998, 23 (2): 131-142.

[64] Pritchard B., et al. Neither "family" nor "corporate" Farming: Australian Tomato Growers as Farm Family Entrepreneurs [J]. Journal of Rural Studies, 2007, 23 (1): 75-87.

[65] Quirós R. Agricultural value chain finance [R]. Paper Prepared for the Conference of Agricultural Value Chain Finance. Costa Rica, 2010.

[66] Reardon T., B. Minten, K. Z. Chen. The Quiet Revolution in Staple Food

Value Chains in Asia: Enter the Dragon, the Elephant, and the Tiger ［R］. ADB and IFPRI, 2012.

［67］Ruth Hoogl, Dehoog. Competition, Negotiation or Cooperation: Three Models for Service Contracting ［J］. Administration and Society, 1990 （22）.

［68］Simmons, Phil. Overview of Smallholder Contract Farming in Developing Countries. University of New England, Australia, 2003.

［69］Strange M. Family Farming: A New Economic Vision. 2nd edition ［M］. Lincoln: Bison Books/University of Nebraska Press, 2008.

［70］Williamson O E. Comparative Economic Organization: The Analysis of Discrete Structural Alternatives ［J］. Administrative Science Quarterly, 1991, 36 （2）: 269-296.

［71］Williamson O E. Markets and Hierarchies: Analysis and Antitrust Implications ［M］. New York: Free Press, 1975.

［72］Williamson O E. The Economic Institutions of Capitalism ［M］. New York: The Free Press, 1985.

［73］William T. Gormley, Jr. David L. Weimer, Organizational Report Cards ［M］. Harvard University Press, 1999.

［74］World Bank. China-Farmers Professional Associations Review and Policy Recommendations, East Asia and Pacific Region ［R］. The World Bank, Washington DC, 2006.

［75］Xu P. , Kong XZ. , Zhong Z. , Williams L. Agricultural Assistance in China: An Analysis of Farmers' Opinions ［J］. African Journal of Agricultural Research, 2011, 6 （30）: 6377-6386.

［76］巴德汉，尤迪. 发展微观经济学 ［M］. 陶然译. 北京：北京大学出版社，2002.

［77］保罗·克鲁格曼，罗宾·韦尔斯. 克鲁格曼经济学原理（第4版）［M］. 赵英军译. 北京：中国人民大学出版社，2019.

［78］鲍旺虎，谭晶荣. 对农业产业化进程中"赊养"经营模式的探讨 ［J］. 中国农村经济，2005 （3）.

［79］彼得·德鲁克. 管理的实践 ［M］. 齐若兰译. 北京：机械工业出版社，2018.

［80］毕美家. 中国农产品批发市场的建设与发展方向 ［J］. 中国农村经济，2001 （12）.

[81] 蔡礼强．政府向民间组织购买公共服务研究报告．黄晓勇主编．中国民间组织报告（2010—2011）[M]．北京：社会科学文献出版社，2011.

[82] 蔡荣，蔡书凯．农业生产环节外包实证研究——基于安徽省水稻主产区的调查 [J]．农业技术经济，2014（4）：34-42.

[83] 蔡荣，韩洪云．交易成本对农户垂直协作方式选择的影响 [J]．财贸经济，2011（7）：103-109.

[84] 常倩，王士权，李秉龙．畜牧业纵向协作特征及其影响因素分析——来自内蒙古养羊户的经验证据 [J]．中国农业大学学报，2016（7）：152-160.

[85] 陈建华，商秋红．建立新型农业社会化服务体系的探讨 [J]．中国农学通报，2010（23）：403-412.

[86] 陈洁，刘锐，张建伦．安徽省种粮大户调查报告——基于怀宁县、枞阳县的调查 [J]．中国农村观察，2009（4）.

[87] 陈锡文．构建新型农业经营体系，加快发展现代农业步伐 [J]．经济研究，2013（2）.

[88] 陈锡文．加快发展现代农业 [J]．求是，2013（2）：38-40.

[89] 陈锡文．论农业供给侧结构性改革 [J]．中国农业大学学报（社会科学版），2017，34（2）：5-13.

[90] 陈一斌，陈和平．美国农业专利制度与农业技术转让 [J]．全球科技经济瞭望，2007（12）.

[91] 陈昭玖，胡雯．农业规模经营的要素匹配：雇工经营抑或服务外包——基于赣粤两省农户问卷的实证分析 [J]．学术研究，2016（8）：93-100，177.

[92] 程克群，孟令杰．农民专业合作社绩效评价指标体系的构建 [J]．经济问题探索，2011（3）.

[93] 程莹莹，张开华．龙头企业创新农业社会化服务模式的探索与启示——以湖北省老农民高新农业科技有限公司为例 [J]．农村经济，2015（4）.

[94] 仇童伟．自给服务与外包服务的关联性：对农业纵向分工的一个理论探讨 [J]．华中农业大学学报（社会科学版），2019（1）：44-53.

[95] 崔宝玉，陈强．资本控制必然导致农民专业合作社功能弱化吗？[J]．农业经济问题，2011（2）：8-15.

[96] 邓衡山等．中国农民专业合作经济组织发展现状及制约因素分析——基于全国7省760个村的大样本调查 [J]．现代经济探讨，2010（8）：55-59.

[97] 邓衡山等．组织化潜在利润对农民专业合作组织形成发展的影响 [J]．经济学（季刊），2011（7）：1515-1532.

［98］董翀．农业贸易信贷参与主体行为选择及影响因素研究［D］．中国人民大学博士学位论文，2012.

［99］董欢．水稻生产环节外包服务行为研究［J］．华南农业大学学报（社会科学版），2017（2）：91-101.

［100］董晓波．资产互补性与专用性对农业垂直一体化的影响——基于5省378份企业与农户调查数据［J］．湖南农业大学学报（社会科学版），2014（6）：20-24，31.

［101］杜吟棠．合作社：农业中的现代企业制度［M］．南昌：江西人民出版社，2002.

［102］封岩．荷兰农技推广的变化［J］．世界农业，1997（10）.

［103］傅晨．农民专业合作经济组织的现状及问题［J］．经济学家，2004（5）.

［104］盖瑞·J. 米勒．管理困境——科层的政治经济学［M］．上海：上海人民出版社，2002.

［105］高俊才．美国农业社会化服务简介［J］．中国农垦经济，2000（10）.

［106］高启杰．中国农业技术创新模式及其相关制度研究［J］．中国农村观察，2004（2）.

［107］高强，孔祥智．我国农业社会化服务体系演进轨迹与政策匹配：1978~2013年［J］．改革，2013（4）：5-18.

［108］龚道广．农业社会化服务的一般理论及其对农户选择的应用分析［J］．中国农村观察，2000（6）：25-34，78.

［109］顾益康等．加快构建新型农业双层经营体制的政策建议［N］．农民日报，2013-02-28.

［110］郭红东等．农民专业合作社正规信贷可得性及其影响因素分析——基于浙江省农民专业合作社的调查［J］．中国农村经济，2011（7）：25-33.

［111］郭红东等．影响农民专业合作社成长的因素分析——基于浙江省部分农民专业合作社的调查［J］．中国农村经济，2009（8）：24-31.

［112］郭霞．基于农户生产技术选择的农业技术推广体系研究：以江苏省为例［M］．保定：河北大学出版社，2009.

［113］郭玉山．国外农业科技推广体系类型和推广方法［J］．天津农业科学，1994（2）：51-52.

［114］国鲁来．农民合作组织发展的促进政策分析［J］．中国农村经济，2006（6）：4-11.

［115］韩长赋．加快推进农业科技创新与推广［J］．求是，2012（5）.

［116］韩长赋．中国农业科学技术70年［M］．北京：中国农业出版社，2019.

［117］韩洪云，吕秀滢．交易成本与农户销售渠道选择——基于浙江省仙居县杨梅种植户的调查［J］．经济经纬，2012（2）：105-109.

［118］韩纪琴，王凯．猪肉加工企业质量管理、垂直协作与企业营运绩效的实证分析［J］．中国农村经济，2008（5）：33-43.

［119］韩俊．加快构建普惠农村金融体系研究［J］．中国农村信用合作，2008（12）：21-23.

［120］韩俊．农民合作社要发展生产、供销、信用"三位一体"的综合业务［EB/OL］．中国农业新闻网，2018-11-09.

［121］韩俊．以习近平总书记"三农"思想为根本遵循实施好乡村振兴战略［J］．管理世界，2018，34（8）：1-10.

［122］韩苗苗，乐永海，孙剑．我国农业社会化服务服务水平测评与制约因素解构［J］．统计与决策，2013（3）：142-146.

［123］何安华，孔祥智．农民专业合作社对成员服务供需对接的结构性失衡问题研究［J］．农村经济，2011（8）.

［124］何广文．合作社农村金融服务参与模式及其创新［J］．中国合作经济，2012（11）.

［125］何广文．农民专业合作社金融服务模式探析［J］．中国农村信用合作，2009（3）：26-28.

［126］何海英．我国农业技术推广体系创新对策研究［D］．中国农业大学硕士论文，2005.

［127］何宇鹏，武舜臣．连接就是赋能：小农户与现代农业衔接的实践与思考［J］．中国农村经济，2019（6）：28-37.

［128］贺峰．中国农产品物流模式构建：基于批发市场的研究［J］．农业技术经济，2006（5）.

［129］侯建昀，霍学喜．交易成本与农户农产品销售渠道选择——来自7省124村苹果种植户的经验证据［J］．山西财经大学学报，2013，35（7）：56-64.

［130］胡定寰．日本商社养鸡产业一体化经营模式［J］．中国食物与营养，2002（6）：36-38.

［131］胡敏华．论中国农业新合作化的本质内涵与现实逻辑［J］．财贸研究，2004（5）.

［132］胡瑞法，黄季焜，李立秋．中国农技推广：现状、问题及解决对策

[J]. 管理世界，2004（5）.

[133] 胡瑞法，黄季焜，李立秋. 中国农技推广体系现状堪忧 [J]. 中国农技推广，2004（3）.

[134] 胡新艳，朱文珏，罗锦涛. 农业规模经营方式创新：从土地逻辑到分工逻辑 [J]. 江海学刊，2015（2）：75-82，238.

[135] 黄季焜，胡瑞法，智华勇. 基层农业技术推广体系30年发展与改革：政策评估和建议 [J]. 农业技术经济，2009（1）.

[136] 黄季焜，靳少泽. 未来谁来种地：基于中国农户劳动力就业代际差异视角 [J]. 农业技术经济，2015（1）：4-10.

[137] 黄季焜等. 中国农民专业合作经济组织的服务功能及其影响因素 [J]. 管理世界，2010（5）：75-81.

[138] 黄珺，朱国玮. 异质性成员关系下的合作均衡——基于我国农民合作经济组织成员关系的研究 [J]. 农业技术经济，2007（5）：38-43.

[139] 黄宗智，高原，彭玉生. 没有无产化的资本化：中国的农业发展 [J]. 开放时代，2012（3）：10-30.

[140] 黄祖辉，陈龙. 新型农业经营主体与政策研究 [M]. 杭州：浙江大学出版社，2011.

[141] 黄祖辉，俞宁. 新型农业经营主体：现状、约束与发展思路——以浙江省为例的分析 [J]. 中国农村经济，2010（10）：16-26.

[142] 黄祖辉，张静，Kevin Chen. 交易费用与农户契约选择——来自浙冀两省15县30个村梨农调查的经验证据 [J]. 管理世界，2008（9）：76-81.

[143] 黄祖辉等. 农民专业合作组织发展的影响因素分析——对浙江省农民专业合作组织发展现状的探讨 [J]. 中国农村经济，2002（3）：13-21.

[144] 黄祖辉. 农民合作社服务功能的实现程度及其影响因素 [J]. 中国农村经济，2012（7）.

[145] 黄祖辉. 中国农民合作组织发展的若干理论与实践问题 [J]. 中国农村经济，2008（11）：4-7，26.

[146] 回良玉. 加快推进农业科技创新、切实保障农产品有效供给 [J]. 求是，2012（5）.

[147] 冀宪武，栗俊英. 国外农业推广经费来源 [J]. 科技情报开发与经济，1994（6）.

[148] 简兆权，刘晓彦，李雷. 基于海尔的服务型制造企业"平台+小微企业"型组织结构案例研究 [J]. 管理学报，2017，14（11）.

[149] 江雪萍, 李大伟. 农业生产环节外包驱动因素研究——来自广东省的问卷 [J]. 广东农业科学, 2017 (1): 176-182.

[150] 金艳清. 我国农产品批发市场现状、问题及发展策略 [J]. 财经界, 2007 (7).

[151] 科技体系网. 基层农业技术推广运行机制创新试点县考察指导活动报告 [Z].

[152] 孔祥智, 方松海, 庞晓鹏等. 西部地区农户禀赋对农业技术采纳的影响分析 [J]. 经济研究, 2004 (12): 85-96.

[153] 孔祥智, 楼栋, 何安华. 建立新型农业社会化服务体系: 必要性、模式选择和对策建议 [J]. 教学与研究, 2012 (1).

[154] 孔祥智, 楼栋. 农业技术推广的国际比较、时态举证与中国对策 [J]. 改革, 2012 (1).

[155] 孔祥智, 穆娜娜. 实现小农户与现代农业发展的有机衔接 [J]. 农村经济, 2018 (2): 1-7.

[156] 孔祥智, 庞晓鹏, 马九杰等. 西部地区农业技术应用的效果、安全性及影响因素研究 [M]. 北京: 中国农业出版社, 2005.

[157] 孔祥智, 张小林, 庞晓鹏等. 西部地区农民合作经济组织的作用及制约因素——基于陕、宁、川三省 (区) 调查的实证研究 [J]. 经济理论与经济管理, 2005 (6).

[158] 孔祥智, 钟真, 谭智新. 论发展农民专业合作社与农产品质量安全问题——以奶业为例 [J]. 天津商业大学学报, 2010 (7): 8-11.

[159] 孔祥智, 周振. 规模扩张、要素匹配与合作社演进 [J]. 东岳论丛, 2017, 38 (1): 41-53.

[160] 孔祥智等. 建立新型农业社会化服务体系: 必要性、模式选择和对策建议 [J]. 教学与研究, 2012 (1): 39-46.

[161] 孔祥智等. 中国农业社会化服务: 基于供给和需求的研究 [M]. 北京: 中国人民大学出版社, 2009.

[162] 孔祥智. 农民合作、土地托管与乡村振兴——山东省供销社综合改革再探索 [J]. 东岳论丛, 2018, 39 (10): 18-24, 191.

[163] 孔祥智, 史冰清. 当前农民专业合作组织的运行机制、基本作用及影响因素分析 [J]. 农村经济, 2009 (1): 3-9.

[164] 孔祥智, 徐珍源. 农业社会化服务供求研究——基于供给主体与需求强度的农户数据分析 [J]. 广西社会科学, 2010 (3): 120-125.

［165］孔祥智，徐珍源，史冰清．当前我国农业社会化服务体系的现状、问题和对策研究［J］．江汉论坛，2009（5）：13-18．

［166］孔祥智．中国农民合作经济组织的发展与创新（1978—2018）［J］．南京农业大学学报（社会科学版），2018，18（06）：1-10，157．

［167］孔祥智．中国农业社会化服务：基于供给和需求的研究［M］．北京：中国人民大学出版社，2009．

［168］乐园．公共服务购买：政府与民间组织的契约合作模式——以上海打浦桥社区文化服务中心为例［J］．中国非营利评论，2008（1）：143-160．

［169］李炳坤．农业社会化服务体系的建设与发展［J］．管理世界．1999（1）：195-202．

［170］李春海．新型农业社会化服务体系框架及其运行机理［J］．改革，2011（10）：79-84．

［171］李方勇．西方企业组织理论百年演变和发展综述［J］．北京航空航天大学学报（社会科学版），2010，23（3）．

［172］李富忠，张云华．我国农产品市场体系建设研究［J］．中国流通经济，2007（5）．

［173］李圣军，孔祥智．农户技术需求优先序及有效供给主体研究［J］．新疆农垦经济，2010（5）．

［174］李中华，高强．以合作社为载体创新农业技术推广体系建设［J］．青岛农业大学学报（社会科学版），2009（4）．

［175］连玉君．股权激励有效吗？——来自PSM的新证据［G］．2010年中国国际金融年会，2010．

［176］林坚，马彦丽．农业合作社和投资者所有企业的边界——基于交易费用和组织成本角度的分析［J］．农业经济问题，2006（3）：16-20，79．

［177］林毅夫．新结构经济学、自生能力与新的理论见解［J］．武汉大学学报（哲学社会科学版），2017，70（6）：5-15．

［178］刘芳，罗军，陈梓蓉等．广东省油茶产业垂直协作方式分析——基于油茶种植户视角［J］．广东农业科学，2015（8）：182-187．

［179］刘凤芹．农业土地规模经营的条件与效果研究：以东北农村为例［J］．管理世界，2006（9）：71-79，171-172．

［180］刘同山，孔祥智．协作失灵、精英行为与农民合作秩序的演进［J］．商业经济与管理，2015（10）：29-38．

［181］刘卫柏，彭魏倬加．"三权分置"背景下的土地信托流转模式分

析——以湖南益阳沅江的实践为例 [J]．经济地理，2016（8）：134-141．

[182] 刘现武．我国农业科研院所科技成果转化模式研究 [M]．北京：中国农业科学技术出版社，2009．

[183] 刘一名，傅晨．农村专业技术协会的组织制度与运行机制 [J]．华南农业大学学报（社会科学版），2005（2）．

[184] 刘颖娴，郭红东．资产专用性与中国农民专业合作社纵向一体化经营 [J]．华南农业大学学报（社会科学版），2012，11（4）：47-56．

[185] 刘志明，郭霞．国外农村服务体系的组织框架与政策法规分析 [J]．科技与经济，2005（9）．

[186] 楼栋，高强，孔祥智．供应链整合与农民合作社竞争力提升 [J]．江西农业大学学报，2013（1）．

[187] 楼栋，孔祥智．新型农业经营主体的多维发展形式和现实观照 [J]．改革，2013（2）：65-77．

[188] 罗伯特·K.殷．案例研究：设计与方法（第3版）[M]．周海涛等译．重庆：重庆大学出版社，2004．

[189] 罗明忠，邱海兰，陈江华．农业社会化服务的现实约束、路径与生成逻辑——江西绿能公司例证 [J]．学术研究，2019（5）：79-87，177-178．

[190] 卢道富．国外农业推广体系的类型及特点 [J]．江苏农村经济，2005（12）：18-19．

[191] 马九杰等．社会资本与农户经济 [M]．北京：中国农业科学技术出版社，2008．

[192] 马九杰．基于订单农业发展的农业供应链金融创新策略与案例分析 [J]．中国农村金融，2011（7）．

[193] 马九杰．农村金融风险管理与信贷约束问题研究 [M]．北京：中国经济出版社，2004．

[194] 曼昆著．经济学原理（第5版）[M]．梁小民，梁砾译．北京：北京大学出版社，2009．

[195] 毛学峰，刘冬梅．服务体系、成果转化与农业科技创新波及 [J]．改革，2012（2）．

[196] 闵继胜，孔祥智．新型农业经营主体的模式创新与农业清洁生产——基于黑龙江仁发农机专业合作社的案例分析 [J]．江海学刊，2017（4）：67-73，238．

[197] 穆娜娜，钟真，孔祥智．交易成本与农业社会化服务模式的选择——基于两家合作社的比较研究 [J]．农林经济管理学报，2019，18（3）：366-375．

［198］穆娜娜，周振，孔祥智．农业社会化服务模式的交易成本解释——以山东舜耕合作社为例［J］．华中农业大学学报（社会科学版），2019（3）：50-60，160-161.

［199］聂闯．世界农业推广体系现状［J］．世界农业，2000（1）.

［200］农业部农村经济研究中心课题组．我国农业技术推广体系调查与改革思路［J］．中国农村经济，2005（2）.

［201］农业农村部．2018中国农业科技推广发展报告［M］．北京：中国农业出版社，2019.

［202］农业协同组合中央会．韩国农协论［M］．首尔：农业协同组合中央会调查部，2001.

［203］農林水産省生産局農産部技術普及課．普及事業の新たな展開について［J］．技術と普及，2011（10）.

［204］庞晓鹏．中国农村民间合作服务组织研究［D］．北京：中国人民大学农业与农村发展学院，1997.

［205］钱克明，彭廷军．中国农户粮食生产适度规模的经济学分析［J］．农业经济问题，2014（3）：4-7.

［206］全国农业技术推广站．美国农业技术推广考察报告［J］．北京农业，2007（12）.

［207］任晋阳．农业推广学［M］．北京：中国农业大学出版社，1998.

［208］戎承法，楼栋．专业合作基础上发展资金互助的效果及其影响因素分析——基于九省68家开展资金互助业务的农民专业合作社的调查［J］．农业经济问题，2011（10）：89-95.

［209］沈贵银，顾焕章．农业推广服务的公共物品属性分析［J］．农业经济问题，2002（12）.

［210］盛洪．分工与交易：一个一般理论及其对中国非专业化问题的应用分析［M］．上海：上海人民出版社，2006.

［211］史冰清，钟真．农户参与不同产销组织的意愿及影响因素研究——基于鲁、宁、晋三省（区）调研数据的分析［J］．中国农村经济，2012（9）：13-25，36.

［212］宋斌．我国基层农业技术推广现状分析与对策研究［D］．南京农业大学硕士学位论文，2005.

［213］宋洪远等．"十一五"时期农业和农村政策回顾与评价［M］．北京：中国农业出版社，2010.

[214] 宋洪远. 新型农业社会化服务体系建设研究 [J]. 中国流通经济, 2010 (6)：35-38.

[215] 宋金田, 祁春节. 交易成本对农户农产品销售方式选择的影响——基于对柑橘种植农户的调查 [J]. 中国农村观察, 2011 (5)：33-44, 96.

[216] 苏敬勤, 王鹤春. 第三方物流企业管理创新适配过程机制分析：多案例研究 [J]. 科学学与科学技术管理, 2010 (10).

[217] 孙新华. 村社主导、农民组织化与农业服务规模化——基于土地托管和联耕联种实践的分析 [J]. 南京农业大学报 (社会科学版), 2017, 17 (6)：131-140, 166.

[218] 孙中华. 大力培育新型农业经营主体夯实建设现代农业的微观基础 [J]. 农村经营管理, 2012 (1)：1-2.

[219] 谈存峰、李双奎、陈强强. 欠发达地区农业社会化服务的供给、需求及农户意愿——基于甘肃样本农户的调查分析 [J]. 华南农业大学学报 (社会科学版), 2010 (3)：1-8.

[220] 谭智心等. 新时期农业产业化龙头企业提供农业社会化服务的现状、问题及对策研究 [J]. 学习论坛, 2009 (11)：59-63.

[221] 唐娟莉, 朱玉春. 西部区域农业技术创新能力评价与分析 [J]. 西北农林科技大学学报 (社会科学版), 2012 (1).

[222] 唐正平. 世界农业问题研究 [M]. 北京：中国农业出版社, 2001.

[223] 王桂霞, 霍灵光, 张越杰. 我国肉牛养殖户纵向协作形式选择的影响因素分析 [J]. 农业经济问题, 2006 (8)：54-58, 80.

[224] 王浩. 美日农业社会化服务体系的比较与借鉴 [J]. 中州学刊, 1999 (2)：23-26.

[225] 王名, 乐园. 中国民间组织参与公共服务购买的模式分析 [J]. 中共浙江省委党校学报, 2008 (4).

[226] 王蒲华, 农村专业合作组织：发展模式与运行机制 [J]. 中国合作经济, 2006 (10).

[227] 王浦劬, 莱斯特·M. 萨拉蒙. 政府向社会组织购买公共服务研究 [M]. 北京：北京大学出版社, 2010.

[228] 王曙光, 邓一婷. 民间金融扩张的内在机理、演进路径与未来趋势研究 [J]. 金融研究, 2007 (6)：69-79.

[229] 王图展, 吕唯因, 邢立良. 农产品产业链纵向协作及合作社模式研究 [M]. 北京：中国农业出版社, 2016.

［230］王图展．自生能力、外部支持与农民合作社服务功能［J］．农业经济问题，2017，38（5）：14-27，110.

［231］王玄文，胡瑞法．农民对农业技术推广组织有偿服务需求分析［J］．中国农村经济，2003（4）：63-69.

［232］魏勤芳．美国农业科技体系及运行机制［J］．中国农业大学学报，2005（2）：15-18.

［233］温菊萍．农业经济组织模式的比较与选择——基于组织效率的视角［J］．北方经贸，2009（8）：36-38.

［234］温铁军，姜柏林．重构"服务三农"的农村金融体系［J］．中国农村信用合作，2007（10）·27-28

［235］吴天龙，刘同山，孔祥智．农民合作社与农业现代化——基于黑龙江仁发合作社个案研究［J］．农业现代化研究，2015，36（3）：355-361.

［236］夏英等．以农民专业合作社为基础的资金互助制度分析［J］．农业经济问题，2010（4）：29-33.

［237］徐家鹏，李崇光．蔬菜种植户产销环节紧密纵向协作参与意愿的影响因素分析［J］．中国农村观察，2012（4）：2-13，92.

［238］徐健，汪旭晖．订单农业及其组织模式对农户收入影响的实证分析［J］．中国农村经济，2009（4）.

［239］徐旭初．农民专业合作社绩效评价体系及其验证［J］．农业技术经济，2009（4）.

［240］徐旭初，吴彬．治理机制对农民专业合作社绩效的影响——基于浙江省526家农民专业合作社的实证分析［J］．中国农村经济，2010（5）：43-55.

［241］许世卫，李哲敏．荷兰、法国农业科研体制及对我国的启示［J］．科学管理研究，2005（6）：97-101.

［242］许先．美国农业社会化服务体系发展的经验与启示［J］．山东大学学报（哲学社会科学版），2003（4）：124-128.

［243］薛桂霞．日本农业推广经验对我国农业推广改革的启示［J］．中国农技推广，1996（6）.

［244］杨慧莲，霍学喜，王征兵．农业服务模式创新研究——陕西"大荔模式"运行机制及创新价值评价［J］．科学管理研究，2014，32（6）.

［245］杨顺江，彭鹰．中国蔬菜流通模式构建：一个比较分析的启示［J］．中国农村经济，2004（4）.

［246］杨映辉．国外农业推广事业发展的基本经验［J］．中国农技推广，2004

（5）.

[247] 姚文，祁春节. 交易成本对中国农户鲜茶叶交易中垂直协作模式选择意愿的影响——基于9省（区、市）29县1394户农户调查数据的分析 [J]. 中国农村观察，2011（2）：52-66.

[248] 野見山敏雄. 待ったなし、営農指導事業改革 [J]. 調査と情報，2006（1）.

[249] 叶向东. 农业科技第一生产力如何转变为现实生产力——丹麦的农业咨询服务体系及若干启示 [J]. 科技进步与对策 2003（2）：104-107.

[250] 殷秀萍，王洋，郭翔宇. 构建新型农业社会化服务体系的影响因素及解决对策 [J]. 学术交流，2013（5）：146-149.

[251] 应瑞瑶，孙艳华. 江苏省肉鸡行业垂直协作形式的调查与分析——从肉鸡养殖户角度 [J]. 农业经济问题，2007（7）：17-21，110.

[252] 应瑞瑶，王瑜. 交易成本对养猪户垂直协作方式选择的影响——基于江苏省542户农户的调查数据 [J]. 中国农村观察，2009（2）：46-56，85.

[253] 应瑞瑶. 农民专业合作社的成长路径——以江苏省泰兴市七贤家禽产销合作社为例 [J]. 中国农村经济，2006（6）：18-23.

[254] 于亢亢，朱信凯. 现代农业经营主体的变化趋势与动因——基于全国范围县级问卷调查的分析 [J]. 中国农村经济，2012（10）：78-90.

[255] 袁纪东. 中国农业技术推广体系的现状、问题及对策 [D]. 西北农林科技大学硕士学位论文，2005.

[256] 袁日进. 赴德国巴符州畜禽技术推广考察报告 [J]. 中国禽业导刊，1999（3）：29-31.

[257] 袁立璜，纪梦晨. 基于订单农业下的贸易信贷融资机制研究综述 [J]. 世界农业，2010（6）.

[258] 苑鹏. 中国农村市场化进程中的农民合作组织研究 [J]. 中国社会科学，2001（6）：63-73.

[259] 曾雅. 日本との制度比較による中国における農業普及事業の展開方向 [EB/OL]. http://hdl.handle.net/10232/4717，2008-03-14.

[260] 曾寅初. 我国农产品批发市场升级改造的难点与对策——基于浙江、山东两省的调查分析 [J]. 中国市场，2007（24）.

[261] 张琛，孔祥智. 农民专业合作社成长演化机制分析——基于组织生态学视角 [J]. 中国农村观察，2018（3）：128-144.

[262] 张红宇，赵长保. 中国农业政策的基本框架 [M]. 北京：中国财政经

济出版社，2009.

[263] 张华建，贾昌平，牛运生等．赴美加农业及技术推广情况的考察报告 [J]．安徽农学通报，2003，9（1）：1-3，7.

[264] 张昆，王海涛，王凯．垂直协作模式与农户生产绩效：基于交易成本与风险的视角 [J]．江海学刊，2014（4）：88-93，238-239.

[265] 张启文，钟一民，刘德宏．发展中国家农业社会化服务体系发展的共同特征 [J]．农业经济问题，1999（12）：56-58.

[266] 张桃林．着力提升基层农技推广服务效能 [Z]．人民政协报，2016-12-09.

[267] 张晓山．创新农业基本经营制度发展现代农业 [J]．农业经济问题，2006（8）：4-9.

[268] 张晓山等．联结农户与市场——中国农民中介组织探究 [M]．北京：中国社会科学出版社，2002.

[269] 张晓山等．两种组织资源的碰撞与对接——四川射洪棉花协会的案例研究 [J]．中国农村经济，2001（4）：17-23.

[270] 张晓山．农民合作社的发展趋势探析 [J]．管理世界，2009（5）.

[271] 张晓山．中国农村改革30年研究 [M]．北京：经济管理出版社，2008.

[272] 张雪莲，冯开文．农民专业合作社决策权分割的博弈分析 [J]．中国农村经济，2008（8）：61-69.

[273] 张艳莉，王雅文．荷兰农民教育经验对我国提高农民素质教育的启示 [J]．哈尔滨市委党校学报，2007（3）：94-95.

[274] 张莹，肖海峰．农牧户产业链纵向协作模式选择意愿及影响因素分析——基于羊绒产业的调研数据 [J]．农业现代化研究，2016（4）：709-715.

[275] 张云华，郭铖．农业经营体制创新的江苏个案：土地股份合作与生产专业承包 [J]．改革，2013（2）：151-158.

[276] 张云华．中美农业基础竞争力对比与建议 [J]．中国农业文摘——农业工程，2017（4）：3-5.

[277] 张照新，赵海．新型农业经营主体的困境摆脱及其体制机制创新 [J]．改革，2013（2）：78-87.

[278] 赵西华．农业经营主体发展与科技对策 [J]．江苏农业学报，2010，26（6）：1121-1125.

[279] 郑丹，王伟．农民专业合作社经营状况分析及对策研究 [J]．中国合作经济评论，2012（1）.

［280］郑卫东．城市社区建设中的政府购买公共服务研究——以上海市为例［J］．云南财经大学学报，2011（1）．

［281］"中国农业技术推广体制改革研究"课题组．中国农技推广：现状、问题及解决对策［J］．管理世界，2004（5）：50-57，75.

［282］钟真，程瑶瑶．奶农专业合作社的农业社会化服务功能研究［J］．农业经济与管理，2013（4）．

［283］钟真，孔祥智．经济新常态下的中国农业政策转型［J］．教学与研究，2015（5）．

［284］钟真，孔祥智．着力完善新型农业社会化服务体系［N］．农民日报，2015-01-07.

［285］钟真，谭玥琳，穆娜娜．新型农业经营主体的社会化服务功能研究——基于京郊农村的调查［J］．中国软科学，2014（8）：38-48.

［286］钟真．改革开放以来中国新型农业经营主体：成长、演化与走向［J］．中国人民大学学报，2018，32（4）：43-55.

［287］钟真．生产组织方式、市场交易类型与生鲜乳质量安全——基于全面质量安全观的实证分析［J］．农业技术经济，2011（1）：13-22.

［288］周俊．政府购买公共服务的风险及其防范［J］．中国行政管理，2010（6）．

［289］周立．农村金融市场四大问题及其演化逻辑［J］．财贸经济，2007（2）：56-63.

［290］周脉伏，徐进前．信息成本、不完全契约与农村金融机构设置——从农户融资视角的分析［J］．中国农村观察，2004（5）：38-43.

［291］周曙东，戴迎春．供应链框架下生猪养殖户垂直协作形式选择分析［J］．中国农村经济，2005（6）：30-36.

［292］周振，孔祥智．盈余分配方式对农民合作社经营绩效的影响——以黑龙江省克山县仁发农机合作社为例［J］．中国农村观察，2015（5）：19-30.

［293］朱祖平．企业系统管理模式的探索［J］．福建论坛（人文社会科学版），2006（11）．

后 记

　　构建完善的社会化服务体系是建设现代农业的必由之路，所有发达国家概莫能外。农村改革以后，原有的农业技术推广体系适应不了市场化的农业生产，于是迅速崩溃，"线断、网破、人散"。多次改革，中央多次下发文件而无效，根本原因就是这个体系和生产体系不配套，"驴唇不对马嘴"，焉能有效？学界和中央急得像热锅上的蚂蚁，但在地方上，尤其是乡镇一级是清楚的，政策要散，我这里就散；政策要保，我就告诉你还有某某几个人，但实际上一旦有事，就把他们派走了。因为乡镇长知道，农民的需求千差万别，凭这几个人能起多大的作用？一直到 2008 年，中共十七届三中全会提出"加快构建以公共服务机构为依托、合作经济组织为基础、龙头企业为骨干、其他社会力量为补充、公益性服务和经营性服务相结合、专项服务和综合服务相协调的新型农业社会化服务体系"，才把这个"扣"解开，并真正由技术推广拓展到社会化服务，所以叫"新型农业社会化服务"。2008 年以来，多个中央一号文件都关注新型农业社会化服务体系建设问题。2013 年中央一号文件指出："要坚持主体多元化、服务专业化、运行市场化的方向，充分发挥公共服务机构作用，加快构建公益性服务与经营性服务相结合、专项服务与综合服务相协调的新型农业社会化服务体系。"在多元化服务体系中，公益性服务机构和经营性服务机构职责明确，各司其职，效率就高了。而公益性机构的重要职责之一就是协调各类经营性机构，包括根据需要决定政府购买服务的内容和范围。2008 年以来农业社会化服务领域出现的足以改变服务格局的事件就是农业生产服务业的兴起，作为一个产业，它的运行规则和服务体系应该有着本质的不同，这也是我们以后要重点研究的问题。中共十九大提出"实现小农户与现代农业发展有机衔接"，社会化服务的任务更重了。

　　农业经济学者关注农业社会化服务是天经地义的。但我接到的第一个专门研究农业社会化服务的课题是 2007 年农业部经管司委托的农业技术推广体系改革试点项目"我国农业社会化服务体系发展研究"（200713925），当时我大学期间的大师姐李芹同志负责此项工作，在此特别致谢。这个课题的结果出版为《中国农业社会化服务：基于供给和需求的研究》（中国人民大学出版社，2009 年）。此后的多个课题都绕不开这个话题。因此，自 2009 年以来，我们这个团队积累了不少与农业社会化服务相关的研究成果。本书就是在近 10 年来研究成果的基础上，结合中共十九大、近年中央一号文件精神和最新进展、最新数据而形成的，是我们这个团队的共同成果，每个人的贡献都以脚注形式列于章节下方。

　　本书是我们研究农业社会化服务的系列成果《新型农业社会化服务体系建设：供给侧视角》的第一卷，按原计划，2020 年还要在进一步调研的基础上出版第二卷、第三卷，由于新冠肺炎肆虐，这项研究被推迟。否则，这个时间可能已经完成（至少开展）了山西的调研。

孔祥智

2020 年 2 月 20 日